REVISTA ESPÍRITA
JORNAL DE ESTUDOS PSICOLÓGICOS

ANO III - 1860

5ª edição
Do 8º ao 10º milheiro
2.000 exemplares
Dezembro/2024

© 2016-2024 by Edicel Editora.

**Capa e Projeto gráfico**
Éclat! Comunicação Ltda

**Tradução**
Julio Abreu Filho

**Coordenação editorial**
Ronaldo A. Sperdutti

**Impressão**
Plenaprint gráfica

Todos os direitos estão reservados. Nenhuma parte desta obra pode ser reproduzida ou transmitida por qualquer forma e/ou quaisquer meios (eletrônico ou mecânico, incluindo fotocópia e gravação) ou arquivada em qualquer sistema ou banco de dados sem permissão escrita da Editora.

O produto da venda desta obra é destinado à manutenção das atividades assistenciais da Sociedade Espírita Boa Nova, de Catanduva, SP.

**1ª edição**: Julho de 2016 - 2.000 exemplares

# REVISTA ESPÍRITA
# JORNAL DE ESTUDOS PSICOLÓGICOS

*Publicada sob a direção de*
**ALLAN KARDEC**

ANO III – 1860

Todo efeito tem uma causa. Todo efeito inteligente tem uma causa inteligente. O poder da causa inteligente está na razão da grandeza do efeito.

*Tradução do francês*
**Julio Abreu Filho**

Editora Cultural Espírita Edicel
Instituto Beneficente Boa Nova
Entidade coligada à Sociedade Espírita Boa Nova
Av. Porto Ferreira, 1031 | Parque Iracema
Catanduva/SP | CEP 15809-020
www.boanova.net | boanova@boanova.net
Fone 17 3531.4444

Título do original francês:
Revue Spirite: Journal D'Études Psychologiques
(Paris, 1860)

Dados Internacionais de Catalogação na Publicação (CIP)
(Câmara Brasileira do Livro, SP, Brasil)

Kardec, Allan, 1804-1869.
    Revista Espírita : jornal de estudos
psicológicos, ano III : 1860 / publicada sob a
direção de Allan Kardec ; tradução do francês
Julio Abreu Filho. -- Catanduva, SP : EDICEL,
2016.

    Título original: Revue Espirite : journal
D'Etudes psychologiques
    ISBN 978-85-9273-03-6

    1. Espiritismo 2. Kardec, Allan, 18 -1869
3. Revista Espírit de Allan Kardec I. Título.

16-04745                                    CDD-133.901

        Índices para catálogo sistemático:

    1. Artigos espíritas : Filosofia espírita    133.901
    2. Doutrina espírita : Artigos    133.901

# CONSIDERAÇÕES PRÉVIAS

O volume terceiro da coleção da *Revista Espírita* corresponde a um ano fecundo e feliz. Allan Kardec inicia nesse ano as suas viagens de propaganda e orientação do movimento espírita francês. Sua primeira visita é à cidade de Lyon, sua terra natal. Os Espíritos lhe haviam dito que Paris era a cabeça do Espiritismo e Lyon o coração. O Sr. Guillaume repete essa informação no discurso de saudação que lhe dirigiu, e Kardec a confirma, no seu discurso de resposta, que é uma verdadeira aula de Espiritismo. Os Espíritos lhe dizem que ainda terá uns dez anos de trabalho, para completar os pontos mais urgentes da missão, que não poderá ser cumprida inteiramente naquela encarnação. Esse aviso se cumpre rigorosamente, como se sabe, pois Kardec desencarnará em 1869. O *Espírito da Verdade* lhe diz que é necessário terminar alguns trabalhos, tendo lhe sido concedido, por isso, o tempo indispensável.

Kardec anuncia a segunda edição de *O Livro dos Espíritos*, enquanto trabalha intensamente na elaboração de *O Livro dos Médiuns*. É incrível que possa continuar redigindo a *Revista*, cujos números mensais saem regularmente, presidindo à Sociedade Parisiense de Estudos Espíritas e às sessões que nela se realizam, e ainda faça excursões, responda a artigos de jornais que atacam o Espiritismo e se interesse por todos os casos mediúnicos de que tem notícia. O caso especial da Srta. Desiré Godu, médium curadora, sujeita à observação do médico Mohréry, é um exemplo da atenção de Kardec para o campo das manifestações mediúnicas. Nada escapa à sua vigilância no plano doutrinário.

Os trabalhos de investigação, minuciosamente registrados nestas páginas, mostram-nos o critério racional e científico de Kardec. Os casos de manifestações espontâneas de fenômenos em diversos locais, as comunicações espontâneas na Sociedade, as comunicações enviadas pelos correspondentes são observados e analisados com atenção. Mas as invocações de Espíritos de pessoas vivas caracterizam um dos campos mais curiosos e proveitosos das atividades de Kardec. A importância dessas investigações é fundamental, pois elas permitem a penetração do investigador nas condições do desprendimento espiritual, revelando ainda as modificações de percepção e sensação do Espírito, bem como a sua maneira de ver os problemas humanos, quando se encontra livre do corpo material. São estudos de psicologia verdadeira, realizados ao vivo, através do único instrumento adequado a asse trabalho de profundidade, que é o médium perfeitamente desenvolvido.

Este volume apresenta-nos alguns trabalhos de grande interesse no tocante às relações do Espiritismo com as religiões, e particularmente no que se refere às ligações do Espiritismo com o Cristianismo. O trabalho do Dr. De Grand-Boulogne, cuja fé religiosa "acolhe muito naturalmente os princípios do Espiritismo", é um documento de alta compreensão humana, que mostra ao mesmo tempo a superação espírita do sectarismo e o desinteresse absoluto do Espiritismo pelas disputas religiosas. A posição de Kardec, publicando e comentando esse trabalho, é a de todos os tempos de sua vida missionária, sempre favorável à fraternidade universal dos homens.

O número de comunicações altamente esclarecedoras dadas por Espíritos como Homero, Lázaro, Musset, Lamennais, Charles Nodier revela a pureza do clima espiritual em que se desenvolviam as sessões, tanto na Sociedade quanto nos diversos Centros e Grupos que colaboravam ativamente com Kardec. Um dos estudos mais curiosos é o referente ao episódio histórico de Maria D'Agreda, a religiosa espanhola que cristianizou os índios do Novo México, na América, através da mediunidade de desdobramento ou bilocação. A comunicação de Musset sobre as fases pagã, cristã e espírita do desenvolvimento artístico vale por um ensaio.

Mas um dos trabalhos mais impressionantes deste volume é a crítica sensata e penetrante de Kardec à obra de Louis Figuier, *História do Maravilhoso*, que pretendia mostrar a natureza supersticiosa do Espiritismo. A maneira pela qual o Codificador revela a inconsistência dessa obra em quatro volumes, através de uma sequência de artigos serenamente analíticos, mostra-nos a força com que tiveram de se defrontar os adversários da Doutrina, desde os albores do Espiritismo na Terra. Por tudo isso, encarecemos a necessidade de estudo atento deste volume, que nos oferece um dos momentos mais grandiosos da epopéia da Codificação.

# ANO III
# JANEIRO DE 1860

## O ESPIRITISMO EM 1860

A *Revista Espírita* inicia o terceiro ano e temos o prazer de dizer que o faz sob os mais favoráveis auspícios. Aproveitamos prazerosamente a ocasião para testemunhar aos leitores toda a nossa gratidão pelas provas de simpatia que diariamente recebemos. Só isso seria um encorajamento para nós, se não encontrássemos na natureza mesma e no objetivo de nossos trabalhos, uma larga compensação moral à fadiga consequente. A multiplicidade desses trabalhos, aos quais nos consagramos inteiramente, é tal que nos é materialmente impossível responder a todas as cartas de felicitações que nos chegam. Força é dirigirmo-nos coletivamente aos seus autores, rogando-lhes aceitem os nossos agradecimentos. Estas cartas e as numerosas pessoas que nos honram, vindo conferenciar conosco sobre sérios problemas, nos convencem mais e mais do progresso do Espiritismo verdadeiro, e por isto entendemos o Espiritismo compreendido em todas as suas consequências morais. Sem ilusões quanto ao alcance do nosso trabalho, o pensamento de haver contribuído, lançando alguns pesos na balança, é para nós suave satisfação, porque esses poucos pesos terão servido para despertar a reflexão.

A prosperidade crescente da nossa colheita é um indício do favor com que é acolhido. Só nos resta continuar nossa obra na mesma linha, pois recebe a consagração do tempo, sem nos afastarmos da moderação, da prudência e das conveniências que sempre nos orientaram. Deixando aos contraditores o triste privilégio das injúrias e do personalismo, não os seguiremos no terreno de uma controvérsia sem objetivo. Dizemos sem objetivo, porque ela não os levaria à convicção, e é uma perda de tempo discutir com gente que desconhece o *a, b, c* daquilo de que fala. Só temos uma coisa a lhes dizer: Estudai primeiro, e veremos depois. Temos mais que fazer do que falar a quem não quer ouvir. Aliás, o que importa, em definitivo, a opinião contrária deste ou daquele? Terá essa opinião tão grande importância que possa deter a marcha natural das coisas? As maiores descobertas encontraram os mais rudes adversários, o que não as prejudicou. Deixamos, pois, a incredulidade zumbir em redor de nós e nada nos desviará da rota, que é traçada pela própria gravidade do assunto que nos ocupa.

Dissemos que as ideias espíritas progridem. Com efeito, desde algum tempo, ganharam imenso terreno. Dir-se-ia que estão no ar. Certamente, não será ao zabumbar da grande e da pequena imprensa que isto se deve. Se progridem, apesar e contra tudo, e não obstante a má vontade encontrada em certas regiões, é que possuem suficiente vitalidade para se bastarem a si mesmas. Quem se der ao trabalho de aprofundar a questão do Espiritismo, nele encontra uma satisfação moral tão grande, a solução de tantos problemas que inutilmente havia pedido às teorias vulgares; o futuro se desdobra à sua frente de maneira tão clara, precisa e *lógica,* que verifica realmente ser impossível as coisas não se passarem assim, sendo de admirar não se tenha compreendido isto antes, pois um sentimento íntimo lhe dizia que assim deveria ser. Desenvolvida, a ciência espírita nada mais faz que formular, tirar da escuridão ideias Já existentes em seu foro íntimo; daí por diante, o futuro revela um objetivo claro, preciso, perfeitamente definido. Já não marcha a esmo: vê o seu caminho, Não é mais esse futuro de felicidade ou desgraça que a sua razão não podia compreender e que, por isso mesmo, repelia; é um futuro racional, consequência das próprias leis da Natureza, capazes de suportar o mais severo exame. Por isso é feliz e como que aliviado de um peso imenso: o da *incerteza,* porque a incerteza é um tormento. Malgrado seu, o homem sonda as profundezas do futuro e não *pode deixar de vê-lo eterno.* Compara-o à brevidade e à fragilidade da existência terrena. Se o futuro não lhe oferecer nenhuma certeza, atordoa-se, verga-se ao presente e, para o tornar mais suportável, nada recusa: é em vão que a consciência lhe fala do bem e do mal. Diz a si mesmo: o bem é aquilo que me faz feliz. Que motivo teria, então, para ver o bem alhures? Por que suportar privações? Quer ser feliz e, para ser feliz, quer gozar; gozar o que os outros possuem; quer ouro, muito ouro. A isto se apega como à sua vida, porque o ouro é o veículo de todos os prazeres materiais. Que lhe importa o bem-estar de seu semelhante? O seu, antes de tudo. Quer satisfazer-se no presente, por não saber se o poderá mais tarde, num futuro em que não acredita. Assim, torna-se ávido, invejoso, egoísta e, com todos esses prazeres, não é feliz porque o presente lhe parece muito curto.

Com a *certeza* do futuro, tudo para ele muda de aspecto: o presente é apenas efêmero; ele o vê escoar-se sem tristeza; é menos dado aos gozos terrenos, porque estes não lhe trazem senão uma sensação passageira, fugidia, que deixa o coração vazio; aspira a uma felicidade mais duradoura e, consequentemente, mais real. E onde poderá encontrá-la, senão no futuro? Mostrando-lhe, *provando-lhe* esse futuro, o Espiritismo o liberta do suplício da incerteza, e assim o torna feliz. Ora, aquilo que traz felicidade sempre encontra partidários.

Os adversários do Espiritismo atribuem sua propagação rápida a uma febre supersticiosa, que se apodera da humanidade, ao amor do maravilhoso. Mas, antes de mais nada, precisariam de ser lógicos. Aceitaremos o seu raciocínio, se tal se pode chamar raciocínio, quando tiverem explicado claramente porque a febre atinge precisamente as classes esclarecidas da sociedade, antes que as ignorantes. Quanto a nós, dizemos que é porque o Espiritismo apela ao raciocínio e não à crença cega, que as classes esclarecidas o examinam, refletem e o compreendem. Ora, as ideias supersticiosas não suportam exame.

Aliás, todos vós que combateis o Espiritismo, o compreendeis? Estudastes, perscrutando seus detalhes, pesados maduramente em todas as suas consequências? Não, mil vezes não. Falais do que não conheceis. Todas as vossas críticas – e não falo das tolas, vulgares e grosseiras diatribes, despidas de qualquer raciocínio e que não têm qualquer valor – falo das que têm pelo menos aparência de seriedade; todas as vossas críticas, ia dizendo, acusam a mais completa ignorância do assunto.

Para criticar é necessário poder opor raciocínio a raciocínio, prova a prova. É isto possível, sem conhecimento profundo do assunto de que se trata? Que pensaríeis de quem pretendesse criticar um quadro, sem possuir, pelo menos em teoria, as regras do desenho e da pintura? Discutir o mérito de uma ópera, sem saber música? Sabeis a consequência de uma crítica ignorante? É ser ridícula e denotar falta de senso. Quanto mais elevada é a posição do crítico, quanto mais ele se põe em evidência, tanto mais seu interesse o obriga a ser circunspecto, para não vir a receber desmentidos, sempre fáceis de dar a quem quer que fale daquilo que não conhece. Eis porque os ataques contra o Espiritismo têm tão pouco alcance e favorecem o seu desenvolvimento, em vez de o deter. Esses ataques são propaganda: provocam exame, e o exame só nos pode ser favorável, porque nos dirigimos à razão. Não há um artigo publicado contra a doutrina que não nos tenha valido um aumento de assinaturas e de venda de obras. O do Sr. Oscar Comettant (vide o *Siècle* de 27 de outubro último, e nossa resposta na *Revista* de dezembro de 1859), produziu a venda, em poucos dias, na casa Ledoyen, de mais de cinquenta exemplares da famosa sonata de Mozart (que custa 2 fr., preço líquido, segundo a importante e espirituosa observação do Sr. Comettant). Os artigos do *Univers,* de 13 de abril e 28 de maio de 1859, (vide nossa resposta na *Revista* de maio e julho de 1859) fizeram esgotar-se o resto da primeira edição de *O Livro dos Espíritos,* bem como outros. Mas voltemos a coisas menos materiais. Enquanto não opuserem ao Espiritismo senão argumentos desta ordem, ele nada terá a temer.

Repetimos que a principal fonte do progresso das ideias espíritas está na satisfação que proporcionam aos que as aprofundam, e que nelas veem algo mais do que fútil passatempo. Ora, como antes de tudo todos querem a felicidade, não é de admirar se liguem a uma ideia que torna feliz. Dissemos algures que, em se tratando de Espiritismo, o período da curiosidade passou, substituído pelo da razão e da filosofia. A curiosidade tem tempo certo, decorrido este, muda-se o objetivo por um outro. Já o mesmo não se dá com quem se dirige ao pensamento sério e à razão. O Espiritismo progrediu principalmente desde que melhor compreendido em sua essência íntima, desde que se viu o seu alcance, pois toca na corda mais sensível do homem: a de sua felicidade, mesmo neste mundo. Essa a causa de sua propagação, o segredo da força que o fará triunfar. Vós todos que o atacais, quereis um meio seguro de o combater com sucesso? Eu vo-lo indico. Substitui-o por algo melhor. Encontrai uma *solução mais lógica* para todas as questões que ele resolve; dai ao homem *outra certeza,* que o torne mais feliz, e compreendei bem o alcance do vocábulo *certeza,* porque o homem só aceita como *certo* aquilo que lhe parece *lógico.* Não vos contenteis em dizer que isto não é, pois é muito fácil. Provai, não pela negação, mas pelos fatos, que isto não é, jamais foi e *não pode ser.* Provai, enfim, que as consequências do Espiritismo não tornam o homem melhor, pela prática da mais pura moral evangélica, moral muito elogiada, mas pouco praticada. Quando tiverdes feito isso, serei o primeiro a inclinar-me à vossa frente. Até lá, permiti que encare as vossas doutrinas, que são a negação de todo o futuro, como a fonte do egoísmo, verme que roi a sociedade e, consequentemente, como um verdadeiro flagelo. Sim, o Espiritismo é forte, mais forte do que vós, porque se apoia nas bases mesmas da religião: Deus, a alma e as penas e recompensas futuras, baseadas no bem e no mal que se faz. Vós vos apoiais na incredulidade. Ele convida o homem à felicidade, à esperança, à verdadeira fraternidade. Vós lhe ofereceis o *nada* como perspectiva e o *egoísmo* como consolação. Ele tudo explica, vós nada explicais. Ele prova pelos fatos e vós nada provais. Como quereis que se vacile entre as duas doutrinas?

Em resumo, constatamos – e cada um vê e sente como nós – que o Espiritismo deu um passo imenso no ano que findou, e que esse passo é a garantia do que haverá de dar no ano que começa. Não só o número de seus partidários aumentou consideravelmente: uma notável mudança operou-se na opinião geral, mesmo entre os indiferentes. Diz-se que no fundo de tudo isso bem poderia haver algo; que não deve haver pressa em julgá-lo; os que, por isso, dão de ombros, começam a temer o ridículo sobre si mesmos ao ligarem o próprio nome a um julgamento precipitado, que poderá ser desmentido. Assim, preferem calar-se e esperar. Sem dúvida, durante muito tempo haverá pessoas que, nada tendo a perder com a opinião da posteridade, procurarão denegri-lo; umas, por caráter e por estado de ânimo, outras por cálculo. Mas a gente se familiariza com a ideia de ir a Charenton, desde que se veja em boa companhia; e esta piada sem gosto, como tantas outras, torna-se um lugar comum, que não abala, porque, no fundo desses vê-se a falta absoluta de raciocínio. A arma do ridículo, esta arma que se diz tão terrível, gasta-se evidentemente, e cai das mãos que a vibravam. Teria perdido o seu poder? Não, desde que não vibre golpes em falso. O ridículo só mata o que é ridículo em si, tendo de sério apenas a aparência, porque fustiga o hipócrita e lhe arranca a máscara. Mas aquilo que é realmente sério, só receberá golpes ligeiros e sairá sempre triunfante da luta. Vede se uma só das grandes ideias que foram atacadas na origem, pela turba ignorante e invejosa, caiu para não mais se erguer! Ora, o Espiritismo é uma das maiores ideias, porque toca na questão mais vital, a da felicidade do homem; e não se brinca impunemente com semelhante problema. Ele é forte porque tem suas raízes nas leis da Natureza e responde aos inimigos fazendo, desde o início, a volta ao mundo. Alguns anos mais, e seus detratores, impotentes para combatê-lo pelo raciocínio, encontrar-se-ão de tal modo divorciados da opinião, de tal modo isolados, que serão forçados a calar ou a abrir os olhos à luz.

## O MAGNETISMO PERANTE A ACADEMIA

Deixado à porta, o Magnetismo entrou pela janela, graças a um disfarce e a um outro nome. Em vez de dizer: Sou o magnetismo, o que provavelmente não lhe teria dado acolhida favorável, disse: Chamo-me hipnotismo (do grego *hypnos,* sono). Graças a esta palavra de passe, entrou, após vinte anos de paciência, mas não perdeu por esperar, pois soube fazer-se introduzir por uma das maiores sumidades. Teve o cuidado de evitar, na apresentação, o seu cortejo de passes, de sonambulismo, de visão à distancia, de êxtases, que o teriam traído. Disse simplesmente: Sois bons e humanos; vosso coração sangra ao ver sofrer os vossos doentes; procurais um meio de adormecer a dor do paciente, cortado pelo vosso escalpelo; o que empregais, às vezes é muito perigoso. Eu vos trago um mais simples e que, em todo caso, não tem inconvenientes. Estava certo de ser ouvido, falando em nome da humanidade. E acrescentou, astucioso: Sou da família, pois devo a vida a um dos vossos. Pensava, não sem alguma razão, que essa origem não o prejudicaria.

Se vivêssemos ao tempo da Grécia, brilhante e poética, diríamos: O Magnetismo, filho da natureza e de um simples mortal, foi proscrito do Olimpo porque tinha ferido os privilégios de Esculápio e marchado ao seu lado, gabando-se de poder curar sem o seu concurso. Errou muito tempo pela Terra, onde ensinou aos homens a arte de curar por meios novos; desvendou ao vulgo uma porção de maravilhas que, até então, tinham sido misteriosamente escondidas nos templos; mas aqueles cujos segredos havia revelado, desmascarando-lhes a charlatanice, o perseguiram a pedradas, de tal sorte que foi, ao mesmo tempo, banido pelos deuses e maltratado pelos homens. Nem por isso deixou de continuar a espalhar seus benefícios, aliviando a humanidade, certo de que um dia a sua inocência seria reconhecida, de que um dia lhe fariam justiça. Teve um filho, cujo nascimento escondeu cuidadosamente, receoso de lhe atrair perseguições, e o chamou *Hipnotismo*. Esse filho partilhou longamente de seu exílio e durante esse tempo se instruía. Quando o julgou bem formado, disse-lhe: Vai te apresentar no Olimpo, guarda-te de dizer que és meu filho; teu nome e um disfarce facilitarão a tua entrada; Esculápio te apresentará. – Como? meu pai! Esculápio, teu mais encarniçado inimigo! aquele que te proscreveu! – Ele mesmo te estenderá a mão! – Mas se me reconhecer, expulsar-me-á. – Ora! se te expulsar, virás junto a mim e continuaremos nossa obra beneficente entre os homens, à espera de melhores dias. Mas fica tranquilo: tenho muita esperança. Esculápio não é mau; ele quer, antes de tudo, o progresso da Ciência, do contrário não seria digno de ser o deus da Medicina. Aliás, talvez eu tenha cometido algumas faltas para com ele; ofendido por me ver denegrir, eu me exaltei, eu o ataquei imprudentemente. Prodigalizei-lhe injúrias, insultei-o, vilipendiei-o, chamando-o de ignorante. Ora, isto é um meio ruim de tratar os homens e os deuses, e seu amor-próprio ferido irritou-se um instante contra mim. Não faças como eu, meu filho. Sê mais prudente e, sobretudo, mais polido. Se os outros não o forem para contigo, o erro será deles, e a razão, tua. Vai, meu filho, e lembra-te de que não se apanham moscas com vinagre. – Assim falou o pai. Hipnotismo partiu timidamente para o Olimpo; o coração lhe batia forte, quando se apresentou à soleira da porta sagrada. Mas – ó surpresa! – o próprio Esculápio estende a mão e o introduz!

Assim, eis o Magnetismo no lugar. Que vai fazer? Oh! não acrediteis na vitória definitiva; ainda estamos nas preliminares da paz. É uma primeira barreira derrubada – eis tudo. O passo é importante, sem dúvida, mas não penseis que os inimigos vão confessar-se vencidos. O próprio Esculápio, o grande Esculápio, que o reconheceu por seus traços de família, dificultava enormemente sua defesa, pois seriam capazes de mandá-lo a Charenton. Vão dizer que é... qualquer coisa... mas que, seguramente, não é magnetismo. Vá! não chicanemos com as palavras: será tudo o que quiserem; mas, enquanto se espera, é um fato que terá consequências. Ora, eis as consequências. Inicialmente vão ocupar-se apenas do ponto de vista anestésico (do grego *aisthesis,* sensibilidade e *a,* privativo, isto é, privação geral ou parcial da faculdade de sentir) e isto por força da predominância das ideias materialistas, pois ainda há tanta gente, sem dúvida por modéstia, que teima em se reduzir ao papel de grelha que, quando estragada é atirada ao ferro velho, sem deixar vestígios! Assim, vão examinar o fato de todas as maneiras, ainda que por mera curiosidade. Vão estudar a ação das várias substâncias, para produzir o fenômeno da catalepsia. Depois, um belo dia, reconhecerão que basta pôr o dedo. Mas não é tudo. Observando o fenômeno da catalepsia, outros surgirão espontaneamente. Já foi notada a liberdade de pensamento durante a suspensão das faculdades orgânicas. Assim, o pensamento independe dos órgãos. Há, pois, no homem, algo além da matéria. Ver-se-á a manifestação de faculdades estranhas: a vista adquirir uma amplitude insólita, transpondo os limites dos sentidos; todas as percepções deslocadas; numa palavra, é um vasto campo para a observação e não faltarão observadores. O santuário está aberto, e esperamos que dele jorrará a luz, a menos que o celeste areópago não deixe a honra a mais ninguém.

Nossos leitores tenham a bondade de ver o notável artigo que o Sr. Victor Meunier, redator do *Ami des Sciences,* publicou sobre esse interessante assunto, na Revista científica hebdomadária do *Siècle,* de 16 de dezembro de 1859:

"O Magnetismo animal, conduzido à Academia pelo Sr. Broca, apresentado à ilustre companhia pelo Sr. Velpeau, experimentado pelos Srs. Follin, Verneuil, Faure, Trousseau, Denonvilliers, Nélaton, Azam, Ch. Robin, etc., todos cirurgiões dos hospitais, é a grande novidade do dia.

As descobertas, como os livros, tem o seu destino. A de que vamos tratar não é nova. Data de uns vinte anos, e nem na Inglaterra, onde nasceu, nem na França, onde, no momento, não se ocupa de outra coisa, lhe faltou publicidade. Um médico escocês, o Dr. Braid, a descobriu e lhe consagrou um livro: *Neurypnology or the rationale of nervous sleep, considered in relation with animal magnetism*[1]. Um célebre médico Inglês, o Dr. Carpenter, analisou detidamente a descoberta do Dr. Braid no artigo *sleep* (sono) da Enciclopédia de Anatomia e Fisiologia de Tood *(Cyclopedia of Anatomy and Physiology).* Um

---

[1] Neuripnologia ou o fundamento do sono nervoso, considerado em relação com o magnetismo animal. N. do T.

ilustre cientista francês, o Sr. Littré, reproduziu a análise do Dr. Carpenter na segunda edição do *Manual de Physiologie* de S. Mueller. Enfim, nós mesmos consagramos um de nossos folhetins da *Presse,* de 7 de julho de 1852 ao *hipnotismo,* nome dado pelo Dr. Braid ao conjunto de fatos de que se trata. A mais recente das publicações relativas ao assunto data, pois, de sete anos. E eis que, quando o julgavam esquecido, ele adquire essa imensa repercussão.

Há no hipnotismo duas coisas: um conjunto de fenômenos nervosos, e o processo por meio do qual são produzidos.

O processo empregado outrora, se não me engano, pelo Abade Faria, é de grande simplicidade.

Consiste em manter um objeto brilhante em frente aos olhos da pessoa com a qual se experimenta, a pequena distância da raiz do nariz, de modo que só o possa olhar enviesando os olhos para dentro; ela deve fixar os olhos sobre ele. A princípio as pupilas se contraem, depois se dilatam bastante e, em poucos instantes produz-se o estado cataléptico. Levantando-se os membros do paciente, estes conservam a posição que se lhes dá. É apenas um dos fenômenos produzidos; dos outros falaremos oportunamente.

O Sr. Azam, professor substituto de clinica cirúrgica da Escola de Medicina de Bordéus, tendo repetido com sucesso as experiências do Dr. Braid, trocou ideias com o Dr. Paul Broca, que pensou que as pessoas hipnotizadas talvez fossem insensíveis à dor das operações cirúrgicas. A carta que acaba de dirigir à Academia das Ciências é o resumo de suas experiências a respeito.

Antes de tudo devia ele assegurar-se da realidade do hipnotismo, e o conseguiu sem dificuldades.

Visitando uma senhora de uns quarenta anos, algo histérica, e que estava acamada por ligeira indisposição, o Dr. Broca fingia querer examinar os olhos da paciente e lhe pedia olhasse fixa-mente um frasquinho dourado que ele segurava a uns quinze centímetros da raiz do nariz. Ao cabo de três minutos os olhos ficaram um pouco vermelhos, os traços imóveis, as respostas lentas e difíceis, mas perfeitamente racionais. O Dr. Broca levantou o braço da doente e este se manteve na posição deixada; deu aos dedos as mais extremas situações e eles as conservaram; beliscou a pele em vários pontos, com certa força e, ao que parece, a paciente nada sentiu. Catalepsia, insensibilidade! O Dr. Broca não levou adiante a experiência: esta lhe havia ensinado o que queria saber. Uma fricção sobre os olhos, uma insuflação de ar frio na fronte trouxeram a doente ao estado normal. Não tinha a menor lembrança do que se havia passado.

Restava saber se a insensibilidade hipnótica resistiria à prova das operações cirúrgicas.

Entre os doentes do Hospital Necker, no serviço do Dr. Follin, estava uma pobre senhora de 24 anos, vítima de extensa queimadura nas costas e nos dois membros direitos e de um abscesso extremamente doloroso. Os menores movimentos lhe eram um suplício. Esgotada pelo sofrimento e, de resto, muito pusilânime, essa infeliz pensava com terror na operação que se fazia necessária. Foi nela que, de acordo com o Dr. Follin, o Dr. Broca resolveu completar a prova do hipnotismo.

Puseram-na num leito em frente à janela, prevenindo-a que ia dormir. Ao cabo de dois minutos suas pupilas se dilataram, levantaram o braço esquerdo quase verticalmente acima do leito e ele ficou imóvel. Ao quarto minuto suas respostas são lentas e quase penosas, mas perfeitamente sensatas. Quinto minuto: o Dr. Follin belisca a pele do braço esquerdo e a doente não o acusa; nova picada mais funda, que produz sangue, e a mesma impassibilidade. Levantam o braço direito, que fica no ar. Então as cobertas são levantadas e os membros inferiores afastados, para deixar a descoberto a sede do abscesso.

A doente consentia e disse com tranquilidade que, sem dúvida, iriam magoá-la. Aberto o abscesso solta um grito fraco: foi o único sinal de reação e durou menos de um segundo. Nem o menor tremor de músculos do rosto ou dos membros, nem uma agitação nos braços, sempre elevados verticalmente acima do leito. Os olhos um pouco injetados estavam largamente abertos; o rosto tinha a imobilidade de uma máscara.

Levantado o pé esquerdo, fica suspenso. Tiram o objeto brilhante, uma luneta. Persiste a catalepsia; pela terceira vez picam o braço esquerdo, o sangue borbulha e a operada nada sente. Há 13 minutos o braço guarda a posição que lhe foi dada.

Enfim, uma fricção nos olhos, uma insuflação de ar fresco, despertam a jovem senhora quase que subitamente; relaxados, os braços e a perna esquerda caem de repente na cama. Ela esfrega os olhos, retoma a consciência, de nada se lembra e se admira de que a tenham operado. A experiência tinha durado de 18 a 20 minutos; o período de anestesia, de 12 a 15.

Tais são, em resumo, os fatos essenciais comunicados pelo Dr. Broca à Academia das Ciências. Já não são mais isolados. Um grande número de cirurgiões de nossos hospitais tiveram a honra de repeti-los, e o fizeram com sucesso. O objetivo do Dr. Broca e de seus ilustres colegas era, e deveria ser, cirúrgico. Esperemos que, como meio de provocar a insensibilidade, tenha o hipnotismo todas as vantagens dos agentes anestésicos, sem lhes ter os inconvenientes. Mas a Medicina não é do nosso domínio e, para não sair de suas atribuições, nossa Revista não deve considerar o fato senão sob o ponto de vista fisiológico.

Depois de haver reconhecido a veracidade do Dr. Braid sobre o ponto essencial, certamente ter-se-á que verificar tudo o que respeita a este estado singular, ao qual se dá o nome de hipnotismo. Os fenômenos que ele lhe atribui podem ser assim classificados:

*Exaltação da sensibilidade.* O olfato é levado a um grau de sensibilidade pelo menos igual ao que se observa nos animais de melhor olfato. A audição também se torna muito penetrante. O tato adquire, sobretudo em relação à temperatura, uma incrível delicadeza.

*Sentimentos sugeridos.* Ponde o rosto, o corpo ou os membros do paciente na atitude que convém à expressão de um sentimento particular e logo se desperta o estado mental correspondente. Assim, colocada no alto da cabeça a mão do hipnotizado, ele se retesa espontaneamente, inclinando o corpo para trás; sua atitude é a do mais puro orgulho. Se nesse momento se lhe curvar a cabeça para a frente, dobrando levemente o corpo e os membros, o orgulho é substituído pela mais profunda humildade. Afastando levemente os cantos da boca, como no riso, logo se produz uma disposição alegre. O mau humor sobrevém imediatamente quando se faz as sobrancelhas convergirem para baixo.

*Ideias provocadas.* Levante-se a mão do paciente acima da cabeça, dobrem-se os dedos sobre a palma, e é suscitada a ideia de subir, de se balançar ou puxar uma corda. Se, ao contrário, se dobrarem os dedos, deixando o braço pendente, provoca-se a ideia de levantar um peso. Se os dedos forem fechados e o braço levado à frente, como para dar um soco, é sugerida a ideia de jogar box. (A cena se passa em Londres).

*Acréscimo de força muscular.* Se se quiser suscitar uma força extraordinária num grupo de músculos, basta sugerir ao paciente a ideia da ação que reclama essa força e lhe assegurar que o pode realizar com a maior facilidade, caso queira. Diz o Dr. Carpenter: "Vimos um paciente hipnotizado pelo Dr. Braid, notável pela pobreza de desenvolvimento muscular, levantar com o polegar um peso de quatorze quilos e girá-lo em volta da cabeça, certo de que o peso era leve como uma pluma."

Limitamo-nos, por hoje, à indicação deste esquema. Aos fatos a palavra; as reflexões virão depois.

## ESPÍRITO DE UM LADO, CORPO DO OUTRO

### PALESTRA COM O ESPÍRITO DE UM VIVO

O nosso ilustre colega, Sr. Conde de R... O... dirigiu-nos, em data de 23 de novembro último, a seguinte carta:

"Senhor Presidente:

Ouvi dizer que médicos, entusiastas de sua arte, e de contribuir para o progresso da Ciência, tornando-se úteis à humanidade, legaram, por testamento, os seus corpos ao escalpelo das salas anatômicas. A experiência a que assisti, de evocação de uma pessoa viva (Sessão da Sociedade de 14 de outubro de 1859) não me pareceu muito instrutiva, por se tratar de uma coisa muito pessoal: pôr em comunicação um pai vivo com a filha morta. Pensei que aquilo que os médicos fizeram pelo corpo, um membro da Sociedade poderia fazer pela alma, ainda em vida, pondo-se à vossa disposição para um ensaio desse gênero. Talvez pudésseis, preparando as perguntas de antemão, que desta vez nada teriam de pessoal, obter novos esclarecimentos sobre o fato do isolamento da alma e do corpo. Aproveitando uma indisposição que me retém em casa, venho oferecer-me como paciente para estudo, se quiserdes. Então, na próxima sexta-feira, se não houver contra-ordem, deitar-me-ei às nove horas e penso que às nove e meia podereis chamar-me, etc."

Aproveitamos a oferta do Sr. Conde de R... O..., com tanto mais entusiasmo quanto, pondo-se à nossa disposição, pensávamos que seu Espírito se prestaria de boa vontade às nossas pesquisas. Por outro lado, sua instrução, a superioridade de sua inteligência – o que, diga-se de passagem, não impede seja um excelente Espírita – e a experiência que adquiriu em viagem à volta do mundo, como capitão da marinha imperial, dava-nos o direito de esperar de sua parte uma apreciação mais sã de seu estado. A espera não nos decepcionou. Em consequência, tivemos com ele as duas palestras que se seguem, a primeira a 25 de novembro e a segunda a 2 de dezembro de 1859.

(SOCIEDADE, 25 DE NOVEMBRO DE 1859)

1. – (*Evocação*) R – Aqui estou.

2. – Neste momento tendes consciência do desejo manifestado, de ser evocado? R – Perfeitamente.

3. – Em que lugar vos achais, aqui? R – Entre vós e o médium.

4. – Vede-nos tão claramente como, quando em pessoa, assistis às nossas sessões? R – Mais ou menos; mas um pouco velado; ainda não durmo bem.

5. – Como tendes consciência de vossa individualidade aqui presente, quando o vosso corpo está no leito? R – Neste momento o corpo me é simples acessório. Sou *Eu* que aqui estou.

**Observação**: Sou *Eu* que aqui estou é uma resposta notável. Para ele, o corpo não é a parte essencial do seu ser: esta parte é o Espírito, que constitui o *Eu;* o seu *Eu* e o seu corpo são coisas distintas.

6. – Podeis transportar-vos instantaneamente, e à vontade, daqui para a casa e vice-versa? R – Sim.

7. – Indo e vindo daqui para a casa, tendes consciência do trajeto que fazeis? Vedes os objetos que estão no caminho? R – Poderia, mas negligencio fazê-lo, pois não há interesse.

8. – O estado em que vos encontrais é semelhante ao de um sonâmbulo? R – Não inteiramente. Meu corpo *dorme,* isto é, está mais

ou menos inerte. O sonâmbulo *não dorme:* suas faculdades orgânicas estão modificadas, mas não aniquiladas.

9. – Evocado o Espírito de uma pessoa viva, poderia indicar remédios como um sonâmbulo? R – Se os conhecer, ou se se achar em contato com um Espírito que os conheça, sim; do contrário, não.

10. – A lembrança de vossa existência corpórea está claramente presente em vossa memória? R – Muito clara.

11. – Poderíeis citar uma de vossas ocupações mais destacadas do dia? R – Poderia, mas não o farei e lamento ter proposto tal pergunta (ele havia pedido lhe fosse feita uma pergunta deste gênero como prova).

12. – É como Espírito que lamentais o terdes proposto a pergunta? R – Como Espírito.

13. – Por que o lamentais? R – Porque melhor compreendo quanto é justo que, na maior parte dos casos, seja vedado fazê-lo.

14. – Poderíeis descrever-nos o vosso quarto? R – Certamente; e também o do porteiro.

15. – Então, tende a bondade de descrever um deles. – Eu disse que poderia; mas poder não é querer.

16. – Qual a doença que vos retém em casa? R – A gota.

17. – Há um remédio para a gota? Se o conheceis, poderíeis indicá-lo, pois prestaríeis um grande serviço? R – Poderia, mas não o farei: o remédio seria pior que o mal.

18. – Pior ou não, quereis indicá-lo, com a condição de não usar? R – Há diversos, entre os quais o cólquico.

**Observação**: Desperto, o Conde reconheceu jamais ter ouvido falar no emprego desta planta como específico antigotoso.

19. – No vosso estado atual, veríeis o perigo que poderia correr um amigo e poderíeis ir em seu auxílio? R – Poderia. Inspirá-lo-ia. Se ouvisse minha inspiração e, ainda com mais proveito, se fosse médium.

20. – Desde que o evocamos por vossa vontade, e que vos pondes à nossa disposição para estudos, tende a bondade de descrever, o melhor possível, e nos dar a compreender, se possível, o estado em que vos achais agora. R – Estou no mais feliz e satisfatório estado que se possa

experimentar. Algum dia tivestes um sonho em que o calor do leito leva a crer que somos levemente embalados no ar, ou na crista de ondas tépicas, sem preocupação com os movimentos, sem consciência dos membros pesados e incômodos, a se moverem ou se arrastarem, numa palavra, sem qualquer necessidade a satisfazer? Não sentindo o aguilhão da fome ou da sede? Estou nesse estado junto a vós. E só vos dei uma pequena mostra do que experimento.

21. – O estado atual do vosso corpo sofre alguma modificação fisiológica, por força da ausência do Espírito? R – De modo algum. Estou no estado a que chamais primeiro sono: sono pesado e profundo, que todos experimentamos, e durante o qual nos afastamos do corpo.

**Observação**: O sono, que não era completo no começo da evocação, estabeleceu-se pouco a pouco, por força do mesmo desprendimento do Espírito, que deixa o corpo no maior repouso.

22. – Se, por um movimento brusco, despertassem instantaneamente o vosso corpo, enquanto vosso espírito aqui está, que resultaria? R – Aquilo que é brusco para o homem é muito lento para o Espírito, que sempre tem tempo de ser avisado.

23. – A felicidade que descrevestes e que desfrutais no estado de liberdade, tem qualquer relação com as sensações agradáveis experimentadas nos primeiros momentos da asfixia? O Sr. S..., que involuntariamente teve a satisfação de as experimentar, é quem vos dirige a pergunta. R – Ele não está inteiramente errado. Na morte por asfixia há um instante análogo àquele de que fala, com a diferença de que o Espírito perde a lucidez, enquanto aqui ela é consideravelmente aumentada.

24. – Vosso Espírito está ligado ao corpo por um laço qualquer? R – Sim; e disso tenho perfeita consciência.

25. – A que podeis comparar essa ligação? R – A coisa alguma que conheçais, senão a uma luz fosforescente, como aspecto, se o pudésseis ver, mas que não me dá nenhuma sensação.

26. – A luz vos afeta da mesma maneira? Tem o mesmo tom que vedes pelos olhos? R – Absolutamente, porque os olhos me servem, de certo modo, como janelas do cérebro.

27. – Percebeis os sons tão distintamente? R – Mais distintamente, pois percebo muitos que vos escapam.

28. – Como transmitis o pensamento ao médium? R – Atuo sobre sua mão, para lhe dar uma direção, que facilito por uma ação sobre o cérebro.

29. – Servi-vos das palavras do vocabulário que ele tem na cabeça, ou indicais as palavras que deve escrever? R – Uma coisa e outra, conforme a conveniência.

29-A.[1] – Se tivésseis por médium alguém que desconhecesse a vossa língua e a dele vos fosse desconhecida, como, por exemplo, um chinês, como poderíeis lhe fazer o ditado? R – Isto seria mais difícil e talvez impossível. Em todo o caso, só seria possível com uma flexibilidade e uma docilidade difíceis de encontrar.

30. – Um Espírito, cujo corpo estivesse morto, experimentaria a mesma dificuldade para se comunicar por um médium completamente estranho à língua que falava em vida? R – Talvez menor, posto sempre existisse. Venho dizer-vos que, conforme o caso, o Espírito dá ao médium as suas expressões, ou emprega as dele.

31. – Vossa presença fatiga o vosso corpo? R – Absolutamente.

32. – Vosso corpo sonha? R – Não: é justamente por isso que não se fatiga. A pessoa de quem falais experimentaria por seus órgãos impressões que se transmitiam ao Espírito. Era isso o que a fatigava. Nada experimento de semelhante.

**Observação**: Ele alude a uma pessoa de quem se falava no momento e que, em semelhante situação, tinha dito que seu corpo se fatigava, e havia comparado seu Espírito a um balão cativo, cujos arrancos abalam o poste que o prende.

No dia seguinte o Sr. Conde de R... C... contou que tinha sonhado que se achava na Sociedade, entre nós e o médium. Evidentemente é uma lembrança da evocação. É provável que no momento da pergunta não sonhasse, pois respondeu negativamente. Também é possível, e mais provável, que sendo o sonho uma lembrança da atividade do Espírito, na verdade não é o corpo que sonha, desde que não pensa. Ele, pois, respondeu negativamente, sem saber se, desperto, seu Espírito se recordaria. Se o corpo tivesse sonhado enquanto o seu Espírito estava

---

[1] No original, o número 29 foi repetido. Na tradução destacamo-lo, chamando 29 A, para não alterar o restante da numeração. N. do T.

ausente, o Espírito teria tido uma ação dupla. Ora, ele não poderia estar simultaneamente na Sociedade e em sua casa.

33. – Vosso Espírito se acha no estado em que se achará quando estiverdes morto? R – Mais ou menos a mesma coisa, pois há o laço que o prende ao corpo.

34. – Tendes consciência das existências anteriores? R – Muito confusamente. Aí está uma diferença de que me esquecia. Após o desprendimento completo, após a morte, as lembranças são muito mais precisas. Atualmente são mais completas do que durante a vigília, mas não suficientes para poder especificá-las de modo mais inteligível.

35. – Se, ao despertar, vos mostrassem vossa letra, teríeis consciência das respostas que acabais de dar? R – Poderia identificar alguns de meus pensamentos; mas muitos outros não encontraria qualquer eco em meu pensamento, quando desperto.

36. – Poderíeis exercer sobre o corpo tão grande influência, a ponto de o despertar? R – Não.

37. – Poderíeis responder a uma pergunta mental? R – Sim.

38. – Vede-nos espiritualmente ou fisicamente? R – De um e outro modo.

39. – Poderíeis ir visitar o irmão de vosso pai, que disseram estar numa ilha da Oceania e, como marinheiro, precisar a posição da ilha? R – Não posso nada disso.

40. – Que pensais agora de vossa interminável obra e seu objetivo? R – Penso que devo continuá-la, com o mesmo objetivo. É tudo quanto posso dizer.

**Observação**: Ele havia desejado fosse feita essa pergunta, relativa à importante trabalho sobre a marinha.

41. – Ficaríamos encantados se quisésseis dirigir algumas palavras aos vossos colegas, uma espécie de pequeno discurso. R – Desde que tenho a oportunidade, aproveito-a para vos afirmar a minha fé no futuro da alma; que a maior falta que possam os homens cometer é procurar provas e provas. Isto é o menos perdoável aos homens que se iniciam no conhecimento do Espiritismo. Já não vos repetiram milhares de vezes que é preciso crer, porque se compreende e se ama a justiça e a verdade, e que se déssemos satisfação a uma dessas perguntas

pueris, os que a pretendessem, a fim de se convencerem, não deixariam de fazer outras no dia seguinte e, infalivelmente, perderíeis um tempo precioso, fazendo os Espíritos lerem a sorte? Eu o compreendo agora muito melhor do que quando desperto, e vos posso dar um sábio conselho, para quando quiserdes obter tais resultados: dirigi-vos aos Espíritos batedores e às mesas falantes, que, não tendo nada melhor a dizer, podem ocupar-se de tais manifestações. Perdoai a lição, mas eu tenho necessidade dela, como os outros, e não me aborreço de a dar a mim mesmo.

(SEGUNDA SESSÃO, A 2 DE DEZEMBRO DE 1859)

42. – (*Evocação*) R – Estou aqui.

43. – Dormis bem? R – Não muito; mas irei.

44. – No caso particular em que vos encontrais, julgais útil fazer a evocação em nome de Deus, como se fosse o Espírito de um morto? R – Por que não? Credes que por não estar morto, Deus me seja indiferente?

45. – Se, no momento em que vos achais aqui, vosso corpo recebesse uma picada, não bastante forte para vos despertar, mas suficiente para o acusar, vosso Espírito a sentiria? R – Meu corpo não a sentiria.

46. – Vosso Espírito teria consciência do fato? R – Não teria a menor consciência; mas notai que me falais de uma sensação leve e sem alcance, como importância, quer para o corpo, quer para o Espírito.

47. – A propósito da luz, dissestes que a sentis como se em vigília, desde que vossos olhos são como janelas por onde ela chega ao cérebro. Compreendemo-lo, para a luz percebida pelo corpo. Mas neste momento não é o vosso corpo que vê. Vedes ainda por um ponto circunscrito ou por todo o ser? R – É muito difícil vos fazer compreender. O Espírito percebe as sensações sem o intermédio dos órgãos e não tem ponto circunscrito para as perceber.

48. – Insisto novamente, para saber se os objetos, o espaço que vos cerca, têm para vós a mesma cor de quando estais desperto. – Para mim, sim, pois meus órgãos não me enganam. Mas certos Espíritos encontrariam nisto grandes diferenças. Vós, por exemplo, percebeis os sons e as cores de modo muito diferente.

49. – Percebeis os odores? – Também melhor que vós.

50. – Fazeis diferença entre a luz e a obscuridade? R – Diferença, sim. Mas para mim a obscuridade não é como para vós. Vejo perfeitamente.

51. – Vossa vista penetra os corpos opacos? R – Sim.

52. – Poderíeis ir a um outro planeta? R – Isto depende.

53. – De que depende? R – Do planeta.

54. – A que planeta poderíeis ir? R – Aos que estão no mesmo grau da Terra, ou mais ou menos.

55. – Vedes os outros Espíritos? R – Muitos e ainda.

**Observação**: Alguém que o conhece intimamente, presente à sessão, disse que essa expressão lhe é muito familiar. Assim, vê nisso e em toda a forma da linguagem, uma prova de identidade.

56. – Vede-os aqui? R – Sim.

57. – Como constatais sua presença? Por uma forma qualquer? R – Por sua forma própria, isto é, por seu perispírito.

58. – Vedes por vezes os vossos filhos e podeis lhes falar? R – Vejo-os e lhes falo com frequência.

59. – Dissestes: Meu corpo é um acessório; sou *Eu* que estou aqui. O *Eu* é circunscrito, limitado. Tem uma forma qualquer? Numa palavra, como vos vedes? R – É sempre o perispírito.

60. – Então o perispírito é para vós um corpo? R – Mas, sem dúvida.

61. – Vosso perispírito imita a forma do vosso corpo material e vos parece que aqui estais em vosso corpo? R – Sim, quanto à primeira pergunta, e não, quanto à segunda. Tenho perfeita consciência de estar aqui apenas no corpo fluídico luminoso.

62. – Poderíeis nos dar um soco? R – Sim, mas não o sentiríeis.

63. – Poderíeis fazê-lo de maneira sensível? R – Isto se pode; mas não posso aqui.

64. – Se, no momento em que estais aqui, vosso corpo morresse subitamente, o que experimentaríeis? R – Eu lá estaria antes.

65. – Ficaríeis desembaraçado mais prontamente do que se

morrêsseis em circunstâncias ordinárias? R – Muito: não entraria senão para fechar a porta, depois de haver saído.

66. – Dissestes sofrer de gota. Concordais com vosso médico, aqui presente, que pretende seja um reumatismo nevrálgico? Que pensais? R – Penso que desde que estais tão bem informado, isso deve bastar.

67. – (*O médico*). Em que vos baseais para supor que seja gota? R – É a minha opinião. Talvez me engane, se estais tão certo de não vos enganar.

68. – (*O médico*). Seria possível uma complicação de gota e reumatismo. R – Então ambos teríamos razão: só nos restaria abraçar-nos.

Essa resposta provocou risos na assistência.

69. – Isso vos faz rir de nos ver rindo? – Mas às gargalhadas. Então não me entendeis?

70. – Dissestes que o cólquico é remédio eficaz contra a gota. De onde vos veio essa ideia, se desperto não a sabíeis? R – Eu o usei outrora.

71. – Então foi em outra existência? R – Sim; e fez-me mal...

72. – Se vos fizessem uma pergunta indiscreta, seríeis constrangido a respondê-la? R – Oh! esta é forte. Tentai.

73. – Assim, tendes perfeito livre arbítrio? R – Mais que vós.

**Observação**: Em muitas ocasiões a experiência provou que o Espírito isolado do corpo tem sempre a sua vontade e só diz o que quer. Compreendendo melhor o alcance das coisas, é mesmo mais prudente e discreto do que se desperto. Quando diz uma coisa, é que julga útil dizê-lo.

74. – Teríeis tido a liberdade de não vir quando vos chamamos? R – Sim: livre de sofrer as consequências.

75. – Quais essas consequências? R – Se me recusar a ser útil aos meus semelhantes, sobretudo quando tenho perfeita consciência de meus atos, sou livre, mas sou punido.

76. – Que gênero de punição sofreríeis? R – Seria preciso vos expor o código de Deus, e isso seria muito longo.

77. – Se neste momento alguém vos insultasse, dizendo coisas

que, desperto, não suportaríeis, qual o sentimento que experimentaríeis? R – O de desprezo.

78. – Então não procuraríeis vingar-vos? R – Não.

79. – Fazeis uma ideia da posição que ocupais entre os Espíritos, quando lá estiverdes completamente? R – Não: isso não é permitido.

80. – Credes que, no vosso estado atual, o Espírito possa prever a morte do corpo? R – Algumas vezes; pois se tivesse que morrer de repente, sempre teria tempo de a ele voltar.

## CONSELHOS DE FAMÍLIA

Por certo, os leitores se lembram do artigo publicado em setembro último, sob o título de *Uma Família Espírita*. As comunicações seguintes dão-nos uma prova. Com efeito, são conselhos ditados numa reunião íntima, por um Espírito eminentemente superior e bondoso. Distinguem-se pelo encanto e a doçura do estilo, a profundeza dos pensamentos e, além disso, por nuanças de extrema delicadeza, apropriadas à idade e ao caráter das pessoas a quem eram dirigidas. O Sr. Rabache, negociante de Bordéus, que serviu de intermediário, teve a bondade de autorizar a sua publicação. Só podemos felicitar os médiuns que recebem coisas semelhantes. É uma prova de que têm simpatias felizes no imundo invisível.

Castelo de Pechbusque, novembro de 1859.

PRIMEIRA SESSÃO

Perguntando ao Espírito protetor da família, se podia dar alguns conselhos aos membros presentes, respondeu:

Sim, tenham confiança em Deus e busquem instruir-se nas verdades eternas e imutáveis, que lhes ensina o livro divino da Natureza. Ele contém toda a lei de Deus, e os que sabem ler e compreender, seguem apenas o caminho verdadeiro da sabedoria. Nada do que veem seja desprezado, pois cada coisa traz em si um ensinamento e deve, pelo uso do raciocínio, elevar a alma para Deus e dele aproximá-la. Em tudo quanto ferir a inteligência, procurem sempre distinguir o bem do mal: o primeiro, para o praticar; o segundo, para o evitar. Antes de formular um julgamento, voltem sempre o pensamento para o eterno, *que os guiará ao bem,* e não os enganará jamais.

## SEGUNDA SESSÃO

Boa noite, meus filhos. Se me amais, procurai instruir-vos; reuni-vos muitas vezes com este pensamento. Ponde vossas ideias em comum: é um excelente meio, pois em geral só intercambiamos as coisas que julgamos boas. A gente se envergonha das más: assim, são guardadas em segredo ou só são comunicadas aos que queremos tornar cúmplices. Distinguem-se os bons dos maus pensamentos, porque os primeiros podem, sem receio, ser transmitidos a todo o mundo, ao passo que os últimos não poderiam, sem perigo, ser comunicados senão a alguns. Quando vos vier um pensamento, para julgar de seu valor, perguntai-vos se podeis torná-lo público sem inconveniente e se não fará mal. Se vossa consciência vo-lo autorizar, não temais, vosso pensamento é bom. Dai-vos bons conselhos mutuamente, e nisto só tendo em vista o bem daquele a quem os dais, e não o vosso. Vossa recompensa estará no prazer que experimentais em serdes úteis. A união dos corações é a mais fecunda fonte de felicidades; e, se muitos homens são infelizes, é que só procuram a felicidade para si mesmos. Ela lhes escapa precisamente porque julgam só encontrá-la no egoísmo. Digo a felicidade e não a fortuna, porque, até aqui, esta última só tem servido como sustentáculo à injustiça, e o objetivo da existência é a justiça. Ora, se a justiça fosse praticada entre os homens, o mais afortunado seria aquele que realizasse maior número de boas obras. Se, pois, quiserdes tornar-vos ricos, meus filhos, praticai muitas ações boas. Pouco importam os bens do mundo: não é a satisfação da carne que se deve buscar, mas a da alma. Aquela é efêmera; esta, eterna.

Chega por hoje. Meditai estes conselhos e procurai pô-los em prática. Eis o caminho da salvação.

## TERCEIRA SESSÃO

Sim, meus filhos, eis-me aqui. Tende confiança em Deus, que jamais abandona os que fazem o bem. Aquilo que julgais um mal, com frequência só o é em relação às vossas concepções. Também, às vezes, o mal real vem apenas de um desânimo ocasionado por uma dificuldade, que a calma de espírito e a reflexão teriam evitado. Assim, refleti sempre e, como já vos disse, referi tudo a Deus. Quando experimentais qualquer pesar, longe de vos abandonardes à tristeza, ao contrário, resisti e fazei todo esforço para triunfar, pensando que nada se obtém sem trabalho, e que muitas vezes o sucesso é eriçado de dificuldades. Invocai o auxílio dos Espíritos benevolentes. Eles não podem, como vos ensinam, fazer boas obras em vosso lugar, nem obter algo de Deus para vós, pois é preciso que cada um ganhe, por si mesmo, a perfeição a que todos estamos destinados; mas podem inspirar-vos o bem, sugerir-vos conduta conveniente e ajudar-vos com seu concurso. Não se manifestam ostensivamente, mas no recolhimento. Escutai a voz da vossa consciência, lembrando-vos de meus conselhos precedentes. Confiança em Deus, calma e coragem.

QUARTA SESSÃO

Boa noite. meus filhos. Sim: é preciso continuar as sessões, até que um médium se manifeste, para substituir o que vai deixar-vos. Está cumprido o seu papel de iniciador entre vós: continuai o que haveis começado, porque também servireis um dia à propagação da verdade que, neste momento, é proclamada no mundo inteiro pelas manifestações espíritas. Persuadi-vos, meus filhos, de que, em geral, o que se entende na Terra por Espírito, só é Espírito para vós. Depois que esse Espírito, ou alma, se separa da matéria grosseira que o envolve, para vós não tem mais corpo, porque vossos olhos materiais não mais o vêem. Mas é sempre matéria, relativamente aos mais elevados que ele. Para vós, crianças, vou fazer uma comparação muito imperfeita, mas que, entretanto. vos poderá dar uma ideia da *transformação,* a que impropriamente chamais morte. Imaginai uma lagarta, que vedes diariamente. Esgotado o tempo de sua existência, ela se transforma em crisálida; passa algum tempo nesse estado e depois, chegado o momento, se despoja de seu invólucro, e dá origem a uma borboleta, que voa. Ora, a lagarta, ao deixar sua natureza grosseira, representa o homem que *morre;* a borboleta representa a alma que *se eleva.* A lagarta arrasta-se no chão; a borboleta voa para o céu. Mudou de matéria, mas ainda é material. Se a lagarta raciocinasse, não veria a borboleta que, entretanto, teria saído da carapaça apodrecida da crisálida. Assim, o corpo não *pode ver* a alma; mas a alma, envolta em matéria, tem consciência de sua existência e o próprio materialista por vezes a sente inteiramente. Então seu orgulho o impede de concordar e fica com sua ciência sem crença, sem se elevar, até que, enfim, lhe chegue a *dúvida*. Então nem tudo está acabado, porque nele a luta é maior. É apenas uma questão de tempo. Porque, amigos, eu vo-lo repito, todos os filhos de Deus foram criados para a perfeição. Felizes os que não perdem tempo pelo caminho. A eternidade é feita de dois períodos: o da prova, que poderia chamar-se de incubação, e o da eclosão, ou entrada na vida verdadeira, que chamais a felicidade dos eleitos.

QUINTA SESSÃO

Meus caros filhos, vejo com satisfação que começais a refletir nos avisos e conselhos que vos dou. Sei que para o atual desenvolvimento de vossa inteligência, há, simultaneamente, muito assunto para reflexão. Devo, porém, aproveitar a ocasião que se apresenta: em poucos dias esse meio não mais estará à minha disposição, e era necessário ferir a vossa imaginação, de maneira a vos sugerir o desejo de continuar as vossas sessões, até que algum de vós possa substituir o médium atual. Espero que essas poucas sessões, sobre as quais vos incito a meditar demoradamente, terão bastado para vos despertar a atenção e o desejo de aprofundar mais esse vasto assunto de investigações. Tomai como regra jamais procurar satisfazer uma vã curiosidade, mas vos instruir e aperfeiçoar. É inútil vos preocupardes com a diferença que possa existir entre o que vos ensinarei e o que sabeis ou julgais saber; cada vez que vos for dada uma instrução, perguntai-vos se é justa, se corresponde às exigências da consciência e da equidade. Quando a resposta for afirmativa, não vos inquieteis por saber se concorda com o que vos tiver sido dito. Que vos importa isto! O importante é o justo, o consciencioso e o equitativo: tudo quanto reúne estas condições é de Deus. Obedecer a uma boa consciência, só fazer coisas úteis, evitar tudo quanto, sem ser mau, não tem utilidade – eis o essencial. Porque fazer algo de inútil já é fazer o mal. Evitai escandalizar, mesmo pelo vosso aperfeiçoamento: circunstâncias há em que a simples vista de vossa mudança pode produzir um mau efeito. Assim, por exemplo, a luz do dia não poderia, sem perigo, ferir de súbito a vista de um homem encerrado numa câmara escura. Então, que o vosso progresso não seja entregue à investigação, senão conforme vos aconselhar a sabedoria. Aperfeiçoai-vos sempre: só o fareis ver quando for tempo. Aqueles para quem escrevo este conselho o compreendem, sem que eu tenha de ser mais explícito. Sua consciência lhes dirá.

Coragem e perseverança! São as únicas leis do sucesso.

**Observação**: O último conselho não poderia ter aplicação geral. É evidente que o Espírito teve um objetivo especial, como Ele próprio o disse. Do contrário, poderíamos nos enganar quanto ao sentido e o alcance de suas palavras.

## AS PEDRAS DE JAVA

Bruxelas, 9 de dezembro de 1859

Senhor Diretor:

Li na *Revista Espírita* o relato de Ida Pfeiffer sobre as pedras caídas em Java, na presença de um oficial superior holandês, com o qual estive muito ligado em 1817, pois foi ele quem me emprestou suas pistolas e serviu de testemunha em meu primeiro duelo. Chamava-se Michiels, de Maestricht, e foi a general em Java. A carta que relatava o fato acrescentava que essa queda de pedras, na habitação isolada do distrito de Chéribon não durou menos de doze dias, sem que as sentinelas postas pelo general tivessem algo descoberto, nem ele também, durante o tempo em que lá ficou. Essas pedras, formadas de uma espécie de pedra-pomes, pareciam criadas no ar, a alguns pés do forro. O general mandou encher vários cestos; os habitantes vinham procurá-las para fazer amuletos, e até remédios. O fato é muito conhecido em Java, pois se renova com frequência, principalmente as *cusparadas de siry*. Vários meninos foram perseguidos a pedradas em campo raso, mas não foram atingidos. Dir-se-ia que os Espíritos farsistas se divertem em meter medo à gente. Evocai o Espírito do general Michiels e talvez vos explique o fato. O Dr. Vanden Kerkhove, que morou muito tempo em Java, me declarou, como vos afirmo, que vossa Revista é cada dia mais interessante, mais moralizadora e procurada em Bruxelas.

Aceitai, etc.

Jobard

O conhecido caráter da Sra. Pfeiffer, o cunho de veracidade que marca todos os seus relatos, não nos deixam a menor dúvida quanto à realidade do fenômeno em apreço; mas compreende-se toda a importância que lhe vem acrescentar a carta do Sr. Jobard, pela informação da principal testemunha ocular, encarregada de verificar o fato, e que nenhum interesse tinha em fazê-lo acreditado, se o tivesse reconhecido falso. Para começar, a natureza esponjosa dessa chuva de pedras poderia fazer atribuí-la à origem vulcânica ou aerolítica e os céticos não deixariam de dizer que a superstição havia tomado o lugar de um fenômeno natural. Se tivéssemos apenas o testemunho dos javaneses, a suposição seria fundada, e as pedras, caindo em campo raso, sem sombra de dúvida viriam em apoio a essa opinião. Mas o general Michiels e o Dr. Vanden Kerkhove não eram malaios, e sua afirmação tem valor. A esta consideração, de si muito forte, é preciso acrescentar que não caiam somente em pleno ar, mas na sala onde parece que se formavam, a alguma distância do forro. É o general quem o afirma. Ora, não pensamos que jamais se tenham visto aerólitos se formar na atmosfera de uma sala. Admitindo a causa meteorológica ou vulcânica, o mesmo não se poderia dizer das *cusparadas de siry,* que os vulcões jamais vomitaram, pelo menos de nosso conhecimento. Afastada essa hipótese pela mesma natureza dos fatos, resta saber como tais substâncias puderam ser formadas. A explicação está em nosso artigo de agosto de 1859, sobre o *Mobiliário de Além-túmulo.*

## CORRESPONDÊNCIA

Toulouse, 17 de dezembro de 1859

"Meu caro Senhor:

Acabo de ler vossa resposta ao Sr. Oscar Comettant, cujo artigo havia lido. Se esse folhetinista cético e canhestramente trocista não se convenceu, pelas boas razões que lhes destes, poderia pelo menos reconhecer em vossa resposta a urbanidade do estilo, totalmente ausente da sua prosa. Os parênteses vulgares com que tinha temperado as evocações me pareciam do espírito de rabo vermelho; os lamentos com que lembrava os 2 francos que havia custado a sonata, bem mereciam que a Sociedade lhe votasse um auxílio de 2 francos. Pensais bem, meu caro senhor Allan Kardec, que eu seja um Espírita muito ardente para ter deixado sem resposta um artigo em que era citado e posto em causa. Por minha vez, escrevi também ao Sr. Oscar Comettant; no dia seguinte à recepção de seu jornal, recebeu ele a seguinte carta:

Senhor,
Tive o prazer de ler vosso folhetim de sexta-feira: *Variedades*. Como me põe em causa, desde que sou citado nominalmente, peço licença para, a respeito, fazer algumas observações, que aceitareis assim como aceitei os espirituosos parênteses com que esmaltastes o relatório das evocações de Mozart e de Chopin. Que é o que quereis troçar com esse artigo humorístico? O Espiritismo? Cometeríeis um grande equívoco, crendo fazer-lhe a menor mossa. Na França, a princípio faz-se troça, depois se julga e só se concedem as honras das piadas às coisas verdadeiramente grandes e sérias, com a liberdade de as conceder após o exame que merecem.

Se o Sr. Ledoyen é tão ávido e interessado quanto quereis fazer crer, deve ele vos ser reconhecido, por terdes querido, num folhetim de onze colunas, assegurar o sucesso de uma de suas mais modestas publicações. É a primeira vez que é publicado um artigo tão importante sobre o Espiritismo, num grande jornal. Vejo por esse artigo quase charivari, que o Espiritismo já é levado em consideração pelos próprios inimigos; e, confidencialmente, vos direi que os Espíritos disseram que também se servem dos inimigos para o triunfo de sua causa. Assim, o melhor é vos manterdes em guarda, se não vos quiserdes transformar no *apóstolo, malgrado vosso*.

Só vedes no Espiritismo charlatanismo moral e comercial. Nós outros, futuros inquilinos de Charenton, nele encontramos a solução de muitos problemas contra os quais a humanidade batia a cabeça desde séculos, a saber: o *reconhecimento* raciocinado de Deus em todas as suas obras materiais e espirituais; a imortalidade e a individualidade certas da alma, provadas pelas manifestações dos Espíritos; a ciência das leis da justiça divina, estudada nas diversas encarnações dos Espíritos, etc. Se nos déssemos ao trabalho de aprofundar um pouco esses assuntos, poderíamos ver que se acham acima de todos os sarcasmos e de todas as pilhérias. Por mais que nos considereis sonhadores e alucinados, todos diremos, em lugar do *eppur si muove* de Galileu: E contudo, Deus lá está!

Peço-vos aceitar, etc."

Brion Dorgeval
Primeiro baixo da ópera-cômica do Teatro
de Toulouse, ex-contratado do Sr. Carvalho

**Observação**: Não sabemos se o Sr. Oscar Comettant publicou esta resposta, bem como a nossa. Ora, atacar sem admitir a defesa não é uma guerra leal.

Bruxelas, 23 de dezembro de 1859

"Meu caro colega.

Venho submeter-vos algumas reflexões etnográficas sobre o mundo dos Espíritos, com a intenção de restabelecer uma opinião muito generalizada mas, a meu ver, muito errada, quanto ao estado do homem após a sua espiritualização.

Imagina-se erroneamente que um imbecil, um ignorante, um bruto, imediatamente se torna um gênio, um sábio, um profeta, desde que deixou seu invólucro, É um erro análogo ao que admitisse que um celerado, livre da camisa de força, irá tornar-se honesto; um bobo, um esperto, e um *fanático,* racional; só porque transpuseram a fronteira.

Nada disso. Levamos conosco todas as nossas *conquistas* morais, o caráter, a ciência, os vícios e as virtudes, salvo aqueles que se referem à mataria: os coxos, os bêbados, os corcundas não mais o são; mas os velhacos, os avarentos, os supersticiosos ainda o são. Não nos devemos admirar de ouvir Espíritos pedindo preces, desejar que se façam peregrinações que haviam prometido e, mesmo que se descubra o dinheiro que haviam escondido com o fito de dá-lo à pessoa a quem o haviam destinado, e que a indiquem exatamente, quando encarnada.

Em suma, o Espírito que tinha um desejo, um plano, uma opinião, uma crença na Terra, quer vê-los realizados. Assim, Hahnemann exclamava: "Coragem, meus amigos, minha doutrina triunfa. Que satisfação para minha alma!"

Quanto ao Dr. Gall, sabeis o que ele pensa de sua ciência, bem como Lavater, Swedenborg e Fourier, o qual me disse que seus alunos haviam truncado a sua doutrina, querendo saltar a etapa do *garantismo,* e me felicita por continuar.

Numa palavra, todos os Espíritos que professavam uma religião, uma idolatria ou um cisma, por convicção, persistem nas mesmas crenças, até serem esclarecidos pelo estudo e pela reflexão. Tal é o assunto das minhas preocupações neste momento; e é evidentemente um Espírito lógico que as dita, porque, há uma hora, só pensava em ir para a cama e acabar a leitura do excelente livrinho da Sra. Henry Gaugain, sobre os piedosos preconceitos da Baixa-Bretanha contra as novas invenções.

Continuando vossos estudos, reconhecereis que o mundo do alémtúmulo é uma imagem fotográfica deste, que, como sabeis, encerra Espíritos perversos como o diabo, e maus como os demônios. Não é de admirar que a gente simples se engane e interdite todo comércio com eles. Isto os priva da visita dos bons e grandes Espíritos, menos raros lá em cima do que aqui embaixo, pois os há de todos os tempos e em toda parte, e estes só nos querem dar bons conselhos e nos fazer o bem. Ao passo que sabeis com que repugnância e com que cólera os maus respondem ao apelo forçado. Mas o maior e mais raro de todos os Espíritos, aquele que vem apenas três vezes durante a vida de um globo, o Espírito Divino, enfim, o Espírito Santo, não atende a evocações dos pneumatólogos: vem quando quer – *spiritus flat ubi vult* – o que não quer dizer que não envie outros para lhe preparar o caminho.

A hierarquia é uma lei universal – *tudo é como tudo* – aliás como entre nós. O que mais retarda o progresso das boas doutrinas, que a perseguição não deixa avançar, é o falso respeito humano.

Há tempos teria triunfado o magnetismo se, em vez de dizer: o Sr. X., o Sr. N., se tivesse dado o nome e o endereço das pessoas para referências, como o dizem os ingleses. Mas se diz: Quem é esse Sr. M., que se esconde? aparentemente um mentiroso. E esse Sr. J.? um trapaceiro. E o Sr. F.? um farsista, ou antes um ser no qual não se deve confiar, porque se oculta e se mascara apenas para fazer mal e mentir.

Hoje que, enfim, as academias admitem o magnetismo e o sonambulismo, primos-irmãos do Espiritismo, é necessário que seus partidários se disponham a assinar com todas as letras. O medo *do que dirão* é um sentimento covarde e mau.

A ação de subscrever aquilo que se viu, aquilo em que se crê, não deve mais ser considerada como um traço de coragem. Deveis, pois, aconselhar os vossos adeptos a fazer o que sempre faço: assinar."

Jobard

**Observação**: Concordamos em todos os pontos com o Sr. Jobard. Inicialmente, suas observações sobre o estado dos Espíritos são perfeitamente exatas. Quanto ao segundo ponto, como ele, aspiramos ao momento em que o medo do que dirão não deterá mais ninguém. Mas, que quereis? É preciso admitir a fraqueza humana. Uns começam, e o Sr. Jobard terá o mérito de ter dado o exemplo. Outros seguirão – tende certeza – quando virem que se pode pôr o pé fora, sem medo de ser mordido. Para tudo é preciso tempo. Ora, o tempo chega mais depressa do que pensa o Sr. Jobard. A reserva que temos na publicação dos nomes obedece a razões de conveniência, pelo que, até agora, nos felicitamos; mas enquanto esperamos, constatamos um progresso muito sensível na coragem de opinião. Diariamente vemos pessoas que, há bem pouco tempo ainda, apenas ousavam confessar-se Espíritas; hoje o fazem abertamente nas conversas, e sustentam as teses de sua doutrina, sem se preocuparem ao mínimo com os epítetos grosseiros com que as mimoseiam. É um passo imenso: o resto virá. Eu o disse de começo: Mais alguns anos e ver-se-á uma nova mudança. Em pouco tempo dar-se-á com o Espiritismo o mesmo que com o magnetismo: ainda há pouco, só entre quatro paredes se ousava dizer que se era magnetizador; hoje é um título que honra. Quando estiverem convencidos de que o Espiritismo não queima, dir-se-ão Espíritas sem mais medo do que se dizer frenologista, homeopata, etc. Estamos num momento de transição e as transições nunca se fazem bruscamente.

## BOLETIM

DA SOCIEDADE PARISIENSE DE ESTUDOS ESPÍRITAS

SEXTA-FEIRA, 2 DE DEZEMBRO DE 1859 (SESSÃO PARTICULAR)

Leitura da ata da sessão de 25 de novembro.

*Pedidos de admissão.* Cartas do Sr. L. Benardacky, de São Petersburgo, e da Sra. Elisa Johnson, de Londres, que pedem para fazer parte da Sociedade como membros titulares.

*Comunicações diversas.* Leitura de duas comunicações feitas ao Sr. Bouché, antigo reitor da Academia, médium escrevente, pelo

Espírito da duquesa de Longueville, a respeito de uma visita que esta última lhe fez, como Espírito, em Port-Royal-des-Champs. Essas duas comunicações são notáveis pelo estilo e pela elevação. Provam que certos Espíritos reveem com prazer os lugares onde viveram e que sentem o encanto da saudade. Sem dúvida, quanto mais desmaterializados, menos importância dão às coisas terrenas, mas alguns ainda se ligam a elas por muito tempo após a morte e, parece, no mundo invisível, continuam nas ocupações que tinham neste mundo, ou pelo menos, demonstrando-lhes certo interesse.

*Estudos.* 1. – Evocação do Sr. Conde Desbassyns de Richemont, morto em junho de 1859 e que, há mais de dez anos, professava ideias espíritas. A evocação confirma a influência destas ideias sobre o desprendimento do Espírito após a morte.

2. – Evocação da irmã Marta, morta em 1824.

3. – Segunda evocação do conde R... C..., membro da sociedade, retido ao leito por uma indisposição, e seguida de perguntas que lhes são dirigidas sobre o isolamento momentâneo do Espírito do corpo, durante o sono. (Publicada neste número).

SEXTA-FEIRA, 9 DE DEZEMBRO (SESSÃO GERAL)

Leitura da ata de 2 de dezembro.

*Comunicações diversas.* O Sr. de la Roche dá notícia de notáveis comunicações ocorridas numa casa de Castelnaudary. Os fatos são relatados numa nota que precede o relato da evocação ocorrida e que será publicada.

*Estudos.* 1. – Evocação do rei de Kanala, Nova Caledônia, já evocado a 28 de outubro, mas que então havia escrito com alguma dificuldade e prometera exercitar-se para escrever de modo mais legível. Dá curiosas explicações sobre a maneira usada para se aperfeiçoar. (Será publicada com a primeira evocação).

2. – Evocação do Espírito de Castelnaudary. Manifesta-se por sinais de viva cólera, sem nada poder escrever. Quebra sete ou oito lápis, alguns dos quais lançados violentamente sobre os assistentes, e sacode brutalmente o braço do médium. São Luís dá explicações interessantes sobre o estado e a natureza desse Espírito, que, diz ele, é da

pior espécie e está numa das mais infelizes situações. (Será publicada com todas as outras comunicações relativas ao assunto).

3. – Quatro comunicações espontâneas são obtidas simultaneamente: a primeira, de São Vicente de Paulo, pelo Sr. Roze; a segunda, de Charlet, pelo Sr. Didier Filho, continuação do trabalho iniciado pelo mesmo Espírito; a terceira, de Mélanchthon, pelo Sr. Collin; a quarta, de um Espírito que deu o nome de Mikaël, protetor das crianças, pela Sra. Boyer.

SEXTA-FEIRA, 16 DE DEZEMBRO DE 1859 (SESSÃO PARTICULAR)

Leitura da ata.

*Admissões.* São admitidos como membros titulares: o Sr. L. Benardacky de São Petersburgo, e a Sra. Elisa Johnson, de Londres, apresentados a 2 de dezembro.

*Pedidos de admissão.* O Sr. Forbes, de Londres, oficial de engenheiros, e a Sra. Forbes, de Florença, escrevem pedindo para fazer parte da Sociedade como titulares. Relatório e decisão adiados para 30 de dezembro.

Designação de seis comissários que deverão dividir-se em serviço das sessões gerais até 1.º de abril, sem necessidade de designar um para cada sessão. Terão, além disso, o encargo de assinalar as infrações dos audientes estranhos ao regulamento, por ignorarem as exigências da Sociedade, a fim de advertir os membros titulares que lhes houvessem dado cartas de apresentação.

Por proposta do Sr. Allan Kardec, a Sociedade decide que o Boletim das sessões de ora em diante seja publicado em suplemento da Revista, para que o mesmo não sacrifique as matérias habituais do jornal. A vista dessa adição, cada número será aumentado de cerca de quatro páginas, cujas despesas ficarão a cargo da Sociedade.

O Sr. Lesourd propõe que quando houver cinco sessões num mês, a quinta seja de caráter particular, o que foi adotado. O mesmo membro ainda propõe que quando um novo membro for admitido, seja oficialmente apresentado aos demais, a fim de que não venha como um estranho, o que foi aceito.

O Sr. Thiry observa que muitos Espíritos sofredores pedem o auxílio da prece, para lhes abrandar as penas; mas, como podem ser perdidos de vista, propõe que em cada sessão o Presidente lhes lembre os nomes. (Adotado).

*Comunicações diversas.* 1. – Carta do Sr. Jobard, de Bruxelas, confirmando com detalhes o fato das manifestações de Java, descritas pela Sra. Pfeiffer e publicadas na Revista de dezembro. Ele as obteve do próprio general holandês, com quem estava ligado e que era encarregado de vigiar a casa onde as coisas se passavam e, consequentemente, testemunha ocular. Publicada neste número.

2. – Leitura de uma comunicação do Espírito de Castelnaudary, obtida pelo Sr. e pela Sra. Forbes, audientes da última sessão. São fornecidos detalhes circunstanciados e interessantes sobre esse Espírito e os acontecimentos ocorridos na casa em questão. Várias outras comunicações, obtidas sobre o assunto, serão reunidas às obtidas na Sociedade e publicadas quando tudo estiver completo.

3. – Leitura de uma notícia sobre a Sra. Xavier, médium vidente. Esta senhora não vê à vontade: os Espíritos a ela se apresentam espontaneamente; sem estar em sonambulismo nem em êxtase, não obstante, em certos momentos, fica num estado particular, que reclama a maior calma e recolhimento. De tal sorte que, interrogada quanto ao que vê, aquele estado se dissipa imediatamente e não vê mais nada. Como conserva uma lembrança completa, mais tarde pode dar conta do que viu. Foi assim que, entre outras, viu a Irmã Martha, no dia em que foi evocada e a descreveu de maneira a não deixar dúvidas quanto à sua identidade. Também viu, na última sessão, o Espírito de Castelnaudary, vestindo uma camisa rasgada, um punhal na mão, as mãos ensanguentadas, sacudir fortemente o braço do médium, nas tentativas para escrever, a cada vez que São Luís lhe aparecia e lhe mandava que escrevesse. Tinha uma espécie de sorriso estúpido nos lábios. Depois, ao lhe falarem de preces, parece que a princípio não compreendeu; mas, logo depois da explicação dada por São Luís, caiu de joelhos.

O rei de Kanala lhe apareceu com a cabeça de um branco: tinha olhos azuis, bigode e suíças brancos, mãos de negro, pulseiras de aço, um costume azul, o peito coberto por uma porção de objetos que ela não pode distinguir. "Esta aparência, disse ele, se deve a que entre a existência anterior, da qual falou, e a última, ele havia sido soldado na França, ao tempo de Luís XV. Era uma consequência de seu estado relativamente adiantado. Pedira para voltar entre sua gente, para ali fazer, como chefe, a introdução das ideias de progresso. A forma que tomou e a aparência meio selvagem e meio civilizada, são destinadas a vos mostrar, sob nova face, as que o Espírito pode dar ao perispírito, com um fim instrutivo e como indício dos vários estados por que passou."

A Sra. X. ainda viu os Espíritos evocados virem responder à evocação e às perguntas que nada tinham de censurável, quanto ao seu objetivo; e, à ordem de São Luís, se retirarem para que Espíritos presentes respondessem em seu lugar, desde que as perguntas tomavam um caráter insidioso. "A maior boa fé e a maior franqueza deviam ditar as perguntas; as segundas intenções, acrescenta o Espírito interrogado a respeito pelo marido daquela senhora, não escapam. Jamais procureis atingir o vosso objetivo por caminhos esconsos, pois assim os perderíeis infalivelmente."

Ela via uma coroa fluídica cingir a cabeça do médium, como a indicar os instantes em que era interdito aos Espíritos não chamados a se comunicarem, porque as respostas deveriam ser sinceras. Desde, porém, que a coroa era retirada, via todos os Espíritos intrusos disputando o lugar que lhes deixavam.

Enfim, viu o Espírito do Sr. Conde de R..., sob a forma de um coração luminoso invertido, preso a um cordão fluídico, que vinha de fora: Foi dito que era para nos ensinar que o Espírito pode dar a seu perispírito a aparência que quiser; depois, poderia ter havido o inconveniente, para ela, de encontrar-se perante um Espírito encarnado, que tivesse visto como desprendido. Mais tarde, tal inconveniente terá diminuído ou desaparecido.

*Estudos.* 1. – Evocação de Charlet.

2. – Três comunicações espontâneas, recebidas simultaneamente: a primeira de Santo Agostinho, pelo Sr. Roze. Explica a missão do Cristo e confirma um ponto muito importante, explicado por Arago, sobre a formação do globo; a segunda, de Charlet, pelo Sr. Didier Filho, continuação do trabalho começado; a terceira, de Joinville, que assina em velha ortografia: Amy de Loys, pela senhorita Huet.

SEXTA-FEIRA, 23 DE DEZEMBRO DE 1859 (SESSÃO GERAL)

Leitura da ata e trabalhos da sessão de 16 de dezembro.

*Pedidos de admissão.* Cartas do Sr. Demange, negociante em Paris; do Sr. Soive, negociante em Paris; apresentados como membros titulares. Relatório e decisão adiados para a sessão de 30 de dezembro.

*Comunicações diversas.* 1. – Leitura de uma evocação particular, feita pela Sra. B..., do Espírito que se comunicou espontaneamente por ela à Sociedade, sob o nome de Paul Mifíet, no momento em que ia reencarnar-se. Essa evocação, que apresenta um interessante quadro da reencarnação e da situação física e moral do Espírito nos primeiros instantes de sua vida corporal, será publicada.

2. – Carta do Sr. Paul Netz, sobre os fatos que determinaram a posse, pelos Chartreux, das ruínas do castelo de Vauvert, situado no bairro do Observatório, em Paris, ao tempo de Luís IX. Diz-se que no castelo se passavam cenas diabólicas, que cessaram desde que os monges ali se instalaram. Interrogado a respeito, São Luís responde que tem perfeito conhecimento, mas que era uma charlatanice.

*Estudos.* 1. – Perguntas e questões morais diversas, dirigidas a São Luís, sobre o estudo dos Espíritos sofredores. Serão publicadas.

2. – Evocação de John Brown.

3. – Três comunicações espontâneas: a primeira, pelo Sr. Roze e assinada pelo Espírito de Verdade, com diversos conselhos à Sociedade; a segunda, de Charlet, pelo Sr. Didier Filho, continuando o trabalho começado; a terceira, sobre os Espíritos que presidem as flores, pela Sra. B...

Allan Kardec

**Nota:** A nova edição de *O Livro dos Espíritos* aparecerá em janeiro.

## ANO III
## FEVEREIRO DE 1860

## BOLETIM

DA SOCIEDADE DE ESTUDOS ESPÍRITAS

SEXTA-FEIRA, 30 DE DEZEMBRO DE 1859 (SESSÃO PARTICULAR)

Leitura da ata da sessão de 23 de dezembro.

A Sociedade decide que em cada sessão particular, em seguida à leitura da ata, seja lida a lista nominal dos audientes que assistiram à sessão geral precedente, com indicação dos membros apresentados, e que um aviso seja feito para assinalar os inconvenientes causados pela presença de pessoas estranhas à Sociedade. Em consequência, foi lida uma lista dos audientes à última sessão.

São admitidos como membros titulares, conforme pedido escrito e informação verbal:

1. – O Sr. Forbes, de Londres, oficial de engenharia, apresentado a 16 de dezembro.

2. – A Sra. Forbes, nascida Condessa Passerini Corretesi, de Florença, apresentada a 23 de dezembro.

3. – O Sr. Soive, negociante de Paris, apresentado a 16 de dezembro.

4. – O Sr. Demange, negociante de Paris, apresentado a 23 de dezembro.

Leitura de três novas cartas pedindo admissão. Relatório e decisão adiados para 6 de janeiro.

*Comunicações diversas.* 1. – Carta do Sr. Brion Dorgeval, com a resposta enviada ao Sr. Oscar Comettant, a respeito do artigo deste último, publicado no *Siècle*. (Vide o n.º de janeiro.)

2. – Carta do Sr. Jobard, de Bruxelas, com observações muito justas sobre o estado moral dos Espíritos. Lamenta ele que os partidá-

rios do Espiritismo geralmente sejam designados por suas iniciais. Pensa que indicações mais explícitas contribuiriam ao progresso da ciência. Em consequência convida todos os adeptos a assinar o nome, como ele o faz. (Vide n.º de janeiro.)

Essa indicação do Sr. Jobard é fortemente apoiada por grande número de sócios, que autorizam a pôr seus nomes em todas as atas que lhes pudessem dizer respeito.

O Sr. Allan Kardec afirma que o *medo do que dirão* diminui diariamente, e que hoje há poucas pessoas que temem confessar suas opiniões relativamente ao Espiritismo. Os epítetos de mau gosto, que lhes são dados, tornam-se ridículos lugares comuns, dos quais se riem, quando se vê tanta gente da elite ligar-se à doutrina. Porque é entrevisto o momento em que a força da opinião imporá silêncio ao sarcasmo. Mas uma coisa é ter coragem de dar sua opinião na conversa e outra é lançar o nome à publicidade. Entre as pessoas que com mais energia sustentam a causa do Espiritismo, muitas não se interessam de ser postas em evidência, por estas e outras coisas. Esses escrúpulos, que não implicam falta de coragem, devem ser respeitados. Quando fatos extraordinários se passam em qualquer parte, compreende-se que seria pouco agradável para as pessoas que lhes são objeto, ficarem na mira da curiosidade pública e aborrecidas pelos importunos. Sem dúvida, devemos ser gratos aos que se põem acima dos preconceitos, mas, também, não devemos censurar muito facilmente os que talvez tenham motivos muito legítimos para se não exibirem.

*Estudos*. 1. – Perguntas dirigidas a São Luís sobre os Espíritos que presidem às flores, a propósito da comunicação recebida pela Sra. B. Interessante explicação, que será publicada, foi dada a respeito.

2. – Outras perguntas sobre o espírito dos animais.

3. – Duas comunicações espontâneas e simultâneas: a primeira, do Espírito de Verdade, pelo Sr. Roze, com alguns conselhos à Sociedade; a segunda, de Fénelon, pela senhorita Huet.

SEXTA-FEIRA, 6 DE JANEIRO (SESSÃO PARTICULAR)

Leitura da ata da sessão de 30 de dezembro.

Admitidos, por pedido escrito, como membros titulares, depois de relatório verbal:

1. – O Sr. Ducastel, proprietário em Abbéville, apresentado a 30 de dezembro.

2. – A Sra. Deslandes, de Paris, apresentada a 30 de dezembro.

3. – A Sra. Rakowska, de Paris, apresentada a 30 de dezembro.

Leitura de um pedido de admissão.

Carta do Sr. Poinsignon, de Paris, felicitando à Sociedade pela passagem do Ano Novo e fazendo votos pela propagação do Espiritismo.

Carta do Sr. Demange, recentemente recebida, agradecendo a admissão. Assegura à Sociedade sua cooperação ativa.

Exame de vários problemas relativos aos negócios administrativos da Sociedade.

*Comunicações diversas.* 1. – Notícia sobre D. Pêra, prior de Armilly, morto há 30 anos. A respeito será feito um estudo.

2. – Carta do Sr. Lussiez, de Troyes, com judiciosas reflexões relativas à influência moralizadora do Espiritismo sobre as classes operárias.

3. – Carta da Sra. P., de Rouen, anunciando ter recebido, como médium, notáveis comunicações, em tudo conforme à doutrina de *O Livro dos Espíritos*. Além disso, a carta contém reflexões que, da parte da autora, denota uma apreciação muito sadia das ideias espíritas.

4. – Carta relativa à senhorita Desirée Godu, médium curadora, de Hennebon. Sabe-se que a obra da senhorita Godu é de devotamento e de pura filantropia.

*Estudos.* 1. – Diversas perguntas a São Luís, como esclarecimento e desenvolvimento de várias comunicações anteriores.

2. – Tendo a senhorita Dubois, médium, membro da Sociedade, recebido uma comunicação de um Espírito, que se diz Chateaubriand, deseja esclarecimentos. Outro Espírito se apresenta com seu nome, mas recusa identificar-se em nome de Deus. Confessa sua fraude, pede desculpas e dá curiosas informações sobre sua pessoa. A seguir, o verdadeiro Chateaubriand dá curta comunicação espontânea e promete, de outra vez, outra mais explícita.

## SEXTA-FEIRA, 13 DE JANEIRO DE 1860 (SESSÃO GERAL)

Leitura da ata de 6 de janeiro.

Leitura de três novos pedidos de admissão. Exame e relatório adiados para a sessão de 20 de janeiro.

*Comunicações diversas.* 1. – Carta do Sr. Maurice, de Tell, Ardèche, relatando fatos extraordinários que ocorrem numa casa em Fons, perto de Aubenas e que, sob certos aspectos, lembram os que se passaram em Java.

2. – Carta do Sr. Albert Ferdinand, de Béziers, relatando três fatos notáveis, que lhe são pessoais, e que provam a ação física que os Espíritos podem exercer sobre certos médiuns.

3. – Carta do Sr. Crozet, do Havre, médium correspondente da Sociedade, que dá conta de uma comunicação recebida conjuntamente com o Sr. Sprenger, de um Espírito brincalhão. Este, que é o de um capitão de marinha, morto em Marselha há seis meses, explica, com notável precisão e lucidez, as cartadas do jogo de "bésigue" e a maneira por que faz os parceiros ganhar ou perder. (Será publicada).

4. – *Um Espírito dançarino.* O Sr. e Sra. Netz, membros da Sociedade, desde algum tempo recebem manifestações de um Espírito que se apresenta dançando constantemente, isto é, fazendo dançar uma mesa, que marca o ritmo, perfeitamente reconhecível, de uma polca, uma mazurca, uma quadrilha, uma valsa em dois ou três tempos, etc. Jamais quis escrever e só responde por batidas. Por esse meio chegou a dizer que era peruano, de raça índia, morto há 56 anos, com 35 anos de idade; que em vida gostava muito de cachaça e que atualmente frequenta os bailes públicos, onde sente muito prazer. Apresenta a particularidade de jamais chegar antes das 10 horas da noite e em certos dias. Diz que vem para a Sra. Netz, mas só se pode comunicar com o concurso do Sr. D., médium de efeitos físicos, de modo que necessita da presença de ambos. Assim, o Sr. D. jamais o atraiu a sua casa e a Sra. Netz não poderá fazê-lo se estiver só.

5. – Leitura de uma comunicação espontânea, remetida pelo Sr. Rabache, de Bordéus, em continuação das que foram publicadas sob o título de *Conselhos de Família.*

6. – A Sra. Forbes lê três comunicações espontâneas, recebidas

por seu marido, sobre o amor filial, o amor paterno e a paciência. Estas, notáveis pela alta moralidade e singeleza de linguagem, podem classificar-se na categoria dos conselhos íntimos.

*Estudos*. 1. – Evocação do Espírito de Castelnaudary, já evocado a 9 de dezembro. Vide a relação completa sob o título de *História de um danado*.

2. – Evocação do Espírito dançarino. Não quer escrever, mas bate o ritmo de várias danças com o lápis e agita o braço do médium em cadência. São Luís dá algumas explicações sobre o seu caráter e confirma as informações precedentes.

3. – Perguntas sobre as manifestações de Fons, perto de Aubenas. A resposta é que há algo de verdadeiro nos fatos, mas não devem ser aceitos sem controle, e, sobretudo, devemos prevenir-nos contra o exagero.

4. – Evocação de D. Pêra, prior de Armilly. Dá importantes detalhes sobre sua situação e seu caráter.

5. – Recebimento de duas comunicações espontâneas: a primeira, pelo Sr. Roze, de um Espírito que se designa pelo nome de Estelle Riquier e que havia levado vida desordenada e faltado a todos os deveres de esposa e mãe; a segunda, pelo Sr. Forbes, contendo conselhos sobre a cólera.

SEXTA-FEIRA, 20 DE JANEIRO DE 1860 (SESSÃO PARTICULAR)

Leitura da ata de 13 de janeiro.

A pedido escrito, e após o relatório verbal, são admitidos como sócios titulares:

1. – O Sr. Krafzoff, de S. Petersburgo, apresentado a 13 de janeiro.

2. – O Sr. Julien, de Belfort, Alto Rheno, apresentado a 13 de janeiro.

3. – O Sr. Conde Alexandre Stenbock Fermor, de S. Petersburgo, apresentado a 6 de janeiro.

*Comunicações diversas*. 1. – Leitura de uma comunicação espontânea, recebida pelo Sr. Pécheur, membro da Sociedade.

2. – Novos detalhes sobre o Espírito dançarino. A Sra. Netz, que

é médium escrevente, tendo interrogado a respeito um outro Espírito, obteve vários informes por sua conta, entre outros, o de que, em vida, era muito rico; de que morreu num acidente de caça, quando se achava completamente só. Tendo mais tarde interrogado o dançarino sobre tais fatos e com o auxílio de seu médium, por meio de batidas, obteve respostas idênticas. Ora, a Sra. Netz não havia comunicado ao médium as primeiras respostas escritas. Por outro lado, já não era ela que servia de médium. Além disso, tinha formulado as perguntas insidiosamente, podendo levar a respostas contrárias. Havia, pois, de um e de outro lado, independência de pensamento e a correlação das respostas é um fato característico.

Outro fato igualmente curioso é que seu médium predileto para a dança, um dia, ao sair de casa, foi tomado por movimentos involuntários, que o faziam andar em cadência pela rua. Por sua vontade e resistindo, podia parar esse movimento; mas desde que se abandonava a si mesmo, as pernas tomavam o jeito de dançarino. Nada havia de ostensivo para chamar a atenção dos transeuntes. Mas, por isso mesmo, compreende-se que Espíritos de outra ordem e menos bem intencionados que o dançarino, que, afinal de contas, apenas quer divertir-se, possam sobre certas organizações produzir movimentos mais violentos e da natureza dos que se veem nos convulsionários e nos crisíacos.

3. – Relato de uma comunicação espontânea do Espírito de uma pessoa viva, feito pelo Sr. de G., médium escrevente, e que lhe foi dada. O Espírito entrou em detalhes circunstanciados completamente ignorados pelo médium, e cuja exatidão foi verificada. O Sr. de G. não conhecia a pessoa, que apenas vira uma vez numa visita, não mais a tendo encontrado. Só lhe sabia o nome de família. Ora, o Espírito assinou também o seu prenome perfeitamente certo. Tal circunstância, junta a outras indicações de tempo e lugar, fornecidas pelo Espírito, constitui prova evidente de identidade.

A respeito, observa o Sr. Conde de R. que tais espécies de comunicações por vezes podem ser indiscretas, e pergunta se a pessoa em questão teria ficado satisfeita se soubesse da conversa.

A isso foi respondido: 1. – que se a pessoa se comunicou é que o quis como Espírito, pois veio por própria vontade, uma vez que o Sr. G., não pensando nela, não a tinha chamado; 2. – que, desprendendo-se do corpo, o Espírito sempre tem o livre-arbítrio e só diz o que quer; 3. –

que, nesse estado, o Espírito é mesmo mais prudente do que em vigília, porque aprecia melhor o alcance das coisas. Se esse Espírito tivesse visto algum inconveniente em suas palavras, não as teria dito.

4. – Leitura de uma comunicação de Lyon, dirigida à Sociedade, e na qual, entre outras coisas, é dito o seguinte:

"Que a reforma da humanidade se prepara pela encarnação, na Terra, de Espíritos melhores, que constituirão uma nova geração, dominada pelo amor do bem; que os homens votados ao mal e que fecham os olhos à luz serão reencarnados numa nova falange de Espíritos simples e ignorantes, e enviados por Deus ao trabalho da formação de um mundo inferior à Terra. Não poderão encontrar-se com seus irmãos terrícolas senão depois que, através de rudes trabalhos, houverem alcançado o nível onde estes últimos vão entrar, após esta geração; porque aos Espíritos maus não será dado assistir ao começo dessa brilhante transformação."

O Sr. Theubet observa que essa comunicação parece consagrar o princípio de uma marcha retrógrada, contrariando tudo quanto foi ensinado.

A respeito, trava-se longa e profunda discussão. Ela assim se resume: o Espírito pode decair como posição, mas não quanto às aptidões adquiridas. O princípio da não retrogradação deve entender-se do progresso intelectual e moral, isto é, que o Espírito não pode perder o que adquiriu, em inteligência e moralidade, e não volta ao estado de infância espiritual. Por outras palavras, nem se torna mais ignorante nem pior do que era, o que o não impede de reencarnar-se numa posição inferior mais penosa e entre outros Espíritos mais ignorantes que ele, se o mereceu. Um Espírito muito atrasado que se reencarnasse num povo civilizado, aí estaria deslocado e não poderia manter a sua classe; voltando aos selvagens, em nova existência, apenas retomará o lugar que havia deixado demasiado cedo; mas as ideias que houver adquirido durante a passagem entre os homens mais esclarecidos não lhe serão perdidas. O mesmo deve se dar com os homens que irão concorrer para a formação de um mundo novo. Encontrando-se deslocados na Terra melhorada, irão para um mundo em relação com seu estado moral.

*Estudos.* 1. – Evocação do negro do navio *Constant*, já evocado a 30 de setembro de 1859. Ele dá novas explicações sobre as circunstâncias que acompanharam a sua morte.

2. – Três comunicações espontâneas: a primeira de Chateaubriand, pelo Sr. Roze; a segunda de Platão, pelo Sr. Collin; a terceira de Charlet, pelo Sr. Didier Filho, em continuação ao trabalho por ele começado sobre a natureza dos animais.

## OS ESPÍRITOS GLÓBULOS

O desejo de ver os Espíritos é coisa muito natural e conhecemos poucas pessoas que não desejassem ter essa faculdade. Infelizmente é uma das mais raras, sobretudo quando permanente. As aparições espontâneas são bastante frequentes, mas são acidentais e quase sempre motivadas por uma circunstância toda individual, baseada nas relações que podem ter existido entre o vidente e o Espírito que lhe aparece. Uma coisa é ver fortuitamente um Espírito, e outra vê-lo habitualmente e nas condições normais ordinárias. Ora, aí está o que constitui, a bem dizer, a faculdade dos médiuns videntes. Ela resulta de uma aptidão especial, cuja causa ainda é desconhecida e que pode desenvolver-se, mas que seria provocada em vão se não existisse a predisposição natural. É necessário, pois, mantermo-nos em guarda contra as ilusões que podem nascer do desejo de a possuir, e que deram lugar a tantos sistemas estranhos.

Tanto combatemos as teorias temerárias, pelas quais são atacadas as manifestações, principalmente quando tais teorias denotam a ignorância dos fatos, quanto devemos procurar, no interesse da verdade, destruir ideias que provam mais entusiasmo do que reflexão, e que, por isso mesmo produzem mais o mal do que o bem, expondo-as ao ridículo.

A teoria das visões e aparições é hoje perfeitamente conhecida. Nós a desenvolvemos em vários artigos especialmente nos números de dezembro de 1858, fevereiro e agosto de 1859 e no nosso *O Livro dos Médiuns*, ou *Espiritismo Experimental*. Não a repetiremos aqui: lembraremos apenas alguns pontos essenciais, antes de chegar ao exame do sistema dos glóbulos.

Os Espíritos podem ser vistos sob vários aspectos, dos quais o mais frequente é a forma humana. Sua aparição geralmente se dá sob uma forma vaporosa e diáfana, por vezes vaga e indecisa: muitas vezes, a princípio, é um clarão esbranquiçado, cujos contornos se desenham pouco a pouco. Outras vezes as linhas são mais acentuadas e os menores traços do rosto desenhados com uma precisão que permite dar-lhes uma descrição mais exata. Nesses momentos um pintor certamente poderia fazer o seu retrato, com tanta facilidade quanto o de uma pessoa viva. As atitudes e o aspecto são os mesmos que tinha o Espírito em vida. Podendo dar todas as aparências ao seu perispírito, que lhe constitui o corpo etéreo, ele se apresenta sob a que melhor pode torná-lo reconhecido.

Assim, posto que, como Espírito, não mais tenha qualquer enfermidade física, que pudesse ter sofrido como homem, mostrar-se-á estropiado, coxo ou corcunda, se o julga conveniente para ser identificado. Quanto às vestes, geralmente se compõem de um planejamento, terminando em longa túnica flutuante: é, pelo menos, a aparência dos Espíritos Superiores, que nada conservaram das coisas terrenas. Mas os Espíritos vulgares, os que conhecemos, quase sempre têm a roupa que usavam no último período de sua vida. Muitas vezes têm os atributos característicos de sua classe.

Os Espíritos Superiores têm sempre um rosto belo, nobre e sereno; ao contrário, os inferiores têm uma fisionomia vulgar, espelho onde se refletem as paixões mais ou menos ignóbeis, que os agitavam; às vezes trazem, ainda, os traços dos crimes que praticaram, ou dos suplícios que sofreram. Uma coisa notável é que, salvo circunstâncias particulares, as partes menos bem desenhadas são geralmente os membros inferiores, ao passo que a cabeça, o peito e os braços são sempre traçados claramente.

Dissemos que a aparição tem algo de vaporoso, malgrado sua nitidez. Em certos casos poder-se-ia compará-la à imagem refletida num vidro sem estanho, que não impede de ver os objetos que estão atrás. Muito comumente assim são vistas pelos videntes: estes as veem ir, vir, entrar, sair, circular em meio aos vivos, dando a impressão – pelo menos os Espíritos vulgares – de tomar parte ativa no que se passa em seu redor e interessar-se conforme o assunto, escutando o que se diz. Por vezes, vê-se que se aproximam das pessoas, soprando-lhes ideias, influenciando-as, consolando-as, mostrando-se tristes ou contentes com o resultado obtido. Numa palavra, é a réplica ou o reflexo do mundo corpóreo, com as suas paixões, os seus vícios ou as suas virtudes, mais virtudes do que a nossa natureza material dificilmente permite compreendermos. Tal é esse mundo oculto, que povoa os espaços, que nos cerca, no meio ao qual vivemos sem o suspeitar, como vivemos entre miríades do mundo microscópico.

Mas pode acontecer que o Espírito revista forma ainda mais nítida e tome todas as aparências de um corpo sólido, a ponto de produzir uma ilusão completa e fazer crer na presença de um ser corporal. Enfim, a tangibilidade pode tornar-se real, isto é, pode ser tocado e apalpado esse corpo, podemos sentir-lhe a resistência e até mesmo o calor, como de um corpo animado, apesar de poder dissipar-se com a rapidez do raio. Embora a aparição desses seres, designados pelo nome de *agêneres*, seja muito rara, é sempre acidental e de curta duração e, sob essa forma não poderiam tornar-se os hóspedes habituais de uma casa.

Sabe-se que entre as faculdades excepcionais, de que o Sr. Home deu provas irrecusáveis, deve-se colocar a de fazer aparecerem mãos tangíveis, que podem ser apalpadas e que, por seu lado, podem pegar, diminuir e deixar impressões na pele. As aparições tangíveis, dizemos, são muito raras; mas as que ocorreram nos últimos tempos confirmam e explicam as que a História registra, relativamente a pessoas que se mostraram depois de mortas, com todas as aparências da natureza corpórea. Aliás, por mais extraordinários que pareçam tais fenômenos, desaparece todo o sobrenatural, desde que se conheça a explicação e, então, compreende-se que, longe de ser uma derrogação das leis da Natureza, são a sua aplicação.

Quando os Espíritos assumem a forma humana não é possível nos enganarmos. Já não é o mesmo quando tomam outras aparências. Não falaremos de certas imagens terrestres refletidas pela atmosfera, e que puderam alimentar a superstição de gente ignorante, mas de alguns outros efeitos sobre os quais até homens esclarecidos puderam enganar-se. É, sobretudo, aí, que nos devemos pôr em guarda contra a ilusão, para não nos expormos a tomar como Espíritos fenômenos puramente físicos.

Nem sempre o ar é de limpidez perfeita; e há circunstâncias em que a agitação e as correntes das moléculas aeriformes, produzidas pelo calor são perfeitamente visíveis. A aglomeração dessas parcelas forma pequenas massas transparentes, que parecem nadar no espaço e que deram lugar ao singular sistema dos Espíritos sob a forma de glóbulos. A causa dessa aparência está mesmo no ar, mas também pode estar no olho. O humor aquoso apresenta pontos imperceptíveis, que perderam a transparência; esses pontos são como corpos semiopacos, em suspensão no líquido, cujos movimentos e ondulações acompanham. Produzem no ar ambiente e a distância, por efeito do aumento e da refração, a aparência de pequenos discos, por vezes irisados, variando de 1 a 10 milímetros de diâmetro. Vimos certas pessoas tomarem esses discos por Espíritos familiares, que os seguiam e acompanhavam a toda parte e, em seu entusiasmo, ver figuras nas nuanças da irisação. Uma simples observação, fornecida pelas mesmas pessoas, leva-as ao terreno da realidade. Esses discos ou medalhões, dizem elas, não só as acompanham, mas ainda lhes seguem todos os movimentos: vão para a direita, para a esquerda, para cima, para baixo, ou param, conforme o movimento da cabeça. Essa coincidência, por si só, prova que a sede da aparência está em nós, e não fora de nós, e o que o demonstra, além disso, é que em seus movimentos ondulatórios, esses discos jamais se afastam de um certo ângulo; como, porém, não seguem bruscamente o movimento da linha visual, parece que têm certa independência. A causa desse efeito é muito simples. Os pontos opacos ou semiopacos do humor aquoso, causa primeira do fenômeno, dissemos, são mantidos em suspensão, mas sempre com tendências para descer. Quando sobem é porque foram solicitados pelo movimento do olho, em sentido ascendente; chegados a uma certa altura, se o olho se fixar, vê-se o disco descer lentamente, depois parar. Sua mobilidade é extrema, e um movimento imperceptível do olho fá-lo-á percorrer no raio visual toda a amplitude do ângulo em sua abertura no espaço, onde se projeta a imagem.

O mesmo diremos das centelhas, por vezes produzidas em feixes mais ou menos compactos, pela contração dos músculos do olho, e que, provavelmente, são devidas à fosforescência ou à eletricidade da íris, pois, em geral, são circunscritas à circunferência do disco desse órgão.

Semelhantes ilusões não podem provir senão de uma observação incompleta. Quem tiver estudado seriamente a natureza dos Espíritos, por todos os meios dados pela ciência prática, compreenderá tudo quanto há nisso de pueril. Se esses glóbulos aéreos fossem Espíritos, teríamos de convir que estariam reduzidos a um papel puramente mecânico para seres inteligentes e livres, papel sofrivelmente fastidioso para Espíritos inferiores, com mais forte razão incompatível com a ideia que fazemos dos Espíritos superiores.

Os únicos sinais que, realmente, podem atestar a presença de Espíritos são os sinais inteligentes. Enquanto não ficar provado que as imagens, de que acabamos de falar, ainda que dotadas de forma humana, têm movimento próprio, espontâneo, com evidente caráter intencional e acusando vontade livre, nisso veremos apenas fenômenos fisiológicos ou óticos. A mesma observação se aplica a todos os gêneros de manifestações, sobretudo aos ruídos, às pancadas, aos movimentos insólitos dos corpos inertes, que mil e uma causas físicas podem produzir. Repetimos: enquanto um efeito não for inteligente por si mesmo, e independente da inteligência dos homens, devemos olhá-lo duas vezes antes de os atribuir aos Espíritos.

## MÉDIUNS ESPECIAIS

Diariamente prova a experiência, quanto são numerosas as variedades da faculdade mediúnica. Mas também nos prova que as várias nuanças dessa faculdade são devidas às aptidões especiais, ainda não definidas, abstração feita das qualidades e dos conhecimentos do Espírito que se manifesta.

A natureza das comunicações é sempre relativa à natureza do Espírito, e traz o cunho de sua elevação ou sua inferioridade, de seu saber ou sua ignorância. Mas, para mérito geral, do ponto de vista hierárquico, nele há, incontestavelmente, uma propensão para ocupar-se de uma coisa, em vez de outra. Por exemplo, os Espíritos batedores quase não saem das manifestações físicas; e entre os que dão manifestações inteligentes, há Espíritos poetas, músicos, desenhistas, moralistas, sábios, médicos, etc. Falamos de Espíritos de uma ordem média, porque, chegando a um certo grau, as aptidões se confundem na unidade da perfeição. Mas, ao lado da aptidão do Espírito, há a do médium, que é para aquele um instrumento mais ou menos cômodo, mais ou menos flexível, e no qual descobre qualidades particulares, que não podemos apreciar.

Uma comparação: um músico hábil tem em mãos vários violinos que, para o vulgo, são todos bons, mas entre os quais o artista consumado faz uma grande diferença; percebe nuanças de extrema delicadeza, que o levam a escolher uns e rejeitar outros, nuanças que compreende por intuição, mas que não pode definir. Dá-se o mesmo com os médiuns: há qualidades iguais na força mediúnica; o Espírito preferirá este àquele, conforme o gênero de comunicação que queira dar. Assim, por exemplo, vemos pessoas, como médiuns, escreverem poesias admiráveis, embora em condições ordinárias jamais tenham podido ou sabido fazer um verso; outras, ao contrário, sendo poetas, como médiuns só escrevem prosa, a despeito de seu desejo. O mesmo se dá quanto ao desenho, à música, etc. Há-os, também, que, sem conhecimentos científicos próprios, têm uma aptidão muito especial para receber comunicações científicas; outros, para estudos históricos; outros servem mais facilmente de intérpretes a Espíritos moralistas; numa palavra, seja qual for a flexibilidade do médium, as comunicações que recebe com mais facilidade têm, em geral, um cunho especial. Alguns, até, só servem para determinado círculo de ideias; e, quando delas se afastam, temos comunicações incompletas, lacônicas e, por vezes, falsas. Além das causas de aptidão, os Espíritos se comunicam, ainda, mais ou menos voluntariamente por este ou aquele médium, conforme as suas simpatias. Assim, apesar da igualdade de aptidões, o mesmo Espírito será muito mais explícito através de certos médiuns, pelo simples fato de que esses lhes convêm melhor.

Seria erro, portanto, somente por se ter à mão um bom médium, que escrevesse com mais facilidade, pensar obter, por seu intermédio, boas comunicações de todos os gêneros. A primeira condição para se ter boas comunicações é, sem contradita, assegurar-se da fonte de que profanam, isto é, das qualidades do Espírito que as transmite; mas não é menos necessário atentar para as qualidades do instrumento oferecido ao Espírito. Necessário, pois, é estudar a natureza do médium, como se estuda a do Espírito, pois aí estão os dois elementos essenciais para resultados satisfatórios. Há um terceiro, que representa papel igualmente importante: a intenção, o pensamento íntimo, o sentimento mais ou menos louvável de quem interroga. E isso se concebe. Para que uma comunicação seja boa, é preciso que venha de um Espírito bom; para que esse Espírito a possa transmitir, é necessário um bom instrumento; para que a *queira* transmitir, é preciso que o objetivo lhe convenha. Lendo o pensamento, o Espírito julga se a pergunta feita merece resposta séria e se a pessoa que a dirige é digna de a receber. Caso contrário, não perde o tempo em semear bons grãos sobre pedras; e é então que os Espíritos levianos e zombadores tomam o lugar, porque, pouco se preocupando com a verdade, não olham de perto e são geralmente muito pouco escrupulosos quanto aos fins e os meios.

De acordo com o que acabamos de dizer, compreende-se que deve haver Espíritos, por gosto ou pela razão, mais especialmente ocupados com o alívio da humanidade sofredora; paralelamente, que deve haver médiuns mais aptos que outros a lhes servirem de intermediários. Ora, como esses Espíritos agem exclusivamente para o bem, devem procurar em seus intérpretes, além da aptidão que poderia ser chamada fisiológica, certas qualidades morais, entre as quais figuram, em primeira linha, *o devotamento e o desinteresse*. A cupidez sempre foi, e será sempre, um motivo de repulsa para os bons Espíritos e uma causa de atração para os outros. Pode o bom-senso aceitar que os Espíritos superiores se prestem a todas as combinações do interesse material, e que estejam às ordens do primeiro que aparecer, pretendendo explorá-los? Os Espíritos sejam *quais forem*, não querem ser explorados; e se alguns parecem concordar, se mesmo se adiantam a certos desejos muito mundanos, quase sempre têm em vista uma mistificação de que se riem depois, como de uma boa peça pregada à gente muito crédula. Aliás, não é inútil que alguns queimem os dedos, para aprenderem que se não deve brincar com as coisas sérias.

Seria o caso de falarmos aqui de um desses médiuns *privilegiados*, que os Espíritos curadores parecem haver tomado sob seu patrocínio direto. A senhorita *Désirée Godu*, residente em Hennebon, no Morbihan, sob todos os aspectos, goza de uma faculdade verdadeiramente excepcional, que utiliza com a mais piedosa abnegação. A respeito já dissemos algumas palavras num relatório das sessões da Sociedade; mas a importância do assunto merece artigo especial, que teremos a satisfação de lhe consagrar em nosso próximo número. À parte o interesse ligado ao estudo de toda faculdade rara, consideraremos sempre como um dever dar a conhecer o bem e fazer justiça a quem o pratica.

## BIBLIOGRAFIA

A CONDESSA MATILDE DE CANOSSA

É o título de um romance legendário, publicado em Roma em 1858, pelo R. P. Bresciani, da Companhia de Jesus[1], autor do *Judeu de Verona*. O assunto da obra é a História, no gênero de Walter Scott, da antiga família de Canossa. Por isso o autor o dedicou ao atual descendente dessa ilustre família, o Marquês Otavio de Canossa, potestade de Verona e camareiro de S. M. o Imperador da Áustria. A ação se passa na Idade Média; os feiticeiros e magos representam nela grandes papéis, e as cenas demoníacas são descritas com uma precisão que faria inveja ao romancista escocês. O autor nos parece menos feliz em sua apreciação dos fenômenos espíritas modernos, das mesas falantes, do magnetismo e do sonambulismo. Ora, eis o que se lê a respeito no Cap. X, página 170:

"Vários de meus leitores, que não são em menor número, poderiam admirar-se de ver aparecer, nos capítulos precedentes, todo esse aparelho de diabruras, de esconjuros, de sortilégios, de alucinação, de irrupções fantásticas, que não ficaria mal nas histórias de serões e nos contos das pagens. – Em nossos dias, quem acredita ainda em necromantes, em feiticeiros, em encantamentos, em fascínio, em filtros, no comércio com o diabo? Desejaríeis reconduzir-nos aos contos azuis de Martin del Rio[2], às canhestras superstições do povo e das comadres dos cortiços, por lendas que eriçam a pele das camponesas bochechudas, que têm medo de mula sem cabeça e tiram o sono dos garotos medrosos, em nome do lobisomem? Realmente, amigo, este é o momento de nos livrarmos dessas futilidades. – Tal é, mais ou menos, a linguagem que me parece ouvir.

Responderei que, antes de desprezar as antigas crenças, cada um deve pôr a mão na consciência e se perguntar, muito francamente, se ao menos não é tão crédulo quanto algum dos seus antepassados. Vejamos um pouco: que significa essa voga de magnetizadores, de

---

[1] Volume in 8º, traduzido do italiano. J. B. Pélagaud & Cia, rue des Saints Pères, 57 – Paris – Preço 3 fr. 50.

[2] Del Rio, sábio jesuíta, nascido em Anvers em 1551 e morto em 1608. O autor alude à sua obra: *Disquisitiones Magicae*.

médiuns, de mesas girantes, falantes e proféticas; de sonâmbulos que veem através de paredes, que leem pelo cotovelo, que têm à sua frente aquilo que se diz e se faz a vinte, trinta e quarenta milhas de distância; que leem e escrevem sem conhecer o A B C; que, sem saberem uma palavra de Medicina, assinalam, determinam todos os casos patológicos, indicando-lhes as causas e prescrevendo o remédio com as doses da praxe, em todos os termos greco-árabes do vocabulário científico? O que são esses interrogatórios de espíritos, essas respostas de gente morta e enterrada, essas profecias de acontecimentos futuros? Quem evoca essas sombras? Quem as leva a falar? Quem as faz ver um futuro que não existe? Quem as leva a proferir essas blasfêmias contra Deus, contra os santos do Céu, contra os sacramentos da Igreja?

Vejamos, brava gente, falai! Por que essas contorções e esses olhares sombrios? – Ah! Acabareis me dizendo, quem sabe! Mistérios da natureza, leis desconhecidas, força de lucidez, sentido oculto no organismo humano! Sutileza do fluido magnético, do influxo nervoso, das ondulações óticas e acústicas; virtudes secretas que a eletricidade ou o magnetismo excitam no cérebro, no sangue, nas fibras, em todas as partes vitais; potências e forças supremas da vontade e da imaginação.

Meus amigos, isso são bobagens, palavras sem sentido, frases vazias, desvios ambíguos, enigmas que nem compreendeis. Toda a diferença que há entre nós e os nossos antepassados é que, para negar o mistério, nós forjamos outros. Ao passo que para aquela boa gente um gato era um gato e o diabo, o diabo, nós temos a pretensão de dotar a Natureza de forças que ela não tem nem pode ter. Nossos velhos, mais sábios e mais francos, diziam, sem subterfúgios, que havia operações sobrenaturais e, muito honestamente, as tratavam de diabolismo.

Todavia, menos versados do que nós no conhecimento dos fenômenos naturais, sem dúvida chegaram, por vezes, a tomar como efeito prodigioso coisas que não saem da ordem natural, ao passo que os modernos, muito mais esclarecidos, não deixam de olhar bom número de charlatanices dos magnetizadores como efeito misterioso das leis secretas da Natureza e as operações realmente diabólicas como golpes de mágica mais ou menos sutis. Mas os homens mais cristãos de outrora, sabiam muito bem que os maus Espíritos, evocados por meio de certos signos, de certas conjurações, de certos pactos, apareciam, respondiam, alucinavam a imaginação, impressionando de mil modos e, sobretudo, fazendo o maior mal que podiam aos que com eles conversavam. Confessai, pois, de boa-fé que, mesmo em nossos dias, mais que antigamente, temos os nossos necromantes, encantadores e feiticeiros, com a diferença de que os nossos pais tinham horror a esses malefícios, praticados em segredo, nas trevas, nas cavernas, nas florestas e que muitos se arrependiam, se confessavam e faziam penitência. Em vez disso, em nossos dias, são exercidos nos salões deslumbrantes de ouro e luz, em presença de curiosos, de moças, crianças e mães, sem o menor escrúpulo, assim revivendo, por vezes, as superstições da Idade Média.

Crede-me: em todas as épocas os homens quiseram tratar com o demônio; e esse espírito astuto, embora os homens não o devolvam aos abismos e com ele mantenham comércio, serve-se de todas as transformações. Nos séculos idólatras ele vivia com os oráculos e as pitonisas; mostrava-se sob a forma de pomba, de pêga, de galo, de serpente e cantava versos fatídicos. Na Idade Média apresentava-se pedante aos povos bárbaros e lhes aparecia sob formas terríveis, em monstruosas conjurações. Se, por vezes, se apequenava e se sutilizava a ponto de se aninhar nos cabelos, em frasquinhos, em filtros, que os feiticeiros faziam os amantes beber, não deixava de inspirar um grande terror. Hoje, ao contrário, ele se presta à civilização do século; alegra-se no mundo elegante, nos saraus brilhantes; seguidamente, dormindo com os sonâmbulos, dançando com as mesas, escrevendo com as pranchetas. Na verdade não é muito gentil? Tem cuidado de não apavorar ninguém! Veste-se à americana, à inglesa, à parisiense, à alemã. É realmente amável, com sua barba fina e bigode italiano. É a coqueluche dos salões e seria muito canhestro se não assumisse uma distinção irreprochável. Vede! Tornou-se tão bom apóstolo que conversa muito polidamente com aquela senhora que ainda vai à missa e que se lhe disserdes: – "Tomai cuidado! Há coisas que não são naturais e não o poderiam ser: há nisso algo de traiçoeiro; os bons cristãos não tratam dessas coisas"; vos riria nas bochechas e responderia com um arzinho de superioridade: – "Que diabo! Tudo isso é muito natural; também sou cristã, mas não imbecil".

Enquanto isso, se se apresentar uma ocasião, ele magnetizará sua filha de vinte anos, para, na sua intuição magnética, fazer que leia fatos distantes e segredos do futuro.

Deixo-vos a pensar se esse belo diabo de luvas amarelas deve rir nas bochechas da boa cristã!"

Deixamos aos leitores o cuidado de apreciar o julgamento do P. Bresciani: em vão aí procurarão, como nós, argumentos peremptórios contra as ideias espíritas, uma demonstração qualquer da falsidade dessas ideias; sem dúvida pensa ele que elas não merecem a menor refutação e que basta um sopro para as dissipar. Parece-nos, porém, que, a exemplo da maioria dos adversários, chega ele a uma consequência oposta à que espera, desde que não prova, por A mais B: isto não é e não *pode* ser. Como o P. Bresciani é um homem de um talento incontestável e de instrução superior, pensamos que, desde que seu objetivo era combater os Espíritos, deveria ter reunido contra estes as suas armas mais terríveis; de onde concluímos que se não diz muito, é que nada mais tem a dizer; que se não dá outras provas, é porque não as tem melhores para opor; do contrário, não teria tido o cuidado de as deixar no fundo do saco. Em toda essa argumentação, os mais ridicularizados não são os Espíritos, mas o próprio diabo, que é tratado um tanto cavalheirescamente e não como uma coisa levada a sério. A gente é forçada a pensar, ante esse estilo faceto, que o autor não acredita mais no diabo do que nos Espíritos. Contudo, se ele é, como se pretende, o agente único de todas as manifestações, forçoso é convir, que representa um papel mais divertido do que terrível e muito mais capaz de despertar a curiosidade do que amedrontar. Aliás, até o presente, tal é o resultado de tudo quanto se tem dito e escrito contra o Espiritismo. Assim, têm-no servido mais do que prejudicado.

Segundo a maioria dos críticos, o fato das manifestações não tem alcance. É uma preocupação passageira, um jogo de salão, e o autor não nos parece tê-lo encarado por um lado mais sério. Se assim é, por que atormentar-se? Deixai à moda o trabalho de trazer amanhã outro passatempo, e o Espiritismo viverá o que viveu a poticomania: o espaço de duas estações. Atirando-lhe pedras, dá-se a impressão de o temer, pois só se procura derrubar aquilo que se teme; se for uma utopia, uma quimera, por que bater-se contra moinhos de vento? É verdade dizerem que o diabo por vezes nele se mete. Mas não havia necessidade de tantos autores, como esse, pintarem o diabo com cores róseas, para dar às senhoras a vontade de o conhecer.

O P. Bresciani examinou bem o assunto? Pesou o alcance de

todas as suas palavras? Que nos permita a dúvida. Quando ele diz: *Que são as respostas de gente morta e enterrada? Quem lhes faz ver um futuro que não existe?* Perguntamos se foi um cristão ou um materialista que escreveu semelhantes coisas, embora o materialista falasse dos mortos com mais respeito. – *Quem os faz proferir essas blasfêmias contra Deus?* Onde estão essas blasfêmias? O autor, que atribui tudo ao diabo, sem dúvida as supôs, pois do contrário saberia que a confiança mais ilimitada na bondade de Deus é a base do Espiritismo; que tudo nele se faz em nome de Deus; que os espíritos mais perversos não falam dele senão com temor e respeito, e os bons o fazem com amor. O que há nisso de blasfematório? – Mas o que pensar dessas palavras: *Temos* a pretensão de dotar a Natureza de forças que *ela não tem e nem pode ter; nossos velhos, mais prudentes, as tratavam simplesmente como diabruras.* Assim, é mais sábio atribuir os fenômenos da Natureza ao diabo do que a Deus. Enquanto proclamamos o poder infinito do Criador, o P. Bresciani lhe estabelece limites: a Natureza, que resume a obra divina, não tem, e não *pode* ter outras forças além das que conhecemos. Quanto às que poderiam ser descobertas, é *mais sábio* atribuí-las ao diabo, que seria, assim, mais poderoso do que Deus. É preciso perguntar de que lado está a blasfêmia ou o maior respeito ao Ser Supremo? – Enfim, o diabo toma todas as formas. *Na verdade não é muito gentil? Veste-se à americana, à inglesa, à parisiense; é realmente amável com sua barba fina e bigodes à italiana e seria preciso ser muito canhestro para não o achar de uma distinção irreprochável.* Não sabemos se os senhores italianos sentir-se-ão envaidecidos por serem tomados como diabos de luvas amarelas. Quem são essas belas senhoras que fazem *coqueluche* desses gentis demônios e que, ante o caridoso aviso de que há nisso algo de traiçoeiro, vos riem nas bochechas exclamando: *Que diabo! Não sou tão imbecil!* Se é um flagrante natural perguntaremos em que mundo elas se servem mais ou menos de tão belas expressões. Lamentamos que o autor não tenha bebido seus conhecimentos de Espiritismo em fonte mais séria com o que não falaria tão levianamente. Enquanto não lhe opuserem argumentos mais peremptórios, os partidários do Espiritismo poderão dormir tranquilos.

## HISTÓRIA DE UM DANADO

(SOCIEDADE, 9 DE DEZEMBRO DE 1859 – PRIMEIRA SESSÃO)

O Sr. De la Roche, membro titular, comunica o fato seguinte, de seu conhecimento pessoal:

Numa pequena casa perto de Castelnaudary, havia ruídos estranhos e diversas manifestações que levavam a considerá-la como assombrada por algum mau gênio. Por isso, foi exorcizada em 1848 e nela colocaram grande número de imagens de santos. Então, querendo habitá-la, o Sr. D. mandou fazer reparos e retirar as gravuras. Depois de alguns anos, ali morreu subitamente. Seu filho, que nela mora atualmente ou que pelo menos a ocupava até a pouco, certo dia, ao entrar num quarto, recebeu forte bofetada de mão invisível. Como estivesse absolutamente só, não duvidou que ela viesse de fonte oculta. Agora não quer mais ficar lá e vai mudar-se definitivamente. Há, na região, a tradição de um grande crime ocorrido na dita casa.

Interrogado quanto à possibilidade de evocar o autor da bofetada, São Luís respondeu favoravelmente.

Chamado, o Espírito se manifestou por sinais de violência; o médium foi tomado de extrema agitação, quebrou sete ou oito lápis, lançando alguns sobre os assistentes, rasgou uma página, que cobriu de traços sem sentido, feitos com cólera. Foram impotentes os esforços para acalmá-lo; premido a responder às perguntas, escreveu com a maior dificuldade um *não* quase indecifrável.

1. – (*A São Luís*) – Teríeis a bondade de nos dar algumas informações sobre este Espírito, já que ele não pode ou não quer dá-las? R – É um Espírito da pior espécie, um verdadeiro monstro; fizemo-lo vir, mas não foi possível obrigá-lo a escrever, malgrado tudo quanto lhe foi dito. Ele tem seu livre-arbítrio, do qual, infeliz, faz triste uso.

2. – Há muito que morreu como homem? R – Procurai informações: foi ele quem cometeu o crime, do qual existe a lenda na região.

3. – O que era ele em vida? R – Sabe-lo-eis por vós mesmos.

4. – É ele que assombra a casa, atualmente? R – Sem dúvida, desde que foi assim que vo-lo fiz atender.

5. – Então os exorcismos não o expulsaram? R – De modo algum.

6. – Participou, de algum modo, na morte súbita do Sr. D.? R – Sim.

7. – De que maneira contribuiu para essa morte? R – Pelo pavor.

8. – Foi ele quem deu a bofetada no filho do Sr. D.? R – Sim.

9. – Poderia ter dado outra em algum de nós? R – Mas sem dúvida; vontade não lhe faltava.

10. – Por que não o fez? R – Não lhe foi permitido.

11. – Haveria um meio de o desalojar daquela casa, e qual seria? R – Se se quiserem desembaraçar da obsessão de semelhantes Espíritos, será fácil, orando por eles: é o que sempre esquecem de fazer. Preferem aterrá-los com fórmulas de exorcismos, que os divertem muito.

12. – Dando aos interessados a ideia de orar por esse Espírito, e orando nós mesmos, seria possível desalojá-lo? R – Sim. Mas notai que eu disse orar e não *mandar orar*.

13. – Tal Espírito é suscetível de melhora? R – Por que não? Não o são todos, esse como os outros? Contudo, é preciso enfrentar as dificuldades. Mas, por mais perverso que seja, o bem em retribuição ao mal acabará por tocá-lo. Que orem a princípio e o evoquem depois de um mês. Podereis julgar da mudança nele operada.

14. – Esse Espírito é sofredor e infeliz. Podeis descrever o gênero de sofrimento que experimenta? R – Ele está persuadido de que terá de ficar eternamente na situação em que se encontra. Vê-se constantemente no momento em que praticou o crime: qualquer outra lembrança lhe foi apagada e qualquer comunicação com um outro Espírito foi interdita; na Terra só pode estar naquela casa, e quando no espaço, nas trevas e na solidão.

15. – De onde vinha, antes da última encarnação? A que raça pertencia? R – Havia tido uma existência entre as tribos mais ferozes e selvagens e, precedentemente, vinha de um planeta inferior à Terra.

16. – Se se reencarnasse, em que categoria de indivíduos iria encontrar-se? R – Isto dependerá dele e de seu arrependimento.

17. – Em sua próxima existência corporal, poderia ser o que se chama um homem bom? R – Isso lhe será difícil; por mais que faça, ser-lhe-á difícil evitar uma vida tempestuosa.

**Observação**: A Sra. X., médium vidente que assistia à sessão, viu esse

Espírito no momento em que queriam que escrevesse: sacudia o braço do médium; seu aspecto era aterrador; vestia uma camisa coberta de sangue e tinha um punhal.

O Sr. e a Sra. F., presentes à sessão como audientes, não sendo ainda sócios, desde a mesma noite cumpriram a recomendação feita em favor do infeliz Espírito, e oraram por ele. Obtiveram várias comunicações, bem como de suas vítimas. Damo-las na ordem por que foram recebidas e as que, sobre o assunto, foram obtidas na Sociedade. Além do interesse ligado a essa dramática história, ressalta um ensinamento que a ninguém escapa.

(SEGUNDA SESSÃO – Em casa do Sr. F.)

18. – (*Ao Espírito familiar*). Podes dizer algo a respeito do Espírito de Castelnaudary? R – Evoque-o.

19. – Será mau? R – Verás.

20. – Que devemos fazer? R – Não lhe falar, se nada tens a dizer-lhe.

21. – Se lhe falarmos para lamentar seu sofrimento, isso lhe fará bem? R – A compaixão sempre faz bem ao infeliz.

22. – Evocação do Espírito de Castelnaudary: R – Que querem de mim?

23. – Nós te chamamos a fim de te sermos úteis. R – Oh! Vossa piedade me faz bem, porque sofro... Oh! Como sofro!... Que Deus tenha piedade de mim!... Perdão!... Perdão!...

24. – Nossas preces ser-te-ão salutares? R – Sim: orai, orai.

25. – Está bem! Oraremos por ti. R – Obrigado! Ao menos tu não me amaldiçoas.

26. – Por que não quiseste escrever na Sociedade, quando te chamaram? R – Oh, maldição!

27. – Maldição para quem? R – Para mim, que expio muito cruelmente os crimes nos quais a minha vontade teve pequena parte.

**Observação**: Dizendo que sua vontade teve pequena parte nos seus crimes, quer atenuá-los, como mais tarde se ficou sabendo.

28. – Se te arrependeres, serás perdoado? R – Oh! Jamais!

29. – Não desesperes. R – Eternidade de sofrimento, eis o meu destino.

30. – Qual o teu sofrimento? R – O que há de mais terrível; não podes compreender.

31. – Oraram por ti desde ontem à noite? R – Sim; mas sofro ainda mais.

32. – Como assim? R – Sei eu?

**Observação**: Essa circunstância foi explicada mais tarde.

33. – Deve-se fazer algo em relação à casa onde te instalaste? R – Não, não! Não me falem nisso... Perdão, meu Deus! Já sofri muito!

34. – Tens que permanecer lá? R – Assim estou condenado.

35. – Será para que tenhas teus crimes à vista? R – É isso.

36. – Não desesperes: tudo pode ser perdoado com o arrependimento. R – Não! Não há perdão para Caim.

37. – Então mataste teu irmão? R – Todos somos irmãos.

38. – Por que quiseste fazer mal ao Sr. D.? R – Chega! Por favor, chega!

39. – Então, adeus: tem confiança na misericórdia divina! R – Orai.

(TERCEIRA SESSÃO)

40. – (*Evocação*) R – Estou junto de vós.

41. – Começas a ter esperança? R – Sim, meu arrependimento é grande.

42. – Qual era o teu nome? R – Sabereis mais tarde.

43. – Há quantos anos sofres? R – Há 200.

44. – Em que época cometeste o crime? R – Em 1608.

45. – Podes repetir as datas para confirmar? R – Inútil: uma vez basta. Adeus; eu vos falarei amanhã. Uma força me chama!

(QUARTA SESSÃO)

46. – (*Evocação*) R – Obrigado, Hugo (prenome do Sr. F.).

47. – Queres falar do que aconteceu em Castelnaudary? R – Não: fazeis-me sofrer quando falais disso. Não é generoso de vossa parte.

48. – Sabes muito bem que se falamos disso é com o objetivo de esclarecer a tua posição e não de agravá-la. Então, fala sem medo. Como foste levado a cometer esse crime? R – Um momento de desvario.

49. – Houve premeditação? R – Não.

50. – Não pode ser verdade. Teus sofrimentos provam que és mais culpado do que dizes. Sabes que só pelo arrependimento podes abrandar tua sorte, e não pela mentira. Vamos! Sê franco. R – Bem! Já que é preciso, seja!

51. – Foi um homem ou uma mulher que mataste? R – Um homem.

52. – Como causaste a morte do Sr. D.? R – Eu lhe apareci visivelmente; e meu aspecto é tão horroroso que minha simples vista o matou.

53. – Fizeste-o de propósito? R – Sim.

54. – Por quê? R – Ele quis me desafiar; e eu o faria ainda, se me viesse tentar.

55. – Se eu fosse morar naquela casa, tu me farias mal? R – Certo que não! Tu tens piedade de mim e me desejas o bem.

56. – O Sr. D. morreu instantaneamente? R – Não: foi tomado pelo medo, mas só morreu duas horas depois.

57. – Por que te limitaste a dar um soco no Sr. D. Filho? R – Era bastante ter morto dois homens.

(QUINTA SESSÃO)

58. – *Perguntas dirigidas a São Luís* – O Espírito que se comunicou com o Sr. e Sra. F. é realmente o de Castelnaudary? R – Sim.

59. – Como pôde comunicar-se a eles tão prontamente? R – A Sociedade ainda o ignorava: ele não se havia arrependido, e o arrependimento é tudo.

60. – As informações por ele dadas sobre o crime são exatas? R – Cabe-vos verificar e vos entenderdes com ele.

61. – Ele disse que o crime foi cometido em 1608 e que tinha morrido em 1659. Há, pois, 200 anos que se acha naquele estado? R – Isso vos será explicado mais tarde.

62. – Podeis descrever seu gênero de suplício? R – É-lhe atroz. Como sabeis, foi condenado a ficar na casa do crime, sem poder dirigir o pensamento à outra coisa senão ao crime, sempre ante os seus olhos, e julga-se eternamente condenado a essa tortura.

63. – Está mergulhado na escuridão? R – Escuridão, quando quer afastar-se do lugar de exílio.

64. – Qual o mais terrível gênero de suplício que pode experimentar um Espírito, nesse caso? R – Não há descrição possível das torturas morais que são a punição de certos crimes. O próprio que as experimenta terá dificuldade em vos dar uma ideia. Mas a mais horrível é a certeza de se crer condenado sem apelo.

65. – Há dois séculos se acha em tal situação. Ele avalia o tempo como quando em vida? Isto é, o tempo lhe parece mais ou menos longo, como quando vivo? R – Parece-lhe antes mais longo: para ele não há o sono.

66. – Foi-nos dito que para o Espírito o tempo não existia, e que para eles um século é um ponto na eternidade. Não é o mesmo para todos? R – Certo que não. Assim é apenas para os Espíritos chegados a uma grande elevação; mas para os Espíritos inferiores o tempo é, por vezes, muito longo, sobretudo quando sofrem.

67. – Esse Espírito é punido muito severamente pelo seu crime. Ora, vós nos dissestes que antes desta última existência tinha vivido entre bárbaros. Lá deve ter cometido atos pelo menos tão atrozes quanto o último. Foi punido do mesmo modo? R – Foi menos punido, porque, sendo mais ignorante, compreendia menos o alcance.

**Observação**: Todas as observações confirmam esse fato, eminentemente conforme a justiça de Deus, que as penas são proporcionais, não à natureza da falta, mas ao grau de inteligência do culpado e à possibilidade de compreender o mal que faz. Assim, uma falta, em aparência menos grave, poderá ser mais severamente punida num homem civilizado, que um ato de barbárie num selvagem.

68. – O estado em que se encontra esse Espírito é o dos seres vulgarmente chamados *danados*? R – Absolutamente: há-os ainda muito mais horríveis. Os sofrimentos estão longe de ser os mesmos para todos, mesmo para crimes semelhantes, pois variam conforme o culpado seja mais ou menos acessível ao arrependimento. Para este, a casa

onde cometeu o crime é o seu inferno; outros o levam em si mesmos, pelas paixões que os atormentam e que não podem satisfazer.

**Observação**: Com efeito, vimos avarentos sofrer à vista do ouro que se lhes tornara uma verdadeira quimera; orgulhosos, atormentados pela inveja das honras que viam prestar, a outros que não eles; homens que comandavam, na Terra, humilhados pelo poder invisível que os constrangia a obedecer e pela visão de seus subordinados, que não mais se dobravam à sua frente; ateus, sofrendo as angústias da incerteza, e achando-se num isolamento absoluto em meio à imensidade, sem encontrarem nenhum ser que os pudesse esclarecer. No mundo dos Espíritos, se há alegria para todas as virtudes, há penas para todas as faltas, e as que não são atingidas pela lei dos homens, sempre o são pela lei de Deus.

69. – Malgrado a sua inferioridade, esse Espírito sente os bons efeitos da prece; o mesmo vimos quanto a outros Espíritos igualmente perversos e da mais bruta natureza. Como é que Espíritos mais esclarecidos, de inteligência mais desenvolvida, mostram completa ausência de bons sentimentos; riem-se de tudo quanto há de mais sagrado; numa palavra, nada os toca e não deixam nunca o seu cinismo? R – A prece só tem efeito sobre o Espírito que se arrepende. Aquele que, levado pelo orgulho, se revolta contra Deus e persiste nos seus desvios, ainda os exagerando, como fazem os Espíritos infelizes, sobre estes nada pode a prece e nada poderá, senão quando um clarão de arrependimento neles se manifestar. Para eles, a ineficácia da prece ainda é um castigo. Ela só alivia os não totalmente endurecidos.

70. – Quando vemos um Espírito inacessível aos bons efeitos da prece, há uma razão para nos abstermos de orar por ele? R – Não, sem dúvida; pois cedo ou tarde ela poderá vencer o seu endurecimento e despertar nele pensamentos salutares.

(SEXTA SESSÃO, EM CASA DO SR. F.)

71. – Evocação: R – Eis-me aqui.

72. – Então, agora podes deixar a casa de Castelnaudary quando quiseres? R – Permitem-me, porque aproveito vossos bons conselhos.

73. – Experimentas algum alívio? R – Começo a ter esperanças.

74. – Se pudéssemos ver-te, sob que aparência te veríamos? R – Ver-me-íeis de camisa e sem punhal.

75. – Por que não mais terias o punhal? Que fizeste dele? R – Eu o maldigo. Deus me poupa sua vista.

76. – Se o Sr. D. Filho voltasse à casa, ainda lhe farias mal? R – Não, estou arrependido.

77. – E se ainda te quisesse desafiar? R – Oh! Não me pergunteis isso. Não me poderia dominar: isso estaria acima de minhas forças... sou apenas um miserável.

78. – As preces do Sr. D. Filho ser-te-iam mais salutares que as de outras pessoas? R – Sim, pois a ele é que fiz o maior mal.

79. – Pois bem, continuaremos a fazer por ti o que pudermos. R – Obrigado. Pelo menos encontrei em vós almas caridosas. Adeus.

(SÉTIMA SESSÃO)

80. – Evocação do homem assassinado: R – Aqui estou.

81. – Que nome tínheis em vida? R – Eu me chamava Pierre Dupont.

82. – Qual a vossa profissão? R – Era salsicheiro em Castelnaudary, onde fui assassinado por meu irmão, a 6 de maio de 1608; por Charles Dupont, irmão mais velho, com um punhal, no meio da noite.

83. – Qual foi a causa do crime? R – Meu irmão pensou que eu queria cortejar uma mulher de quem ele gostava e que eu via muitas vezes. Mas ele se enganava, pois eu jamais havia pensado nisso.

84. – Como ele vos matou? R – Eu dormia. Ele me feriu na garganta, depois no coração. Ferindo, despertou-me. Quis lutar, mas sucumbi.

85. – Vós o perdoastes? R – Sim, no momento de sua morte, há 200 anos.

86. – Com que idade morreu ele? R – Com 80 anos.

87. – Ele não foi punido em vida? R – Não.

88. – Quem foi acusado por vossa morte? R – Ninguém. Naqueles tempos de confusão, prestava-se pouca atenção a essas coisas: isso não adiantaria nada.

89. – O que aconteceu à mulher? R – Pouco depois foi morta por meu irmão, em minha casa.

90. – Por que a assassinou? R – Amor frustrado; ele se havia casado com ela, antes de minha morte.

91. – Por que não fala ele do assassinato dessa mulher? R – Porque o meu é o pior para ele.

92. – Evocação da mulher assassinada: R – Estou aqui.

93. – Que nome tínheis em vida? R – Marguerite Aeder, senhora Dupont.

94. – Quanto tempo esteve casada? R – Cinco anos.

95. – Pierre nos disse que seu irmão suspeitava de relações criminosas entre vós dois. Isso é verdade? R – Nenhuma relação criminosa existia entre mim e Pierre. Não acrediteis nisso.

96. – Quanto tempo depois da morte de seu irmão Charles ele vos assassinou? R – Dois anos depois.

97. – Que motivo o impeliu? R – O ciúme e o desejo de ficar com o meu dinheiro.

98. – Podeis relatar as circunstâncias do crime? R – Ele me agarrou e feriu-me na cabeça, no local de trabalho, com sua faca de salsicheiro.

99. – Como é que não foi perseguido? R – Para quê? Naqueles tempos funestos tudo era desordem.

100. – O ciúme de Charles tinha fundamento? R – Sim, mas isso não o autorizava a cometer semelhante crime, porque nesse mundo todos somos pecadores.

101. – Há quantos anos estáveis casada, quando da morte de Pierre? R – Há três anos.

102. – Podeis precisar a data de vossa morte? R – Sim: 3 de maio de 1610.

103. – O que pensaram da morte de Pierre? R – Fizeram crer em assassinos que queriam roubar.

**Observação**: Seja qual for a autenticidade desses relatos, que parecem difíceis de controlar, há um fato notável: a precisão e a concordância das datas e de todos os acontecimentos. Tal circunstância é, por si só, curioso assunto de estudo, se considerarmos que os três Espíritos chamados, em intervalos diversos, em nada se contradizem. O que pareceria confirmar suas palavras é que o principal culpado no caso, evocado por outro médium, deu respostas idênticas.

(NONA SESSÃO)

104. – Evocação do Sr. D.: R – Eis-me aqui.

105. – Desejamos pedir alguns detalhes das circunstâncias da vossa morte. Quereis no-los fornecer? R – De boa vontade.

106. – Sabíeis que a casa que habitáveis era assombrada por um Espírito? R – Sim. Mas eu o quis desafiar e errei. Melhor teria sido orar por ele.

**Observação**: Vê-se, por aí, que os meios geralmente empregados para nos desembaraçarmos dos Espíritos importunos não são os mais eficazes. As ameaças mais os excitam do que os intimidam. A benevolência e a comiseração têm mais poder que o emprego de meios coercitivos, que os irritam, ou das fórmulas de que se riem.

107. – Como vos apareceu esse Espírito? R – À minha entrada em casa ele estava visível e me olhava fixamente; não me foi possível escapar; tomou-me o pavor e eu expirei sob o olhar terrível desse Espírito que eu havia desprezado, e para com o qual me havia mostrado tão pouco caridoso.

108. – Não poderíeis pedir socorro? R – Impossível: minha hora havia chegado e assim eu devia morrer.

109. – Que aparência tinha ele? R – De um furioso disposto a me devorar.

110. – Sofrestes com a morte? R – Horrivelmente.

111. – Morrestes subitamente? R – Não: duas horas depois.

112. – Que reflexões fazíeis ao vos sentirdes morrer? R – Não pude refletir; fui tomado de um terror inexprimível.

113. – A aparição ficou visível até o fim? R – Sim: não deixou meu pobre Espírito um só instante.

114. – Quando vosso Espírito se desprendeu, percebestes a causa de vossa morte? R – Não: tudo estava acabado. Só o compreendi mais tarde.

115. – Podeis indicar a data de vossa morte? R – Sim: 9 de agosto de 1853 (A data precisa ainda não foi verificada; mas está mais ou menos certa).

(DÉCIMA SESSÃO – SOCIEDADE, 13 DE JANEIRO DE 1860)

Quando esse Espírito foi evocado, a 9 de dezembro, São Luís aconselhou a chamá-lo de novo dentro de um mês, a fim de julgar do progresso que deveria ter feito no intervalo. Já foi possível julgar, pelas comunicações do Sr. e da Sra. F., da mudança operada em suas ideias, graças à influência das preces e dos bons conselhos. Decorrido pouco mais de um mês de sua primeira evocação, foi de novo chamado à Sociedade, a 13 de janeiro.

116. – Evocação: R – Aqui estou.

117. – Lembrai-vos de ter sido chamado aqui há cerca de um mês? R – Como poderia esquecê-lo?

118. – Por quê, então, não pudestes escrever? R – Eu não queria.

119. – Por que não o queríeis? R – Ignorância e embrutecimento.

120. – Vossas ideias mudaram de então para cá? R – Muito. Vários dentre vós fostes complacentes e orastes por mim.

121. – Confirmais todas as informações dadas por vós e por vossas vítimas? R – Se não as confirmasse, seria dizer que não as havia dado... E fui eu mesmo.

122. – Entrevedes o fim de vossas penas? R – Oh! Ainda não. Já é muito mais do que mereço, saber, graças à vossa intercessão, que não durarão para sempre.

123. – Descrevei a vossa situação antes de nossa primeira evocação. Compreendeis que vo-lo pedimos para nossa instrução e não como motivo de curiosidade. R – Já vos disse que não tinha consciência de nada, no mundo, senão do meu crime e que não podia deixar a casa onde o cometi, senão para elevar-me no espaço, onde tudo em volta de mim era solidão e obscuridade. Não poderia vos dar uma ideia do que isso é, e jamais o compreendi. Desde que me elevava acima do ar, tudo era negro e vazio; não sei o que era. Hoje experimento muito mais remorsos; mas, como vos provam as comunicações, já não sou constrangido a ficar naquela casa fatal; é-me permitido vagar na Terra e procurar esclarecer-me por minhas observações. Mas agora compreendo melhor a enormidade de meus erros. E se, por um lado, sofro menos, por outro, as torturas aumentam pelo remorso. Mas, pelo menos, tenho esperança.

124. – Se tivésseis que retomar uma existência corpórea, qual escolheríeis? R – Ainda não vi bastante, nem refleti bastante para o saber.

125. – Encontrais as vossas vítimas? R – Oh! Que Deus me guarde!

**Observação**: Sempre foi dito que a presença das vítimas é um dos tormentos dos culpados. Este ainda não as viu, porque estava no isolamento e nas trevas. Era um castigo; mas ele teme essa presença e aí talvez esteja o complemento de seu suplício.

126. – Durante vosso longo isolamento e, pode-se dizer, vosso cativeiro, sentistes remorsos? R – Nem um pouco; e é por isso que sofri tanto. Apenas comecei a experimentá-lo quando, malgrado meu, foram provocadas as circunstâncias que conduziram à minha evocação, à qual devo o começo de minha libertação. Obrigado a vós, que tivestes piedade de mim e me esclarecestes.

**Observação**: Essa evocação não foi casual. Como devia ser útil a esse infeliz, os Espíritos que velavam por ele, vendo que começava a compreender a enormidade de seus crimes, julgaram chegado o momento de lhe prestar socorro eficaz, e então o trouxeram às circunstâncias propícias. É um fato que vimos muitas vezes repetido.

A propósito, perguntam o que teria sido dele, se não tivéssemos podido evocá-lo, como de todos os Espíritos sofredores que, também, não o podem ser, e nos quais não se pensa. A resposta é que as vias de Deus são inumeráveis para a salvação das criaturas. A evocação pode ser um meio de as assistir, mas, certo, não é o único. E Deus não deixa ninguém esquecido. Aliás, as preces coletivas devem ter influência parcial sobre os Espíritos acessíveis ao arrependimento.

## COMUNICAÇÕES ESPONTÂNEAS

### ESTELLE RIQUIER

(SOCIEDADE, 13 DE JANEIRO DE 1860)

O tédio, a mágoa, o desespero me devoram. Esposa culpada, mãe desnaturada, abandonei as santas alegrias da família, o domicílio conjugal embelezado pela presença de dois anjinhos descidos do céu. Arrastada pelas veredas do vício, por um egoísmo, um orgulho e uma vaidade desenfreados, mulher sem coração, conspirei contra o santo amor daquele que Deus e os homens me haviam dado por sustentáculo e companheiro na vida. Ele buscou na morte um refúgio contra o desespero que lhe haviam causado o meu covarde abandono e a sua desonra.

O Cristo perdoou à mulher adúltera e a Madalena arrependida. A mulher adúltera tinha amado e Madalena se tinha arrependido. Mas, eu! Miserável, vendi a preço de ouro um falso amor que jamais senti. Semeei o prazer a mancheias e não colhi senão o desprezo. A miséria horrível e a fome cruel vieram pôr termo a uma vida que me era odiosa... e eu não me arrependi! E eu, miserável e infame, oh! quantas vezes empreguei, com fatal sucesso, minha influência como Espírito, para levar ao vício pobres mulheres que via virtuosas e gozando a felicidade que eu havia calcado aos pés. Deus jamais me perdoará? Talvez, se o desprezo que ela vos inspira não vos impedir de orar pela infeliz Estelle Riquier.

**Observação**: Tendo-se comunicado espontaneamente, sem ser chamado e sem ser conhecido dos assistentes, as seguintes perguntas foram dirigidas a esse Espírito.

1. – Em que época morrestes? R – Há cinquenta anos.

2. – Onde moráveis? R – Em Paris.

3. – A que classe social pertencia vosso marido? R – À classe média.

4. – Em que idade morrestes? R – Aos 32 anos.

5. – Que motivos vos levaram à comunicação espontânea conosco? R – Foi-me permitido, para vossa instrução e para exemplo.

6. – Tínheis recebido certa educação? R – Sim.

7. – Esperamos que Deus vos levará em conta a franqueza da confissão e o vosso arrependimento. Pedimos que estenda sua misericórdia sobre vós, e que envie bons Espíritos para vos esclarecer sobre os meios de reparar vosso passado. R – Oh! Obrigada, obrigada! Que Deus vos ouça.

**Observação**: Várias pessoas nos informaram que consideraram um dever orar pelos Espíritos sofredores que assinalamos, e que pedem assistência. Fazemos votos para que tal pensamento caridoso se generalize entre os nossos leitores. Alguns receberam a visita espontânea dos Espíritos pelos quais se haviam interessado, e que lhes vieram agradecer.

## O TEMPO PRESENTE

(SOCIEDADE, 20 DE JANEIRO DE 1860)

Sois guiados pelo verdadeiro Gênio do Cristianismo, disse-vos eu. É que o próprio Cristo preside aos trabalhos de toda natureza, que estão em vias de realização, para abrir-se a era de renovação e de aperfeiçoamento, que predizem vossos guias espirituais. Com efeito, se, fora das manifestações espíritas, lançardes os olhos sobre os acontecimentos contemporâneos, reconhecereis sem hesitação os sinais precursores que, de maneira irrefragável, vos provarão que os tempos preditos são chegados. As comunicações se estabelecem entre todos os povos e as barreiras materiais são derrubadas; os obstáculos morais que se opõem à sua união, os preconceitos políticos e religiosos, apagar-se-ão rapidamente, e o reino da fraternidade estabelecer-se-á, enfim, de maneira sólida e durável. Observai, desde agora, os próprios soberanos, levados por mão invisível, tomar – coisa incrível para vós – a iniciativa das reformas; e as reformas que espontaneamente partem de cima, são bem mais rápidas e mais duráveis que as que vêm debaixo e são arrancadas pela força. Malgrado os preconceitos da infância e da educação, malgrado o culto da saudade, eu pressenti a época atual. Estou feliz por isso e mais feliz ainda por vir dizer-vos: irmãos, coragem! Trabalhai para vós e pelo futuro dos vossos; trabalhai, sobretudo, por vosso melhoramento pessoal, e gozareis na vossa próxima existência de uma felicidade que vos é tão difícil imaginar, quanto a mim vo-la dar a compreender.

Chateaubriand

## OS SINOS

(OBTIDA PELO SR. PÉCHEUR, A 13 DE JANEIRO DE 1860)

Podes dizer-me por que sempre gostei de ouvir o som dos sinos? É que a alma do homem, que pensa ou que sofre, busca sempre desprender-se, quando experimenta essa felicidade muda, que desperta em nós vagas lembranças de uma vida passada. É que tal som é uma tradução da palavra do Cristo, que vibra no ar há dezoito séculos: a voz da esperança. Quantos corações consolou! Quanta força deu à humanidade crente! Essa voz divina apavorou os grandes da época: eles a temeram, porque a verdade que haviam abafado os fez tremer. O Cristo a mostrava a todos. Eles mataram o Cristo, mas não a ideia. Sua palavra sagrada tinha sido compreendida: era imortal e, contudo, quantas vezes a dúvida deslizou em vossos corações! Quantas vezes o homem acusou a Deus de ser injusto! Exclamava: "Meu Deus, que fiz eu? Marcou-me a desgraça no berço? Então estou destinado a seguir essa via que me retalha o coração? Parece que uma fatalidade se liga aos meus passos; sinto que as forças me abandonam. Vou arrebentar nesta vida".

Nesse momento, Deus faz penetrar em vosso coração um raio de esperança; mão amiga vos tira a venda do materialismo, que vos tapa os olhos; uma voz do céu vos diz: "Olha no horizonte aquele foco luminoso; é um fogo sagrado que emana de Deus; essa chama deve iluminar o mundo e o purificar; deve fazer sua luz penetrar no coração do homem e dali espancar as trevas que lhe obscurecem os olhos". Alguns homens pretenderam trazer-me a luz e só produziram um nevoeiro, que fez perder-se o reto caminho.

Não sejais cegos, vós a quem Deus mostra a luz. É o Espiritismo que vos permite levantar a ponta do véu que cobria o vosso passado. Olhai agora aquilo que fostes e julgai. Curvai a cabeça ante a justiça do Criador. Rendei-lhe graças por vos dar coragem para continuardes a prova que escolhestes. Disse o Cristo: "Aquele que usar a espada, pela espada morrerá". Tal pensamento, absolutamente espírita, encerra o mistério do vosso sofrimento. Que a esperança na bondade de Deus vos dê coragem e fé. Escutai sempre essa voz que vibra em vossos corações. Cabe-vos compreender, estudar com sabedoria, elevar vossa alma em pensamentos fraternos. Que o rico estenda a mão ao que sofre, pois a riqueza não lhe foi dada para os prazeres pessoais, mas para que seja o seu despenseiro; e Deus lhe pedirá contas do uso que dela tiver feito. Vossas virtudes são a única riqueza que Deus reconhece; a única que levareis, ao deixar este mundo. Deixai falar os falsos sábios, que vos chamam de loucos. Talvez amanhã vos peçam para orar por eles, pois Deus os julgará.

Tua filha, que te ama e ora por ti.

## CONSELHOS DE FAMÍLIA

(CONTINUAÇÃO – LIDA NA SOCIEDADE A 20 DE JANEIRO DE 1860)

(Vide o número de janeiro)

Meus caros filhos, em minhas instruções precedentes, aconselhei-vos a calma e a coragem; contudo, nem todos as mostrais, tanto quanto deveríeis. Pensai que o lamento não acalma a dor: ao contrário, esta tende a aumentar. Um bom conselho, uma boa palavra, um sorriso, um simples gesto, dão força e coragem. Uma lágrima amolece o coração, em vez de endurecê-lo. Chorai, se o coração a isso vos impele; mas que seja antes nos momentos de solidão, e não em presença dos que necessitam de toda a sua força ou energia, que uma lágrima ou um suspiro podem diminuir e enfraquecer. Todos necessitamos de encorajamento, e nada mais próprio a nos encorajar que uma voz amiga, um olhar benevolente, uma palavra vinda do coração. Quando vos aconselhei a vos reunirdes, não foi para que reunísseis vossas lágrimas e amarguras; era apenas para vos incitar à prece, que prova uma boa intenção; foi para que unísseis os vossos pensamentos, *vossos esforços* mútuos e coletivos; para que mutuamente vos désseis bons conselhos, e para que, em comum, procurásseis, não o meio de vos entristecer, mas a marcha a seguir para vencer os obstáculos que se vos apresentam. Em vão um infeliz que não tem pão se prostrará a rogar a Deus a substância que não cairá do céu. Que ele trabalhe e, por pouco que obtenha, isso lhe valerá mais que todas as preces. A prece mais agradável a Deus é o trabalho útil, seja qual for. Eu o repito: a prece apenas prova uma boa intenção, um bom sentimento, mas só produz um efeito moral, desde que é toda moral. É excelente como um consolo da alma, porque a alma que ora sinceramente encontra na prece um alívio às dores morais: fora desses efeitos e dos que decorrem da prece, como vos expliquei em outras instruções, nada espereis, pois sereis iludidos em vossa esperança.

Segui, pois, exatamente os meus conselhos. Não vos contenteis em pedir a Deus que vos ajude: ajudai-vos vós mesmos, pois assim provareis a sinceridade de vossa prece. Seria muito cômodo, na verdade, que bastasse pedir uma coisa nas preces para que ela vos fosse concedida! Seria o maior incentivo à preguiça e à negligência das boas ações. A respeito, eu poderia estender-me ainda mais; seria, porém, muito para vós. Vosso estado de adiantamento ainda não o comporta. Meditai sobre esta instrução, como sobre as precedentes, pois são de natureza a ocupar longamente os vossos espíritos: elas contêm, em germe, tudo quanto vos será desvendado no futuro. Segui meus conselhos anteriores.

Allan Kardec

# ANO III
# MARÇO DE 1860

## BOLETIM

DA SOCIEDADE PARISIENSE DE ESTUDOS ESPÍRITAS

(SEXTA-FEIRA, 27 DE JANEIRO DE 1860 – SESSÃO GERAL)

Lida e aprovada a ata da sessão de 20 de janeiro. Recebimento de um pedido de admissão. Sua leitura, exame e informação foram adiados para a próxima sessão particular.

*Comunicações diversas.* 1. – Carta do Sr. Hinderson Mackenzie, de Londres, membro da Sociedade Real dos Antiquários, com detalhes muito interessantes sobre o emprego da bola de cristal ou metálica, como meio de obter comunicações espíritas. É o que usa, com auxílio de um vidente especial, conforme conselho de um de seus amigos que, há trinta e cinco anos, faz as mais completas e concludentes experiências. O médium vê, nessa espécie de espelho, as respostas escritas às perguntas feitas, assim se obtendo comunicações muito desenvolvidas e tão rápidas que, por vezes, é difícil acompanhar o médium.

2. – Leitura de um artigo do *Siècle*, de 22 de janeiro, no qual se nota esta passagem: "As mesas falavam, giravam e dançavam muito antes da existência da seita americana que pretende lhes ter dado origem. Esse baile das mesas já era célebre em Roma, nos primeiros séculos de nossa era; e eis como, no Capítulo XXIII da *Apologética*, se exprimia Tertuliano, ao falar dos médiuns de seu tempo: "Se aos mágicos é dado provocar o aparecimento de fantasmas, evocar a alma dos mortos, forçar a boca das crianças a dar oráculos; se esses charlatães imitam um grande número de milagres que, parece, são devidos aos círculos e às correntes que as pessoas formam entre si; se enviam sonhos, se fazem conjurações, se têm às suas ordens espíritos mentirosos e demônios, por cuja virtude *as cadeiras e as mesas que profetizam são um fato vulgar, etc.*"

Chama-se a atenção para o fato de que os espíritas modernos jamais pretenderam ter descoberto ou inventado as manifestações. Ao contrário, proclamaram constantemente a antiguidade e a universalidade dos fenômenos espíritas; e essa mesma antiguidade é um argumento em favor da doutrina, demonstrando que ela tem o seu princípio na Natureza e que não é produto de uma combinação sistemática. Os que pretendem opor-lhe tal circunstância, provam que falam sem lhe conhecer os primeiros elementos; do contrário, saberiam que o Espiritismo moderno apoia-se no fato incontestável que se encontra em todos os tempos e em todos os povos.

*Estudos.* 1. – Perguntas sobre o fenômeno dos globos metálicos ou de cristal, como meio de obter comunicações. A resposta é: "A teoria desse fenômeno ainda não pode ser explicada; para sua compreensão faltam certos conhecimentos prévios, que nascerão de si mesmos e decorrerão de observações ulteriores. Isso será dado em tempo oportuno".

2. – Nova evocação de Urbain Grandier, que confirma e completa certos fatos históricos, além de, sobre o planeta Saturno, dar explicações que apoiam quanto já foi dito a respeito.

3. – Dois ditados espontâneos obtidos simultaneamente: o primeiro, de Abelardo, pelo Sr. Roze; o segundo de João, o Batista, pelo Sr. Collin.

Em seguida, tendo-se pedido que um Espírito sofredor, que havia solicitado o auxílio das preces, viesse comunicar-se espontaneamente, um dos médiuns escreveu: "Sede abençoados por terdes consentido em orar pelo ser imundo e inútil, que chamastes, e que se mostrou ainda tão vergonhosamente preso a essas miseráveis riquezas. Recebei os sinceros agradecimentos do *Père Crépin*.

(SEXTA-FEIRA, 3 DE FEVEREIRO DE 1860 – SESSÃO PARTICULAR)

Aprovada a ata da sessão de 27 de janeiro. Leitura da lista dos audientes que assistiram à última assembleia geral. Nenhum inconveniente assinalado em sua presença.

O Dr. Gotti, diretor do Instituto Homeopático de Gênova (Piemonte), é admitido como membro correspondente.

Leitura de dois novos pedidos de admissão, adiados para a próxima sessão.

*Comunicações diversas*. 1. – O Sr. Allan Kardec anuncia que uma senhora, sócia da província, lhe enviou a soma de dez mil francos, para ser utilizada em favor do Espiritismo.

Tendo recebido uma herança com que não contava, essa senhora quer que dela participe a Doutrina Espírita, à qual deve supremas consolações e o ser esclarecida sobre as verdadeiras condições de felicidade nesta vida e na outra. Diz ela em sua carta: "Vós me fizestes compreender o Espiritismo, mostrando-me o seu verdadeiro objetivo; só ele pode triunfar das dúvidas e da incerteza que, para mim, eram a fonte de inexprimíveis ansiedades. Eu marchava na vida ao acaso, maldizendo as pedras do meu caminho. Agora vejo claro em volta de mim, em minha frente; o horizonte se alargou e marcho com certeza e confiança no futuro, sem me inquietar com os espinhos da estrada. Desejo que este pequeno óbolo vos ajude a espalhar sobre os outros a benfazeja luz que me tornou tão feliz. Empregai-o como entenderdes: nem quero recibo nem controle. A única coisa que peço é o mais estrito incógnito."

Acrescenta o Sr. Allan Kardec: "Respeitarei o véu de modéstia com que essa senhora se quer cobrir e esforçar-me-ei para corresponder às suas generosas intenções. Não creio poder desempenhá-las senão aplicando essa quantia ao que será necessário para a instalação da Sociedade em condições mais favoráveis para o seu trabalho."

Um membro exprime o pesar de que o anonimato guardado por essa senhora não permita que a Sociedade lhe testemunhe diretamente a sua gratidão.

Responde o Sr. Allan Kardec que, não tendo o donativo nenhuma aplicação determinada senão o Espiritismo em geral, ele se encarregou da tarefa em nome de todos os partidários sérios do Espiritismo. Insiste na qualificação de *partidários sérios*, de vez que se não pode aplicar o nome aos que, vendo no Espiritismo apenas uma questão de fenômenos e de experiências, não lhe podem compreender as altas consequências morais e, menos ainda, dele se aproveitarem e fazer que os outros o aproveitem.

2. – O presidente depositou na secretária uma carta lacrada, enviada pelo Dr. Vignal, membro titular, a qual não deverá ser aberta senão no fim de março próximo.

3. – O Sr. Netz envia um número da *Illustration*, com o relato de uma aparição. O fato será objeto de exame especial.

*Estudos*. 1. – Observação a propósito de visões em certos corpos, tais como vidros, globos de cristal, bolas metálicas, etc., de que se tratou na última sessão. Pensa o Sr. Allan Kardec ser necessário afastar cuidadosamente o nome de *espelhos mágicos*, dado vulgarmente a tais objetos. Propõe chamá-los *espelhos psíquicos*. Na opinião de vários membros, pensa a assembleia que a designação de *espelhos psicográficos* corresponderia melhor à natureza do fenômeno.

2. – Evocação do Dr. Vignal, que se ofereceu para um estudo sobre o estado do Espírito das pessoas vivas. Ele responde com perfeita lucidez às perguntas que lhe são feitas. Dois outros Espíritos, o de Castelnaudary e o do Dr. Cauvière, comunicam-se ao mesmo tempo por um outro médium, do que resulta uma troca de observações muito instrutivas. Os doutores terminam, cada um, por um ditado que tem o cunho das altas capacidades que lhes são reconhecidas. (Publicada adiante).

3. – Dois outros ditados espontâneos: o primeiro de S. Francisco de Sales, pela Sra. Mallet; o segundo, pelo Sr. Collin, assinado Moisés, Platão e, depois, Juliano.

(SEXTA-FEIRA, 10 DE FEVEREIRO DE 1860 – SESSÃO GERAL)

Aprovada a ata de 3 de fevereiro.

Carta com pedido de admissão que será resolvida na próxima sessão particular.

Leitura das comunicações recebidas na última sessão.

*Comunicações diversas*. A nota seguinte é transmitida pelo Sr. Soive, pedindo, se se considerar útil, que se faça uma evocação a respeito: "Um tal Sr. T., de quarenta e cinco anos, residente no Boulevard do Hospital, era perseguido por uma ideia fixa, a de involuntariamente ter morto um amigo numa rixa. Malgrado tudo quanto foi feito para o dissuadir, mostrando-lhe o amigo vivo, ele julgava tratar-se de sua sombra. Atormentado pelo remorso de um crime imaginário, asfixiou-se."

A evocação do Sr. T. será feita, se houver tempo.

*Estudos*. 1. – Cinco ditados espontâneos e simultâneos: o primeiro, pelo Sr. Roze, assinado Lamennais; o segundo, pela senhorinha Eugénie, assinado Staël; o terceiro, pelo Sr. Collin, assinado Fourier; o quarto pela senhorinha Huet, de um Espírito que, diz ele, dar-se-á a conhecer mais tarde e anuncia uma série de comunicações; o quinto, pelo Sr. Didier Filho, assinado Charlet.

2. – Após a leitura do ditado de Fourier, o presidente observa, para a compreensão das pessoas estranhas à Sociedade, e que podem não estar a par de sua maneira de proceder, que essa comunicação, à primeira vista, lhe parece suscetível de comentários; que, entre os Espíritos que se manifestam, há-os de todos os graus; que suas comunicações refletem suas ideias pessoais, nem sempre inteiramente justas; conforme o conselho que lhe foi dado, a Sociedade as recebe como expressão de uma opinião individual e se reserva o direito de julgá-las, submetendo-as ao controle da lógica e da razão. É essencial se saiba que ela não adota como verdadeiro tudo quanto vem dos Espíritos. Por suas comunicações, o Espírito dá a conhecer o que ele é no bem ou no mal, na ciência ou na ignorância. São para ela assuntos de estudo: ela aceita o que é bom e rejeita o que é mau.

3. – Evocação da senhorinha Indermuhle, de Berna, surda-muda de nascimento, viva, de trinta e dois anos. A evocação oferece um grande interesse do ponto de vista moral e científico, pela sagacidade e precisão das respostas, que nela denotam um Espírito já adiantado.

4. – Evocação do Sr. T., do qual se falou antes. Dá sinais de grande agitação e quebra vários lápis antes de traçar algumas linhas apenas legíveis. É evidente a perturbação das ideias; inicialmente persiste na crença de que matou o amigo; acaba convindo que era apenas uma ideia fixa; mas acrescenta que se não matou, tinha tido vontade de o fazer, não o fazendo apenas porque lhe faltou coragem. – São Luís dá algumas explicações quanto ao estado desse Espírito e às consequências de seu suicídio.

Essa evocação será repetida mais tarde, quando o Espírito estiver mais desprendido.

(SEXTA-FEIRA, 17 DE FEVEREIRO DE 1860 – SESSÃO PARTICULAR)

Leitura e aprovação da ata da sessão de 10 de fevereiro.

Admitidos como membros titulares, a pedido escrito e parecer favorável: a Sra. de Regnez, de Paris; o Sr. Indermuhle de Wytenbach, de Berna; a Sra. Lubrat, de Paris.

Leitura de dois novos pedidos de admissão, adiados para a próxima sessão particular.

O Sr. Allan Kardec transmite à Sociedade o seguinte, a respeito do donativo feito:

"Se a doadora, no que lhe concerne, não reclama contas do emprego dos fundos, não devo, para minha própria satisfação, permitir que seu emprego não seja submetido a um controle. Essa soma formará o primeiro fundo de uma *Caixa Especial*, que nada de comum terá com meus negócios pessoais, e que será objeto de uma contabilidade distinta, sob o nome de *Caixa do Espiritismo*.

Essa caixa será aumentada posteriormente pelos fundos que chegarem de outras fontes, e destinada exclusivamente às necessidades da doutrina e ao desenvolvimento dos estudos espíritas.

Um de meus primeiros cuidados será a criação de uma *biblioteca especial*, e, como disse, assim prover ao que falta materialmente à Sociedade, para a regularidade de seus trabalhos.

Pedi a vários colegas que aceitassem o controle da caixa e constatassem, em datas que serão ulteriormente fixadas, o útil emprego dos fundos.

Essa comissão está composta pelos Srs. Solichon, Thiry, Levent, Mialhe, Krafzoff e Sra. Parisse."

Leitura das comunicações recebidas na última sessão.

A seguir a Sociedade ocupou-se de várias questões administrativas.

## OS PRÉ-ADAMITAS

Uma carta que recebemos contém a seguinte passagem:

"O ensino que vos foi dado pelos Espíritos, força é convir, repousa sobre a moral absolutamente conforme a do Cristo e, mesmo, muito mais desenvolvida do que a que se acha no Evangelho, porque mostrais a aplicação daquilo que, muitas vezes, ali só se acha em preceitos gerais. Quanto ao problema da existência dos Espíritos e às suas relações com o homem, para mim não é objeto de qualquer dúvida. Eu estaria convencido apenas pelo testemunho dos Pais da Igreja, se não tivesse a prova da minha própria experiência. Assim, não levanto nenhuma objeção a respeito. Já o mesmo não se dá com certos pontos de sua doutrina, evidentemente contrários ao testemunho das *Escrituras*. Por hoje, limitar-me-ei a uma só questão, a relativa ao primeiro homem. Dizeis que Adão nem é o primeiro nem o único que tenha povoado a Terra. Se assim fosse, seria preciso admitir que a Bíblia estivesse em erro, desde que o ponto de partida seria controvertido. Vede, pois, a que consequências isso nos conduz! Confesso que tal pensamento perturbou-me as ideias. Mas como, antes de tudo, sou pela verdade e a fé nada pode ganhar se construída sobre um erro, peço-vos a bondade de dar alguns esclarecimentos a respeito, se vossas folgas o permitirem. E se puderdes tranquilizar a minha consciência, vos serei muito reconhecido."

**RESPOSTA**

A questão do primeiro homem, na pessoa de Adão, como origem única da humanidade, não é a única sobre a qual tiveram que se modificar as crenças religiosas.

Em certa época, o movimento da Terra pareceu de tal modo oposto ao texto das Escrituras, que não houve formas de perseguição a que essa teoria não tenha servido de pretexto e, contudo, vê-se que, parando o Sol, Josué não impediu que a Terra girasse. Ela gira, malgrado os anátemas; e hoje ninguém o contraria, sem ferir a própria razão.

Igualmente, diz a Bíblia, que o mundo foi criado em seis dias e fixa a data de cerca de 4000 anos antes da Era Cristã. Antes disso, a Terra não existia, fôra tirada do nada. O texto é formal. E eis que a Ciência positiva, inexorável, vem provar o contrário. A formação do globo está escrita em caracteres imprescritíveis no mundo fóssil; e está provado que os seis dias da Criação são outros tantos períodos, talvez de várias centenas de anos cada um. Isso não é um sistema, uma doutrina, uma opinião isolada: é um fato tão constante quanto o movimento da Terra, que a Teologia não pôde deixar de admitir. Assim, só nas pequenas escolas é que se ensina que o mundo foi feito em seis vezes vinte e quatro horas, prova evidente do erro em que se pode cair, tomando ao pé da letra as expressões de uma linguagem frequentemente figurada.

Teria sido a autoridade da Bíblia atingida, aos olhos dos teólogos? Absolutamente. Eles se renderam à evidência e concluíram que o texto podia receber uma interpretação.

Escavando os arquivos da Terra, a Ciência reconheceu a ordem na qual os diferentes seres vivos apareceram em sua superfície. A observação não deixa dúvidas quanto às espécies orgânicas que pertencem a cada período; e essa ordem está de acordo com o que é indicado no Gênesis, com a diferença de que essa obra, em vez de ter saído miraculosamente das mãos de Deus em algumas horas, realizou-se, sempre por sua vontade, mas conforme as leis das forças da Natureza, em alguns milhões de anos. Por isso será Deus menor e menos poderoso? Sua obra será menos sublime por não ter o prestígio da instantaneidade? Evidentemente não. Seria preciso fazer da Divindade uma ideia muito mesquinha, para não reconhecer sua onipotência nas leis eternas por ela estabelecidas para reger os mundos.

Assim como Moisés, a Ciência coloca o homem na última ordem da criação dos seres vivos; mas Moisés coloca o dilúvio universal no ano 1654 do mundo, ao passo que a Geologia nos mostra esse grande cataclismo anteriormente ao aparecimento do homem, visto como, até aquele dia, nas camadas primitivas não se encontra nenhum traço de sua presença, nem de animais da mesma categoria, do ponto de vista físico. Mas nada prova que isso seja impossível. Várias descobertas já lançaram dúvidas a respeito. É possível, então, que de um momento para o outro se adquira a certeza dessa anterioridade da raça humana. Resta ver se o cataclismo geológico, cujos traços estão por toda a Terra, é o mesmo que o dilúvio de Noé. Ora, a lei da duração da formação das camadas fósseis não permite confundi-los, pois o primeiro remonta talvez a cem mil anos. Do momento em que forem encontrados traços da existência do homem antes da grande catástrofe, estará provado que Adão não é o primeiro homem, ou que sua criação se perde na noite dos tempos. Contra a evidência não há raciocínio possível. Os teólogos deverão, assim, aceitar esse fato, como aceitaram o movimento da Terra e os seis períodos da Criação.

Na verdade, a existência do homem antes do dilúvio geológico é ainda hipotética; mas isso é o menos. Admitindo que o homem tenha aparecido pela primeira vez na Terra, 4000 anos antes de Cristo, se 1650 anos mais tarde toda a raça humana foi destruída, com exceção de um só, resulta que o povoamento da Terra só pode datar de Noé, ou seja, de 2350 anos antes de nossa era. Ora, quando os hebreus emigraram para o Egito, no século XVIII a.c., encontram esse país muito povoado e com uma civilização já muito adiantada. Prova a História que, já nessa época, as Índias e outras regiões eram igualmente florescentes. Então seria preciso que do décimo quarto ao décimo oitavo século a.c., isto é, no espaço de 600 anos, não só a posteridade de um só homem tivesse podido povoar todas as imensas regiões então conhecidas, supondo que as outras não o fossem, mas que, nesse curto intervalo, a espécie humana tivesse podido elevar-se da ignorância absoluta do estado primitivo ao mais alto grau do desenvolvimento intelectual, o que é contrário a todas as leis antropológicas. Ao revés, tudo se explica admitindo-se a anterioridade do homem, o dilúvio de Noé como uma catástrofe parcial, confundida com o cataclismo geológico, e Adão, que viveu há 6000 anos, como tendo povoado uma região desabitada. Ainda uma vez, nada poderia prevalecer contra a evidência dos fatos. Por isso julgamos prudente não tomar posição em falso, muito levianamente, contra doutrinas que, cedo ou tarde, como tantas outras, podem mostrar a falta de razão dos que as combatem. Longe de perder, as ideias religiosas se engrandecem com a Ciência. É o meio de não dar margem ao ceticismo, mostrando-lhe o lado vulnerável.

Que seria da religião, se ela se obstinasse contra a evidência, se persistisse em anatematizar os que não aceitassem a letra das Escrituras? O resultado seria que não se poderia ser católico sem crer no movimento do Sol, nos seis dias, nos 6000 anos de existência da Terra. Calcule-se o que hoje restaria de católicos. Proscreveis, também, os que não tomam ao pé da letra a alegoria da árvore e seu fruto, da costela de Adão, da serpente, etc.? A religião será sempre forte quando marchar de acordo com a Ciência, porque estará ligada à parte esclarecida da população. É o único meio de desmentir o preconceito que a faz ser considerada, por gente superficial, como antagonista do progresso. Se sempre – que Deus não o permita – ela repelisse a evidência dos fatos, afastaria os homens sérios e provocaria um cisma, porque nada prevaleceria contra a evidência.

Assim a alta Teologia, que conta homens eminentes pelo saber, sobre muitos pontos controvertidos, admite uma interpretação conforme à boa razão. Apenas é lamentável que reserve suas interpretações aos privilegiados e continue a ensinar ao pé da letra nas escolas. Daí resulta que a letra, inicialmente aceita pelas crianças, é mais tarde repelida, quando chegam à idade da razão. Nada tendo em compensação, tudo rejeitam e aumentam o número dos incrédulos absolutos. Ao contrário, dai às crianças somente aquilo que, mais tarde, a razão pode admitir; e, desenvolvendo-se a razão, as fortificará nos princípios que lhes tiverem sido inculcados. Assim falando, cremos servir aos mais verdadeiros interesses da religião: ela será sempre respeitada, se mostrada de acordo com a realidade e quando não a fizerem consistir em alegorias, que o bom-senso não pode admitir como reais.

## UM MÉDIUM CURADOR

### SENHORITA DÉSIRÉE GODU, DE HENNEBON (MORBIHAN)

Pedimos aos leitores que se reportem ao nosso artigo do mês passado, sobre os médiuns especiais. Melhor serão compreendidos os ensinamentos que vamos dar, a respeito da senhorinha Désirée Godu, cuja faculdade oferece um caráter da mais notável especialidade. Há cerca de oito anos, passou ela sucessivamente por todas as fases da mediunidade; a princípio, poderoso médium de efeitos físicos, tornou-se, alternativamente, médium vidente, auditivo, falante, escrevente, e, finalmente, todas as suas faculdades se concentram na cura de doentes, que parecia ser a sua missão, missão que desempenha com um devotamento sem limites. Deixemos falar uma testemunha ocular, o Sr. Pierre, professor em Lorient, que nos transmite esses detalhes, em resposta às perguntas que lhe fizemos.

"A senhorita Désirée Godu, de vinte e cinco anos, pertence a uma distinta família, respeitável e respeitada de Lorient; seu pai é um antigo militar, cavalheiro da Legião de Honra, e sua mãe, senhora paciente e laboriosa, ajuda a filha o melhor que pode em sua penosa, mas sublime missão. Há cerca de seis anos, essa família patriarcal dá esmolas de remédios receitados e, muitas vezes, tudo quanto necessário para faixas, etc., tanto aos ricos quanto aos pobres que a procuram. Suas relações com os Espíritos começaram ao tempo das mesas girantes; então ela morava em Lorient, e durante meses só se falava das maravilhas operadas pela senhorita Godu com as mesas, sempre complacentes e dóceis, sob suas mãos. Era um favor ser admitido às sessões de mesa em sua casa e lá não entrava quem quisesse. Simples e modesta, não buscava pôr-se em evidência. Contudo, como é fácil compreender, a maledicência não a poupou. O próprio Cristo foi escarnecido, embora só fizesse e ensinasse o bem. É de admirar que ainda se encontrem fariseus, quando ainda há homens que em nada creem? É a sorte de todos quantos mostram uma superioridade qualquer a de ser expostos aos ataques da mediocridade invejosa e ciumenta. Nada lhe custa para derrubar aquele que ergue a cabeça acima do vulgo, nem mesmo o veneno da calúnia. O hipócrita desmascarado jamais perdoa. Mas Deus é justo e quanto mais maltratado for o homem de bem, mais brilhante será sua reabilitação e mais humilhante a vergonha de seus inimigos; a posteridade o vingará.

Esperando sua verdadeira missão que, segundo se diz, deve começar dentro de dois anos, o Espírito que a guia lhe propôs a de curar toda sorte de moléstias, o que ela aceitou. Para se comunicar, ele agora se serve de seus órgãos, muitas vezes e malgrado seu, em vez das batidas nas mesas. Quando é o Espírito que fala, a voz já não é a dela e os seus lábios não se movem.

A senhorinha Godu recebeu apenas uma instrução comum; mas o principal de sua educação não devia ser obra dos homens. Quando concordou em ser médium curador, o Espírito procedeu metodicamente à sua instrução, sem que ela nada visse além de mãos. Um misterioso personagem lhe punha sob os olhos livros, gravuras ou desenhos, e lhe explicava todo o organismo humano, as propriedades das plantas, os efeitos da eletricidade, etc. Ela não é sonâmbula: ninguém a adormece. É desperta, e bem desperta, e penetra os doentes com seu olhar. O Espírito lhe indica os remédios, que geralmente ela mesma prepara e aplica, cuidando e pensando os feridos mais repugnantes com a dedicação de uma irmã de caridade.

Começaram por lhe dar a composição de certos unguentos que curavam em poucos dias os panarícios e as feridas de pouca gravidade, com o objetivo de lentamente habituá-la a ver, sem muita repulsa, todas as horríveis e repugnantes misérias que deviam aparecer aos seus olhos, pondo a finura e a delicadeza de seus sentidos às mais rudes provas. Não a imaginemos um ser sofredor, fraco e fanado: ela goza do *mens sana in corpore sano* em toda a sua plenitude. Longe de tratar os doentes por um auxiliar, é ela quem põe a mão em tudo, graças à sua robusta constituição. Aos doentes, sabe inspirar uma confiança sem limites, acha no coração consolações para todas as dores, e em sua mão tem remédios para todos os males. É um caráter naturalmente alegre e brincalhão. Sua alegria é contagiosa como a fé que a anima e atua instantaneamente sobre os doentes. Vi muitos se retirarem, com os olhos rasos de lágrimas, lágrimas de suave admiração, de reconhecimento e de alegria. Todas as quintas-feiras, dia de feira, e domingos, das seis da manhã até às seis da tarde, a casa não se esvazia. Para ela, trabalhar é orar, e o faz com consciência.

Antes de ter de tratar de doentes, passava o dia inteiro costurando roupas para os pobres e enxovais para os recém-nascidos, empregando os mais engenhosos meios para que, em incógnito, os presentes chegassem ao destino, de sorte que a mão esquerda sempre ignorasse o que dava a direita. Possui grande número de certificados autênticos, dados por eclesiásticos, autoridades e pessoas notáveis, atestando curas que em outros tempos teriam sido consideradas milagrosas."

Por pessoas fidedignas, sabemos não haver exagero no relato acima e temos a satisfação de assinalar o digno emprego que a senhorita Godu faz da excepcional faculdade de que foi dotada. Esperemos que esses elogios, que temos o prazer de reproduzir, no interesse da humanidade, não alterarão sua modéstia, que dobra o valor do bem, e que ela não escutará as sugestões do espírito de orgulho. O orgulho é o escolho de grande número de médiuns e vimos muitos cujas faculdades transcendentes se aniquilaram ou perverteram, desde que deram ouvidos a esse demônio tentador. As melhores intenções não garantem contra seus embustes; e é precisamente contra os bons que ele dirige suas baterias, pois se satisfaz em fazê-los sucumbir e mostrar que ele é o mais forte; insinua-se no coração com tanta habilidade, que, muitas vezes, o enche sem que se suspeite. Assim, o orgulho é o último defeito que se confessa a si mesmo, semelhante a essas doenças mortais que se tem em estado latente e sobre cuja gravidade o doente se ilude até o último instante. Eis por que é tão difícil erradicá-lo. Desde que um médium possui uma faculdade, por menos notável que seja, é procurado, elogiado, adulado. Isso lhe é terrível pedra de toque, pois acaba julgando-se indispensável, se não for fundamentalmente simples e modesto.

Infeliz dele, principalmente se julgar-se o único em contato com os bons Espíritos. Custa-lhe reconhecer que foi iludido e, muitas vezes, escreve ou ouve sua própria condenação, sua própria censura, sem acreditar que a ele seja dirigida. Ora, é precisamente essa cegueira de que é presa: os Espíritos enganadores disso se aproveitam para o fascinar, o dominar, o subjugar cada vez mais, a ponto de lhe fazerem tomar por verdades as coisas mais falsas. E é assim que nele se perde o dom precioso que só havia recebido de Deus para tornar-se útil aos seus semelhantes, porque os bons Espíritos se retiram, sempre que alguém prefere escutar os maus. Aquele que a Providência destina a ser posto em evidência o será pela força das coisas, e os Espíritos bem saberão tirá-lo da obscuridade, caso isso seja útil, ao passo que, muitas vezes, só haverá decepções para quem é atormentado pela necessidade de fazer falar de si. O que sabemos do caráter da senhorita Godu, nos dá a firme confiança de que esteja acima dessas pequenas fraquezas, e que, assim, jamais comprometerá, como tantos outros, a missão que recebeu.

## MANIFESTAÇÕES FÍSICAS ESPONTÂNEAS

### O PADEIRO DE DIEPPE

Os fenômenos pelos quais podem os Espíritos manifestar sua presença são de duas naturezas, que se designam como manifestações físicas e manifestações inteligentes. Pelas primeiras, os Espíritos atestam sua ação sobre a matéria; pelas segundas, revelam um pensamento mais ou menos elevado, conforme seu grau de depuração. Umas e outras podem ser espontâneas ou provocadas. São provocadas quando impelidas pelo desejo e obtidas com o auxílio de pessoas de aptidão especial, isto é, dos médiuns. São espontâneas quando ocorrem naturalmente, sem nenhuma participação da vontade e, muitas vezes, na ausência de qualquer conhecimento e mesmo de qualquer crença espírita. A essa ordem pertencem certos fenômenos que se não podem explicar pelas causas físicas ordinárias. Mas não nos devemos apressar, como já temos dito, em atribuir aos Espíritos tudo quanto é insólito e não se compreende. Nunca seria demais insistir sobre esse ponto, a fim de se pôr em guarda contra os efeitos da imaginação e, muitas vezes, do medo. Quando se produz um fenômeno extraordinário –

repetimo-lo – o primeiro pensamento deve ser que tenha uma causa natural, por ser a mais frequente e mais provável. Tais são, sobretudo, os ruídos e mesmo certos movimentos de objetos. Nesse caso, o que é preciso fazer é buscar a causa; e é provável que a encontremos muito simples e muito vulgar. Dizemos, ainda, o verdadeiro e, por assim dizer, o único sinal real da intervenção dos Espíritos é o caráter intencional e inteligente do efeito produzido, quando esteja perfeitamente demonstrada a impossibilidade de uma intervenção humana. Nessas condições, raciocinando conforme o axioma de que todo efeito tem uma causa, e que todo efeito inteligente deve ter uma causa inteligente, torna-se claro que, se a causa não estiver nos agentes ordinários dos efeitos materiais, estará fora desses mesmos agentes; que se a inteligência que age não for humana, deve estar fora da humanidade.

Então, há inteligências extra-humanas?

Parece provável. Se certas coisas não são e não podem ser obra dos homens, devem ser obra de alguém. Ora, se esse alguém não for um homem, parece que, necessariamente, deva estar fora da humanidade; e se não o vemos, deve ser invisível. É um raciocínio tão peremptório e tão fácil de compreender quanto o do Sr. de la Palisse.

Então, quais são essas inteligências? Anjos ou demônios? E como inteligências invisíveis podem agir sobre a matéria visível? – É o que sabem perfeitamente aqueles que aprofundaram a ciência espírita, que não é aprendida num piscar de olhos, e que não se pode resumir em poucas linhas. Aos que fazem tal pergunta apresentaremos apenas isto: *Como o vosso pensamento, que é imaterial, move, à vontade, o vosso corpo que é material?* Acreditamos que não vos embaraçareis na solução desse problema, e que, se rejeitardes a explicação de fenômeno tão vulgar, dada pelo Espiritismo, é que tendes outra mais lógica a opor. Mas até agora não a conhecemos.

Vamos aos fatos que motivaram essas observações.

Vários jornais, entre outros a *Opinion Nationale* de 14 de fevereiro último, e o *Journal de Rouen*, de 12 do mesmo mês, relatam o seguinte fato, conforme o *Vigie de Dieppe*. Eis o artigo do *Journal de Rouen*:

"A *Vigie de Dieppe* estampa a seguinte carta, de seu correspondente em Grandes-Ventes. Em nosso número de sexta-feira já assinalamos uma parte dos fatos hoje relatados neste jornal. Mas a emoção excitada na comuna por esses acontecimentos extraordinários nos leva a dar novos detalhes, contidos nesta correspondência.

Hoje rimos das histórias mais ou menos fantásticas do passado; e, em nossos dias, os pretensos feiticeiros não desfrutam de grande veneração. Não são mais acreditados em Grandes-Ventes que alhures. Contudo, nossos velhos preconceitos populares ainda têm alguns adeptos entre os bons moradores da vila; e a cena verdadeiramente extraordinária, que acabamos de testemunhar, vem a propósito para lhes fortificar a sua crença supersticiosa.

Ontem, pela manhã, o Sr. Goubert, um dos padeiros do nosso burgo, seu pai, que lhe serve de operário, e um jovem aprendiz, de dezesseis a dezessete anos, iam começar o trabalho rotineiro, quando perceberam que vários objetos saíam espontaneamente de seu lugar, para serem lançados na masseira. Assim tiveram que desembaraçar, sucessivamente, a farinha que trabalhavam, de vários pedaços de carvão, de dois pesos de tamanhos diversos, de um cachimbo e de uma vela. Malgrado sua extrema surpresa, continuaram a tarefa e tinham chegado a virar o pão, quando, de repente, um bocado de massa de dois quilos, escapando das mãos do jovem ajudante, foi lançado a alguns metros de distância. Isso foi o prelúdio e como que o sinal da mais estranha desordem. Eram cerca de nove horas e, até ao meio-dia, foi positivamente impossível ficar ao forno e no compartimento vizinho. Tudo foi virado, derrubado, quebrado; os pães atirados à sala com as pranchas em que estavam, em meio a restos de toda sorte, ficaram completamente perdidos; mais de trinta garrafas de vinho foram quebradas e, enquanto o virador do poço rodava sozinho com extrema velocidade, as brasas, as pás, os cavaletes e os pesos saltavam no ar e executavam as mais diabólicas evoluções.

Ao meio-dia o tumulto cessou pouco a pouco e, horas depois, quando tudo entrou em ordem e as coisas foram arrumadas, o chefe da casa pôde retomar os trabalhos habituais.

Esse acontecimento estranho causou ao Sr. Goubert uma perda de pelo menos cem francos."

A esse relato a *Opinion Nationale* adiciona as seguintes reflexões:

"Reproduzindo essa história singular, seria uma injúria aos leitores preveni-los contra os fatos sobrenaturais que ela relata. Sabemos perfeitamente que não é uma história do nosso tempo e que poderá escandalizar alguns dos doutos leitores do *Vigie*; mas, por mais inverossímil que pareça, não é menos verdadeira e, se necessário, centenas de pessoas poderão certificar sua exatidão."

Confessamos não compreender bem as reflexões do jornalista, que parece contradizer-se. Por um lado, diz aos leitores que se previnam contra os fatos sobrenaturais e termina por dizer que, "por mais inverossímil que pareça, não é menos verdadeira" e que "centenas de pessoas poderão certificar sua exatidão". De duas, uma: ou é verdadeira, ou é falsa. Se falsa, tudo está dito; mas se verdadeira, como atesta a *Opinion Nationale*, o fato revela uma coisa muito séria para ser tratada um tanto levianamente. Ponhamos de lado a questão dos Espíritos e vejamos apenas um fenômeno físico. Não é bastante extraordinária para merecer a atenção de observadores sérios? Então, que os sábios se ponham à obra e, escavando os arquivos da Ciência, dela nos deem uma explicação racional, irrefutável, com a razão de todas as circunstâncias. Se não o podem, temos de convir que não conhecem todos os segredos da Natureza. E se só a ciência espírita dá a solução, será preciso optar entre a teoria que explica e a que nada explica.

Quando fatos dessa natureza são relatados, nosso primeiro cuidado, antes mesmo de inquirir da realidade, é o de examinar se são ou não possíveis, conforme o que conhecemos sobre a teoria das manifestações espíritas. Citamos alguns, demonstrando-lhes a absoluta impossibilidade, notadamente a história contada no número de fevereiro de 1859, segundo o *Journal des Débats*, sob o título de *Meu Amigo Hermann*, à qual certos pontos da Doutrina Espírita poderiam ter dado uma aparência de probabilidade. Sob esse ponto de vista, os fenômenos ocorridos com o padeiro das cercanias de Dieppe nada têm de mais extraordinário que muitos outros, perfeitamente verificados e cuja solução completa é dada pela ciência espírita. Assim, aos nossos olhos, se o fato não fosse verdadeiro, seria possível. Pedimos a um dos nossos correspondentes de Dieppe, no qual temos plena confiança, que se informasse da realidade. Eis o que nos responde:

"Hoje vos posso dar todas as informações que desejais, pois me informei em boa fonte. O relato do *Vigie* é a exata verdade. Inútil relatar todos os fatos. Parece que alguns homens de Ciência vieram de longe para se darem conta dos fatos extraordinários, que não poderão explicar se não tiverem noção da ciência espírita. Quanto aos nossos camponeses, estão confusos. Uns dizem que são feiticeiros; outros, que é porque o cemitério mudou de lugar e sobre ele fizeram construções; e os mais espertos, que passam entre os seus por tudo saber, principalmente se forem militares, acabam dizendo: "Por Deus! Não sei como isso acontece". Inútil dizer que não deixam de atribuir larga participação ao diabo. Para dar a compreender todos esses fenômenos à gente do povo, seria necessário tentar iniciá-los na verdadeira ciência espírita. Seria o único meio de arrancar dentre eles a crença nos feiticeiros e em todas as ideias supersticiosas, que ainda por muito tempo constituem o maior obstáculo à sua moralização."

Terminaremos com uma última observação.

Ouvimos de algumas pessoas que não queriam ocupar-se de Espiritismo, com receio de atrair os Espíritos e provocar manifestações do gênero das que acabamos de relatar.

Não conhecemos o padeiro Goubert, mas cremos poder afirmar que nem ele, nem seu filho e seu ajudante jamais se ocuparam com os Espíritos. É mesmo para notar que as manifestações espontâneas se produzem de preferência entre pessoas que nenhuma ideia fazem do Espiritismo, prova evidente de que os Espíritos vêm sem serem chamados. Mais ainda: o conhecimento *esclarecido* dessa ciência é o melhor meio de nos preservarmos dos Espíritos importunos, porque indica a *única* maneira racional de os afastar.

Nosso correspondente está perfeitamente certo ao dizer que o Espiritismo é um remédio contra a superstição. Com efeito, não é superstição crer que esses estranhos fenômenos sejam devidos à mudança do cemitério? A superstição não consiste na crença num fato, quando verificado, mas na causa irracional atribuída ao fato. Está, sobretudo, na crença em pretensos meios de adivinhação, no efeito de certas práticas, na virtude dos talismãs, nos dias e horas cabalísticos, etc., coisas cujo absurdo e ridículo o Espiritismo demonstra.

## ESTUDO SOBRE O ESPÍRITO DE PESSOAS VIVAS

O DR. VIGNAL

O Dr. Vignal, membro titular da Sociedade, ofereceu-se para servir ao estudo sobre uma pessoa viva, como se fez com o Conde de R. Foi evocado na sessão de 3 de fevereiro de 1860.

1. – (*A São Luís*) Podemos evocar o Dr. Vignal? R – Sem qualquer perigo: ele está preparado.

2. – (*Evocação*) R – Aqui estou. Afirmo-o em nome de Deus, o que não faria se respondesse por outro.

3. – Embora estejais vivo, julgais necessário que a evocação seja feita em nome de Deus? R – Deus não existe tanto para os vivos quanto para os mortos?

4. – Estais a ver-nos tão claramente como quando em pessoa assistíeis às nossas sessões? R – Antes mais, que menos claramente.

5. – Em que lugar estais aqui? R – Naturalmente no lugar onde minha ação é necessária: à direita e um pouco atrás do médium.

6. – Para vir de Sully até aqui, tivestes consciência do espaço transposto? Vistes o caminho percorrido? R – Não mais que o carro que me trouxe.

7. – Poderemos oferecer-vos uma cadeira? R – Sois muito bons; não estou tão fatigado quanto vós.

8. – Como constatais vossa individualidade, aqui presente? R – Como os outros.

**Observação**: Ele alude ao que já foi dito em caso semelhante, isto é, que o Espírito constata sua individualidade por meio do perispírito, que representa o seu corpo.

9. – Contudo, agradeceríamos se vós mesmo nos désseis a explicação. R – O que me pedis é uma repetição.

10. – Já que não quereis repetir o que foi dito, é porque pensais do mesmo modo? R – Mas está bem claro.

11. – Assim, o perispírito é, para vós, uma espécie de corpo circunscrito e limitado? R – É evidente: compreende-se.

12. – Podeis ver o vosso corpo adormecido? R – Não daqui. Vi-o ao deixá-lo. Tive vontade de rir.

13. – Como é estabelecida a relação entre o vosso corpo em Sully e o vosso Espírito aqui? R – Como vos disse, pelo cordão fluídico.

14. – Quereis descrever, o melhor possível, para que o compreendamos, a maneira por que vedes a vós mesmo, abstração feita do vosso corpo? R – É muito fácil. Vejo-me como em vigília, ou antes, pois a comparação é mais justa, como a gente se vê em sonho. Tenho meu corpo, mas tenho consciência de que é organizado de modo diferente e mais leve que o outro. Não sinto o peso, a força de atração que me prende à Terra quando desperto. Numa palavra, como vos disse, não estou fatigado.

15. – A luz se vos apresenta com o mesmo tom que no estado normal? R – Não; esse tom é acrescido de uma luz não perceptível por vossos sentidos grosseiros. Contudo, não infirais que a sensação produzida pelas cores sobre o nervo ótico seja diferente para mim: o vermelho é vermelho e assim por diante. Apenas alguns objetos, que na obscuridade eu não via em vigília, são luminosos e perceptíveis para mim. Assim é que a obscuridade absolutamente não existe para o Espírito, embora este possa estabelecer uma diferença entre o que para vós é claro e o que não é.

16. – Vossa visão é indefinida ou limitada ao objeto ao qual prestais atenção? R – Nem uma coisa, nem outra. Não sei absolutamente o que ela pode experimentar, como modificações, para um Espírito inteiramente desprendido. Mas, para mim, sei que os objetos materiais são perceptíveis no seu interior; que minha vista os atravessa. Contudo, não poderia ver por toda a parte e ao longe.

17. – Queríeis prestar-vos a uma pequena experiência de prova, não motivada pela curiosidade, mas pelo desejo de nos instruirmos? R – De modo algum: isto me é expressamente proibido.

18. – Era para lerdes a pergunta que me chega às mãos e respondê-la sem que eu a dissesse. R – Eu poderia, mas, repito, isto me é proibido.

19. – Como tendes consciência de que vos é proibido fazê-lo? R – Pela transmissão de pensamento do Espírito que me proíbe.

20. – Então, eis a pergunta. Podeis ver-vos num espelho? R – Não. Que vedes num espelho? O reflexo de um objeto material. Não

sou material; e só posso produzir o reflexo pela operação que torna tangível o perispírito.

21. – Assim, um Espírito que se encontrasse nas condições de um agênere, por exemplo, poderia ver-se num espelho? R – Certamente.

22. – Neste momento poderíeis julgar da saúde ou doença de uma pessoa, tão seguramente quanto em vosso estado normal? R – Com mais segurança.

23. – Poderíeis dar uma consulta, se alguém vo-la pedisse? R – Poderia; mas não quero fazer concorrência aos sonâmbulos e aos Espíritos benfeitores que os guiam. Quando estiver morto, não direi que não.

24. – O estado em que agora vos encontrais é idêntico àquele em que estareis depois de morto? R – Não: terei certas percepções muito mais precisas. Não esqueçais que *ainda* estou na matéria.

25. – Vosso corpo poderia morrer, enquanto estais aqui, sem que o suspeitásseis? R – Não. A gente morre assim todos os dias.

26. – Isso se compreende quanto à morte natural, sempre precedida de alguns sintomas. Suponhamos, porém, que alguém vos fira e mate instantaneamente. Como o saberíeis? R – Eu estaria pronto para receber o golpe, antes que o braço agisse.

27. – Qual a necessidade de vosso Espírito voltar ao corpo, se nada mais haveria a fazer? R – É uma lei muito sábia, sem a qual, uma vez saído, muitas vezes a gente hesitaria tão bem em voltar para ele, que seria um pretexto para suicidar-se... hipocritamente.

28. – Suponhamos que vosso Espírito não estivesse aqui, mas em casa, passeando, enquanto o corpo dormisse. Deveríeis ver tudo o que lá se passasse? R – Sim.

29. – Neste caso, suponhamos que lá se praticasse uma ação má, por parte de um parente ou um estranho. Seríeis testemunha? R – Sem dúvida; mas nem sempre livre para me opor. Entretanto, isso ocorre com mais frequência do que pensais.

30. – Qual a impressão que vos daria essa ação má? Ficaríeis tão afetado quanto se fósseis testemunha ocular? R – Às vezes mais, às vezes menos, conforme as circunstâncias.

31. – Experimentaríeis o desejo de vingança? R – Vingar-me, não; impedi-la, sim.

**Observação**: Resulta do que acaba de ser dito e, aliás, é consequência do que já sabemos, que o Espírito de uma pessoa que dorme, sabe, perfeitamente, o que se passa em seu redor; aquele que pretendesse aproveitar-se do sono, para cometer uma ação má em seu prejuízo, engana-se quando crê não ser visto. Nem mesmo deveria contar sempre com o esquecimento que se segue ao despertar, porque a pessoa pode guardar uma intuição muito forte, por vezes lhe inspirando preocupações. Os sonhos de pressentimento não passam de lembranças mais ou menos precisas do que se viu. Temos nisso mais uma das consequências morais do Espiritismo. Dando a convicção do fenômeno, pode ser um freio para muita gente. Eis um fato que vem em apoio a essa verdade. Uma pessoa recebeu, um dia, uma carta sem assinatura e muito descortês. Dava tratos à bola para descobrir o seu autor. Há que admitir que durante a noite soube o que desejava saber; porque, no dia seguinte, ao despertar e sem que tivesse sonhado, seu pensamento se dirigiu a alguém de quem não havia suspeitado e, depois de uma verificação, teve a certeza de que não se enganara.

32. – Voltemos às vossas sensações e percepções. Por onde vedes? R – Por todo o meu ser.

33. – Percebeis o som? Por onde? R – É a mesma coisa, pois a percepção é transmitida, ao Espírito encarnado, pelos seus órgãos imperfeitos; e para vós deve ser claro que ele sinta, quando livre, numerosas percepções que vos escapam.

34. – (*Batem numa sineta*) – Ouvis o som perfeitamente? R – Mais do que vós.

35. – Se vos fizessem ouvir música desafinada, experimentaríeis uma sensação semelhante à que sentis em estado de vigília? R – Não disse que as sensações fossem análogas; há uma diferença; mas há percepções muito mais completas.

36. – Percebeis os odores? R – Sem dúvida; sempre e da mesma maneira.

**Observação**: Assim, poder-se-ia dizer, que a matéria que envolve o Espírito é uma espécie de abafador, que amortece a acuidade da percepção. Desprendido o Espírito, recebendo essa percepção sem intermediário, pode captar as nuanças que escapam àquele a quem chegam, passando por um meio mais denso que o perispírito. Compreende-se, então, que os Espíritos sofredores possam ter dores que, por não serem físicas, do nosso ponto de vista, são mais pungentes que as dores corporais, e que os Espíritos felizes tenham prazeres dos quais as nossas sensações não podem dar uma ideia.

37. – Se estivésseis em frente a pratos apetitosos, sentiríeis vontade de comer? R – O desejo seria uma distração.

38. – Suponhamos que neste momento, enquanto o Espírito está aqui, vosso corpo tenha fome. Qual o efeito que a vista desses pratos produziria sobre vós? R – Isso me faria partir para satisfazer a uma necessidade irresistível.

39. – Poderíeis dar-nos a compreender o que se passa em vós, quando deixais o corpo para vir aqui, ou quando nos deixais para retomar o corpo? Como o percebeis? R – Isso seria muito difícil. Entro como saio, sem o perceber, ou, melhor dito, sem me dar conta da maneira por que se opera o fenômeno. Contudo, não penseis que quando o Espírito entra no corpo esteja encerrado como num quarto. Ele irradia incessantemente para fora, de sorte que, pode-se dizer, está mais frequentemente fora do que dentro. Apenas a união é mais íntima e os laços mais apertados.

40. – Vedes outros Espíritos? R – Aqueles que querem que eu os veja.

41. – Como os vedes? R – Como a mim mesmo.

42. – Vedes em volta de nós? R – Em multidão.

43. – Evocação de Charles Dupont (O Espírito de Castelnaudary): R – Atendo ao vosso chamado.

44. – (*Ao mesmo*) – Estais hoje mais tranquilo do que da última vez que fostes chamado? R – Sim: progrido no bem.

45. – Compreendeis agora que vossas penas não durarão sempre? R – Sim.

46. – Entrevedes o fim dos sofrimentos? R – Não. Para minha punição, Deus não me permite ver o seu fim.

47. – (*Ao Dr. Vignal*) – Vedes o Espírito que nos acaba de responder? R – Sim; não é bonito.

48. – Podeis descrevê-lo? R – Vejo-o como estava vestido, com a diferença de não ter mais sangue nem punhal, e sua fisionomia denota mais tristeza que embrutecimento feroz, como na primeira aparição.

49. – Desperto, tendes conhecimento do retrato que foi feito desse Espírito? R – Sim; além disso, estou informado.

50. – Vendo um Espírito, como sabeis se seu corpo está vivo ou morto? R – Por seu cordão fluídico.

51. – Como julgais o moral deste? R – Seu moral deve ser bem triste. Mas ele melhora.

52. – (*A Charles Dupont*) – Ouvis o que se diz de vós. Isso vos deve encorajar a perseverar na via do progresso em que entrastes. R – Obrigado. É o que procuro fazer.

53. – Vedes o Espírito do doutor, com o qual conversamos? R – Sim.

54. – Como o vedes? R – Vejo-o com um envoltório menos transparente que o dos outros Espíritos.

55. – Como julgais que ainda esteja vivo? R – Os Espíritos comuns não têm forma aparente; este tem uma forma humana; está envolto numa matéria semelhante a uma névoa, que repete sua forma humana terrena. O Espírito dos mortos não tem mais esse envoltório: dele está desprendido.

56. – (*Ao Dr. Vignal*) – Se evocarmos um louco, como o reconheceríeis? R – Não o reconheceria, se sua loucura fosse recente, pois não teria tido ação sobre o Espírito. Mas se fosse alienado há muito tempo, a matéria poderia ter tido uma certa influência sobre ele, do que daria sinais que me serviriam para o reconhecer, como em vigília.

57. – Podeis descrever-nos as causas da loucura? R – São apenas uma alteração, uma perversão dos órgãos, que não mais recebem as impressões de maneira regular, transmitindo sensações falsas e, por isso mesmo, gerando atos diametralmente opostos à vontade do Espírito.

**Observação**: Acontece muitas vezes que certas criaturas, cujo Espírito é perfeitamente são, têm, nos membros e em outras partes do corpo, movimentos involuntários e independentes da vontade, como os designados por *tiques nervosos*. Compreende-se que, se em vez de serem no braço ou nos músculos da face, as alterações fossem no cérebro, a emissão das ideias sofreria; a impossibilidade de dirigir ou dominar essa emissão constitui a loucura.

58. – Depois da última resposta do Dr. Vignal, o médium que servia de intérprete a Charles Dupont escreveu espontaneamente: "Reconhecem-se esses Espíritos de loucos por sua chegada entre nós, pois

giram em todos os sentidos, sem uma ideia firme, nem de Deus, nem das preces. Necessitam de tempo para se fixarem".

Assinado: Cauvière

Como ninguém tivesse pensado em chamar esse Espírito, o Sr. Belliol perguntou se seria do Dr. Cauvière, de Marselha, do qual fora aluno. R – Sim, sou eu, morto há um ano e meio.

**Observação**: O Sr. Belliol reconheceu a assinatura do Dr. Cauvière. Mais tarde, foi possível comparar com uma assinatura original e constatar a perfeita semelhança da escrita e da rubrica.

59. – (*Ao Dr. Cauvière*) - A que devemos a honra de vossa visita inesperada? R – Não é a primeira vez que venho aqui. Hoje achei uma ocasião favorável para me comunicar e aproveitei-a.

60. – Vedes vosso colega Dr. Vignal, que aqui se acha em Espírito? R – Sim, vejo-o.

61. – Como sabeis que ainda está vivo? R – Por seu envoltório menos transparente que o nosso.

62. – Essa resposta concorda com a que acaba de dar Charles Dupont e que pareceu ultrapassar o alcance de sua inteligência. Fostes vós quem a ditou? R – Eu podia bem influenciá-lo, pois aqui estava.

63. – Em que estado vos achais, como Espírito? R – Ainda não reencarnei, mas sou um Espírito adiantado, embora estivesse longe, na Terra, de crer no que chamais Espiritualismo. É preciso que faça minha educação aqui, onde me acho. Mas a minha inteligência, aperfeiçoada pelo estudo, esclareceu-se de repente.

64. – Se quiserdes, iremos fazer uma pergunta preparada para o Dr. Vignal; e pediremos a resposta, cada um de seu lado, com o auxílio de vossos intérpretes particulares. Como encarais, agora, a diferença entre o Espírito dos animais e o do homem? (Resposta do Dr. Vignal): – Não me é muito mais fácil que em vigília. Meu pensamento atual é de que o Espírito animal dorme, está entorpecido moralmente, e no homem, de início, desperta penosamente. (Resposta do Sr. Cauvière): – O Espírito do homem está chamado a um maior aperfeiçoamento que o dos animais; a diferença é sensível, por isso que, nestes últimos, só existe no estado de instinto; mais tarde o instinto pode aperfeiçoar-se.

65. – Pode aperfeiçoar-se a ponto de se tornar em Espírito huma-

no? R – Pode, mas deve ter passado por muitas existências animais, quer na Terra, quer em outros planetas.

66. – Teríeis a bondade, um e outro, cada um por sua vez, de nos ditar uma pequena alocução espontânea, sobre assunto de vossa escolha?

## DITADO DO SR. CAUVIÈRE

Meus bons amigos, sinto-me tão feliz por poder conversar um pouco convosco, que desejo dar-vos um conselho, não a vós que, particularmente, sois crentes, mas àqueles cuja fé ainda é vacilante, ou os que não a têm e a repelem. É verdade que não posso aqui ver todos os meus confrades vivos, que não me acreditariam. Contudo, eu lhes diria que, em vida, repeli teimosamente a verdade, posto a sentisse bem no íntimo. A maioria deles faz como eu: por um falso amor-próprio não quer concordar com o que por vezes experimenta. Estão errados, porque a indecisão faz sofrer na Terra, sobretudo no momento de a deixar. Instruí-vos, pois; sede de boa-fé; em vida sereis mais felizes, assim como no mundo onde ora me encontro. Se realmente o quiserdes, virei algumas vezes conversar convosco.

Cauvière

## DITADO DO SR. VIGNAL

Para que serve a Astronomia, e que nos importa o tempo que leva uma bala de canhão para percorrer a distância entre a Terra e o Sol? Assim raciocinam pessoas muito dignas, que não veem nas ciências, outros resultados além da aplicação que pode ser feita na indústria ou para o seu bem-estar. Mas sem a Astronomia, que razão teríeis para adotar o admirável sistema que estamos desenvolvendo, em vez de um outro, trazido por Espíritos ignorantes e invejosos?

Se, como se pensava outrora, a Terra fosse o ponto central do Universo; se os numerosos sóis, que povoam o espaço, não passassem de simples pontos brilhantes fixados numa abóbada de cristal, que razões para admitir o passado e o futuro do Espírito? Ao contrário, a

Astronomia nos vem demonstrar que a vida planetária, que circula em torno do nosso Sol, se reflete em redor de todos os que compõem a nebulosa, da qual faz parte o nosso mundo; que todos esses planetas são organizados de maneira diferente uns dos outros e que, em consequência, neles as condições de vida não são as mesmas. Sois, então, levados a vos perguntar se Deus cria instantaneamente e para cada corpo, especialmente, o Espírito que o deve animar; por que razão teria achado justo criá-lo aqui, e não ali, na Terra e não em outro mundo, nesta condição e não em outra?

Assim, uma lógica inflexível vos leva a admitir como expressão da maior verdade a habitalidade dos mundos, a preexistência da alma e a reencarnação.

Então a Astronomia é útil, porque vos põe em condições de receber um esboço das sublimes verdades que para vós serão desenvolvidas, por força dos progressos do Espiritismo e da própria Ciência. Porque, auxiliada pela indústria, está chamada a vos levar à descoberta de muitas outras maravilhas, que apenas podeis entrever. De agora em diante, a Astronomia e a Teologia são irmãs, e vão marchar de mãos dadas.

Vignal, por Arago

## SENHORITA INDERMUHLE

SURDA-MUDA DE NASCENÇA, 32 ANOS, VIVA, RESIDENTE EM BERNA

(SESSÃO DE 10 DE FEVEREIRO DE 1860)

1. – (*A São Luís*) – Podemos entrar em comunicação com o Espírito da Senhorita Indermuhle? R – Podeis.

2. – (*Evocação*) R – Aqui estou e o afirmo em nome de Deus.

3. – (*A São Luís*) – Podeis dizer se o Espírito que nos responde é mesmo o da Senhorita Indermuhle? R – Posso afirmar e vo-lo afirmo. Estais mais adiantados e credes que se fosse útil que outro respondesse em seu lugar, isso seria mais embaraçoso? A afirmação vos prova que ela está aqui. Cabe-vos garantir uma boa comunicação pela natureza e o móvel de vossas perguntas.

3-A*. – Sabeis bem onde vos encontrais agora? R – Perfeitamente. Pensais que eu não tenha sido instruída a respeito?

4. – Como podeis responder-nos aqui, se vosso corpo está na Suíça? R – Porque não é o corpo quem responde. Aliás, como bem sabeis, ele é perfeitamente incapaz de o fazer.

5. – O que faz vosso corpo neste momento? R – Cochila.

6. – Está com saúde? R – Excelente.

**Observação**: O irmão da Senhorita Indermuhle, que se achava presente, confirmou que, realmente, ela estava com saúde.

7. – Quanto tempo levastes para vir da Suíça até aqui? R – Um tempo inapreciável para vós.

8. – Vistes o caminho percorrido? R – Não.

9. – Estais surpresa por vos achardes nesta reunião? R – Minha primeira resposta vos prova que não.

10. – O que aconteceria se vosso corpo despertasse, enquanto estais aqui? R – Eu lá estaria.

11. – Existe um laço qualquer entre o vosso Espírito, que está aqui, e o corpo que lá está? R – Sim. Sem isso, quem lhe advertiria que devo voltar a ele?

12. – Vede-nos bem distintamente? R – Sim, perfeitamente.

13. – Compreendeis que nos possais ver, mas que não vos vejamos? R – Mas, sem dúvida.

14. – Ouvis o ruído que, batendo, produzo no momento? R – Aqui não sou surda.

15. – Como vos dais conta, desde que, por comparação, não tendes lembrança do ruído em estado de vigília? R – *Eu não nasci ontem.*

**Observação**: A lembrança da sensação do ruído lhe vem das existências em que não era surda. Essa resposta é perfeitamente lógica.

16. – Escutaríeis música com prazer? R – Com tanto mais prazer, quanto há longo tempo isso não me acontece. Cantai algo para mim.

17. – Lamentamos não poder fazê-lo agora, e que não haja aqui um instrumento para vos proporcionar esse prazer. Parece-nos, porém,

---
* O número 3 está repetido no original. (N. do T.)

que se desprendendo todos os dias durante o sono, vosso Espírito deve transportar-se a lugares onde podeis ouvir música. R – Isto me acontece muito raramente.

18. – Como podeis responder em francês, desde que sois alemã e ignorais a nossa língua? R – O pensamento não tem língua: eu o comunico ao guia do médium, que a traduz para a língua que lhe é familiar.

19. – Qual esse guia de que falais? R – Seu Espírito familiar. É sempre assim que recebeis comunicações de Espíritos estrangeiros; e é assim que os Espíritos falam todas as línguas.

**Observação**: Desta maneira, muitas vezes as respostas só nos chegariam de terceira mão. O Espírito interrogado transmite o pensamento ao Espírito familiar, este ao médium e o médium o traduz, falando ou escrevendo. Ora, podendo o médium ser assistido por Espíritos mais ou menos bons, isto explica como, em muitas circunstâncias, o pensamento do Espírito interrogado pode ser alterado. Assim, no começo, São Luís disse que a presença do Espírito evocado nem sempre basta para assegurar a integridade das respostas. Cabe-nos julgar e julgar se são lógicas e em relação com a natureza do Espírito. Aliás, segundo a Senhorita Indermuhle, essa tríplice fieira só ocorreria com Espíritos estrangeiros.

20. – Qual a causa da enfermidade que vos afetou? R – Uma causa voluntária.

21. – Por que singularidade sois seis irmãos e irmãs igualmente afetados? R – Pelas mesmas causas que eu.

22. – Assim, foi voluntariamente que todos escolhestes a mesma prova? Pensamos que essa reunião na mesma família deve ter ocorrido como uma prova para os pais. É uma boa razão? R – Ela se aproxima da verdade.

23. – Vedes aqui o vosso irmão? R – Que pergunta!

24. – Estais contente de ver? R – Mesma resposta.

**Observação**: Sabe-se que os Espíritos não gostam de repetir. Nossa linguagem, para eles, é tão lenta que evitam tudo quanto lhes parece inútil. Eis um ponto que caracteriza os Espíritos sérios; os levianos, zombadores, obsessores e pseudo-sábios geralmente são faladores e prolixos. Como os homens a quem falta base, falam para nada dizer; as palavras substituem os pensamentos, que julgam impor pelas frases redundantes e um estilo pedante.

25. – Quereríeis dizer-lhe alguma coisa? R – Peço-lhe que receba

a expressão dos meus sinceros agradecimentos, pelo bom pensamento que teve de me fazer chamar até aqui, onde muito felizmente me acho em contato com bons Espíritos, embora veja alguns que não valem muito. Ganhei em instrução e não esquecerei o que lhe devo.

## BIBLIOGRAFIA

SIAMORA, A DRUIDESA OU O ESPIRITUALISMO NO SÉCULO XV*

POR CLEMENT DE LA CHAVE

As ideias espíritas formigam em grande número de escritores antigos e modernos, e muitos contemporâneos ficariam admirados se lhes provássemos, por seus próprios escritos, que são espíritas sem o saberem. Pode, pois, o Espiritismo encontrar argumentos em seus próprios adversários, que parecem ter sido levados, malgrado seu, a lhe fornecer armas. Assim, autores sacros e profanos apresentam um campo onde não só há o que respigar, mas a colher a mancheias. É o que nos propomos fazer um dia. E então veremos se os críticos julgam a propósito mandar aos asilos aqueles que incensaram e cujo nome, de pleno direito, têm autoridade nas letras, nas artes, nas ciências, na Filosofia ou na Teologia. O autor do livrinho que anunciamos não é daqueles que podem ser chamados espíritas sem o saber: ao contrário, é um adepto sério e esclarecido, que se dispôs a resumir as verdades fundamentais da doutrina, numa ordem menos árida que a didática, e com o atrativo de um romance semi-histórico. Com efeito, aí encontramos o delfim, que mais tarde foi Luís XI, e alguns personagens de seu tempo, com a pintura dos costumes da época. Siamora, último rebento das antigas Druidesas, conservou as tradições do culto dos antepassados, mas esclarecida pelas verdades do cristianismo. Num artigo da *Revista*, de abril de 1858, vimos a que grau haviam chegado os sacerdotes da Gália, no tocante à filosofia espírita. Assim, nenhuma contradição existe ao pôr essas mesmas ideias na boca de sua descendente. Ao contrário, é pôr em evidência uma verdade muito pouco conhecida, e que o autor bem mereceu dos espíritas modernos. Podemos julgá-lo pelas seguin-

* Um vol. in 18, 2 fr. Vannier, edit., rue Notre Dame-des-Victoires, 52 – 1860.

tes citações. Num momento de êxtase, dirigindo-se a Siamora, a jovem noviça Edda assim se exprime:

"Sob a forma de meu bom anjo, meu anjo familiar, aparece-me um Espírito. Oferece-se para me guiar nas penosas visões daqui debaixo. Os homens, diz-me ele, são maus porque desconheceram sua natureza espiritual; porque rejeitaram esse agente sutil, esse fluxo divino que Deus havia espalhado para a felicidade dos homens na criação, e que os fazia iguais e irmãos. Então os homens curavam, porque apelavam a esse agente sutil da criação, dele retirando poderoso auxílio.

\* \* \*

É na hora da morte que cada homem me aparece! Que tristeza! Que desgosto! Que desespero amargo! Cessaram de amar esses seres perversos. Siamora, ao morrer, cada homem leva as virtudes e os vícios. Leve, ou carregada de faltas, sua alma se eleva mais ou menos, pois guardou pouco ou muito do agente sutil, o amor, essa substância de Deus que, conforme as afinidades, atrai para si as substâncias semelhantes e repele as que procedem de um princípio contrário.

A alma do homem mau fica errante aqui embaixo, a todos insuflando sua essência pestilenta. Tem a alegria do mal e o orgulho do vício. Nós a chamamos *demônio*; no céu, seu nome é *irmão transviado*. – Mas de todos os corações piedosos, Siamora, eleva-se um suave vapor e, malgrado seu, a alma-demônio chega a ser saturada pelo mesmo; assim se retempera, despojando-se em parte de sua corrupção... Então começa a perceber a ideia de Deus, o que naquele estado de alma não o podia. Assim como a alma leva consigo a imagem exata, mas toda espiritual de seu corpo, assim a ela se junta essa outra, impregnada de seus vícios e imperfeições, e a alma se adensa e não pode ver.

Nesse mundo invisível, acima do nosso, Siamora, onde, com esforço, me elevo pouco a pouco, nuvens brilhantes limitam-me a visão. Milhares de almas, Espíritos celestes, nele entram e saem; como flocos de neve, abaixados, elevados, espalhados, correm arrastados pela força caprichosa dos ventos. Em sua essência espiritual, descem até nós os anjos, dizendo a uns palavras de paz, insinuando a outros a crença divina; inspirando a este a busca da Ciência, insuflando naquele o instinto do bem e do belo; porque foi tocado pelo dedo de Deus, aquele que, em sua arte, a esta levou o gosto das nobres e grandes coisas. Todo homem tem a sua Egéria, o seu conselho, o seu imã; a todos foi lançada a corda da salvação. A nós, cabe segurá-la.

\* \* \*

E esse homem mau, ou antes, essa alma-demônio, cujos olhos, ao contato de um ar puro, começaram a se abrir, vai chorando o seu crime e pedindo o sofrimento para o expiar. Só e sem auxílio, que fará?

Aproxima-se um anjo de caridade e lhe diz: "*Irmão transviado*, entra comigo na vida: lá está o inferno, o lugar do sofrimento, onde cada um de nós se regenera. Vem. Eu te sustentarei. Tratemos de ali fazer um pouco de bem, a fim de que, para ti, a balança do bem e do mal acabe pendendo para o lado bom".

É assim, Siamora, que para todos os homens chega o momento de morrer. Eu os vejo elevando-se mais ou menos nos céus, entrar na vida, sofrer de novo, depurar-se, morrer ainda e subir incessantemente nos espaços celestes. Ainda não atingem o céu do Deus único, mas através de longas peregrinações em outros mundos, muito mais maravilhosos e aperfeiçoados que este, à força de se depurar, chegarão a possuí-lo."

## DITADOS ESPONTÂNEOS

O GÊNIO DAS FLORES

(SESSÃO DE 23 DE DEZEMBRO DE 1859 – MÉDIUM: SRA. BOYER)

Sou Hettani, um dos Espíritos que presidem à formação das flores, à diversidade de seus perfumes. Sou eu, ou antes, somos nós, pois somos milhares de Espíritos, que ornamos os campos e os jardins; que damos ao horticultor o gosto pelas flores. Não lhe poderíamos ensinar a mutilação que por vezes pratica; mas lhe ensinamos a variar seus perfumes, a lhes embelezar as formas, tão graciosas já. Contudo, é principalmente para as flores abertas naturalmente que se volta toda a nossa atenção. A estas prodigalizamos mais cuidados ainda: são as nossas preferidas. Tudo quanto é só necessita de auxílio. Eis porque delas cuidamos melhor.

Também somos encarregados de espalhar os perfumes. Levamos ao exilado a lembrança da pátria, fazendo entrar em sua prisão um perfume das flores que ornavam o jardim paterno. Para aquele que ama, e ama realmente, levamos o perfume das flores ofertadas pela noiva; ao que chora, uma lembrança dos que se foram, fazendo desabrochar em seus túmulos as rosas e violetas que lembram as suas virtudes.

Qual de vós não nos deve essas emoções suaves? Quem não estremeceu ao contato de um perfume amado? Penso que estais admirados, ouvindo-nos dizer que há Espíritos para tudo isso. E, contudo, é a pura verdade. Jamais encarnamos e talvez jamais encarnemos em vosso meio. Entretanto, alguns já foram homens, mas poucos entre os Espíritos dos elementos. Em vossa Terra nossa missão nada é: progredimos como vós; mas é principalmente nesses planetas superiores que somos felizes. Em Júpiter, nossas flores emitem sons melodiosos e formamos as moradas aéreas, das quais só os ninhos de colibris vos podem dar uma pálida ideia. Pela primeira vez vos farei a descrição de algumas dessas flores, não magníficas, mas sublimes e dignas dos altos Espíritos, aos quais servem de morada.

Adeus. Que um perfume de caridade vos anime. As próprias virtudes têm seu perfume.

## PERGUNTAS SOBRE O GÊNIO DAS FLORES

(SOCIEDADE, 30 DE DEZEMBRO DE 1859 – MÉDIUM: SR. ROZE)

1. (*A São Luís*) – Outro dia tivemos uma comunicação espontânea de um Espírito, que disse presidir às flores e seus perfumes. Há realmente Espíritos que podem ser olhados como gênios das flores? R – Esta expressão é poética e bem aplicada ao assunto. Mas, a bem dizer, seria defeituosa. Não deveis duvidar de que o Espírito, por toda a Criação, preside ao trabalho que Deus lhe confia. Assim deve ser entendida essa comunicação.

2. – Esse Espírito chama-se *Hettani*. Como tem um nome, se jamais encarnou? R – É uma ficção. O Espírito não preside, de maneira particular, à formação das flores. O Espírito elementar, antes de passar

à série animal, dirige sua ação fluídica para a criação vegetal. Este ainda não encarnou; não age senão sob a direção de inteligências mais elevadas, que já viveram o bastante para adquirir a ciência necessária à sua missão. Foi um desses que se comunicou. Ele vos fez uma mistura poética da ação de duas classes de Espíritos, que atuam na criação vegetal.

3. – Não tendo ainda vivido esse Espírito, mesmo na vida animal, como é tão poético? R – Relede.

**Observação**: Vede a observação feita após a pergunta 24, no capítulo sobre a Srta. Indermuhler.

4. – Assim, o Espírito que se comunicou não é o que habita e anima a flor? R – Não, não. Eu vo-lo disse claramente: ele guia.

5. – Esse Espírito que nos falou esteve encarnado? R – Esteve.

6. – O Espírito que dá vida às plantas e às flores, tem pensamento e a inteligência de seu *Eu*? R – Nenhum pensamento, nenhum instinto.

## FELICIDADE

(SOCIEDADE, 10 DE FEVEREIRO DE 1860 – MÉDIUM: SRTA. EUGÉNIE)

Qual é o objetivo de cada indivíduo na Terra? Quer a felicidade a qualquer preço. O que é que faz que cada um siga uma rota diferente? É que cada um de nós espera encontrá-la num lugar ou numa coisa que lhe agrada particularmente: uns procuram a glória, outros a riqueza, outros, ainda, as honrarias. O maior número corre em busca da fortuna, que, em nossos dias, é o mais poderoso meio de chegar a tudo. Ela a tudo serve de pedestal. Mas quantos veem realizado esse anseio de felicidade? Muito poucos. Perguntai a cada um dos que chegam, se atingiram o objetivo a que se propunham. São felizes? Todos responderão: "Ainda não". Porque todos os desejos aumentam, na proporção daqueles que são satisfeitos. Se hoje há tanta gente que quer interessar-se pelo Espiritismo, é porque, tendo visto que tudo é quimera e, não obstante, querendo alcançá-la, experimentam o Espiritismo, como tentaram a riqueza e a glória.

Se Deus pôs nos nossos corações essa necessidade tão grande de felicidade, é que ela deve existir alhures. Sim, confiai n'Ele, mas sabei que tudo quanto Deus promete deve ser Divino como Ele, e que a felicidade que buscais não pode ser material.

Vinde a nós, todos os que sofreis. Vinde a nós, todos os que necessitais de esperança, porque, quando tudo vos faltar na Terra, nós aqui teremos mais do que reclamam as vossas necessidades. Mães desesperadas, que vos lamentais sobre um túmulo, vinde aqui: o anjo que chorais vos falará, vos protegerá, vos inspirará a resignação às penas que suportastes na Terra. Vós todos, que tendes insaciável necessidade da ciência, dirigi-vos a nós, pois somente nós podemos dar ao vosso espírito o alimento necessário. Vinde, e nós saberemos achar um alívio para cada ferida. Por mais abandonados que pareçais, há Espíritos que vos amam e estão prontos a vo-lo provar. Falo em nome de todos. Desejo que venhais pedir-nos conselhos, pois estou certa de que voltareis com a esperança no coração.

Staël

**Nota**: Um instante depois, o Espírito de novo escreveu espontaneamente: "Mais de uma vez vem o sorriso aos lábios de certos ouvintes; e, se escapa ao médium, não escapa aos Espíritos. Mas não temais: são os que mais riram, que mais crerão depois, e nós vos perdoamos, porque um dia vos arrependereis de vossa ironia. Estou certa de que, se perto de cada um de vós, senhoras, viesse um ser perdido e que tivésseis amado, avivar uma lembrança, mudaríeis o sorriso de incredulidade em suspiro, e, ou ficaríeis felizes, ou ansiosas. Ficai tranquilas: vosso dia chegará, e sereis tocadas pelo coração, que – bem o sei – é a vossa corda mais sensível."

Staël

## À VENDA *O LIVRO DOS ESPÍRITOS* – 2ª EDIÇÃO INTEIRAMENTE REFUNDIDA E CONSIDERAVELMENTE AUMENTADA

### AVISO SOBRE ESTA NOVA EDIÇÃO

Na primeira edição desta obra, anunciamos uma parte suplementar. Devia compor-se de todas as questões que ali não haviam entrado, ou que circunstâncias ulteriores e novos estudos deveriam originar. Mas como sejam todas relativas a uma parte qualquer já tratada, e das quais são desenvolvimentos, sua publicação isolada não teria continuidade.

Preferimos esperar a reimpressão do livro, para reunir tudo, e aproveitamos para dar à distribuição da matéria uma ordem mais metódica, ao mesmo tempo que eliminamos tudo quanto tivesse duplo sentido. Esta reimpressão pode, pois, ser considerada como uma obra nova, posto não tenham os princípios sofrido qualquer alterações, salvo muito poucas exceções, que são, antes, complementos e esclarecimentos do que verdadeiras modificações. Essa conformidade com os princípios emitidos, malgrado a diversidade das fontes onde foram bebidos, é um fato importante para o estabelecimento da ciência espírita. Nossa própria correspondência prova que comunicações em tudo idênticas, senão na forma, mas no fundo, têm sido obtidas em várias localidades, antes mesmo da publicação do livro que as veio confirmar e dar-lhes um corpo regular. Por seu lado a História atesta que a maioria desses princípios foram professados pelos homens mais eminentes, antigos e modernos, e vem assim trazer a sua sanção.

## AOS LEITORES DA REVISTA

### CARTAS NÃO ASSINADAS

Por vezes recebemos cartas subscritas por *Um dos vossos assinantes; Um dos vossos leitores; Um dos vossos adeptos* etc., sem outra designação. Na maioria são relatos de fatos, comunicações ou perguntas pedindo resposta ou, ainda, a evocação de certas pessoas. Julgamos dever prevenir aos leitores, assinantes ou não, que toda carta não autenticada é como se não recebida e não lhe damos atenção. Em nossos relatórios temos grandes reservas quanto à publicação de nomes próprios, porque compreendemos a dificuldade de certas posições, razão porque só citamos os que nos autorizam. Mas o mesmo não seria quanto às comunicações que nos fazem: tudo quanto não é assinado vai para a cesta, até sem ser lido, porque nossos trabalhos são multiplicados e não nos permitem ocupar-nos com aquilo que não tenha caráter sério.

Allan Kardec

# ANO III
# ABRIL DE 1860

## BOLETIM

DA SOCIEDADE PARISIENSE DE ESTUDOS ESPÍRITAS

(SEXTA-FEIRA, 24 DE FEVEREIRO DE 1860 – SESSÃO GERAL)

*Comunicações diversas:* 1. – Carta de Dieppe, confirmando em todos os pontos as manifestações espontâneas, ocorridas em casa de um padeiro do burgo de Grandes-Ventes, perto de Dieppe, e relatadas em La Vigie. (Publicadas em nosso número de março.)

2. – Carta do Sr. M., de Teil d'Ardèche, que dá novas informações sobre os fatos ocorridos no castelo de Fons, perto de Aubenas.

3. – Carta do Barão Tscherkassof, com detalhes circunstanciais e autênticos sobre um fato muito extraordinário de manifestação espontânea por um Espírito perturbador, ocorrido no começo do século, com um fabricante de São Petersburgo. (Publicado a seguir.)

4. – Relato de um fato de aparição tangível, com todos os caracteres de um agênere, ocorrido a 15 de janeiro último, na comuna de Brix, perto de Valognes. O fato foi transmitido ao Sr. Ledoyen, por pessoa de seu conhecimento e que lhe verificou a exatidão. (Publicado a seguir.)

5. – Leitura de uma tradição muçulmana sobre o profeta Esdras, extraída do *Moniteur*, de 15 de fevereiro de 1860, e que repousa sobre um fato de faculdade mediúnica.

*Estudos*: 1. – Ditado espontâneo de Charlet, recebido pelo Sr. Didier Filho, em confirmação ao trabalho começado.

2. – Evocação do Sr. Jules-Louis C., morto a 30 de janeiro último, no hospital de Val-de-Grâce, em consequência de um câncer que lhe havia destruído parte da face e do maxilar. Essa evocação foi feita

conforme o desejo de um de seus amigos presentes à sessão e de uma pessoa da família. É, sobretudo, instrutiva do ponto de vista da modificação das ideias após a morte, desde que em vida o Sr. C. professava abertamente o materialismo.

3. – É perguntado a São Luís se é possível chamar o Espírito que se manifestou em casa do padeiro de Dieppe. Ele responde que não, por motivos que mais tarde serão sabidos.

(SEXTA-FEIRA, 2 DE MARÇO DE 1860 – SESSÃO PARTICULAR)

Exame e discussão de vários assuntos administrativos.

Estudo e apreciação de várias comunicações espíritas, quer obtidas na Sociedade, quer fora das sessões.

Solicitado a dar um ditado espontâneo, São Luís escreve o que se segue, por intermédio da Srta. Huet:

"Eis-me aqui, meus amigos, pronto para vos dar os meus conselhos, como tenho feito até hoje. Desconfiai dos maus Espíritos, que poderiam insinuar-se entre vós, procurando semear a desunião. Infelizmente, os que se querem tornar úteis a uma obra sempre encontram obstáculos; aqui não está a pessoa generosa de que falamos, mas o encarregado de executar os desejos que a impelem. Não temais: triunfareis de todos os obstáculos pela paciência, uma atitude firme contra as vontades que se querem impor. Quanto às várias comunicações que me atribuem, são, por vezes, de outro Espírito que usa o meu nome. Pouco me comunico fora da Sociedade, que tomei sob meu patrocínio. Gosto desses lugares de reunião, que me são principalmente consagrados. É somente aqui que gosto de dar avisos e conselhos. Assim, desconfiai dos Espíritos que, às vezes, se servem do meu nome. Que a paz e a união estejam entre vós! Em nome de Deus-todo-poderoso, que criou o bem, eu vo-lo desejo."

São Luis

Um sócio faz esta observação: "Como pode um Espírito inferior usurpar o nome de um Espírito Superior, sem o consentimento deste? Isso só se pode dar com intenção má. Então, por que os bons Espíritos o permitem? Se não podem a isso se opor, serão menos poderosos que os maus?"

A isso foi respondido: "Existe algo mais poderoso que os bons Espíritos: Deus. Deus pode permitir que os maus Espíritos se manifestem para ajudá-los a progredir e, mais, para experimentar a nossa paciência, a nossa fé, a nossa confiança, a nossa firmeza em resistir à tentação e, sobretudo, para exercitar a nossa perspicácia em distinguir o verdadeiro do falso. De nós depende afastá-los por nossa vontade, provando-lhes que não somos seus joguetes. Se ganharem domínio sobre nós, é apenas por nossa fraqueza. São o orgulho, o ciúme e todas as más paixões dos homens que constituem sua força, dando-lhes domínio. Sabemos, por experiência, que sua obsessão cessa quando veem que não conseguem fatigar-nos. A nós, pois, cabe mostrar que perdem tempo. Se Deus nos quer experimentar, nenhum Espírito pode opor-se. A obsessão dos Espíritos enganadores ou malévolos não é, pois, resultado do seu poder, nem da fraqueza dos bons, mas de uma vontade que é superior a todos. Quanto maior a luta, maior o nosso mérito, se sairmos vencedores".

(SEXTA-FEIRA, 9 DE MARÇO – SESSÃO PARTICULAR)

Leitura do projeto de modificações a introduzir no regulamento da Sociedade. A respeito, o Sr. Allan Kardec apresenta:

CONSIDERAÇÕES SOBRE O OBJETIVO DA SOCIEDADE

"Senhores,

Algumas pessoas parecem enganadas quanto ao verdadeiro objetivo e o caráter da Sociedade. Permiti-me recordá-los em poucas palavras.

O objetivo da Sociedade está claramente definido em seu título e no preâmbulo do regimento atual. Esse objetivo é, essencialmente, e, pode-se dizer, exclusivamente, o estudo da Ciência Espírita. O que queremos, antes de tudo, não é convencer-nos, pois já o estamos, mas instruir-nos e aprender aquilo que não sabemos. Para tanto, queremos colocar-nos nas mais favoráveis condições. Como tais estudos exigem calma e recolhimento, queremos evitar tudo quanto seja causa de perturbações. Tal é a consideração que deve prevalecer, na apreciação das medidas que adotarmos.

Partindo desse princípio, a Sociedade não se apresenta absolutamente como sociedade de propaganda. Sem dúvida, cada um de nós deseja a difusão das ideias que julga justas e úteis; e contribui para isso no círculo de suas relações e na medida de suas forças, mas seria erro julgar que seja necessário para tanto estar reunidos em sociedade e, mais falso ainda, crer que a Sociedade seja a coluna sem a qual o Espiritismo estaria em perigo. Estando a nossa Sociedade regularmente constituída, por isso mesmo procede com mais ordem e método do que se marchasse ao acaso; mas, com tudo isso, ela não é mais preponderante do que milhares de sociedades livres ou reuniões particulares na França e do estrangeiro; ainda uma vez, o que ela quer é instruir-se. Por isso, não admite em seu seio senão pessoas sérias e animadas do mesmo desejo, porque o antagonismo de princípios é uma causa de perturbação. Falo de antagonismo sistemático sobre as bases fundamentais, porque não poderia ela, sem se contradizer, afastar a discussão da questão de detalhes. Se ela adotou certos princípios gerais, não o fez por estreito espírito de exclusivismo. Ela viu tudo, tudo estudou e comparou. Depois é que formou uma opinião baseada no raciocínio e na experiência. Só o futuro pode encarregar-se de lhe dar razão ou não. Mas, enquanto espera, ela não busca qualquer supremacia e só os que não a conhecem podem supor-lhe a ridícula pretensão de absorver todos os partidários do Espiritismo, ou de se estabelecer como reguladora universal. Se ela não existisse, cada um de nós instruir-se-ia por seu lado, e em vez de uma única reunião, talvez formássemos dez ou vinte – eis toda a diferença.

Não impomos nossas ideias a ninguém. Os que as adotam é porque as consideram justas. Os que vêm a nós é porque pensam aqui encontrar oportunidade de aprender, mas isso não é como uma *filiação*, pois *não formamos uma seita, nem um partido*. Nós nos reunimos para o estudo do Espiritismo, como outros para o estudo da Frenologia, da História ou de outras ciências. E como nossas reuniões não se baseiam em qualquer interesse material, pouco nos importa se outras se formam ao nosso lado. Na verdade, seria atribuir-nos ideias muito mesquinhas, estreitas e pueris, crer que as veríamos com olhos ciumentos, e os que pensassem que criamos *rivalidades*, mostrariam, assim, quão pouco compreendem o verdadeiro espírito da doutrina.

Só uma coisa lamentaríamos: é que nos conheçam tão mal, a ponto de nos suporem acessíveis ao ignóbil sentimento da inveja. Concebe-se que empresas mercenárias rivais, que se podem prejudicar pela concorrência, se vejam com maus olhos. Mas se tais reuniões não tiverem, como é de supor, senão interesse puramente moral, a que não se mistura nenhuma consideração *mercantil*, pergunto: em que podem elas ser prejudicadas pela multiplicidade? Dir-se-á, por certo, que se não há interesse material, há o do amor-próprio, o desejo de destruir o crédito moral do vizinho. Mas esse móvel seria ignóbil ainda. Se assim é – o que Deus não permita – teríamos apenas a lamentar os que fossem movidos por semelhantes pensamentos. Queremos sobrepujar o vizinho? Tratemos de fazer melhor que ele. Eis uma luta nobre e digna, se não for comprometida pela inveja e o ciúme.

Eis, pois, senhores, um ponto essencial a não perder de vista: é que nem formamos uma seita, nem uma sociedade de propaganda, nem uma corporação com um interesse comum. Se cessássemos de existir, o Espiritismo não sofreria qualquer prejuízo: dos nossos restos formar-se-iam vinte outras sociedades. Portanto, os que buscassem destruir-nos, visando a entravar o progresso das ideias espíritas, nada lucrariam. Pois é preciso saberem que as raízes do Espiritismo não estão em nossa sociedade, mas no mundo inteiro. Existe algo de mais poderoso que eles, de mais influente que todas as sociedades: é a doutrina que vai ao coração e à razão dos que a compreendem e, sobretudo, dos que a praticam.

Esses princípios, senhores, indicam-nos o verdadeiro caráter do nosso regimento, que nada tem de comum com os estatutos de uma corporação. Nenhum contrato nos liga uns aos outros. Fora das sessões, não temos outras obrigações recíprocas senão as de nos comportarmos como gente bem educada. Os que nessas reuniões não encontrassem o que daqui esperavam, têm toda liberdade de retirar-se, e eu não compreenderia mesmo que permanecessem desde que não lhes conviesse o que aqui se faz. Não seria racional que viessem perder tempo.

Em toda reunião é preciso uma regra para a manutenção da boa ordem. Nosso regulamento é, pois, apenas uma senha destinada a estabelecer a polícia das sessões, a manter, entre os presentes, as relações de urbanidade e educação que devem presidir a todas as assembleias de pessoas de boas maneiras, abstração feita das condições inerentes à especialidade de nossos trabalhos. Porque não tratamos apenas com homens, mas também com Espíritos, e, como sabeis, nem todos são bons. Contra a violência daqueles que destoam temos de nos guardar. Nesse número, alguns são mais astuciosos e podem mesmo, por ódio ao bem, induzir-nos a uma via perigosa. Devemos, pois, ter muita prudência e perspicácia, para vencê-los, o que nos obriga a tomar precauções especiais.

Lembrai-vos, Senhores, da maneira por que se formou a Sociedade. Eu recebia em minha casa um pequeno número de pessoas; acharam que o grupo cresceu; que era preciso um local maior. Para tê-lo, teríamos que pagar, em cotização. Disseram mais: é preciso ordem nas sessões; não é possível admitir o primeiro que chegar; é necessário um regulamento. Eis toda a história da Sociedade. Ela é muito simples, como vedes. Não entrou na cabeça de ninguém fundar uma instituição, nem ocupar-se fosse do que fosse fora dos estudos; e eu declaro mesmo, de modo muito formal, que se um dia a Sociedade fosse além, eu não a acompanharia.

Aquilo que eu fiz, outros podem fazê-lo, ocupando-se à vontade, conforme o seu gosto, suas ideias, seus pontos de vista particulares. E esses diferentes grupos podem entender-se perfeitamente e viver como bons vizinhos. A menos que se ocupasse uma praça pública para uma assembleia, como é materialmente impossível reunir todos os partidários do Espiritismo num mesmo local, esses diversos grupos devem ser frações de um todo, mas não seitas rivais. E o mesmo grupo, tornado muito numeroso, pode subdividir-se como os enxames de abelhas. Esses grupos já existem em grande número e se multiplicam diariamente. Ora, é precisamente contra essa multiplicação que a má vontade dos inimigos do Espiritismo virá quebrar-se, porque os entraves teriam como efeito inevitável, e pela mesma força das coisas, a multiplicação das reuniões particulares.

Convenhamos, entretanto, que entre certos grupos há uma espécie de rivalidade ou antagonismo. Qual a causa? Oh, meu Deus! Essa causa está na fraqueza humana, no espírito de orgulho que quer impor-se; está, sobretudo, no conhecimento ainda incompleto dos verdadeiros princípios do Espiritismo. Cada um defende os seus Espíritos, como outrora as cidades da Grécia defendiam os seus deuses, que, diga-se de passagem, não passavam de Espíritos mais ou menos bons. Essas dissidências só existem porque há pessoas que querem julgar antes de terem tudo visto, ou julgam do ponto de vista de sua personalidade. Elas apagar-se-ão como muitas outras se apagam, à medida que a Ciência se reformular. Porque, em definitivo, a verdade é una, e sairá do exame imparcial das várias opiniões. Esperando que a luz se faça sobre todos os pontos, qual será o juiz? Dir-se-á que a razão. Mas quando duas pessoas se contradizem, cada uma invoca a sua razão. Que razão superior decidirá entre aquelas duas?

Sem nos determos sobre a forma mais ou menos imponente da linguagem, forma que muito bem sabem tomar os Espíritos impostores e pseudo-sábios, para seduzir pelas aparências, partimos do princípio de que os bons Espíritos não aconselham senão o bem, a união, a concórdia; que sua linguagem é sempre simples, modesta, penetrada de benevolência, isenta de acrimônia, de arrogância e de fatuidade, numa palavra, que tudo neles respira a mais pura caridade. A caridade, eis o verdadeiro critério para julgar os Espíritos e para julgar-se a si próprio. Quem quer que, sondando o foro íntimo de sua consciência, nele encontrar um germe de rancor contra o próximo, mesmo um simples desejo do mal, pode dizer a si mesmo, com certeza, que é solicitado por um Espírito malévolo, porque esquece as palavras do Cristo: "Sereis perdoados como vós mesmos perdoardes." Então, se houvesse rivalidade entre dois grupos espíritas, os Espíritos realmente bons não poderiam estar ao lado do que anatematizasse o outro, porque jamais um homem sensato poderia crer que a inveja, o rancor, a malevolência, numa palavra, todo sentimento contrário à caridade pudesse emanar de uma fonte pura. Procurai, então, de que lado há mais caridade *prática* e não de palavras e reconhecereis sem esforço de que lado estão os melhores Espíritos e, consequentemente, de quais temos mais razão de esperar a verdade.

Essas considerações, Senhores, longe de nos afastar do nosso assunto, colocam-nos no verdadeiro terreno. Encarado desse ponto de vista, o regimento perde completamente seu caráter de contrato para revestir aquele, bem mais modesto, de simples regra disciplinar.

Todas as reuniões sejam qual for o objetivo, deverão premunir-se contra um escolho, o dos caracteres embrulhões, que parecem nascidos para semear a perturbação e a cizânia por onde se encontrem. A desordem e a contradição são o seu elemento. Mais que as outras, as reuniões espíritas devem afastá-los, porque as melhores comunicações só são obtidas na calma e no recolhimento, incompatíveis com sua presença e com os Espíritos simpáticos que os acompanham.

Em resumo, o que devemos buscar é remover todas as causas de perturbações e de interrupção; manter entre nós as boas relações, de que, mais que os outros, os bons Espíritas devem dar exemplo; opornos por todos os meios possíveis a que a Sociedade se afaste de seu objetivo, que aborde questões que não são de seu plano, e que degenere em arena de controvérsias e personalismo. O que devemos buscar ainda é a possibilidade de execução, simplificando o mais possível as engrenagens. Quanto mais complicadas estas, tanto mais numerosas as causas de perturbação. O relaxamento será introduzido pela força das coisas, e do relaxamento à anarquia há um só passo."

(SEXTA-FEIRA, 16 DE MARÇO DE 1860 – SESSÃO PARTICULAR)

Discussão e adoção do regimento modificado.

(SEXTA-FEIRA, 23 DE MARÇO – SESSÃO PARTICULAR)

Nomeação do pessoal e da comissão.

*Estudos*: Foram obtidos dois ditados espontâneos; o primeiro, do Espírito de Charlet, pelo Sr. Didier Filho; o segundo, pela Sra. Boyer, de um Espírito que disse ter sido forçado a vir acusar-se, por ter querido romper a boa harmonia e lançar a perturbação entre os homens, suscitando a inveja e a rivalidade entre os que deviam estar unidos. Cita alguns fatos de que foi culpado. Essa confissão espontânea, diz ele, faz parte da punição que lhe é aplicada.

## FORMAÇÃO DA TERRA

### TEORIA DA INCRUSTAÇÃO PLANETÁRIA

Nosso sábio confrade, Sr. Jobard, de Bruxelas, nos escreve o que segue, a propósito de nosso artigo sobre os Pré-adamitas, publicado na *Revista* do mês passado:

"Permiti-me algumas reflexões sobre a criação do mundo, com o fito de reabilitar a Bíblia aos vossos olhos e aos dos livres pensadores. Deus criou o mundo em seis dias, quatro mil anos antes da era cristã.

Eis o que os geólogos contestam, pelo estudo dos fósseis e os milhares de caracteres incontestáveis de vetustez, que fazem remontar a origem da Terra a milhares de milhões de anos. Entretanto, a Escritura diz a verdade e os geólogos também, e é um simples camponês quem os põe de acordo, ensinando que a nossa Terra não passa de um planeta incrustado, muito moderno, composto de materiais muito antigos.

Depois da elevação do *planeta desconhecido*, chegado à maturidade ou em harmonia com o que existia no lugar que ocupamos hoje, a alma da Terra recebeu ordem de reunir seus satélites para formar nosso globo atual, segundo as regras do progresso em tudo e por tudo. Apenas quatro desses astros consentiram na associação que lhes era proposta; só a Lua persistiu em sua autonomia, porque os globos também possuem o livre-arbítrio. Para proceder a essa fusão, a alma da Terra dirigiu a esses satélites um raio magnético atrativo, que cataleptizou todo o seu componente vegetal, animal e hominal, que eles trouxeram à comunidade. A operação só teve por testemunhas a alma da Terra e os grandes mensageiros celestes, que a ajudaram em sua obra, abrindo os seus globos para pôr suas entranhas em comum. Operada a soldagem, as águas se escoaram para os vazios deixados pela ausência da Lua, da qual se tinha o direito de esperar uma apreciação melhor de seus interesses.

As atmosferas se confundiram e o despertar, ou *ressurreição dos germes cataleptizados*, começou. O homem foi tirado em último lugar de seu estado de hipnotismo e se viu cercado da vegetação luxuriante do paraíso terrestre e dos animais que pacificamente pastavam ao seu redor. Concordareis que tudo isso poderia fazer-se em seis dias, com operários tão poderosos quanto aqueles que Deus havia encarregado da tarefa. O planeta *Ásia* nos trouxe a raça amarela, a de mais antiga civilização; o *África*, a raça negra; o *Europa*, a raça branca; e o *América*, a raça vermelha. Certamente a Lua nos teria trazido a raça verde ou azul.

Assim, certos animais, dos quais só se encontram os restos, jamais teriam vivido em nossa Terra atual, mas teriam sido deslocados de mundos envelhecidos para o nosso. Os fósseis, que se encontram em climas onde não poderiam viver, certamente viviam em zonas diferentes, nos globos onde nasceram. Esses restos, entre nós se encontram nos polos, quando em seu mundo viviam no equador. E depois essas enormes massas, cuja existência não podemos conceber no ar, viviam no fundo dos mares, sob a pressão de um meio que lhes facilitava a locomoção. Os futuros levantamentos dos mares nos trarão outros restos, muitos outros germes que despertarão de sua longa letargia para nos mostrar espécies desconhecidas de plantas, de animais e de autóctones, contemporâneos do dilúvio, e ficareis muito admirados ao descobrirdes no meio do vasto oceano novas ilhas povoadas de plantas e animais que não podem vir de parte alguma, nem transportadas pelos ventos, nem pelas ondas.

Nossa ciência, que acha a Bíblia errada, acabará lhe restituindo a sua estima, como foi forçada a fazê-lo a propósito da rotação da Terra, porque não é erro da Bíblia, mas dos que não a compreendem. Eis a prova:

Josué parou o sol, dizendo-lhe: sta, sol!" Ora, desde então ele está parado, pois em parte alguma encontrais que ele lhe tenha ordenado que se movesse; e se desde a derrota dos amalequitas a noite sucede ao dia, é preciso que a Terra se mova. Então não é Galileu, mas os inquisidores que devem ser censurados por não terem tomado a Bíblia ao pé da letra.

Também se negava à existência do unicórnio bíblico e acabam de ser mortos dois nas montanhas do Thibet. Negava-se a aparição do espectro de Saul e, graças a Deus, estais a ponto de convencer os negadores. Lembremo-nos sempre deste aviso das Escrituras: *Noli esse incredulus sicut equus et mulus, quibus non est intellectus.*

Saudação cordial e respeitosa ao autor da Etnologia do Mundo Espírita."

Jobard

A teoria da formação da Terra pela incrustação de vários corpos planetários já foi dada em várias épocas, por certos Espíritos e através de médiuns desconhecidos uns dos outros. Não somos adeptos dessa doutrina, que confessamos não ter sido ainda suficientemente estudada para sobre ela nos pronunciarmos, mas confessamos que merece um sério exame. As reflexões que ela nos sugere não passam de hipóteses, até que dados mais positivos venham confirmá-las ou desmenti-las. Enquanto se espera, é uma balisa que pode pôr a caminho de uma grande descoberta, guiar nas buscas, e talvez um dia os cientistas encontrem nela a solução de muitos problemas.

Mas, dirão certos críticos: "Não tendes confiança nos Espíritos e duvidais de suas afirmações? Como inteligências desprendidas da matéria, não podem remover todas as dúvidas da Ciência e lançar a luz onde reina a obscuridade?"

Essa é uma questão séria, que se liga à própria base do Espiritismo, e que não poderíamos resolver no momento, sem repetir o que já temos dito a respeito; acrescentaremos apenas algumas palavras, a fim de justificar nossas reservas. Para começar, responderemos que nos tornaríamos sábios muito facilmente se tratássemos apenas de interrogar os Espíritos para conhecer tudo quanto se ignora. Deus quer que adquiramos a Ciência pelo trabalho, e não encarregou os Espíritos de no-la trazer preparada, favorecendo a nossa preguiça. Em segundo lugar, a humanidade, como os indivíduos, tem a sua infância, sua adolescência, sua juventude e sua idade viril. Encarregados por Deus de instruir os homens devem, pois, os Espíritos proporcionar-lhes ensinos para o desenvolvimento da inteligência; não dirão tudo a todos e, antes de semear, esperam que a terra esteja pronta para receber a semente, a fim de fazê-la frutificar. Eis por que certas verdades que nos são ensinadas hoje não o foram aos nossos pais, que também interrogavam os Espíritos; eis por quê, ainda, verdades para as quais não estamos maduros só serão ensinadas aos que vierem depois de nós. Nosso equívoco está em nos julgarmos chegados ao topo da escada, quando apenas nos achamos a meio caminho.

Digamos de passagem que os Espíritos têm duas maneiras de instruir os homens. Podem fazê-lo tanto se comunicando diretamente, o que ocorreu em todos os tempos, como o provam todas as histórias sagradas e profanas, quanto encarnando-se entre eles, para o desempenho das missões de progresso. Tais são esses homens de bem e de gênio, que aparecem de tempos em tempos, como fachos para a humanidade, fazendo-a avançar alguns passos. Vede o que acontece, quando esses mesmos homens vêm antes da era propícia para as ideias que devem espalhar: são desconhecidos em vida, mas seu ensino não se perde. Depositado nos arquivos do mundo, como precioso grão posto de reserva, um belo dia sai do pó, no momento em que pode frutificar.

Desde então compreende-se que, se não tiver chegado o tempo

necessário para disseminar certas ideias, será em vão que interrogaremos os Espíritos: eles não podem dizer senão o que lhes é permitido. Há, porém, outra razão, que compreendem perfeitamente todos os que têm alguma experiência do mundo espírita.

Não basta ser Espírito para possuir a Ciência universal, pois assim a morte nos faria quase iguais a Deus. Aliás, o simples bom-senso se recusa a admitir que o Espírito de um selvagem, de um ignorante ou de um malvado, desde que separado da matéria, esteja no nível do cientista ou do homem de bem. Isso não seria racional. Há, pois, Espíritos adiantados, e outros mais ou menos atrasados, que devem superar ainda várias etapas, passar por numerosas peneiras antes de se despojarem de todas as imperfeições. Disso resulta que, no mundo dos Espíritos, são encontradas todas as variedades morais e intelectuais existentes entre os homens e outras mais. Ora, a experiência prova que os maus se comunicam tanto quanto os bons. Os que são francamente maus são facilmente reconhecíveis; mas há também os meio sábios, falsos sábios presunçosos, sistemáticos e até hipócritas. Estes são os mais perigosos, porque afetam uma aparência séria, de ciência e de sabedoria, em favor da qual proclamam, em meio a algumas verdades e boas máximas, as mais absurdas coisas. E para melhor enganar, não receiam enfeitar-se com os mais respeitáveis nomes. Separar o verdadeiro do falso, descobrir a trapaça oculta numa cascata de palavras bonitas, desmascarar os impostores, eis, sem contradita, uma das maiores dificuldades da ciência espírita. Para superá-la, faz-se necessária uma longa experiência, conhecer todas as sutilezas de que são capazes os Espíritos de baixa classe, ter muita prudência, ver as coisas com o mais imperturbável sangue frio, e guardar,se, principalmente, contra o entusiasmo que cega. Com o hábito e um pouco de tato chega-se facilmente a ver a ponta da orelha, mesmo sob a ênfase da mais pretensiosa linguagem. Mas infeliz do médium que se julga infalível, que se iludo com as comunicações que recebe: o Espírito que o domina pode fasciná-lo a ponto de fazê-lo achar sublime aquilo que, por vezes, é apenas absurdo e salta aos olhos de todos, menos aos seus.

Voltemos ao assunto. A teoria da formação da Terra, por incrustação, não é a única que tenha sido dada pelos Espíritos. Em qual acreditar? Isso nos prova que, fora da moral, que não pode ter duas interpretações, não devem ser aceitas teorias científicas dos Espíritos, senão com muitas reservas, porque, uma vez mais, não estão encarregados de nos trazer a Ciência acabada; estão longe de tudo saber, sobretudo no que concerne ao princípio das coisas; enfim, é preciso desconfiar das ideias sistemáticas, que alguns dentre eles querem que prevaleçam e às quais não têm escrúpulo de dar uma origem divina. Examinando essas comunicações a sangue frio, sem prevenção; pesando maduramente todas as palavras, facilmente descobrimos os traços de uma origem suspeita, incompatível com o caráter do Espírito que se supõe falar. São, por vezes, heresias científicas tão patentes, que seria preciso ser cego ou muito ignorante para não as perceber. Ora, como supor que um Espírito superior cometa tais absurdos? Outras vezes são expressões triviais, de formas ridículas, pueris, e mil outros sinais que traem a inferioridade, para quem quer que não esteja fascinado. Que homem de bom-senso poderia jamais crer que uma doutrina contrária aos mais positivos dados da Ciência pudesse emanar de um Espírito sábio, ainda quando tivesse o nome de Arago? Como crer na bondade de um Espírito que desse conselhos contrários à caridade e à benevolência, ainda que assinados por um apóstolo da beneficência? Dizemos mais, há uma profanação em mesclar nomes venerados a comunicações com evidentes traços de inferioridade. Quanto mais elevados os nomes, mais devem ser acolhidos com circunspecção e mais se deve temer ser joguete de uma mistificação. Em resumo, o grande critério do ensino dado pelos Espíritos é a lógica. Deus nos deu a capacidade de julgamento e a razão, para delas nos servirmos. Os bons Espíritos no-las recomendam, no que nos dão uma prova de sua superioridade. Os outros se guardam: querem ser acreditados sob palavra, pois sabem que no exame tudo têm a perder.

Como se vê, temos muitos motivos para não aceitar levianamente todas as teorias dadas pelos Espíritos. Quando surge uma, fechamo-nos no papel de observador. Fazemos abstração de sua origem espírita, sem nos deixar ofuscar pelo brilho de nomes pomposos. Examinamo-la como se emanasse de um simples mortal e vemos se é racional, se dá conta de tudo, se resolve todas as dificuldades. Foi assim que procedemos com a doutrina da reencarnação, que não adotamos, embora vinda dos Espíritos, senão depois de havermos reconhecido que ela só, e *só ela*, podia resolver aquilo que nenhuma filosofia jamais havia resolvido, e isso abstração feita das provas materiais que diariamente dela são dadas, a nós e a muitos outros. Pouco nos importam, pois, os contraditores, ainda que fossem Espíritos. Desde que ela é lógica, conforme à justiça de Deus; que nela nada podem apresentar de mais satisfatório, não nos inquietamos mais do que com os que afirmam que a Terra não gira em torno do Sol – porque há Espíritos dessa ideia e que se julgam sábios – ou que pretendem que o homem veio perfeitamente formado de outro mundo, carregado nas costas de um elefante alado.

Menos ainda concordamos com o ponto de vista da formação e, sobretudo, do povoamento da Terra. Por isso dissemos, de começo, que para nós a questão não estava suficientemente elucidada. Encarada do ponto de vista exclusivamente científico, dizemos apenas que, à primeira vista, a teoria da incrustação não nos parecia despida de fundamento, e, sem nos pronunciarmos pró nem contra, dizemos haver nela matéria para exame. Com efeito, estudados os caracteres fisiológicos das diversas raças humanas, não é possível lhes atribuir uma origem comum, porque a raça negra não é um abastardamento da raça branca. Ora, adotando a letra da Bíblia, que faz todos os homens procederem da família de Noé, dois mil e quatrocentos anos antes da Era Cristã, seria preciso admitir não só que em alguns séculos essa única família teria povoado a Ásia, a Europa e a África, mas que se havia transformado em negros. Sabemos muito bem que influência o clima e os hábitos podem exercer sobre a economia orgânica. Um sol ardente avermelha a epiderme e escurece a pele, mas em parte alguma se viu, mesmo sob o mais intenso ardor tropical, famílias brancas procriando negros, sem cruzamento de raças. Portanto, para nós é evidente que as raças primitivas da Terra provêm de origens diferentes. Qual o princípio? Eis a questão; e até provas certas, não é permitido a respeito fazer mais do que conjecturas. Aos sábios, pois, compete ver as que melhor concordam com os fatos constatados pela Ciência.

Sem examinar como foi possível a junção e a soldagem de vários corpos planetários para formarem o nosso globo atual, devemos reconhecer que a coisa não é impossível e, desde então, estaria explicada a presença simultânea de raças heterogêneas, tão diferentes em costumes e em línguas, de que cada globo teria trazido os germes ou os embriões; e, quem sabe? Talvez os indivíduos já formados. Nessa hipótese, a raça branca proviria de um mundo mais adiantado que o que teria trazido a raça negra. Em todos os casos, a junção não se teria operado sem um cataclismo geral, o que só teria permitido a sobrevivência de alguns indivíduos. Assim, conforme essa teoria, nosso globo seria, ao mesmo tempo, muito antigo por suas partes constituintes, e muito novo por sua aglomeração. Como se vê, tal sistema em nada contradiz os períodos geológicos, que, assim, remontariam a uma época indeterminada e anterior à junção. Seja como for, e seja o que disser o Sr. Jobard, se as coisas assim se passaram, parece difícil que um tal acontecimento se tenha realizado e, sobretudo, que o equilíbrio de semelhante caos tenha podido estabelecer-se em seis dias de 24 horas. Os movimentos da matéria inerte estão submetidos a leis eternas, que não podem ser derrogadas senão por milagres.

Resta-nos explicar o que se deve entender por alma da Terra, porque não entra na cabeça de ninguém atribuir uma vontade à matéria. Os Espíritos sempre disseram que alguns entre eles têm atribuições especiais. Agentes e ministros de Deus, dirigem, conforme o seu grau de elevação, os fatos de ordem física, bem como os de ordem moral. Assim como alguns velam pelos indivíduos, dos quais se constituem gênios familiares ou protetores, outros tomam sob seu patrocínio reuniões de indivíduos, grupos, cidades, povos e, mesmo, mundos. A alma da Terra deve, pois, entender-se como Espírito chamado por sua missão a dirigi-la e fazê-la progredir, tendo sob suas ordens inumeráveis legiões de Espíritos encarregados de velar pela realização de seus desígnios. O Espírito diretor de um mundo deve ser, necessariamente, de uma ordem superior, e tanto mais elevado quanto mais adiantado for o mundo.

Se insistimos sobre vários pontos que poderiam parecer estranhos ao assunto, foi precisamente por se tratar de uma questão científica eminentemente controvertida. Importa que seja bem constatado, pelos que julgam as coisas sem as conhecer, que o Espiritismo está longe de tomar como artigo de fé tudo o que vem do mundo invisível, e que, ao contrário do que pretendem, ele não se apoia numa crença cega, mas sobre a razão.

Se todos os seus partidários não mantiverem a mesma circunspecção, a falta não é da Ciência, mas dos que não se dão ao trabalho de aprofundá-la. Ora, não seria mais lógico julgar o exagero de alguns, do que condenar a religião pela opinião de alguns fanáticos.

## CARTAS DO DR. MORHÉRY
## SOBRE A SRTA. DÉSIRÉE GODU

Falamos sobre a notável faculdade da Srta. Désirée Godu, como médium curador, e poderíamos ter citado atestados autênticos, que temos à vista. Mas eis um testemunho cujo alcance ninguém contestará. Não é um desses certificados fornecidos um tanto levianamente: é o resultado de observações sérias de um homem de saber, eminentemente capaz de apreciar as coisas do duplo ponto de vista da Ciência e do Espiritismo. O Dr. Morhéry nos envia as duas cartas seguintes, cuja publicação os leitores agradecerão.

"Plessis-Bloudet, perto de Loudéac (Côtes-du-Nord).

Senhor Allan Kardec,

Posto que esmagado pelas ocupações neste momento, como membro correspondente da Sociedade Parisiense de Estudos Espíritas, julgo dever informar-vos de um acontecimento para mim inesperado e que, sem dúvida, interessa a todos os nossos colegas.

Falastes com elogios da Srta. Désirée Godu, de Hennebon, nos últimos números de vossa *Revista*. Dissestes que depois de ter sido médium vidente, auditivo e escrevente, essa senhorita se havia tornado, desde alguns anos, médium curador. Foi nesta última qualidade que ela se dirigiu a mim, reclamando a minha ajuda, como doutor em medicina, para provar a eficácia de sua medicação, que, penso, poderia dizer-se *Espírita*. A princípio pensei que as ameaças que lhe eram feitas e os obstáculos criados à sua prática médica, sem diploma, fossem a causa única de sua determinação. Ela, porém, me disse que o Espírito que a dirige há seis anos, havia aconselhado a medida, como necessária, do ponto de vista da Doutrina Espírita. Seja como for, julguei do meu dever e do interesse da humanidade, aceitar sua generosa proposta, mas duvidava de que ela a realizasse.

Sem a conhecer, sem jamais tê-la visto, tinha sabido que essa piedosa criatura não havia querido separar-se de sua família senão numa circunstância excepcional e para cumprir ainda uma missão não menos importante, na idade de 17 anos. Fiquei agradavelmente surpreendido, vendo-a chegar a minha casa, conduzida por sua mãe, que deixou no dia seguinte com profunda mágoa. Mas essa mágoa era compensada pela coragem da resignação. Há dez dias a Srta. Godu está em meio à minha família, o que constitui uma alegria, a despeito de sua enervante ocupação.

Desde sua chegada, já constatei 75 casos de observação de várias doenças, e contra as quais, na maioria, os recursos médicos haviam falhado. Temos amauroses, oftalmias graves, paralisias antigas e rebeldes a todo tratamento, escrofulosos, dartrosos, cataratas e cânceres no último período. Todos os casos são fichados, a natureza da moléstia por mim constatada, os curativos mencionados, e tudo mantido em regra, como numa sala clínica destinada às observações.

Ainda não há tempo suficiente para que me possa pronunciar de maneira peremptória sobre as curas operadas pela medicação da Srta. Godu. Mas, desde hoje, posso manifestar minha surpresa pelos resultados que ela obtém pela aplicação dos seus unguentos, cujos efeitos variam ao infinito, por uma causa que não me poderia explicar dentro das regras ordinárias da Ciência. Também vi com prazer que ela cortava as febres sem qualquer preparação de quinino ou de seus extratos, e por simples infusão de flores ou folhas de diversas plantas.

Acompanho com vivo interesse, sobretudo o tratamento de um câncer no terceiro período. Esse câncer, que foi constatado e tratado sem sucesso, como sempre, por vários colegas, é objeto da maior preocupação da Srta. Godu. Não são uma nem duas vezes que ela o pensa, mas a todas as horas. Desejo muito vivamente que seus esforços sejam coroados de êxito e que ela cure esse indigente, que trata com zelo acima de qualquer elogio. Se o conseguir, pode-se naturalmente esperar que tenha outros sucessos e, nesse caso, prestará imenso serviço à humanidade, curando essa moléstia horrível e atroz.

Sei que alguns confrades trocistas poderão rir-se da esperança que me anima. Mas que me importa, se a esperança se realizar! Já me censuram por auxiliar a uma pessoa cuja intenção ninguém contesta, mas cujas aptidões para curar são negadas pela maioria, desde que lhe não foi dada pela Faculdade.

A isso responderei: não foi a Faculdade que descobriu a vacina, mas simples pastores; não foi a Faculdade que descobriu a casca do Peru, mas os índios daquele país. A Faculdade constata os fatos; agrupa-os e classifica-os, para formar a preciosa base do ensino, mas não os produz exclusivamente. Alguns tolos – e infelizmente os há aqui como em toda a parte – se julgam espirituosos, qualificando a Srta.

Godu como feiticeira. É por certo uma feiticeira amável e muito útil, pois não inspira nenhum temor nem o desejo de mandá-la para a fogueira.

A outros, que a julgam instrumento do diabo, responderei firmemente: se o demônio vem à Terra curar os incuráveis, abandonados e indigentes, deve-se concluir que, enfim, o demônio se converteu e tem direito aos nossos agradecimentos. Ora, duvido bastante que entre os que assim falam, haja muitos que não prefiram ser curados pelas suas mãos a morrer nas mãos do médico. Recebamos, pois, o bem, de onde ele vier e, não sendo com provas autênticas, não atribuamos o seu mérito ao diabo. É mais moral e racional atribuir o bem a Deus e lhe dar graças. A respeito, penso que meu ponto de vista será partilhado por vós e por todos os meus colegas.

Aliás, quer isso se torne ou não uma realidade, sempre resultará algo para a Ciência. Não sou homem que deixe ao esquecimento certos meios empregados, que hoje desprezamos. Diz-se que a Medicina fez imensos progressos. Sim, sem dúvida, para a Ciência, mas não tanto para a arte de curar. Aprendemos muito e muito esquecemos. O Espírito humano é como o oceano: não pode abarcar tudo; quando invade uma praia deixa outra. Voltarei ao assunto e vos porei ao corrente dessa curiosa experiência. Ligo a isso a maior importância. Se ela triunfar, será uma brilhante manifestação contra a qual será impossível lutar, porque nada detém os que sofrem e querem curar-se. Estou decidido a tudo enfrentar com esse objetivo, inclusive o ridículo que tanto se teme na França.

Aproveito a ocasião para vos remeter minha tese inaugural. Se quiserdes tomar o trabalho de a ler, compreendereis facilmente quanto eu estava disposto a admitir o Espiritismo. Essa tese foi defendida quando a Medicina havia caído no mais profundo materialismo. Era um protesto contra essa corrente que nos arrastou para a Medicina orgânica e a farmacologia mineral, de que tanto e tanto se abusou. Quanta saúde devastada pelo uso de substâncias minerais que, em caso de choque, aumentam o mal e, no da melhora, muitas vezes deixam traços em nosso organismo!

Recebei, etc."

Morhéry

"20 de março de 1860.

Senhor,

Em minha última carta vos anunciei que a senhorita Désirée Godu tinha vindo exercer sua faculdade curadora sob minhas vistas. Venho hoje dar-vos algumas notícias.

Desde 25 de fevereiro, comecei minhas observações sobre grande número de doentes, quase todos indigentes e impossibilitados de tratamento adequado. Alguns têm doenças pouco importantes. Mas a maioria é atingida por afecções que resistiram aos meios curativos ordinários. Fichei, desde 25 de fevereiro, 152 casos de moléstias muito diversas. Infelizmente, em nossa terra, sobretudo os doentes indigentes seguem seus caprichos e não têm paciência para se resignarem a um tratamento seguido e metódico. Desde que experimentam melhoras, julgam-se curados e nada mais fazem. É um fato muitas vezes constatado em minha clientela e que, necessariamente, deveria verificar-se com a Srta. Godu.

Como vos disse, nada quero prejulgar, nada afirmar, salvo os resultados constatados pela experiência. Mais tarde farei o balanço de minhas observações e constatarei as mais notáveis. Mas, desde já, posso exprimir a minha admiração por certas curas obtidas fora dos meios ordinários.

Vi curar, sem quinino, três febres intermitentes, rebeldes, das quais uma tinha resistido a todos os meios por mim empregados.

A senhorita Godu curou igualmente três panarícios e duas inflamações sub-aponevróticas da mão, em poucos dias. Fiquei realmente surpreendido.

Posso, também, constatar a cura, ainda não radical, mas muito avançada, de um de nossos mais inteligentes trabalhadores, Pierre Le Boudec, de Saint-Hervé, surdo há 18 anos; ele ficou tão maravilhado quanto eu quando, após três dias de tratamento, pode ouvir o canto dos pássaros e a voz das suas crianças. Vi-o esta manhã e tudo leva a esperar a cura radical dentro em pouco.

Entre os nossos doentes, o que mais atrai a minha atenção no momento é um tal Bigot, operário em Saint-Caradec, há dois anos e meio atingido por um câncer no lábio inferior. O câncer chegou ao último período; o lábio inferior está em parte destruído; as gengivas, as glândulas sublinguais e submaxilares estão canceromatosas; o osso do maxilar inferior participa do mal. Quando se apresentou em minha casa seu estado era desesperador; as dores, atrozes; não dormia há seis meses; qualquer operação era impraticável, pois o mal estava muito adiantado; a cura que parecia impossível e o declarei francamente à senhorita Godu, a fim de a premunir contra uma derrota inevitável. Minha opinião não variou relativamente ao prognóstico. Ainda não posso crer na cura de um câncer tão adiantado. Contudo, devo declarar que, desde o primeiro curativo, o doente experimenta um alívio e desde aquele dia, 25 de fevereiro, dorme bem e se alimenta; voltou-lhe a confiança; a chaga mudou de aspecto de modo visível e se isso continuar, a despeito da minha opinião formal, serei obrigado a esperar uma cura. Se realizar-se, será o maior fenômeno de cura que se possa constatar. É preciso esperar e ter paciência, como o doente. A senhorita Godu tem com ele um cuidado particular; tem feito curativos, por vezes de meia em meia hora. Esse indigente é o seu favorito.

Sobre o mais, nada a dizer. Poderia edificar-vos sobre os dis-que-disse, as alusões à feitiçaria. Mas como a tolice é inerente à humanidade, não me ocupo com o trabalho de a curar.

Aceitai, etc."

Morhéry

**Observação**: Como se pode ficar convencido pelas duas cartas acima, o Sr. Morhéry não se deixa tomar de entusiasmo: observa as coisas friamente, como homem esclarecido e sem ilusões; demonstra inteira boa fé, pondo de lado o amor-próprio do médico, não teme confessar que a Natureza pode prescindir dele, inspirando a uma jovem sem instrução dos meios de curar, que nem encontrou nos ensinos da Faculdade, nem em seu próprio cérebro, e não se julga humilhado. Seus conhecimentos de Espiritismo lhe mostram que a coisa é possível sem que, por isso, haja derrogação das leis da Natureza; ele a compreende, desde que essa faculdade admirável é para ele um simples fenômeno mais desenvolvido na senhorita Godu que em outros. Pode dizer-se que essa jovem é para a arte de curar o que Joana d'Arc era para a arte militar. O Sr. Morhéry, esclarecido sobre os dois pontos essenciais – o Espiritismo como fonte e a Medicina comum como controle – pondo de lado o amor-próprio e qualquer sentimento pessoal, está na melhor posição para julgar imparcialmente, e nós felicitamos a senhorita Godu pela resolução tomada de colocar-se sob seu patrocínio. Sem dúvida os leitores nos serão gratos, por mantê-los ao corrente das observações que forem feitas posteriormente.

## VARIEDADES

O FABRICANTE DE SÃO PETERSBURGO

O fato seguinte, de manifestação espontânea, foi transmitido ao nosso colega, Sr. Kratzoff, de São Petersburgo, por seu compatriota, o barão Gabriel Tscherkassoff, que reside em Cannes (Var) e que lhe garante a autenticidade. Aliás, parece que o fato é muito conhecido e fez sensação na época em que ocorreu.

"No começo do século, havia em São Petersburgo um rico artífice, que ocupava grande número de operários em suas oficinas. Seu nome me escapa, mas creio que era inglês. Homem probo, humano e decente, não só desfrutava da boa renda de seus produtos, mas, muito mais ainda, do bem-estar físico e moral de seus operários que, consequentemente, ofereciam o exemplo de boa conduta e de uma concórdia quase fraterna. Conforme um costume observado na Rússia ainda em nossos dias, o alojamento e a alimentação eram pagos pelo patrão, e ocupavam os andares superiores e o sótão da mesma casa que ele. Uma manhã, ao despertar, vários operários não encontraram suas roupas, que, ao deitar-se, haviam posto ao lado. Não se podia pensar em roubo. Indagaram inutilmente e suspeitaram que os mais maliciosos tinham querido pregar uma peça aos seus camaradas. Enfim, à força de buscas, encontraram todos os objetos desaparecidos no celeiro, nas chaminés e até sobre o teto. O patrão fez advertências gerais, pois ninguém se confessava culpado. Ao contrário, todos protestavam inocência.

Passado algum tempo, a coisa se repetiu; novas recomendações, novos protestos. Pouco a pouco isso começou a se repetir todas as noites e o patrão inquietou-se muito porque, além de seu trabalho ser muito prejudicado, via-se ameaçado pela saída de todos os operários, que tinham medo de ficar numa casa onde se passavam, como diziam, coisas sobrenaturais. Seguindo o conselho do patrão, foi organizado um serviço noturno, escolhido pelos próprios operários, para surpreender o culpado. Mas nada deu resultado: ao contrário, as coisas foram de mal a pior. Para alcançar seus quartos, os operários deviam subir escadas não iluminadas. Ora, aconteceu a vários deles receber pancadas e bofetões. E quando procuravam defender-se, apenas batiam no vazio, enquanto a violência dos golpes os fazia supor que tratavam com um ser sólido. Desta vez o patrão os aconselhou a formarem dois grupos: um deveria ficar no topo da escada, e o outro, embaixo. Dessa maneira, o malvado não poderia escapar e receberia o devido corretivo. Mas a previdência do patrão falhou mais uma vez; os dois grupos foram muito batidos e cada um acusava o outro. As recriminações tornaram-se violentas, a desinteligência entre os operários chegou ao cúmulo; o pobre patrão já pensava em fechar as oficinas ou mudar-se.

Uma noite, estava sentado triste e pensativo, cercado pela família. Todos estavam abatidos, quando de repente um grande ruído se fez ouvir no quarto ao lado, que lhe servia de gabinete de trabalho. Levantou-se precipitadamente e foi procurar a causa do ruído. A primeira coisa que viu foi sua secretária aberta e um candeeiro aceso. Ora, havia poucos instantes ele fechara a secretária e apagara a luz. Tendo-se aproximado, distinguiu sobre a mesa um tinteiro de vidro e uma pena que não lhe pertenciam e uma folha de papel sobre a qual estavam escritas estas palavras, que não tinham tido tempo de secar: "Mande derrubar a parede em tal lugar (era acima da escada); aí encontrarás ossadas humanas que mandarás sepultar em terra santa". "O patrão tomou o papel e correu a informar a polícia.

No dia seguinte começaram a procurar de onde provinham o tinteiro e a pena. Mostrando-os aos moradores da mesma casa, chegaram até um verdureiro e rendeiro que tinha seu negócio no rés do chão, e que reconheceu um e outra como seus. Interrogado sobre a pessoa a quem havia dado, respondeu: "Ontem à noite, já tendo fechado a porta da quitanda, ouvi uma leve batida na janela; abri e um homem cujos traços não distingui, disse-me: "Peço-te que me dês um tinteiro e uma pena; eu te pagarei". Tendo-lhe passado os dois objetos, ele me atirou uma grande moeda de cobre, que ouvi cair no chão, mas não encontrei.

Demoliram a parede no local indicado e aí encontraram ossadas humanas que foram enterradas, e tudo voltou à ordem. Jamais se soube a quem pertenciam esses ossos."

Fatos dessa natureza devem ter ocorrido em todas as épocas, e vê-se que não são absolutamente provocados pelos conhecimentos espíritas. Compreende-se que, em séculos afastados, ou entre povos ignorantes, tenham dado lugar a toda sorte de suposições supersticiosas.

## APARIÇÃO TANGÍVEL

A 14 de janeiro último, o senhor Lecomte, cultivador na comuna de Brix, departamento de Valognes, foi visitado por um indivíduo que se dizia um de seus antigos camaradas, com o qual tinha trabalhado no porto de Cherburgo, e cuja morte remonta a dois anos e meio. A aparição tinha, por fim, pedir a Lecomte que mandasse rezar uma missa. No dia 15, a aparição se renovou. Menos espantado, Lecomte efetivamente reconheceu o antigo camarada. Mas, ainda perturbado, não soube o que responder. O mesmo aconteceu a 17 e 18 de janeiro. Só no dia 19, Lecomte lhe disse: "Já que desejas uma missa, onde queres que seja rezada? E irás assistir? – Eu desejo – respondeu o Espírito – que a missa seja dita na capela de São Salvador, em oito dias. E eu ali estarei." E acrescentou: "Há muito tempo que eu não te via e era longe para vir ver-te." Dito isso, retirou-se, *apertando-lhe a mão*.

O senhor Lecomte não faltou à promessa. No dia 27 a missa foi dita na capela de São Salvador, e ele viu seu antigo camarada, ajoelhado nos degraus do altar, junto ao padre oficiante. Ninguém mais o tinha visto, embora tivesse perguntado ao padre e aos assistentes se não o viram.

Desde então, Lecomte não mais foi visitado e retomou sua habitual tranquilidade.

**Observação**: Conforme esse relato, cuja autenticidade é garantida por pessoa fidedigna, não se trata de simples visão, mas de uma aparição tangível, pois que o defunto amigo de Lecomte lhe havia apertado a mão. Os incrédulos dirão que foi uma alucinação. Mas, até o presente, ainda esperamos de sua parte uma explicação clara, lógica e verdadeiramente científica, dos estranhos fenômenos que designam por esse nome, com o único fim, segundo nos parece, de recusarem qualquer solução.

## DITADOS ESPONTÂNEOS

O ANJO DAS CRIANÇAS

(SOCIEDADE – MÉDIUM: SRA. DE BOYER)

Meu nome é Micael. Sou um dos Espíritos prepostos à guarda das crianças. Que suave missão! E que felicidade proporciona à alma! A guarda das crianças? Perguntareis. Mas não têm suas mães, bons anjos prepostos a essa guarda? E por que ainda é necessário um Espírito para delas se ocupar? Mas não pensais nas que não têm mais essa boa mãe? Não as há, e muitas? E a mãe, ela mesma, por vezes não necessita de ajuda? Quem a desperta em meio ao seu primeiro sono? Quem a faz pressentir o perigo, inventar o alívio quando o mal é grave? Nós, sempre nós. Nós, que desviamos a criança do barranco, para onde corre traquinas; que dela afastamos os animais perigosos, e afastamos o fogo que poderia misturar-se aos seus cabelos louros. Nossa missão é suave! Somos ainda nós que lhes inspiramos a compaixão pelo pobre, a doçura, a bondade. Nenhuma, mesmo das piores, poderia perturbar-nos. Há sempre um instante, no qual seu coraçãozinho nos fica aberto. Quantos de vós admirar-se-ão dessa missão. Mas não dizeis sempre: há um Deus para as crianças? Sobretudo para as crianças pobres? Não, não há um Deus, mas anjos, amigos. E como poderíeis explicar de outro modo essas salvações miraculosas? Há ainda muitos outros poderes, cuja existência nem mesmo suspeitais. Há o Espírito das flores, dos perfumes; há mil e um outros, cujas missões mais ou menos elevadas vos pareceriam deliciosas e invejáveis, após vossa dura vida de provas. Eu os convidarei a virem ao vosso meio. Neste momento sou recompensada por uma vida inteiramente dedicada às crianças. Casada jovem, com um homem que possuía diversas, não tive a felicidade de as ter. Inteiramente devotada a elas, Deus, o bom e soberano Senhor, concedeu-me ser ainda guarda das crianças. Suave e santa missão! Eu o repito, e cuja plena eficácia as mães aqui presentes não poderiam negar. Adeus, vou à cabeceira dos meus pequenos protegidos. A hora do sono é a minha hora, e é preciso que visite a todas essas lindas pálpebras fechadas. O bom anjo que vela por elas, sabei-o, não é uma alegoria, mas uma verdade.

## CONSELHOS

(SOCIEDADE, 25 DE NOVEMBRO DE 1859 – MÉDIUM: SR. ROZE)

Outrora vos teriam crucificado, queimado, torturado. A forca foi derrubada; a fogueira, extinta; os instrumentos de tortura, quebrados. A arma terrível do ridículo, tão poderosa contra a mentira, mover-se-á contra a verdade. Seus inimigos mais terríveis se fecharam num círculo intransponível. Com efeito, negar a realidade de nossas manifestações seria negar a revelação que é a base de todas as religiões; atribuí-las ao demônio, pretender que o Espírito do mal venha vos confortar, vos desenvolver o Evangelho, exortar-vos ao bem, à prática de todas as virtudes, é simplesmente e felizmente provar que ele não existe. Todo reino dividido contra si mesmo perecerá. Restam os maus Espíritos. Jamais uma boa árvore produzirá maus frutos; jamais uma árvore má produzirá bons frutos. Nada de melhor tendes a fazer do que lhes responder o que respondia o Cristo aos seus perseguidores, quando formularam contra ele as mesmas acusações, e como ele rogar a Deus que os perdoe, pois não sabem o que fazem.

O Espírito de Verdade

(OUTRA DITADA AO SR. ROZE E LIDA NA SOCIEDADE)

A França leva o estandarte do progresso e deve guiar as outras nações: provam-no os acontecimentos passados e contemporâneos. Fostes escolhidos para serdes o espelho que deve receber e refletir a luz divina, que deve iluminar a Terra, até então mergulhada nas trevas da ignorância e da mentira. Mas se não estiverdes animados pelo amor do próximo e por um desinteresse sem limites; se o desejo de conhecer e propagar a verdade, cujas vias deveis abrir à posteridade não for o único móvel a guiar os vossos trabalhos; se a mais leve reserva mental de orgulho, de egoísmo e de interesse material achar lugar em vossos corações, não nos serviremos de vós, senão como o artista que provisoriamente emprega uma ferramenta defeituosa; viremos a vós até que tenhamos encontrado ou provocado um centro mais rico do que vós em virtudes, mais simpático à falange de Espíritos que Deus enviou para revelar a verdade aos homens de boa vontade. Pensai nisso seriamente. Descei aos vossos corações, sondai-lhes os mais íntimos refolhos e expulsai com energia as más paixões que nos afastam, senão retirai-vos, antes de comprometerdes os trabalhos de vossos irmãos pela vossa presença, ou a dos Espíritos que traríeis convosco.

O Espírito de Verdade

## A OSTENTAÇÃO

(SOCIEDADE, 16 DE DEZEMBRO DE 1860 – MÉDIUM: SRTA. HUET)

Por uma bela tarde de primavera, um homem rico e generoso estava sentado em seu salão; sorvia, feliz, o perfume das flores de seu jardim. Enumerava, complacente, todas as boas obras que tinha praticado durante o ano. A essa lembrança não pôde impedir um olhar quase desprezível sobre a casa de um de seus vizinhos, que não pudera dar senão módica moeda para a construção da igreja paroquial. De minha parte, disse ele, dei mais de mil escudos para essa obra pia; lancei negligentemente uma nota de 500 francos na bolsa que me apresentava aquela jovem duquesa em favor dos pobres; dei muito para as festas de beneficência, para toda sorte de loterias e creio que Deus me será grato por tanto bem que fiz. Ah! Eu esquecia uma pequena esmola dada ultimamente a uma infeliz viúva com o peso de numerosa família e que ainda cria um órfão. Mas o que lhe dei é tão pouco que, certamente, não é isso que me abrirá o céu.

– Tu te enganas, respondeu de repente uma voz que lhe fez voltar a cabeça: é a única que Deus aceita; e eis a prova. No mesmo instante uma mão apagou o papel que ele tinha riscado com todas as suas boas obras, deixando apenas a última: ela o levou ao céu.

Não é, pois, a esmola feita com ostentação que é a melhor, mas aquela que é feita com toda a humildade do coração.

Joinville, Amy de Loys

## AMOR E LIBERDADE

(SOCIEDADE, 27 DE JANEIRO DE 1860 – MÉDIUM: SR. ROZE)

Deus é amor e liberdade. É pelo amor e pela liberdade que o Espírito se aproxima dEle. Pelo amor desenvolve, em cada existência, novas relações que o aproximam da humildade; pela liberdade escolhe o bem que o aproxima de Deus. Sede ardentes na propagação da nova fé. Que o santo ardor que vos anima jamais vos faça atingir a liberdade alheia. Evitai, por uma insistência muito grande junto à incredulidade orgulhosa e temível, exasperar uma resistência meio vencida e prestes a render-se. O reino do constrangimento e da opressão acabou; começa o da razão, da liberdade, do amor fraterno. Não é mais pelo medo e pela força que os poderes da Terra adquirirão, de agora em diante, o direito de dirigir os interesses morais, espirituais e físicos dos povos, mas pelo amor da liberdade.

Abelardo

## A IMORTALIDADE

(SOCIEDADE, 3 DE FEVEREIRO DE 1860 – MÉDIUM: SRTA. HUET)

Como pode um homem, e um homem inteligente, não crer na imortalidade da alma e, consequentemente, numa vida futura, que é a do Espiritismo? Em que deveriam tornar-se esse amor imenso que a mãe vota ao filho, esses cuidados com que o cerca na tenra idade, essa solicitude esclarecida que o pai dedica à educação de um ser bem amado? Tudo isto seria, então, aniquilado no momento da morte ou da separação? Seríamos, assim, semelhantes aos animais, cujo instinto é admirável, sem dúvida, mas que não cuidam de sua progênie com ternura, senão até o momento em que ela cessa de ter necessidade dos cuidados maternos? Chegado esse momento, os pais abandonam os filhos e tudo está acabado: o corpo está criado, a alma não existe. Mas o homem não teria uma alma, e uma alma imortal! E o gênio sublime que só se pode comparar a Deus, tanto dele emana, esse gênio que gera prodígios, que cria obras primas, tudo isto seria aniquilado pela morte do homem! Profanação! Não se podem aniquilar assim as coisas que vem de Deus. Um Rafael, um Newton, um Miguel Ângelo, e tantos outros gênios sublimes abarcam ainda o Universo em seu Espírito, embora seus corpos não mais existam. Não vos enganeis: eles vivem e viverão eternamente. Quanto a se comunicarem convosco, é menos fácil de admitir pela generalidade dos homens. Só pelo estudo e pela observação eles podem adquirir a certeza de que isso é possível.

Fénelon

## PARÁBOLA

(SOCIEDADE, 9 DE DEZEMBRO DE 1859 – MÉDIUM: SR. ROZE)

Em sua última travessia, um velho navio foi assaltado por terrível tempestade. Além de grande número de passageiros, transportava uma porção de mercadorias estrangeiras ao seu destino, acumuladas pela avareza e cupidez de seus donos. O perigo era iminente; reinava a bordo a maior desordem. Os chefes se recusavam a lançar a carga fora. Suas ordens eram ignoradas: tinham perdido a confiança da equipagem e dos passageiros. Era necessário pensar em abandonar o navio: puseram três embarcações ao mar. Na primeira, a maior, precipitaram-se, aturdidos, os mais impacientes e os mais inexperientes, que se apressaram a remar na direção da luz que avistavam ao longe, na costa. Caíram nas mãos de uma horda de náufragos, que os despojou dos objetos preciosos que tinham recolhido às pressas e os maltratou sem piedade.

Os segundos, mais clarividentes, souberam distinguir um farol libertador em meio às luzes enganadoras que iluminavam o horizonte. Confiantes, lançaram o barco ao capricho das ondas. Estes foram arrebentar nos arrecifes, ao pé do farol, do qual não haviam tirado os olhos. Foram tanto mais sensíveis à sua ruína e à perda de seus bens, quanto haviam entrevisto a salvação.

Os terceiros, pouco numerosos, mas sábios e prudentes, guiaram com cuidado o frágil barco em meio aos escolhos, e salvaram corpos e bens, sem outro mal além da fadiga da viagem.

Não vos contenteis, portanto, em vos guardardes contra os fogos dos náufragos, contra os maus Espíritos. Mas sabei evitar o erro dos viajantes indolentes, que perderam seus bens e naufragaram no porto. Sabei guiar vosso barco em meio aos escolhos das paixões, e abordareis com felicidade o porto da vida eterna, ricos das virtudes que tiverdes adquirido em vossas viagens.

São Vicente de Paulo

## O ESPIRITISMO

(SOCIEDADE, 3 DE FEVEREIRO DE 1860 – MÉDIUM: SRA. M.)

O Espiritismo está chamado a esclarecer o mundo, mas necessita de um certo tempo para progredir. Existiu desde a Criação, mas só era reconhecido por algumas pessoas, porque, em geral, a massa pouco se ocupa em meditar sobre questões espíritas. Hoje, com o auxílio desta pura doutrina, haverá uma luz nova. Deus, que não quer deixar a criatura na ignorância, permite que os Espíritos mais elevados nos venham em auxílio, para contrabalançarem o Espírito das trevas, que tende a envolver o mundo. O orgulho humano obscurece a razão e a faz cometer muitos erros. São necessários Espíritos simples e dóceis, para comunicarem a luz e atenuarem todos os males. Coragem! Persisti nesta obra, que é agradável a Deus, porque ela é útil para a sua melhor glória, e dela resultarão grandes bens para a salvação das almas.

Francisco de Sales

## FILOSOFIA

(SOCIEDADE, 3 DE FEVEREIRO DE 1860 – MÉDIUM: SR. COLIN)

Escrevei isto: o homem! Que é ele? De onde veio? Aonde vai? Deus? A Natureza? A Criação? O mundo? Sua eternidade no passado, no futuro! Limite da Natureza, relações do ser infinito com o ser particular? Passagem do infinito ao finito? – Perguntas que devia fazer o homem, criança ainda, quando viu pela primeira vez, com sua razão, acima da cabeça, a marcha misteriosa dos astros; sob seus pés a Terra, alternativamente revestida com roupas de festa, sob o tépido sopro da primavera, ou coberta de um manto de luto, debaixo do sopro gelado do inverno; quando ele próprio, pensando, sentindo, se viu por um instante lançado nesse imenso turbilhão vital entre o ontem, dia de seu nascimento, e o amanhã, dia de sua morte. Perguntas que foram propostas a todos os povos, em todas as idades e em todas as suas escolas. E que, entretanto, não deixaram de ficar como enigmas para as gerações seguintes. Contudo, questões dignas de cativar o espírito investigador do vosso século e o gênio do vosso país. Se, pois, houvesse entre nós um homem, dez homens, com a consciência da alta importância da missão apostólica e vontade de deixar um traço de sua passagem aqui, para vos servir de ponto de referência à posteridade, eu lhes diria: durante muito tempo transigistes com os erros e preconceitos da vossa época; para vós, a fase das manifestações materiais e físicas é passada; aquilo a que chamais *de evocações experimentais* já não vos pode ensinar grandes coisas, porque, na maioria dos casos, apenas a curiosidade está em jogo. Mas a era filosófica da doutrina se aproxima. Não vos demoreis mais tempo montados nas franquias do pórtico, em breve carcomidas, e penetrai corajosamente no santuário celeste, levando com firmeza a bandeira da filosofia moderna, na qual inscrevei sem medo: *misticismo, racionalismo*. Fazei ecletismo no ecletismo moderno; fazei-o como os Antigos, apoiando-vos na tradição histórica, mística e legendária, sempre, porém, com o cuidado de não sair da *revelação*, facho que nos faltou a todos, recorrendo às luzes dos Espíritos superiores, votados missionariamente à marcha do espírito humano. Esses Espíritos, por mais elevados que sejam, não sabem tudo; só Deus o sabe; além disso, de tudo quanto sabem, nem tudo podem revelar. Onde ficaria, então, o livre-arbítrio do homem, sua responsabilidade, o mérito e o demérito? E, como sanção, o castigo e a recompensa?

Contudo, podemos balizar o caminho que vos mostramos, com alguns princípios fundamentais. Portanto, escutai isto:

1. – A alma tem o poder de retirar-se da matéria;

2. – De elevar-se muito acima da inteligência;

3. – Esse estado é superior à razão;

4. – Ele pode colocar o homem em relação com aquilo que escapa às suas faculdades;

5. – O homem pode provocá-lo pela prece a Deus, por um esforço constante da vontade, reduzindo a alma, por assim dizer, ao estado de *pura essência*, privada da atividade sensível e exterior; pela abstração, numa palavra, de tudo o que há de diverso, de múltiplo, de indeciso, de turbilhonamento, de exterioridade na alma;

6. – Existe no *Eu* concreto e complexo do homem uma força completamente ignorada até hoje. Procurai-a, portanto.

Moisés, Platão, depois Juliano

## COMUNICAÇÕES LIDAS NA SOCIEDADE

### (PELO SR. PÊCHEUR)

Meu amigo, não sabes que todo homem que segue a via do progresso tem sempre contra si a ignorância e a inveja? *A inveja é a poeira levantada por vossos passos.* Vossas ideias revoltam certos homens, porque não compreendem ou abafam no orgulho o clamor da consciência, que lhes clama: aquilo que repeles, teu juiz o lembrará um dia; é a mão que Deus te oferece, para retirar do lodaçal onde te lançaram as paixões. Escuta por um instante a voz da razão; pensa que vives no século do dinheiro, onde o *Eu* domina; que o amor às riquezas te resseca o coração, carregando a consciência de muitas faltas e mesmo de crimes que serão confessados. Homens sem fé, que vos dizeis hábeis, vossa habilidade vos levará ao naufrágio; nenhuma ajuda vos será oferecida; fostes surdos às misérias alheias e sossobrareis sem que uma lágrima caia sobre vós. Parai! Ainda é tempo; que o arrependimento penetre vossos corações; que ele seja sincero, e Deus vos perdoará. Procurai o infeliz que não ousa lastimar-se e que a miséria mata lentamente, e o pobre que tiverdes aliviado incluirá o vosso nome em suas preces; abençoará a mão que talvez lhe tenha salvo a filha da fome que mata e da vergonha que desonra. Infelizes de vós se fordes surdos à sua voz. Deus vos disse, pela boca sagrada do Cristo: "Ama a teu irmão como a ti mesmo." Não vos deu a razão para julgardes o bem e o mal? Não vos deu um coração para vos compadecerdes dos sofrimentos dos vossos semelhantes? Não sentis que abafando a consciência abafais a voz do progresso e da caridade? Não sentis que apenas arrastais um corpo vazio? Que nada bate mais em vosso peito, o que torna incerta a vossa marcha? Porque fugistes à luz e os vossos olhos se tornaram de carne; as trevas que vos cercam vos agitam e causam medo; procurais, mas muito tarde, sair dessa via que se esboroa aos vossos pés; o medo, que não podeis definir, vos torna supersticiosos; fingis caridade; esperando resgatar a vida de egoísta, dais o tostão que o medo vos arranca, mas Deus sabe o que vos leva a agir: não podeis enganá-lo; vossa vida extinguir-se-á sem esperança, e não podeis prolongá-la por um só dia; ela extinguir-se-á a despeito de vossas riquezas, que vossos filhos ambicionam por antecipação, pois lhes destes o exemplo. Como vós, eles têm um amor único, o do ouro, único sonho de felicidade para eles. E quando soar essa hora de justiça tereis de comparecer perante o Supremo Juiz, que tendes olvidado.

Tua Filha

## A CONSCIÊNCIA

Cada homem tem, em si, o que chamais uma voz interior. É o que o Espírita chama de consciência, juiz severo, que preside a todas as ações de vossa vida. Quando o homem está só, escuta essa consciência e se pesa no seu justo valor. Por vezes envergonha-se de si mesmo. Nesse momento reconhece Deus, mas a ignorância, conselheira fatal, o impele e lhe põe a máscara do orgulho. Ele se vos apresenta cheio do seu vazio; procura enganar-vos pelo aprumo que apresenta. Mas o homem de coração reto não tem a cabeça altaneira; escuta com proveito as palavras do sábio. Sente que nada é, e que Deus é tudo. Procura instruir-se no livro da Natureza, escrito pela mão do Criador. Seu Espírito se eleva e expulsa as paixões materiais que muitas vezes vos desviam. É um guia perigoso, essa paixão que vos arrasta. Guarda, isto, amigo: deixa rir o cético; seu sorriso extinguir-se-á. À sua hora derradeira, o homem torna-se crente. Amigo, pensa sempre em Deus, o único que não engana. Lembra-te de que há apenas um caminho que conduz a Ele: a fé e o amor aos semelhantes.

Tua Filha

## A MORADA DOS ELEITOS

(PELA SRA. DESI.)

Teu pensamento ainda está absorvido pelas coisas da Terra. Se nos queres escutar, deves esquecê-las. Tentemos conversar do alto. Que teu Espírito se eleve para essas regiões, morada dos Eleitos do Senhor. Vê esses mundos que esperam a todos os mortais, e cujos lugares estão marcados conforme o merecimento. Quanta felicidade para aquele que se compraz nas coisas santas, nos grandes ensinamentos dados em nome de Deus! Ó homens! Como sois pequenos, comparados aos Espíritos desprendidos da matéria, que planam nos espaços ocupados pela glória do Senhor! Felizes os que forem chamados a habitar os mundos onde a matéria é quase apenas um nome; *onde tudo é etéreo e translúcido; onde não se escutam mais os passos.* A música celeste é o único ruído que chega aos sentidos, tão perfeitos que captam os menores sons, desde que estes se chamem harmonia! Que leveza a de todos os seres amados por Deus! Como percorrem deliciados essas regiões encantadas, que são o seu asilo! Ali, não há mais discórdias, inveja ou ódio; o amor tornou-se o laço destinado a unir entre si todos os seres criados. E esse amor, que lhes enche o coração, só tem Deus como limite: o fim e no qual se resumem: a fé, o amor e a caridade.

Um amigo

(OUTRA, PELO MESMO MÉDIUM)

Teu esquecimento me afligia. Não me deixes mais por tanto tempo sem me chamares. Sinto-me disposto a conversar contigo e te dar conselhos. Guarda-te de acreditar em tudo quanto outros Espíritos poderiam dizer-te; talvez tenham tomado um mau caminho. Antes de tudo, sê prudente, a fim de que Deus não te tire a missão que te encarregou de cumprir, a saber: ajudar a levar ao conhecimento dos homens, a revelação da existência dos Espíritos ao redor deles. Nem todos estão em condições de apreciar e compreender o elevado alcance dessas coisas, cujo conhecimento Deus só permite aos eleitos. Dia virá em que esta ciência, cheia de consolação e de grandeza, será a partilha da humanidade inteira, onde não mais se encontrará um incrédulo. Os homens, então, não poderão compreender que uma verdade tão palpável tenha sido posta em dúvida por um só instante pelo mais simples dos mortais. Na verdade te digo, não passará meio século, antes que os olhos e ouvidos de todos sejam abertos a esta grande verdade: que os Espíritos circulam no espaço e ocupam diferentes mundos, conforme seu mérito aos olhos de Deus; que a verdadeira vida está na morte, e que é necessário que o homem seja muitas vezes resgatado, antes de obter a vida eterna, a que todos deverão chegar, através de mais ou menos séculos de sofrimentos, conforme tenham sido mais ou menos fiéis à voz do Senhor.

Um Amigo

## O ESPÍRITO E O JULGAMENTO

### (PELA SRA. NETZ)

A liberdade do homem é toda individual; nasceu livre, mas essa liberdade por vezes é a sua desgraça. Liberdade moral, liberdade física, tudo ele reuniu, mas muitas vezes lhe falta o discernimento, aquilo a que chamais bom-senso. Se um homem tiver muito espírito e lhe faltar esta última qualidade, é como se nada tivesse, pois o que fará o seu espírito, se não pode governá-lo, se não tem a necessária inteligência para se conduzir, se julga marchar em boa via, quando está no lodaçal, se sempre se julga com a razão, quando muitas vezes está errado? O discernimento pode tomar o lugar do espírito, mas este, jamais substituirá o discernimento. É uma qualidade necessária; e, quando não a temos, todos os esforços devem ser feitos para adquiri-la.

Um Espírito Familiar

## O INCRÉDULO

### (PELA SRA. L...)

Vossa doutrina é bela e santa. Sua primeira baliza está plantada, e solidamente plantada. Agora só tendes que marchar. O caminho que vos é aberto é grande e majestoso. Feliz o que chegar ao porto. Quanto mais prosélitos houver feito, mais lhe será contado. Mas para isso não se deve abraçar a doutrina friamente: é necessário ardor, e esse ardor será dobrado, porque Deus está sempre convosco quando fazeis o bem. Aqueles que trouxerdes serão outras tantas ovelhas entradas no redil. Pobres ovelhas meio tresmalhadas! Crede que o mais cético, o mais ateu, o mais incrédulo, enfim, tem sempre um cantinho no coração que ele desejaria esconder a si mesmo. Muito bem! É esse cantinho que ele deve procurar, que deve encontrar, e é esse lado vulnerável que deve atacar. É uma pequena brecha deixada intencionalmente por Deus, para facilitar à sua criatura o meio de voltar ao seu seio.

São Bento

## O SOBRENATURAL

(PELO SR. RABACHE, DE BORDÉUS)

Meus filhos, vosso pai fez bem em vos chamar a atenção para os fenômenos produzidos nas sessões, que vos ocupam há alguns dias. A julgá-los conforme a instrução de certos Espíritos sectários, ignorantes ou dominadores, tais efeitos são sobrenaturais. Não creiais nisso, meus filhos; nada do que acontece *é sobrenatural*; se fosse, o bom-senso diz que só aconteceria fora da Natureza e, então, não o veríeis. Para que vossos olhos e demais sentidos percebam uma coisa, *é de todo necessário* que essa coisa seja natural. Com um pouco de reflexão não há um Espírito sério que consinta em crer em coisas sobrenaturais. Com isso não quero dizer que não haja coisas que tal não pareçam à vossa inteligência, mas a única razão para isso é que não as compreendeis. Quando um fato vos parece fugir do que julgais natural, guardai-vos contra essa preguiça de espírito que vos induziria a crer que seja sobrenatural. Buscai compreender. Para isso vos foi dada a inteligência. Para que vos serviria ela, se tivésseis de vos contentar com aprender e crer no que ensinaram os predecessores? É preciso que cada um ponha a inteligência a serviço do progresso, que é obra coletiva de todos. Já que sois dotados de pensamento, pensai; já que tendes a razão – que não existe ator – examinai e julgai. Não aceiteis julgamentos acabados, senão depois de passados pelo crivo da razão. Duvidai longamente, se não tiverdes certeza, mas não negueis jamais aquilo que não compreendeis. Examinai seriamente. Só o preguiçoso, o não inteligente, o indiferente, aceitam como verdadeiro ou falso tudo quanto ouvem afirmar ou negar. Enfim, meus filhos, fazei esforços para vos tornardes sérios e úteis, a fim de bem cumprirdes a missão que vos está confiada. Nunca é demasiado cedo para vos ocupardes do bem e do que é bom. Começai, pois, cedo, a vos ocupardes das coisas sérias. O tempo das futilidades é sempre longo: é inútil para o vosso progresso, o qual nem por um instante deve ser perdido de vista. As coisas da Terra nada são; servem à vossa passagem para outro estado, que será tanto mais perfeito, quanto melhor preparados estiverdes. – *Vossa avó.*

Allan Kardec

# ANO III
# MAIO DE 1860

## BOLETIM

DA SOCIEDADE PARISIENSE DE ESTUDOS ESPÍRITAS

(SEXTA-FEIRA, 30 DE MARÇO DE 1860 – SESSÃO PARTICULAR)

*Assuntos administrativos.* O Sr. Ledoyen, tesoureiro, apresenta o balanço da situação financeira da Sociedade no segundo semestre do ano social, terminado a 30 de março de 1860. O balanço é aprovado.

*Comunicações diversas.* 1. – O Sr. Chuard, de Lyon, homenageia a Sociedade com duas brochuras, contendo uma *Ode sacra sobre a imortalidade da alma*, a outra, uma *Sátira sobre as sociedades em comandita*. A Sociedade agradece ao autor, e embora uma dessas brochuras, sobretudo, seja estranha aos objetivos de seus trabalhos, irão para a sua biblioteca.

2. – Leitura de três cartas do Sr. Morhéry sobre as curas operadas pela senhorita Godu, médium curador, que foi morar em casa dele e se colocou sob seu patrocínio. O Sr. Morhéry, como homem de ciência, observa os efeitos do tratamento praticado por essa senhorita em diversos doentes de que cuida. Ele faz uma ficha exata, como numa sala de clínica, e até constatou, em curto prazo, resultados prodigiosos.

O Sr. Presidente acrescenta que a Sociedade tem amplo motivo para interessar-se pela senhorita Godu; além da simpatia que naturalmente excitam os exemplos de caridade e de desinteresse, tão raros em nossos dias, do ponto de vista espírita essa jovem lhe oferece preciosa matéria para estudo, pois goza de uma faculdade de certo modo excepcional. A gente interessar-se-ia por um médium de efeitos físicos, que produzisse fenômenos extraordinários; não se poderia ver com mais indiferença aquele cujas faculdades são proveitosas à humanidade, e que, além disso, nos revela uma nova força da Natureza.

3. – Carta do Sr. Conde R., sócio titular que partiu para o Brasil, e se acha agora retido no porto de Cherburgo, devido ao mau tempo. Ele pede à Sociedade que o evoque na presente sessão, se possível.

O Sr. T. observa que a mesma pessoa já foi evocada duas vezes, e que uma terceira parece supérflua.

O Sr. Allan Kardec responde que, sendo o estudo o objetivo da Sociedade, a mesma pessoa poderá oferecer observações úteis à terceira vez, tanto quanto na primeira e na segunda. Aliás, a experiência prova que o Espírito é tanto mais lúcido e explícito quanto mais se comunica e, de certo modo, se identifica com o médium que lhe serve de instrumento. No caso não se trata de satisfazer um capricho ou vã curiosidade. Em suas evocações, a Sociedade não procura consentimento nem divertimento: ela quer instruir-se. Ora, o Sr. de R. se acha em situação completamente diferente daquela em que foi evocado, para dar lugar a novas observações.

Consultado sobre a oportunidade da evocação, responde São Luís que ela não se poderia fazer no momento.

*Estudos.* 1. – Dois ditados espontâneos, um de São Luís, pela Srta. Huet, e outro de Charlet, pelo Sr. Didier Filho.

2. – Perguntas diversas feitas a São Luís sobre o Espírito que se comunicou espontaneamente na última sessão, com o nome de *Being*, pela Sra. de Boyer, e que é acusado de tentar semear perturbação e discórdia e de ter interferido em várias comunicações. Das respostas obtidas ressalta um ensinamento interessante sobre o modo de ação dos Espíritos uns sobre os outros.

3. – O Sr. R. propõe a evocação de um de seus amigos, desaparecido desde 1848 e do qual não houve mais notícias.

Visto o adiantado da hora, a evocação foi adiada para a próxima sessão.

A Sociedade decide que não se reunirá sexta-feira santa, 6 de abril. A partir de 20 de abril as sessões serão na nova sede da Sociedade, à rua Sainte-Anne, n.º 59, passagem de Sainte-Anne.

(SEXTA-FEIRA, 13 DE ABRIL – SESSÃO PARTICULAR)

*Assuntos administrativos.* Aprovação de quatro novos sócios, como membros livres.

A Sociedade confirma o título de membro honorário a cinco sócios antes aprovados.

*Comunicações diversas.* A Sra. Desl., membro da Sociedade, tendo feito uma viagem a Dieppe, foi até Grandes-Ventes, onde ouviu, do próprio Sr. Goubert, padeiro, a confirmação de todos os fatos relatados no número de março, e com detalhes mais circunstanciados. Ela constatou, pelo exame dos lugares, que, sobretudo quanto a certos fatos, a fraude era impossível. Das informações obtidas parece resultar que tais fenômenos tiveram como causa a presença de um rapaz que desde algum tempo estava ao serviço do padeiro, graças ao qual coisas semelhantes ocorreram em outras casas. Sendo os fenômenos independentes de sua vontade, pode ele ser classificado na categoria dos *médiuns naturais* ou *involuntários*, de efeitos físicos. Desde que deixou a casa do Sr. Goubert, nada se repetiu.

*Estudos.* 1. – Ditados espontâneos obtidos por três médiuns.

2. – Evocação do Dr. Vogel, viajante no interior da África, onde foi assassinado. A evocação não deu os resultados esperados. O Espírito declara-se sofredor e reclama preces, que o ajudem a sair da perturbação em que ainda se encontra. Diz que mais tarde poderá ser mais explícito.

Como assunto de estudo, propõe o Sr. Allan Kardec o exame aprofundado e minucioso de certas mensagens espontâneas e outras, que poderiam ser analisadas e comentadas, como se faz com as críticas literárias. Tal gênero de estudo teria a dupla vantagem de exercitar a apreciação do valor das comunicações espíritas e, em segundo lugar, e, em consequência da mesma apreciação, de desencorajar os Espíritos enganadores que, vendo suas palavras epilogadas, controladas pela razão e, finalmente, repelidas, desde que tenham um cunho suspeito, acabariam por compreender que perdem o tempo. Quanto aos Espíritos sérios, poderiam ser chamados para darem explicações e desenvolvimentos sobre os pontos de suas comunicações que necessitassem de elucidação.

A Sociedade aprova tal proposta.

(SEXTA-FEIRA, 20 DE ABRIL DE 1860 – SESSÃO PARTICULAR)

*Correspondência.* 1. – Carta do Sr. J., de Saint-Étienne, membro titular. A carta contém apreciações muito justas sobre o Espiritismo e prova que o autor o compreende sob seu verdadeiro ponto de vista.

2. – Carta do Sr. L., operário de Troyes, com reflexões quanto à influência moralizadora da Doutrina Espírita sobre as classes laboriosas. Convida os adeptos sérios a se ocuparem da propaganda em suas fileiras, no interesse da ordem, visando nelas reanimar os sentimentos religiosos, que se extinguem, dando lugar ao ceticismo, que é a chaga do nosso século e a negação de toda a responsabilidade moral.

Esses dois senhores já declararam, em outras cartas, jamais terem visto algo em matéria de Espiritismo prático, mas não estarem menos firmemente convencidos somente pelo alcance filosófico da Ciência. O Presidente chama a atenção a tal respeito, do que diariamente tem exemplos semelhantes, não de parte de gente que acredita cegamente, mas, ao contrário, da parte dos que refletem e se dão ao trabalho de compreender. Para estes a parte filosófica é o principal, porque explica o que nenhuma outra filosofia resolveu. O fato das manifestações é acessório.

3. – Carta do Sr. Dumas, de Sétif, Argélia, membro da Sociedade, transmitindo novos detalhes interessantes sobre fatos de cujos resultados foi testemunha. Cita principalmente um jovem médium, que apresenta um fenômeno singular, o de entrar espontaneamente, sem ser magnetizado, numa espécie de sonambulismo, toda vez que se quer fazer uma evocação por seu intermédio, e nesse estado escreve ou diz verbalmente as respostas às perguntas feitas.

*Comunicações diversas*. 1. – A Sra. R., do Jura, membro correspondente da Sociedade, transmite um fato curioso, que lhe é pessoal. Trata-se de um velho relógio, ao qual se ligam tradições de família, e que parece ser submetido a uma influência singular e inteligente, em determinadas circunstâncias.

2. – Leitura de uma comunicação dada numa outra reunião espírita e assinada por Joana d'Arc. Contém excelentes conselhos aos médiuns, sobre as causas que podem aniquilar ou perverter suas faculdades mediúnicas (publicada adiante).

3. – O Sr. Col. inicia a leitura de uma evocação de São Lucas, evangelista, por ele feita particularmente.

Percebendo que na evocação são tratadas diversas questões de dogmas religiosos, interrompe a leitura em virtude do regulamento que proíbe tratar de tais assuntos.

O Sr. Col. observa que, não tendo a comunicação nada de ortodoxo, não tinha pensado houvesse inconveniente em lê-la.

Objeta o presidente que as respostas sempre supõem perguntas. Ora, sejam as respostas ortodoxas ou não, não deixam de dar lugar à suposição de que a Sociedade se ocupa de coisas que lhe são interditas. Uma outra consideração vem corroborar esses motivos: é que entre os membros, os há pertencentes a diferentes cultos; o que para uns seria ortodoxo, poderia não o ser para outros, o que é uma razão para nos abstermos. Aliás, o regulamento prescreve o exame prévio de toda comunicação obtida fora da Sociedade. Tal medida deve ser rigorosamente observada.

*Estudos*. Evocação do Sr. B., amigo do Sr. Boyer, desaparecido de casa desde 25 de junho de 1848. Dá algumas informações sobre sua morte acidental, quando das perturbações da época. O Sr. Boyer lhe reconhece a identidade, em sua linguagem e por algumas particularidades íntimas.

(SEXTA-FEIRA, 27 DE ABRIL DE 1860 – SESSÃO GERAL)

*Comunicações diversas*. 1. – Carta do Dr. Morhéry, com novos estudos sobre as curas obtidas com o concurso da senhorita Godu, por meio daquilo que se pode chamar *a medicina intuitiva* (publicada a seguir).

2. – A propósito da medicina intuitiva, o Sr. C., um dos ouvintes presentes à sessão, convidado pelo presidente, dá informações do mais alto interesse sobre o poder curador de que desfrutam certas castas negras. Natural do Hindustão e de origem indiana, o Sr. C. foi testemunha ocular de numerosos fatos desse gênero, mas dos quais, na época, não se dava conta. Hoje, ele encontra a chave no Espiritismo e no magnetismo. Os negros curadores fazem largo uso de certas plantas, mas muitas vezes se contentam com apalpar e friccionar o doente, agindo conforme as indicações de vozes ocultas que lhes falam.

3. – Fato curioso de intuição circunstanciada de uma existência anterior. A pessoa em questão, que consigna o fato numa carta a um de seus amigos, o qual a leu, diz que desde sua infância ela tem uma lem-

brança precisa de haver perecido durante os massacres de São Bartolomeu e se recorda, mesmo, de detalhes de sua morte, lugares, etc. As circunstâncias não permitem ver nesse pensamento um produto de imaginação ferida, porque tal lembrança remonta a uma época na qual não se tratava nem de Espíritos nem de reencarnação.

4. – O Sr. Georges G., de Marselha, transmite o seguinte fato: um jovem morreu há oito meses, e sua família, na qual há três irmãs médiuns, o evoca quase que diariamente, servindo-se de uma cesta. Cada vez que o Espírito é chamado, um cãozinho do qual muito gostava pula sobre a mesa e vem cheirar a cesta, grunhindo. A primeira vez que tal aconteceu, a cesta escreveu espontaneamente: "Meu bravo cachorrinho, que me reconhece".

Diz o Sr. G.: "Posso assegurar-vos a realidade do fato. Não o vi, mas as pessoas que o contam, e que várias vezes o testemunharam, são muito bons Espíritas e muito sérias, para que eu duvide de sua sinceridade. Eu me pergunto, depois disso, se o perispírito, mesmo não tangível, tem um aroma qualquer, ou se certos animais são dotados de uma espécie de mediunidade".

Um estudo especial será feito posteriormente sobre o interessante assunto, no qual outros fatos não menos curiosos parecem lançar alguma luz.

5. – Constatação de um mau Espírito, trazido a uma reunião particular por um visitante, de onde se pode deduzir a influência exercida pela presença de certas pessoas, em determinadas circunstâncias.

6. – Leitura de uma evocação particular, feita pelo Sr. Allan Kardec, de uma das principais convulsionárias de Saint-Médard, morta em 1830, e em presença de sua própria filha, que constatou a identidade do Espírito evocado. Sob vários aspectos, a evocação apresenta um alto grau de ensino, e dá um interesse particular às circunstâncias em que foi feita (será publicada).

*Estudos*: 1. – Ditado espontâneo pela Sra. P.

2. – Evocação de Stevens, companheiro de Georges Brown.

# HISTÓRIA DO ESPÍRITO FAMILIAR DO SENHOR DE CORASSE

Devemos à gentileza de um dos nossos assinantes a notícia que segue, tirada das crônicas de Froissard, e que prova não serem os Espíritos uma descoberta moderna. Pedimos licença aos leitores para a relatar no estilo da época (século XIV). Ela perderia originalidade, se transposta para a linguagem moderna.

A batalha de Juberoth é célebre nas crônicas antigas. Ocorreu durante a guerra que João, rei de Castela, e Diniz, rei de Portugal, travaram para sustentar suas respectivas pretensões sobre este último reino. Os castelhanos e os bearneses foram feitos em pedaços. O fato que Froissard relata, por essa ocasião, é dos mais singulares. Lê-se no Capítulo XVI do Livro III de sua crônica que, no dia seguinte à batalha, o Conde de Foix foi informado de sua realização, o que a distância dos lugares tornava inconcebível, na época. É um escudeiro do Conde de Foix quem conta a Froissard o fato em questão:

"Todo o dia de domingo, e o dia de segunda-feira e o de terça-feira seguinte, o Conde de Foix, estando em seu castelo em Ortais, tinha a cara tão fechada e tão dura, que não se lhe arrancava uma palavra; e durante esses três dias também não quis sair de seu quarto, nem falar a cavaleiro, nem a escudeiro, por mais próximo que fosse, se não o chamasse; e ainda aconteceu que afastou aqueles, a quem não deu uma só palavra naqueles três dias. Quando chegou terça-feira à noite, ele chamou seu irmão Arnaldo-Guilherme, e lhe disse baixinho: "Nossa gente teve luta que me enfureceu, porque foram assaltados em viagem, como eu lhes disse ao partirem". Arnaldo-Guilherme, que é um homem muito prudente e um cavaleiro astuto, e que conhecia a maneira e a condição de seu irmão, calou-se, e o Conde, que desejava experimentar sua coragem, porque durante muito tempo tinha suportado seu aborrecimento, tomou ainda a palavra e falou mais alto do que o tinha feito da primeira vez, e disse: "Por Deus, Senhor Arnaldo, é assim como vos digo, e em breve teremos notícias, mas nunca o país de Béarn perdeu tanto, desde cem anos até este dia, como perdeu desta vez em Portugal". Vários cavaleiros e escudeiros que estavam presentes, e que viram e ouviram o Conde, não ousaram falar. E então, dez dias após, soube-se a verdade, por aqueles que por dever lá haviam estado, e que lhe contaram primeiramente, em seguida a todos quantos quisessem ouvir, todas as coisas, na forma e maneira por que tinham acontecido em Juberoth. Isso renovou o pezar do Conde e dos de seu país, os quais lá haviam perdido seus irmãos, seus pais, seus filhos e seus amigos.

Santa Maria! Disse eu ao escudeiro que me contava essa história, e como pôde o Conde de Foix saber, sem presumir, logo no dia seguinte? – Por minha fé – disse ele, – ele o sente bem, como o demonstrou. – Então é adivinho, disse eu; ou ele tem mensageiros que cavalgam o vento, ou deve ter alguma arte. O escudeiro pôs-se a rir e disse: "– É preciso que ele o saiba por alguma via de nigromancia. Nada sabemos, a bem dizer, nesta terra, como ele a usa, salvo por imaginação". – Então, disse eu ao escudeiro, a imaginação que vós pensais, tende a bondade de me dizer e declarar, e eu vos serei grato. E se é coisa para calar, calarei e jamais, haja o que houver no mundo, abrirei minha boca. – Peço-vos –, disse o escudeiro, pois não quereria que soubessem que eu o tivesse dito. Então me levou para um ângulo do castelo do Ortais e depois começou a fazer o seu relato e disse:

Há bem uns vinte anos reinava neste país um barão que se chamava em seu nome Raimundo, Senhor de Corasse. Corasse, como sabeis, é uma cidade a sete léguas desta cidade de Ortais. O Senhor de Corasse, ao tempo de que vos falo, tinha um pleito em Avignon, perante o Papa, sobre os dízimos da Igreja, em sua cidade, contra um padre da Catalunha. O tal padre era grandemente abastado e clamava ter grande direito sobre esses dízimos de Corasse, que bem valiam uma renda anual de cem florins, e o direito que ele tinha mostrava e provava. Porque, por sentença definitiva, o Papa Urbano V, em consistório geral, condenou o cavaleiro e julgou a favor do padre. Da última sentença do Papa levou carta e cavalgou tantos dias que chegou ao Béarn e mostrou suas bulas e suas cartas e entrou na posse desse dízimo. O Senhor de Corasse adiantou-se e disse ao padre: "Mestre Pedro, ou Mestre Martin –, que tal era o seu nome, – pensais que por vossas cartas eu deva perder minha herança? Eu não vos julgo tão esperto para a tomar, nem que leveis as coisas que são minhas, porque se o fizerdes arriscais a vida. Ide a outra parte, impetrar benefícios, porque de minha herança nada tereis. De uma vez por todas eu vo-lo proíbo." O padre desconfiou do Cavaleiro, que era cruel, e não ousou perseverar. Assim, resolveu voltar a Avignon, como o fez. Mas quando devia partir, veio à presença do Cavaleiro e Senhor de Corasse e lhe disse: "Por vossa força, e não direito, vós me tirais os direitos de minha igreja, com o que, em consciência, praticais grande erro. Não sou tão forte neste país como sois vós, mas sabei que o mais cedo que eu puder, eu vos enviarei um campeão que temereis mais que eu". O Senhor de Corasse, que não fez conta das ameaças, lhe disse: "Vai a Deus, vai, faze o que puderes; eu não temo, morto ou vivo; já por tuas palavras não perderei minha herança".

Assim se foi o padre e voltou, não sei para onde, para a Catalunha ou para Avignon e não esqueceu o que havia dito, ao partir, do Senhor de Corasse, porque, quando o Cavaleiro menos pensava, cerca de três meses depois, em seu castelo, quando dormia em seu leito, ao lado de sua mulher, vieram mensageiros invisíveis, que começaram a revolver tudo quanto encontraram no castelo e parecia que iam tudo arrasar e davam golpes tão grandes dentro do quarto do Senhor, que a dama, que lá estava, ficou apavorada. O Cavaleiro ouvia tudo bem, mas não soltou uma palavra, porque não queria mostrar a coragem de um homem assustado; assim, foi bastante esperto para enfrentar todas as aventuras. Essas tempestades e desordens em vários pontos do castelo duraram muito tempo, depois cessaram. Quando veio a manhã todas as pessoas se reuniram e vieram ao Senhor, à hora em que ele se levantou e lhe perguntaram: "Senhor, não ouvistes o que ouvimos de noite?" O Senhor de Corasse comoveu-se e disse que não. "Que coisas ouvistes?" Então disseram da tempestade abaixo do castelo que havia derrubado e quebrado toda a baixela da cozinha. Ele começou a rir-se e disse que eles haviam sonhado e que fora apenas o vento. – Em nome de Deus –, disse a Senhora, – eu o ouvi também.

Quando em seguida veio a outra noite, ainda voltaram àquelas tempestades, e fizeram maior barulho que antes e davam golpes tão grandes nas paredes e nas janelas do quarto do Cavaleiro que parecia que tudo ia romper-se. O Cavaleiro saiu do leito e não pôde nem quis obter o que desejava: "Quem é que assim bate a esta hora à porta de meu quarto?" Logo lhe responderam: "Sou eu." O Cavaleiro perguntou: "Quem te envia?" "Envia-me o padre da Catalunha, a quem fazes grande mal, porque lhe tiras os direitos de seus benefícios. Não te deixarei em paz enquanto lhe não prestares boa conta e ele não ficar contente".

O cavaleiro perguntou: "Como te chamas tu, que és tão bom mensageiro?" – Chamam-me Orthon. – Orthon –, disse o Cavaleiro, – o serviço de um padre nada te vale. Ele te dará e te fará muito sofrimento. Se queres crer-me, peço-te, deixa-me em paz e serve-me, e eu te serei muito agradecido. Orthon logo achou de responder, porque aproximou-se do Cavaleiro e lhe disse: "Quereis?" – Sim –, disse o Cavaleiro, – mas que não faças mal a ninguém. – A ninguém –, disse Orthon, – não tenho qualquer poder senão de te acordar, e não deixar dormir a ti ou aos outros. – Faze o que te digo –, disse o Cavaleiro, – e entraremos em acordo; e deixa esse padre malvado, que nada de bom tem em si, salvo que pena por ti; assim, serve-me. – Desde que o queres –, disse Orthon, – eu o quero.

Assim se ligou de tal modo esse Orthon ao Senhor de Corasse, que muitas vezes vinha vê-lo de noite; e quando ele estava dormindo puxava o travesseiro ou dava pancadas nas paredes e nas janelas do quarto e, acordando, dizia-lhe o Cavaleiro: "Orthon, deixa-me dormir. – Não farei –, dizia Orthon, – antes de te dar notícias. Então a senhora do Cavaleiro tinha tanto medo que os seus cabelos se eriçavam e ela mergulhava nas cobertas. – Então –, perguntava o Cavaleiro, – que novas me trazes? – Dizia Orthon: "Venho da Inglaterra, ou da Hungria ou de outro país. Saí ontem e aconteceram tais e tais coisas". Assim, por Orthon, o Senhor de Corasse sabia o que ia pelo mundo; e manteve esse mensageiro durante cinco anos; e não podia calar-se e descobrir ao Conde de Foix, pela maneira por que vos direi. No primeiro ano o Senhor de Corasse veio diversas vezes ao Conde de Foix, em Ortais, e lhe dizia: "Senhor, tal coisa aconteceu na Inglaterra, ou na Alemanha, ou em outro país"; e o Conde de Foix, que depois verificava tudo ser verdade, ficava maravilhado de como vinha, a saber, tais coisas. E tanto insistiu uma vez, que o Senhor de Corasse disse como e por quem lhe vinham tais notícias.

Quando o Conde de Foix soube a verdade, ficou muito contente e lhe disse: "Senhor de Corasse, procurai agradá-lo; eu bem gostaria de ter um tal mensageiro. Isso não vos custa nada e por esse meio sabeis realmente tudo o que acontece no mundo". O Cavaleiro respondeu: "Senhor, eu o farei". Assim era o Senhor de Corasse servido por Orthon durante muito tempo. Não sei se esse Orthon tinha mais de um senhor, mas todas as semanas, duas ou três vezes, vinha visitar o Senhor de

Corasse, e lhe dava notícias do que acontecia nos países onde tinha conversado, e o Senhor de Corasse as escrevia ao Conde de Foix, o qual tinha grande alegria.

Uma vez estava o Senhor de Corasse com o Conde de Foix e conversavam sobre isso, de modo que o Conde lhe perguntou: "Senhor de Corasse, nunca vistes o vosso mensageiro?" – Por minha fé, nunca; nem uma só vez. – É maravilhoso –, disse o Conde; – e se ele me fosse tão ligado como a vós, eu lhe teria pedido que se mostrasse a mim; e vos peço que tomeis esse trabalho e me digais qual a sua forma e a sua maneira. Dissestes que ele fala tão bem o gascão como eu e vós. – Por minha fé –, disse o Senhor de Corasse, – é verdade. Ele fala tão bem e tão bonito como vós e eu. E por minha fé procurarei vê-lo, já que mo aconselhas. Aconteceu que o Senhor de Corasse, como em outras noites, estava em seu leito, ao lado de sua senhora, a qual já se acostumara a ouvir Orthon e não mais tinha medo. Então veio Orthon, puxou os travesseiros do Senhor de Corasse, que dormia profundamente. O Senhor de Corasse acordou e perguntou: "Quem está ali?" – Sou eu –, respondeu Orthon. E lhe perguntou: "De onde vens?" "Venho de Praga, na Boêmia". Disse ele: "Como? Tudo bem?" – Sessenta dias –, disse Orthon. – E vieste tão cedo? – Sim, por Deus; vou rápido como o vento, ou mais. – Então tens asas? – Não –, disse ele. – Como, então, voas tão depressa? Respondeu Orthon: "Não tendes nada que saber". – Eu te veria com mais prazer para saber qual a tua forma e as tuas maneiras. – Respondeu Orthon: "Basta que, quando me ouvirdes, vos traga certas notícias". – Por Deus, disse o Senhor de Corasse, eu gostaria mais se te tivesse visto. – Respondeu Orthon: "Já que desejais ver-me, a primeira coisa que vereis e encontrareis amanhã de manhã, quando sairdes do leito, serei eu". – Basta –, disse o Senhor de Corasse – agora, vai; eu te dispenso por esta noite. Quando veio a manhã o Senhor de Corasse levantou-se. A Senhora tinha tanto medo que ficou doente e disse que não se levantaria, mas o Senhor quis que ela se levantasse. Senhor –, disse ela, – eu veria Orthon; e não o quero ver, se Deus mo permitir. Então, disse o Senhor de Corasse: "Eu quero vê-lo". Saiu garboso de seu leito, mas nada viu que pudesse dizer: "Eu vi Orthon aqui." O dia se passou e veio a noite. Quando o Senhor de Corasse estava deitado na cama, Orthon veio e começou a falar como de costume. – Vai –, disse o Senhor de Corasse a Orthon, – és um mentiroso;

devias ter-te mostrado muito bem a mim e não o fizeste. – Sim, fiz. – Não o fizeste. – E quando saístes do leito nada vistes? Perguntou Orthon. O Senhor de Corasse pensou um pouco e lembrou-se. – Sim –, disse ele, – saindo da cama e pensando em ti, vi dois fetos de palha no soalho, que giravam juntos. – Era eu –, disse Orthon, – na forma que tinha tomado. – Disse o Senhor de Corasse: "Isto não me basta; peço-te que tomes outra forma, de modo que te possa ver e reconhecer". – Orthon respondeu: "Fazeis tanto que me perdereis e que vos deixarei, porque exigis muito". – Disse o Senhor de Corasse: "Tu não te irás de mim; se eu te tivesse visto uma vez não pediria para te ver outra mais".

Ora –, disse Orthon, – ver-me-eis amanhã; e tomai cuidado com a primeira coisa que virdes ao sair do vosso quarto. No dia seguinte, à hora terça, o Senhor de Corasse levantou-se e vestiu-se e, assim que saiu do quarto e veio a um lugar que olha para o pátio do castelo, lançou os olhos e a primeira coisa que viu foi uma porca, a maior que já tinha visto; mas era tão magra que parecia só ter pele e ossos; tinha as orelhas grandes, caídas e manchadas; tinha o focinho grande, agudo e pontudo. O Senhor de Corasse ficou muito admirado da porca. Como não a via de boa vontade, chamou gente: "Já, soltem os cães; quero ver esta porca morta e devorada." Os criados logo saíram, abriram o lugar onde estavam os cães e os fizeram assaltar a porca, que soltou um grande grito e olhou fixamente para o Senhor de Corasse, que se apoiava no terraço em frente ao quarto e deixou de a ver porque ela se extinguiu; não se soube em que se tornou. O Senhor de Corasse entrou em seu quarto muito pensativo e pensou em Orthon. Creio que vi Orthon, meu mensageiro. Arrependo-me de haver lançado os cães sobre ele. Será um azar se não mais o vir, pois me disse várias vezes que assim que o reconhecesse eu o perderia. Ele disse a verdade. Desde então jamais voltou ao castelo de Corasse, e o Cavaleiro morreu no ano seguinte.

É verdade –, perguntei ao Escudeiro – que o Conde de Foix se tenha servido de tal mensageiro? Em boa verdade, é a opinião de muitos homens de Béarn, que sim. Porque nada se faz no estrangeiro quando ele quer e tem muito cuidado, desde que o saiba; e quando não, tem menos cuidado. Assim foi com bons Cavaleiros e Escudeiros deste país que estavam em Portugal. A graça e o renome que ele tem por isso lhe dão grande proveito, porque ele não perderia em casa o valor de uma colher de ouro ou de prata, nem coisa alguma que não soubesse."

## CORRESPONDÊNCIA

Carta do Sr. Dr. Morhéry sobre várias curas obtidas pela medicação da senhorita Désirée Godu.

Plessis-Boudet, perto de Loudéac, Côtes-du-Nord, 25 de abril de 1860.

"Senhor Allan Kardec,

Venho hoje desobrigar-me da promessa feita de vos assinalar os casos de cura que obtive com o concurso da Srta. Godu. Como bem compreendereis, não enumerarei todos, pois seria muito longo. Limito-me a fazer uma escolha, não à vista da gravidade, mas da variedade das moléstias. Não quis repetir casos nem mencionar curas de pouca importância.

Vede, Senhor, que a Srta. Godu não perdeu tempo, desde que está em Plessis-Boudet. Já visitamos mais de duzentos doentes e tivemos a satisfação de curar quase todos os que tiveram paciência de seguir as prescrições. Não falo dos nossos cancerosos, pois estão bem encaminhados: esperarei resultados positivos antes de me pronunciar. Temos ainda grande número de doentes em tratamento, e escolhemos de preferência os considerados incuráveis. Em pouco espero, pois, ter novos casos de cura a vos indicar. É, sobretudo, nas afecções reumáticas, nas paralisias, nas ciáticas, nas úlceras, nos desvios ósseos, nas chagas de toda espécie, que o sistema de tratamento parece dar melhores resultados.

Posso assegurar-vos, Senhor, que aprendi muitas coisas úteis, que ignorava antes de meu contato com essa senhorita. Cada dia ela me ensina algo de novo, tanto para o tratamento quanto para o diagnóstico. Quanto ao prognóstico, ignoro como pode ela fixá-lo. Contudo, ela não se engana. Com a ciência ordinária não se pode explicar essa penetração. Mas vós, Senhor, a compreendeis facilmente.

Termino declarando que certifico como verdadeiras e sinceras todas as observações que seguem, com minha assinatura.

Aceitai, etc."

Morhéry, doutor em Medicina

*1.ª Observação*, n.º 5 (23 de fevereiro de 1860). François Langle, trabalhador jornaleiro. Diagnóstico: febre terçã há seis meses. A febre tinha resistido ao sulfato de quinina, por mim administrado ao doente em várias ocasiões; foi curada em cinco dias de tratamento com simples infusão de plantas diversas, e o doente passa melhor do que nunca. Poderia citar dez curas semelhantes.

*2.ª Observação*, n.º 9 (24 de fevereiro de 1860). Sra. R., de Loudéac, 32 anos. Diagnóstico: inflamação e engurgitamento crônico das amígdalas; cefaléia violenta; dores na coluna vertebral; abatimento geral, apetite nulo. O mal começou por arrepios e surdez; dura há dois anos. – Prognóstico: caso grave e difícil de cura, pois o mal resiste aos tratamentos melhor dirigidos. Hoje a doente está curada. Ela não continua o tratamento senão para evitar uma recaída.

*3.ª Observação*, n.º 13 (25 de fevereiro de 1860). Pierre Gaubichais, da aldeia de Ventou-Lamotte, 23 anos. Diagnóstico: inflamação sub-aponevrótica no dorso e na palma da mão. – Prognóstico: caso grave, mas não incurável. A cura foi obtida em menos de quinze dias. Temos quatro ou cinco casos semelhantes.

*4.ª Observação*, n.º 18 (26 de fevereiro de 1860). François R., de Loudéac, 27 anos. Diagnóstico: tumor branco cicatrizado no joelho esquerdo; abcesso fistuloso na parte posterior da coxa, acima da articulação. O mal existe desde os 10 anos. – Prognóstico: caso muito grave e incurável. O mal resistiu aos melhores tratamentos, seguidos durante 6 anos. O doente foi pensado com unguentos preparados pela Srta. Godu e tomou infusões de plantas diversas. Hoje pode considerar-se curado.

*5.ª Observação*, n.º 23 (25 de fevereiro de 1860). Jeanne Gloux, operária de Tierné-Loudéac. Diagnóstico: panarício muito intenso há dias. A doente foi radicalmente curada em 15 dias, apenas com unguentos da Srta. Godu. Desde o segundo curativo as dores haviam desaparecido. Temos três casos semelhantes.

*6.ª Observação*, n.º 12 (25 de fevereiro de 1860). Vincent Gourdel, tecelão em Lamotte, 32 anos. Diagnóstico: oftalmia aguda, consequente a uma erisipela intensa. Injeção inflamatória da conjuntiva e larga belida se manifestando na córnea transparente do olho esquerdo; estado inflamatório geral. – Prognóstico: afecção grave e muito intensa. É de temer-se que o olho se perca em 10 dias. – Tratamento: aplicação de unguentos sobre o olho doente. Hoje, a oftalmia está curada; desapareceu a belida, mas o tratamento continua para combater a erisipela, que parece de natureza periódica e, talvez, dartrosa.

7.ª *Observação*, n.º 31 (27 de fevereiro de 1860). Marie-Louise Rivière, jornaleira em Lamotte, 24 anos. Diagnóstico: reumatismo antigo na mão direita, com debilidade completa e paralisia das falanges; impossibilidade de trabalhar. Causa desconhecida. – Prognóstico: cura muito difícil, senão impossível. Curada em 20 dias de tratamento.

8.ª *Observação*, n.º 34 (28 de fevereiro de 1860). Jean-Marie Le Berre, 19 anos, indigente em Lamotte. Diagnóstico: cefaléia violenta, insônia, frequentes hemorragias pelas fossas nasais, desvio para dentro do joelho direito e para fora da mesma perna. O doente está realmente estropiado. Prognóstico: incurável. – Tratamento: tópico extrativo e unguentos da Srta. Godu. Hoje o membro se endireitou e a cura é mais ou menos completa. Contudo, o tratamento continua, para mais precauções.

9.ª *Observação*, n.º 50 (28 de fevereiro de 1860). Marie Nogret, de Lamotte, 23 anos. Diagnóstico: inflamação da pleura e do diafragma, aumento e inflamação das amígdalas e da campainha, palpitações, tonturas, sufocação. – Prognóstico: posto a paciente seja forte, seu estado é muito grave; não pode dar dois passos. – Tratamento: infusões de plantas diversas. Melhorou desde o dia seguinte e cura radical em 8 dias.

10.ª *Observação*, n.º 109 (12 de março de 1860). Pierre Le Boudu, comuna de Saint-Hervé. Diagnóstico: surdez desde os 18 anos, em seguida a uma febre tifóide. – Prognóstico: incurável e rebelde a todo tratamento. – Tratamento: injeções e uso de infusões de plantas diversas, preparadas pela Srta. Godu. Hoje, o doente ouve o movimento de seu relógio; o barulho o incomoda e atordoa, dada a sensibilidade do ouvido.

11.ª *Observação*, n.º 132 (18 de março de 1860). Marie Le Maux, residente em Grâces, 10 anos. Diagnóstico: reumatismo, com endurecimento das articulações, particularmente nos joelhos; a criança só anda com muletas. – Prognóstico: caso muito grave, senão incurável. – Tratamento: tópico extrativo e pensos com unguentos da Srta. Godu. Cura em menos de 20 dias. Hoje anda sem muletas, nem bengala.

12.ª *Observação*, n.º 80 (19 de março de 1860). Hélène Lucas, indigente de Lamotte, 9 anos. Diagnóstico: saliência e inchação permanente da língua, que avança de 5 a 6 centímetros além dos lábios e parece estrangulada; a língua é rugosa, os dentes inferiores são estragados pela língua; para comer, a criança é obrigada a pôr a língua de lado com a mão e enfiar o alimento com a outra mão. Tal estado remonta à idade de dois anos e meio. – Prognóstico: caso muito grave, julgado incurável. Hoje, a língua está retraída e a doente quase que inteiramente curada.

Morhéry

Observa-se, sem esforço, que as notícias acima não são desses certificados banais, solicitados pela cupidez, nos quais a complacência disputa com a ignorância. São observações de um profissional que, pondo de lado o amor-próprio, concorda francamente com sua insuficiência em presença dos infinitos recursos da Natureza, que não lhe disse a última palavra nos bancos escolares. Reconhece que essa moça, sem instrução especial, lhe ensinou mais do que certos livros dos homens, porque lê no próprio livro da Natureza. Como homem sensato, prefere salvar um doente por meios aparentemente irregulares, do que deixá-lo morrer segundo as regras. E não se julga humilhado.

No próximo artigo nos propomos a fazer um estudo sério, do ponto de vista teórico, sobre essa faculdade intuitiva, mais frequente do que se julga, mas que é mais ou menos desenvolvida, e através da qual a Ciência poderá obter preciosas luzes, quando os homens não se julgarem mais sábios que o Senhor do Universo. Sabemos, por um homem muito esclarecido, natural do Indostão e de origem indiana, preciosas informações sobre as práticas da Medicina intuitiva pelos naturais, e que vêm juntar à teoria o testemunho de fatos autênticos, bem observados.

## PALESTRAS FAMILIARES DE ALÉM-TÚMULO

### JARDIN

(SOCIEDADE DE PARIS, 25 DE NOVEMBRO DE 1859)

Lê-se no *Journal de la Nièvre*: "Um acidente funesto ocorreu sábado último na estação da estrada de ferro. Um homem de sessenta e dois anos, um tal Jardin, ao sair do pátio da estação, foi colhido pelos varais de um tílburi, e poucas horas depois exalava o último suspiro".

A morte desse homem revelou uma das mais extraordinárias histórias, à qual não daríamos crédito, se testemunhas verídicas não no tivessem garantido a sua autenticidade. Ei-la, tal qual nos foi contada.

"Antes de ser empregado no entreposto de tabacos de Nevers, Jardin morava no Cher le bourg de Saint-Germain-des-Bois, onde era alfaiate. Sua mulher tinha morrido havia cinco anos, nessa aldeia, vítima de uma fluxão de peito, quando, há oito anos, ele deixou Saint-Germain para vir morar em Nevers. Empregado laborioso, Jardin era muito piedoso, de uma devoção exaltada e se entregava com fervor às práticas religiosas; tinha um genuflexório em seu quarto, no qual gostava de se ajoelhar. Sexta-feira à noite, encontrando-se só com a filha, anunciou-lhe, de repente, que um secreto pressentimento o advertia que seu fim estava próximo. – Escuta, disse-lhe ele – minhas últimas vontades: quando eu estiver morto, remeterás ao Sr. B. a chave do meu genuflexório para que ele leve o que ali encontrar e deposite em meu caixão."

Admirada com essa brusca recomendação, a senhorita Jardin, não sabendo bem se o pai falava sério, perguntou-lhe o que se acharia no genuflexório. A princípio recusou responder; mas como ela insistisse, ele lhe fez essa estranha revelação de que o que se achava ali eram os restos de sua mãe! Informou que antes de deixar Saint-Germain-des-Bois, à noite, tinha ido ao cemitério. Todos dormiam na aldeia; sentindo-se muito só, tinha ido à sepultura da esposa e com uma pá tinha cavado até encontrar os restos da que fora sua companheira. Não querendo separar-se desses preciosos despojos, tinha recolhido os ossos, guardando-os no seu genuflexório.

A essa estranha confidência, a filha, um pouco amedrontada, mas sempre duvidando de que o pai falasse sério, lhe prometeu conformar-se com suas últimas vontades, persuadida de que ele queria divertir-se à sua custa, e que no dia seguinte lhe daria a palavra desse fantástico enigma.

No dia seguinte, sábado, Jardin foi ao escritório, como de costume. Cerca de uma hora foi mandado à estação de mercadorias para despachar sacos de tabaco, destinados ao sortimento do entreposto. Apenas saía da estação, os varais de um tílburi, que não tinha visto no meio das viaturas que estacionavam no embarcadouro, o atingiram em pleno peito. Os pressentimentos não o haviam enganado. Derrubado pela violência do choque, foi levado para casa sem sentidos. Os socorros prestados fizeram-no recuperar os sentidos. Quiseram tirar-lhe as roupas, para examinar os ferimentos; ele se opôs vivamente; insistiram e recusou ainda. Mas como, a despeito da resistência, se dispunham a despi-lo, abateu-se de repente: estava morto.

O corpo foi posto numa cama. Mas qual não foi a surpresa dos presentes quando, depois de despido, viu-se sobre o coração um saco de couro, amarrado em volta de seu corpo! Um corte feito pelo médico, chamado para constatar a morte, separou o saco em duas partes, de onde escapou uma mão seca!

Lembrando-se do que o pai lhe havia dito na véspera, a senhorita Jardin preveniu os senhores B. e J., marceneiros. O genuflexório foi aberto; dele foi retirado um *schako* da guarda nacional. No fundo do *schako* (boné militar, de copa alta e redonda) estava uma cabeça de morto, ainda com os cabelos; depois, no fundo do genuflexório, perceberam, colocados sobre os raios, os ossos de um esqueleto: eram os restos da senhora Jardin.

Domingo último, levaram à sepultura os despojos de Jardin. Para satisfazer a vontade do sexagenário, tinham posto no caixão os restos de sua mulher e, sobre o seu peito, a mão seca que, se assim podemos dizer, durante oito anos havia sentido bater o seu coração."

1. – (*Evocação*) R – Aqui estou.

2 – Quem vos preveniu de que desejávamos falar-vos? R – Nada sei; fui atraído para aqui.

3. – Onde estáveis quando o chamamos? R – Junto a um homem de quem gosto, acompanhado de minha mulher.

4. – Como tivestes o pressentimento da morte? R – Tinha sido prevenido por aquela que tanto lamentava. Deus o havia concedido, por sua prece.

5. – Vossa mulher estava, então, sempre ao vosso lado? R – Ela não me deixava.

6. – Os seus restos mortais, que conserváveis, eram a causa de sua presença? R – Absolutamente; mas eu o acreditava.

7. – Assim, se não tivésseis conservado esses restos, nem por isto o Espírito de vossa mulher deixaria de estar ao vosso lado? R – Então o pensamento não é mais poderoso para atrair o Espírito, do que os restos sem importância para ele?

8. – Revistes imediatamente vossa esposa, no momento da morte? R – Foi ela quem veio receber-me e esclarecer-me.

9. – Tivestes imediatamente a consciência de vós mesmo? R – Ao cabo de pouco tempo. Eu tinha uma fé intuitiva na imortalidade da alma.

10. – Vossa mulher deve ter tido existências anteriores. Como foi que as esqueceu, para consagrar-se inteiramente a vós? R – Tinha que me guiar em minha vida material, sem por isso renunciar às antigas afeições. Quando dizemos que jamais deixamos um Espírito encarnado, deveis compreender que queremos dizer, por isso, que estaremos mais tempo junto a ele do que alhures. A velocidade do nosso deslocamento nos permite isso, tão facilmente quanto, a vós, uma conversa com vários interlocutores.

11. – Lembrai-vos de existências precedentes? R – Sim. Na última, fui um pobre camponês sem instrução; mas anteriormente havia sido religioso, sincero e devotado ao estudo.

12. – A extraordinária afeição à vossa esposa não teria, como causa, antigas relações de outras existências? R – Não.

13. – Sois feliz como Espírito? R – Não se pode mais, deveis compreender.

14. – Podeis definir vossa felicidade atual e nos dizer a sua causa? R – Eu não deveria ter necessidade de vo-lo dizer: eu amava e sentia falta de um Espírito querido; amava a Deus; era honesto; reencontrei o que me faltava. Eis os elementos de felicidade para um Espírito.

15. – Quais as vossas ocupações como Espírito? R – Disse-vos que ao ser chamado estava junto a um homem de quem gostava. Procurava inspirar-lhe o desejo do bem, como sempre fazem os Espíritos que Deus julga dignos. Temos ainda outras ocupações, que ainda não podemos revelar.

16. – Agradecemos a bondade de terdes vindo. R – Também vos agradeço.

## UMA CONVULSIONÁRIA

Tendo as circunstâncias permitido contato com a filha de uma das principais convulsionárias de Saint-Médard, foi possível recolher sobre essa espécie de seita algumas informações particulares. Assim, nada há de exagerado no que se relata sobre as torturas a que voluntariamente se submetiam os fanáticos. Sabe-se que uma das provas, denominadas *grandes socorros*, consistia em sofrer a crucificação e todos os sofrimentos da Paixão do Cristo. A pessoa de que falamos, e que faleceu em 1830, ainda tinha nas mãos os furos feitos pelos pregos que haviam servido para suspendê-la à cruz, e ao lado os traços dos lançaços que havia recebido. Ela escondia cuidadosamente esses estigmas do fanatismo, e sempre tinha evitado explicá-los aos filhos. É conhecida na história das convulsionárias sob um pseudônimo que calaremos, por motivos adiante indicados. A conversa que segue ocorreu em presença de sua filha, que a desejou. Dela suprimiremos particularidades íntimas, que não interessariam aos estranhos e que foram, sobretudo para aquela, uma incontestável prova de identidade.

1 – (*Evocação*) R – Há muito que desejo conversar convosco.

2. – Qual o motivo que vos levava a desejar conversar comigo? R – Sei apreciar vossos trabalhos, a despeito do que possais pensar de minhas crenças.

3. – Vedes aqui a senhora sua filha? Foi, sobretudo, ela quem quis conversar convosco, e ficaremos encantados de o aproveitar para nossa instrução. R – Sim; uma mãe sempre vê seus filhos.

4. – Sois feliz como Espírito? R – Sim e não, porque poderia ter feito melhor. Mas Deus leva em conta a minha ignorância.

5. – Lembrai-vos perfeitamente da última existência? R – Eu teria muito a vos dizer, mas orai por mim, a fim de que isso me seja permitido.

6. – As torturas a que vos submetestes vos elevaram e tornaram mais feliz como Espírito? R – Não me fizeram mal, não me avançaram como inteligência.

7. – Peço-vos a fineza de ser precisa. Pergunto se aquilo vos foi levado à conta de mérito? R – Direi que tendes um item em *O Livro dos Espíritos* que dá a resposta geral. Quanto a mim, eu era uma pobre fanática.

**Nota:** Alusão à pergunta 726 de *O Livro dos Espíritos*, sobre os sofrimentos voluntários.

8. – Esse item diz que o mérito dos sofrimentos voluntários está na razão da utilidade resultante para o próximo. Ora, os das convulsionárias não tinha, segundo creio, senão um fim puramente pessoal? R – Era geralmente pessoal; e se jamais falei disso a meus filhos, foi porque compreendia, vagamente, que não era aquele o verdadeiro caminho.

**Observação:** Aqui o Espírito da mãe responde por antecipação ao pensamento da filha, que desejava perguntar por que, em vida, tinha evitado falar disso aos filhos.

9. – Qual a causa do estado de crise das convulsionárias? R – Disposição natural e superexcitação fanática. Jamais teria querido que meus filhos fossem arrastados por essa rampa fatal, que hoje ainda melhor reconheceria como tal.

Respondendo espontaneamente a uma reflexão de sua filha que, entretanto, não havia formulado a pergunta, acrescenta: – Eu não tinha educação, mas intuição de muitas existências anteriores.

10. – Dentre os fenômenos produzidos entre as convulsionárias, alguns têm analogia com certos efeitos sonambúlicos, como, por exemplo, a penetração no pensamento, a visão a distância, a intuição das línguas. O magnetismo representava nisso um certo papel? R – Muito; e vários sacerdotes magnetizavam, sem consentimento das pessoas.

11. – De onde provinham as cicatrizes que tínheis nas mãos e outras partes do corpo? R – Pobres troféus de nossas vitórias, que a ninguém serviram e que por vezes excitaram paixões. Deveis compreender-me.

**Observação:** Parece que nas práticas convulsionárias passavam-se coisas de grande imoralidade, que haviam revoltado o coração honesto dessa senhora e, mais tarde, quando acalmada a febre fanática, a fizeram tomar aversão por tudo quanto recordava o passado. É sem dúvida uma das razões que a levavam a não falar do assunto a seus filhos.

12. – Realmente eram operadas curas sobre o túmulo do diácono Paris? R – Oh! Que pergunta! Bem sabeis que não, ou pouca coisa, sobretudo para vós.

13. – Depois de morta, vistes Paris? R – Não me ocupei dele, porque o culpo por meu erro, desde que sou Espírito.

14. – Como o consideráveis quando viva? R – Como um enviado de Deus, e é por isso que lhe censuro o mal que fez em nome de Deus.

15. – Mas não é ele inocente, pelas tolices praticadas em seu nome após a sua morte? R – Não, porque ele próprio não acreditava no que ensinava. Não o compreendi quando viva, como o compreendo agora.

16. – É certo que o Espírito dele tenha ficado estranho, como ele o disse, as manifestações ocorridas em sua sepultura? R – Ele vos enganou.

17. – Assim, ele excitava o zelo fanático? R – Sim; e ainda o faz.

18. – Quais as vossas ocupações como Espírito? R – Procuro instruir-me, e é por isso que disse que desejava vir entre vós.

19. – Em que lugar estais, aqui? R – Perto do médium, com a mão sobre o seu braço ou sobre o seu ombro.

20. – Se fosse possível ver-vos, sob que forma seríeis vista? R – Minha filha veria sua mãe, como quando viva. Quanto a vós, me veríeis em Espírito; a palavra não vo-la posso dizer.

21. – Tende a bondade de vos explicar. Que pretendeis dizendo que eu vos veria em Espírito? R – Uma forma humana transparente, conforme a depuração do Espírito.

22. – Dissestes haver tido outras existências. Recordais-vos delas? R – Sim, eu vo-lo disse, e por minhas respostas, deveis ver que tive muitas.

23. – Poderíeis dizer qual a que precedeu a última, que conhecemos? R – Não esta noite e não por este médium. Pelo senhor, se quiserdes.

**Nota**: Ela designa um dos assistentes, que começava a escrever como médium e explica sua simpatia por ele, porque, diz ela, o conheceu em sua precedente existência.

24. – Ficaríeis contrariada se eu publicasse esta conversa na *Revista*? R – Não. É necessário que o mal seja divulgado; mas não me chameis... (seu nome de guerra). Detesto esse nome. Designai-me, se quiserdes, como a grande mestra.

**Observação**: É para condescender com o seu desejo que não citamos o nome sob o qual era conhecida, e que lhe traz penosas recordações.

25. – Nós vos agradecemos por terdes vindo e pelas explicações que nos destes. R – Sou eu que vos agradeço, por terdes proporcionado a minha filha a ocasião de encontrar sua mãe, e a mim, a de poder fazer um pouco de bem.

## VARIEDADES

### A BIBLIOTECA DE NOVA YORK

Lê-se no *Courrier des États-Unis*:

"Um jornal de Nova York publica um fato bastante curioso, do qual certo número de pessoas já tinham conhecimento, e sobre o qual, desde alguns dias, eram feitos comentários muito interessantes. Os espiritualistas veem nele um exemplo a mais das manifestações do outro mundo. As pessoas sensatas não vão buscar a explicação tão longe, e reconhecem claros sintomas característicos de uma alucinação. É, também, a opinião do próprio Dr. Cogswell, o herói da aventura.

O Dr. Cogswell é o bibliotecário chefe da *Astor Library*. O devotamento com que trabalha o acabamento de um catálogo completo da biblioteca, muitas vezes o leva a consagrar a esse trabalho as horas que deviam ser consagradas ao sono. É assim que tem ocasião, à noite, de visitar sozinho as salas onde tantos volumes se acham nas estantes.

Há cerca de quinze dias ele passava assim, com o castiçal na mão, pelas onze horas da noite, diante de um dos recantos cheios de livros, quando, para sua grande surpresa, percebeu um homem bem posto, que parecia examinar com cuidado os títulos dos volumes. Imaginando a princípio tratar-se de um ladrão, recuou e examinou atentamente o desconhecido. Sua surpresa tornou-se ainda mais viva quando reconheceu no visitante noturno o doutor..., o qual tinha vivido perto de Lafayette-Place, mas que morrera e fora sepultado havia seis meses.

O Dr. Cogswell não acredita muito em aparições e as teme ainda menos. Não obstante, julgou dever tratar o fantasma com consideração e, levantando a voz, lhe disse: Doutor, como é que vós, quando vivo, talvez nunca tenhais vindo a esta biblioteca, e a visitais depois de morto? Perturbado na sua contemplação, o fantasma olhou para o bibliotecário com suavidade e desapareceu sem responder.

– Singular alucinação, disse o Dr. Cogswell de si para si. Talvez eu tivesse comido algo de indigesto ao jantar.

Voltou ao seu trabalho, depois foi deitar-se e dormiu tranquilamente. No dia seguinte, à mesma hora, teve vontade de visitar ainda a biblioteca. No mesmo lugar da véspera encontrou o mesmo fantasma, dirigiu-lhe as mesmas palavras, e obteve o mesmo resultado.

– Isto é curioso, pensou ele. É preciso que eu volte amanhã.

Mas antes de voltar, o Dr. Cogswell examinou as estantes que pareciam interessar vivamente ao fantasma e, por singular coincidência, reconheceu que estavam cheias de obras antigas e modernas de necromancia. Assim, no dia seguinte, pela terceira vez, encontrou o doutor morto e, variando a pergunta, lhe disse: "É a terceira vez que vos encontro, doutor. Dizei-me se algum desses livros perturba o vosso repouso, para que eu o mande retirar da coleção." O fantasma não respondeu desta vez, como das outras, mas desapareceu definitivamente e o perseverante bibliotecário pode voltar à mesma hora e ao mesmo lugar, noites seguidas, sem o encontrar.

Contudo, aconselhado por amigos, aos quais havia contado a história, bem como por médicos a quem consultou, decidiu repousar um pouco e fazer uma viagem de algumas semanas até Charlestown, antes de retomar à tarefa longa e paciente que se havia imposto, e cuja fadiga, sem dúvida, havia causado a alucinação que acabamos de descrever."

**Observação**: Sobre o artigo, faremos uma primeira observação: é a displicência com que os negadores dos Espíritos se atribuem o monopólio do bom-senso. "Os espiritualistas, diz o autor, aí veem um exemplo a mais das manifestações do outro mundo. *As pessoas sensatas* não vão buscar a explicação tão longe e reconhecem *claramente* os sintomas de uma alucinação? Assim, conforme esse autor, só são sensatas as pessoas que pensam como ele; as demais não têm senso comum, mesmo que fossem doutores, e o Espiritismo os conta aos milhares. Estranha modéstia, na verdade, a que tem como máxima: Ninguém tem razão, salvo nós e nossos amigos!

Ainda estamos para ter uma definição clara e precisa, uma explicação fisiológica da alucinação. Mas, em falta de explicação, há um sentido ligado ao vocábulo: no pensamento dos que o empregam, significa *ilusão*. Ora, *ilusão* diz *ausência de realidade*. Segundo eles, é uma imagem puramente fantástica, produzida pela imaginação, sob o império de uma superexcitação cerebral. Não negamos que, em certos casos, assim possa ser; a questão é saber se todos os fatos do mesmo gênero estão em condições idênticas. Examinando o que foi relatado acima, parece que o Dr. Cogswell estava perfeitamente calmo, como ele mesmo o declara, e que nenhuma causa fisiológica ou moral teria vindo perturbar-lhe o cérebro. Por outro lado, mesmo admitindo nele uma ilusão momentânea, restava explicar como essa ilusão se produziu vários dias seguidos, à mesma hora e com as mesmas circunstâncias. Isto não é o caráter da alucinação propriamente dita. Se uma causa material desconhecida impressionou seu cérebro no primeiro dia, é evidente que a causa cessou ao cabo de alguns instantes, quando a aparição desapareceu. Como, então, ela se reproduziu identicamente três dias seguidos, com 24 horas de intervalo? É lamentável que o autor tenha negligenciado de o fazer, porque, sem dúvida, deve ele ter excelentes razões, desde que faz parte do grupo de gente sensata.

Contudo, concordamos que, no fato mencionado, não há qualquer prova positiva da realidade e que, a rigor, poder-se-ia admitir que a mesma aberração dos sentidos tenha podido repetir-se. Mas, ocorre o mesmo quando as aparições são acompanhadas de circunstâncias, de certo modo, materiais? Por exemplo, quando pessoas, não em sonho, mas perfeitamente despertas, veem parentes ou amigos ausentes, nos quais absolutamente não pensavam, aparecer-lhes no momento da morte, que vêm anunciar, pode-se dizer que seja um efeito da imaginação? Se o fato da morte não fosse real, incontestavelmente haveria ilusão; mas quando o acontecimento vem confirmar a previsão, e o caso é muito frequente, como não admitir outra coisa, senão simples fantasmagoria? Se ainda o fato fosse único, ou mesmo raro, poder-se-ia crer num jogo do acaso; como temos dito, os exemplos são inumeráveis e perfeitamente confirmados. Que os *alucinacionistas* nos tragam uma explicação categórica e, então, veremos se suas razões são mais probantes que as nossas. Queríamos, sobretudo, que nos provassem a impossibilidade material que a alma – sobretudo eles, que se julgam sensatos por excelência, e admitem que temos uma alma sobrevivente ao corpo, - que nos provassem, dizíamos, que essa alma, que deve estar em qualquer parte, não possa estar em torno de nós, ver-nos, ouvir-nos e assim, comunicar-se conosco.

## A NOIVA TRAÍDA

O fato seguinte foi contado pela *Gazetta dei Teatri*, de Milão, de 14 de março de 1860.

Um rapaz amava perdidamente uma jovem, que o retribuía, e com a qual ia casar-se, quando, cedendo a um culposo arrastamento, abandonou a noiva por uma mulher indigna de verdadeiro amor. A infeliz abandonada roga, chora, mas tudo inútil. Seu volúvel namorado fica surdo aos seus lamentos. Então, desesperada, entra em casa dele, onde, em sua presença, morre em consequência do veneno que havia tomado. À vista do cadáver daquela cuja morte acabara de causar, terrível reação nele se opera e quer pôr termo à vida. Contudo, sobrevive. Mas a consciência sempre lhe reprochava o crime. Desde o momento fatal, diariamente, à hora do jantar, ele via abrir-se a porta e a noiva aparecer-lhe na forma de um esqueleto ameaçador. Por mais que procurasse distrair-se, mudar de hábitos, viajar, frequentar meios alegres, parar o relógio, nada conseguia. Onde quer que estivesse, à hora certa o espectro sempre se apresentava. Em pouco tempo emagreceu e sua saúde alterou-se, a ponto de os médicos desesperarem de o salvar.

Um médico de seus amigos, estudando-o a sério, depois de inutilmente haver experimentado vários remédios, teve a ideia seguinte: Com a esperança de lhe demonstrar que era vítima de uma ilusão, procurou um verdadeiro esqueleto, que depositou no quarto anexo; depois, tendo convidado o amigo para jantar, ao soarem às quatro horas – hora da visão – fez vir o esqueleto por meio de polias adrede dispostas. O médico julgava-se vitorioso, mas seu amigo, preso de súbito terror, exclamou: Oh! já não basta um! São dois agora. E caiu morto, como que fulminado.

**Observação**: Lendo o relato, que transcrevemos dando crédito ao jornal italiano, de onde o tiramos, os *alucinacionistas* terão matéria, pois que poderão dizer, com razão, que havia uma causa evidente de superexcitação cerebral, que pôde produzir uma ilusão no espírito chocado. Com efeito, nada prova a realidade da aparição, que se poderia atribuir a um cérebro enfraquecido por um violento abalo. Para nós, que conhecemos tantos fatos análogos, acima de dúvidas, dizemos que ela é possível e, em todo caso, o conhecimento aprofundado do Espiritismo teria dado ao médico um meio mais eficaz de curar seu amigo. O meio teria sido evocar a jovem em outras horas e conversar com ela, quer diretamente, quer através de um médium. Perguntar-lhe o que deveria fazer para lhe ser agradável e obter o seu perdão; pedir ao anjo da guarda que intercedesse junto a ela para convencê-la; e como, em definitivo, ela o amava, certamente esqueceria os seus erros, se nele tivesse reconhecido um arrependimento e um pezar sinceros, em vez do simples terror, que nele talvez fosse o sentimento dominante. Ela teria cessado de mostrar-se sob uma forma horrível, para tomar a forma graciosa que tinha em vida, ou teria deixado de aparecer. Talvez lhe tivesse dito boas palavras, que lhe teriam restabelecido a calma de espírito. A certeza de que jamais estariam separados, de que ela velava ao seu lado e de que um dia estariam unidos, lhe teria dado coragem e resignação. É um resultado que por vezes temos constatado. Os Espíritos que aparecem espontaneamente sempre têm um motivo. No caso, o melhor é perguntar o que desejam. Se forem sofredores, é preciso orar por eles e fazer o que lhes pode ser agradável. Se a aparição tiver um caráter permanente e de obsessão, quase sempre cessa quando o Espírito fica satisfeito. Se o Espírito que se manifesta com obstinação, quer à vista, quer por meios perturbadores, que não poderiam ser tomados por uma ilusão, é mau; e se se trata de malevolência, geralmente é mais tenaz, o que não impede de se ter mais razão com a perseverança, e, sobretudo pela prece sincera feita em sua intenção. Mas é preciso estar realmente persuadido de que para tanto não há palavras sacramentais, nem fórmulas cabalísticas, nem exorcismos que tenham a menor influência. Quanto piores, mais se riem do pavor que inspiram e da importância ligada à sua presença. Divertem-se, ao serem chamados diabos ou demônios e, por isso, tomam gravemente os nomes de Asmodeu, Astaroth, Lúcifer e outras qualificações infernais, redobrando de malícia, ao passo que se retiram, quando veem que perdem tempo com pessoas que não se deixam enganar, e que se limitam a pedir para eles a misericórdia divina.

## SUPERSTIÇÃO

Lemos no *Siècle*, de 6 de abril de 1860:

"Um senhor Felix N..., jardineiro das proximidades de Orléans, passava por ter a habilidade de isentar os conscritos do sorteio, isto é, de os fazer alcançar um bom número. Prometeu a um tal de Frédéric Vincent P..., jovem vinhateiro de St-Jean-de-Braye fazê-lo tirar o número que quisesse, mediante 60 francos, dos quais 30 adiantadamente e 30 após o sorteio. O segredo consistia em rezar três *Pater* e três *Ave* durante nove dias. Além disso, o feiticeiro afirmava que, graças ao que fazia de sua parte, a coisa favorecia ao conscrito e o impediria de dormir durante a última noite, mas ficaria isento. Infelizmente o encanto não funcionou: o conscrito dormiu como de costume e tirou o número 31, que o fez soldado. Repetidos os fatos duas vezes, o segredo não foi mantido e o feiticeiro Felix foi levado à justiça."

Os adversários do Espiritismo o acusam de despertar ideias supersticiosas. Mas, que é o que há de comum entre a doutrina que ensina a existência do mundo invisível, comunicando-se com o visível, e fatos da natureza do que relatamos, que são os verdadeiros tipos de superstição? Onde jamais se viu o Espiritismo ensinar semelhantes absurdos? Se os que o atacam a tal respeito se tivessem dado ao trabalho de estudá-lo, antes de o julgar tão levianamente, saberiam que não só condena todas as práticas divinatórias, como lhes demonstra a nulidade. Portanto, como temos dito muitas vezes, o estudo sério do Espiritismo tende a destruir as crenças realmente supersticiosas. Na maioria das crenças populares há, quase sempre, um fundo de verdade, mas desnaturado, amplificado. São os acessórios, as falsas aplicações que, a bem dizer, constituem a superstição. Assim é que os contos de fadas e de gênios repousam sobre a existência de Espíritos bons ou maus, protetores ou malévolos; que todas as histórias de aparições têm sua fonte no fenômeno muito real das manifestações espíritas, visíveis e, mesmo, tangíveis. Tal fenômeno, hoje perfeitamente verificado e *explicado*, entra na categoria dos fenômenos naturais, que são uma consequência das leis eternas da criação. Mas o homem raramente se contenta com a verdade que lhe parece muito simples; ele a reveste com todas as quimeras criadas pela imaginação e é então que cai no absurdo. Vêm depois os que têm interesse em explorar essas mesmas crenças, ás quais juntam um prestígio fantástico, próprio a servir aos seus objetivos. Daí essa turba de adivinhos, de feiticeiros, de ledores da sorte, contra os quais a lei se ergue com justiça. O Espiritismo verdadeiro, racional, não é, pois, mais responsável pelo abuso que dele possam fazer, do que o é a Medicina pelas fórmulas ridículas e práticas empregadas por charlatães ou ignorantes. Ainda uma vez, antes de julgá-lo, dai-vos ao trabalho de o estudar.

Concebe-se o fundo de verdade de certas crenças. Mas talvez se pergunte sobre que pode repousar a que deu lugar ao fato acima, crença muito espalhada no nosso interior, como se sabe. Parece-nos que tem sua origem no sentimento intuitivo dos seres invisíveis, aos quais se é levado a atribuir um poder que, por vezes, não têm. A existência de Espíritos enganadores, que pululam à nossa volta, por força da inferioridade do nosso globo, como insetos daninhos num pântano, e que se divertem à custa dos crédulos, predizendo-lhes um futuro quimérico, sempre próprio a adular seus gostos e desejos, é um fato do qual temos provas diárias pelos médiuns atuais. O que se passa aos nossos olhos aconteceu em todas as épocas, pelos meios de comunicação em uso conforme o tempo e o lugar. Eis a realidade. Com o auxílio do charlatanismo e da cupidez, a realidade passou para o estado de crença supersticiosa.

## PNEUMATOGRAFIA OU ESCRITA DIRETA

O Sr. X..., um dos nossos mais ilustres literatos, a 11 de fevereiro último estava em casa da Srta. Huet, com seis outras pessoas, há tempos iniciadas ns manifestações espíritas. O Sr. X... e a senhorita assentaram-se face a face, numa mesinha escolhida pelo Sr. X... Este tirou um papel do bolso, absolutamente limpo, dobrado em quatro e por ele marcado com um sinal quase imperceptível, mas bastante para ser identificado. Colocou-o sobre a mesa e o cobriu com seu lenço branco. A senhorita Huet pôs as mãos sobre a ponta do lenço; o Sr. X... fez o mesmo de seu lado, pedindo aos Espíritos uma manifestação direta, para o fim de identificação. O Sr. X... o pediu de preferência a Channing, que para isso foi evocado. Ao cabo de dez minutos ele próprio levantou o lenço e retirou o papel, que tinha escrito de um lado o esboço de uma frase, traçada com dificuldade, quase ilegível, mas na qual se podiam descobrir os rudimentos destas palavras: *Deus vos ama*; na outra face estava escrito: *Deus*, no ângulo exterior e *Cristo*, no fim do papel. Esta última palavra estava escrita de maneira a deixar um vinco na folha dupla.

Uma segunda prova foi feita nas mesmas condições e, ao cabo de um quarto de hora o papel continha, na face inferior, e em caracteres fortemente traçados em preto, estas palavras inglesas: *God loves you* e, abaixo, *Channing*. No fim do papel estava escrito em francês: *Fé em Deus*; enfim, no reverso da mesma página havia uma cruz com um sinal semelhante a um caniço, ambos traçados com uma substância vermelha.

Terminada a prova, o Sr. X... exprimiu à Srta. Huet o desejo de, por seu intermédio, como médium escrevente, obter algumas explicações mais desenvolvidas de Channing. Entre ele e o Espírito estabeleceu-se este diálogo:

– Channing, estais presente? R – Eis-me aqui. Estais contente comigo?

– A quem se dirige o que escrevestes, a todos ou a mim particularmente? R – Escrevi essa frase, cujo sentido se dirige a todos os homens; mas a experiência, escrevendo em inglês, é para vós, em particular. Quanto à cruz, é o sinal da fé.

— Por que a fizestes em vermelho? R — Para vos pedir fé. Eu nada podia escrever; era muito longo. Eu vos dei um sinal simbólico.

— O vermelho é, pois, o sinal da fé? R — Certamente; é a representação do batismo de sangue.

**Observação**: A Srta. Huet não sabe inglês e o Espírito quis dar, assim, uma prova a mais de que seu pensamento era estranho à manifestação. Ele o fez espontaneamente e à vontade; mas é mais provável que se tal tivesse sido pedido como prova ele não tivesse atendido. Sabe-se que os Espíritos não gostam de servir de instrumento visando experiências. As provas mais patentes, por vezes, surgem quando menos se espera; e quando os Espíritos agem livremente, às vezes dão mais do que se lhes teria pedido, seja porque desejam mostrar sua independência, ou porque, para a produção de certos fenômenos, seria necessário o concurso de circunstâncias que, nem sempre, nossa vontade é bastante para as fazer nascer. Nunca seria por demais repetido que os Espíritos têm livre-arbítrio e querem provar-nos que não estão submetidos aos nossos caprichos. Por isso, raramente acedem ao desejo da curiosidade.

Os fenômenos sejam qual for a sua natureza, jamais estão, de uma maneira certa, à nossa disposição, e ninguém poderia garantir a sua obtenção à vontade e num dado momento. Quem os quiser observar, deve resignar-se à espera e, muitas vezes é, de parte dos Espíritos, uma prova para a perseverança do observador e do fim a que se propõe. *Os Espíritos pouco se preocupam em divertir os curiosos*, e não se ligam de boa vontade senão a gente séria, que prova vontade de instruir-se, para tanto fazendo o que é preciso, sem mercadejar seu esforço e seu tempo.

A produção simultânea de sinais em caracteres de cores diferentes é um fato extremamente curioso, mas não é mais sobrenatural do que todos os outros. Podemos nos dar conta lendo a teoria da escrita direta na *Revista Espírita* de agosto de 1859, páginas 197 e 205. Com a explicação desaparece o maravilhoso, dando lugar a um simples fenômeno, que tem sua razão de ser nas leis gerais da Natureza, e no que poderia chamar-se a fisiologia dos Espíritos.

## ESPIRITISMO E ESPIRITUALISMO

Num discurso feito ultimamente no Senado, por S. Em. o Cardeal Donnet, nota-se a seguinte frase: "Mas hoje, como outrora, é certo dizer com um eloquente publicista que, no gênero humano, o *Espiritualismo* é representado pelo cristianismo".

Seria certamente estranho erro se pensássemos que o ilustre prelado, em tal circunstância, tenha entendido o *Espiritualismo* no sentido da manifestação dos Espíritos. O vocábulo é ali empregado na sua verdadeira acepção, e o orador não podia exprimir-se de outra maneira, a menos que se servisse de uma perífrase, porque não existe outro termo para exprimir o mesmo pensamento. Se não tivéssemos indicado a fonte de nossa citação, certamente poderiam pensar tivesse saído textualmente da boca de um espiritualista americano, a propósito da Doutrina dos Espíritos, igualmente representada pelo *cristianismo*, que é a sua mais sublime expressão. Conforme isto, seria possível que um futuro erudito, interpretando à vontade as palavras de Monsenhor Donnet, tentasse demonstrar aos nossos sobrinhos-netos que, no ano de 1860, um cardeal tinha professado publicamente, perante o Senado da França, a manifestação dos Espíritos?

Não vemos no fato uma nova prova da necessidade de ter um vocábulo para cada coisa, a fim de nos entendermos? Que intermináveis discussões filosóficas não tivemos por causa do sentido múltiplo das palavras! O inconveniente é mais grave ainda nas traduções, de que os textos bíblicos nos oferecem mais de um exemplo. Se, na língua hebraica, o mesmo vocábulo não tivesse significado *dia* e *período*, não nos teríamos enganado sobre o sentido do Gênesis, a propósito da duração da formação da Terra, e o anátema não teria sido lançado, por falta de entendimento, contra a Ciência, quando esta demonstrou que a formação não se poderia ter realizado em seis vezes 24 horas.

## DITADOS ESPONTÂNEOS

### AS DIFERENTES ORDENS DE ESPÍRITOS

(COMUNICAÇÃO PARTICULAR OBTIDA PELA SRA. DESL..., MEMBRO DA SOCIEDADE, DE SEU FINADO MARIDO)

Ouve-me, cara amiga, se queres que te diga boas e grandes coisas. Não vês a direção dada a certos acontecimentos, e a vantagem que daí se pode tirar para o progresso da obra santa? Escuta os Espíritos elevados, sobretudo, guardando de não os confundir com os que procuram impor-se, com uma linguagem mais pretensiosa do que profunda. Não mistures os teus pensamentos com os deles. Seria admissível que os habitantes da Terra pudessem encarar as coisas do mesmo ponto de vista que os Espíritos desprendidos da matéria e obedientes às leis do Senhor? Não confundas, de conjunto, todos os Espíritos: eles são de ordens bem diferentes. O estudo do Espiritismo vo-lo ensina; mas, deste lado, quanto tendes ainda de aprender! Há sobre a Terra uma multidão de indivíduos cuja inteligência não se assemelha: alguns de entre eles parecem aproximar-se mais dos animais que do homem, ao passo que há outros de tal modo superiores, que se é tentado a dizer que se aproximam de Deus. Espécie de blasfêmia pelo que se deve traduzir de pensamento que têm em si uma centelha dessas claridades celestes, lançadas em seu coração pelo divino Mestre. Então! Seja qual for a diversidade das inteligências na raça humana, convence-te de que tal diversidade é infinitamente maior ainda entre os Espíritos. Neste ponto então há-os inferiores, que não têm semelhantes entre os homens, ao passo que os há bastante purificados para se aproximarem de Deus e o contemplar em toda a sua glória. Submetidos às suas menores ordens, só aspiram a obedecer e agradar. Chamados a circular em meio dos mundos, ou a fixar-se segundo o que convém à execução dos grandes desígnios do Senhor, a uns diz: Ide, revelai meu poder a esses seres grosseiros cuja inteligência já é tempo de se revelar. A outros: Percorrei esses mundos, a fim de que, guiados por vossos ensinos, os seres superiores que os habitam juntem novas grandezas a todas as que já lhes foram reveladas. Que todos sejam instruídos, pois um dia virá em que as claridades do alto não serão mais obscurecidas: brilharão eternamente.

Teu Amigo

Os dois ditados seguintes foram obtidos num pequeno círculo íntimo do bairro de Luxemburgo, e nos são enviados por nosso colega Sr. Solichon, que os assistiu. Lamentamos que nossas ocupações ainda não tenham permitido ir a essas reuniões, para as quais tiveram a gentileza de nos convidar. Sentir-nos-emos felizes quando pudermos assisti-las, pois sabemos que um sentimento de verdadeira caridade cristã e de recíproca benevolência as preside.

I

REMORSO E ARREPENDIMENTO

Sinto-me feliz ao ver-vos todos reunidos pela mesma fé e pelo amor de Deus, Todo-Poderoso, nosso divino Senhor. Possa Ele sempre guiar-vos no bom caminho e cumular-vos com seus benefícios, o que fará se vos tornardes dignos.

Amai-vos sempre uns aos outros, como irmãos; prestai-vos mútuo auxílio, e que o amor do próximo não vos seja uma palavra vazia de sentido.

Lembrai-vos de que a caridade é a mais bela das virtudes, e que, de todas, é a mais agradável a Deus; não só dessa caridade que dá um óbulo ao infeliz, mas dessa que se compadece das misérias de nossos irmãos; que vos faz partilhar de suas dores morais, aliviar o fardo que os oprime, a fim de lhes tornar a dor menos viva e a vida mais fácil.

Lembrai-vos de que o arrependimento sincero obtém o perdão de todas as faltas, tão grande é a bondade de Deus; o remorso nada tem em comum com o arrependimento. O remorso, meus irmãos, já é o prelúdio do castigo; o arrependimento, a caridade, a fé, vos conduzirão às felicidades reservadas aos bons Espíritos.

Ides ouvir a palavra de um Espírito superior, bem-amado e Deus. Recolhei-vos e abri o vosso coração às lições que ele vos dará.

Um Anjo da Guarda

II

OS MÉDIUNS

Estou satisfeito por ver-vos pontuais no encontro que vos marquei. A bondade de Deus estender-se-á sobre vós, e sempre nossos anjos da guarda vos ajudarão com seus conselhos e vos preservarão contra a influência dos maus Espíritos, se souberdes escutar sua voz e fechar o coração ao orgulho, à vaidade e à inveja.

Deus encarregou-me da missão de cumprir junto aos crentes que Ele favorece com o mediunato. Quanto mais graças receberem do Altíssimo, mais perigos correm. E esses perigos são tanto maiores, quanto nascem dos mesmos favores que Deus lhes concede.

As faculdades de que desfrutam os médiuns lhes atraem elogios dos homens: felicitações, adulação, eis o escolho. Esses mesmos médiuns, que deveriam ter sempre na memória a sua incapacidade primitiva, a esquecem; fazem mais: o que só devem a Deus atribuem ao seu próprio mérito. Que acontece então? Os bons Espíritos os abandonam;

não mais tendo bússola para os orientar, tornam-se joguetes dos Espíritos enganadores. Quanto mais capazes, mais são levados a considerar sua faculdade um mérito, até que, enfim, para os punir, Deus lhes retira o dom que apenas lhes pode ser fatal.

Nunca seria demais lembrar que vos recomendeis ao vosso anjo da guarda, para que vos ajude a vos manter em guarda contra vosso mais cruel inimigo, que é o orgulho. Lembrai-vos de que, sem o apoio do vosso divino Mestre, vós, que tendes a felicidade de servir de intermediários entre os Espíritos e os homens, sereis punidos, tanto mais severamente quanto mais favorecidos, se não tiverdes aproveitado a luz.

Apraz-me crer que esta comunicação, da qual dareis conhecimento à Sociedade, vos dará frutos, e que todos os médiuns que lá se acham reunidos manter-se-ão em guarda contra o escolho onde viriam quebrar-se. Esse escolho, já disse a todos, é o orgulho.

Joana D'Arc

**Aviso**: Temos a satisfação de anunciar aos nossos leitores a reimpressão da *Histoire de Jeanne d'Arc*, ditada por ela própria. Essa obra aparecerá em pouco, na livraria do Sr. Ledoyen. Voltaremos a falar dela.

Allan Kardec

# ANO III
# JUNHO DE 1860

## AVISO

*A partir de 15 de julho próximo, o escritório da REVISTA ESPÍRITA e o domicílio particular do Sr. Allan Kardec serão transferidos para a Rua Saint-Anne, n. 59, travessa de Sainte-Anne.*

## BOLETIM

DA SOCIEDADE PARISIENSE DE ESTUDOS ESPÍRITAS

(SEXTA-FEIRA, 4 DE MAIO DE 1860 – SESSÃO PARTICULAR)

Leitura da ata e dos trabalhos da sessão de 17 de abril.

Por sugestão e proposta da Comissão, e após a leitura da ata, a Sociedade recebe no número dos sócios livres: 1 – o Sr. Achille R..., empregado em Paris; 2 – o Sr. Serge de W..., de Moscou.

*Comunicações diversas.* 1. – Carta da Sra. P..., médium, de Rouen, dizendo que vários Espíritos sofredores, evocados na Sociedade, foram procurá-la espontaneamente, para lhe agradecer as preces por eles. Desde que ela recuperou sua faculdade mediúnica, tem tido trabalho com Espíritos sofredores. Foi-lhe dito que sua missão era principalmente a de ajudá-los a serem aliviados.

2. – Leitura de um ditado espontâneo sobre a vaidade, recebido pela Sra. Lesc..., médium, membro da Sociedade, da parte de seu Espírito familiar. Publicado adiante.

3. – Carta do Sr. Bénardacky, datada de Bruxelas, com uma comunicação recebida sobre a formação da Terra por incrustação de vários corpos planetários, e o estado de catalepsia em que se encontram seus primeiros habitantes e os demais seres vivos. Tal comunicação ocorreu a propósito de um fenômeno de catalepsia voluntária verificado, ao que se diz, com habitantes da Índia e da África central. O fenô-

meno consiste em que certos indivíduos se faziam enterrar vivos, mediante certa soma, e ao cabo de vários meses eram retirados do sepulcro, voltando à vida.

O Sr. Arnald d'A..., membro da Sociedade, velho amigo e conselheiro do finado rei da Abissínia, e que residiu muito tempo naquele país, cita dois fatos de seu conhecimento, um dos quais ocorreu na Inglaterra e o outro na Índia, e que parecem confirmar a possibilidade da catalepsia voluntária de curta duração. Mas declara jamais os ter conhecido da natureza citada pelo Sr. Bénardacky. Familiarizado com a língua e os costumes daqueles países, que observou como cientista, o Sr. d'A... estaria admirado de que fatos tão extraordinários não tivessem chegado ao seu conhecimento, de onde supor que tenha havido exagero.

*Estudos.* 1. – Pergunta se é possível uma nova evocação do Sr. Jules-Louis C..., morto no hospital de Val-de-Grâce em condições excepcionais, e já evocado a 24 de fevereiro (ver o número de abril, pág. 103). A pergunta é motivada pela presença de uma pessoa de sua família, que nela tem muito interesse e, além disso, pelo desejo de julgar dos progressos que ele tenha feito. R – São Luís responde que o Espírito prefere ser chamado numa sessão íntima.

2. – Perguntas sobre a teoria da formação da Terra por incrustação e o estado cataléptico dos seres vivos em sua origem, a propósito da comunicação do Sr. Bénardacky. Numerosas observações são feitas a propósito por vários membros.

3. – Estudo sobre o fenômeno, relatado na última sessão, de um cão que reconhece seu dono evocado. O Espírito de Charlet intervém espontaneamente no assunto e desenvolve uma teoria da qual ressalta a possibilidade do fato. Publicada adiante.

(SEXTA-FEIRA, 11 DE MAIO DE 1860 – SESSÃO GERAL)

Leitura da ata e dos trabalhos da sessão de 4 de maio.

*Comunicações diversas.* 1. – Carta do Sr. Rabache, escrita de Liverpool, na qual relata uma comunicação espontânea, que lhe foi dada por Adam Smith, sem que a tivesse provocado; depois a palestra que se segue, na qual as respostas eram dadas em inglês, enquanto as perguntas eram feitas em francês. Na palestra, Adam Smith critica o ponto de vista que serviu de base ao seu sistema econômico. Diz ele que se escrevesse hoje o seu livro *Sentimentos Morais*, daria a estes, por princípio: a consciência inata, tendo por móvel especial o amor.

2. – Segunda carta do Sr. Bénardacky, completando as comunicações obtidas sobre a catalepsia.

**Nota**: Numa sessão particular, interrogado quanto ao valor de tais comunicações, São Luís lhes confirma várias partes, mas acrescenta, por intermédio do Sr. T... médium:

"Podeis estudar essas coisas, mas vos aconselho a não as publicar ainda. São necessários muitos outros documentos, que serão dados mais tarde, e que as circunstâncias trarão. Publicando-as agora, sujeitai-vos a cometer graves erros, que tereis de reconsiderar, o que é desagradável e prejudicaria muito ao Espiritismo. Sede, pois, muito prudentes no que respeita a teorias científicas, pois é aí, sobretudo que deveis temer os Espíritos impostores e pseudo-sábios. Lembrais-vos do que vos tem sido dito tantas vezes: os Espíritos não têm a missão de vos trazer a ciência acabada, que deve ser fruto do trabalho e do gênio do homem, nem de levantar todos os véus antes do tempo. Tratai, sobretudo, de vossa melhora. É o essencial. Deus levará mais em conta o vosso bom coração e a vossa humildade, do que um saber no qual a curiosidade, muitas vezes, ocupa a maior parte. É praticando as suas leis, praticando-as, entendei bem, que merecereis ser favorecidos pelas comunicações dos Espíritos verdadeiramente superiores, que jamais enganam".

Não é possível ignorar a profundeza e alta sabedoria desses conselhos. Essa linguagem, ao mesmo tempo simples e sublime, marcada por extrema benevolência, contrasta singularmente com o tom altivo e cortante ou a basófia dos Espíritos que querem impor-se.

3. – Leitura de uma notícia enviada pelo Sr. T..., com a descrição de um mundo muito superior, ao qual seu Espírito foi transportado durante o sono. Parece que tal mundo tem muita analogia com o estado indicado para Júpiter, mas em grau ainda mais elevado.

*Estudos.* 1. – Dois ditados espontâneos, um recebido pela Sra. Parisse e assinado *Luís*, e outro pelo Sr. Didier Filho, assinado Gerard de Nerval.

2. – Perguntas relativas à visão do Sr. T..., dirigidas a São Luís. Vagas e incoerentes, as respostas indicam a evidente interferência de um Espírito enganador.

3. – Evocação de Adam Smith, a propósito da carta do Sr. Rabache. Perguntas sobre suas opiniões atuais, comparadas às emitidas em suas obras. Ele confirma quanto disse ao Sr. Rabache, referente ao erro do princípio que lhe serviu de base nas apreciações morais.

(SEXTA-FEIRA, 18 DE MAIO DE 1860 – SESSÃO PARTICULAR)

Leitura da ata e dos trabalhos da última sessão.

A conselho e por proposta da Comissão e, após a ata, a Sociedade recebeu como sócios livres: 1. – o Sr. B..., negociante em Paris; 2. – o Sr. C..., negociante em Paris.

*Comunicações diversas.* 1. – Leitura da comunicação seguinte, recebida em sessão particular, a propósito dos trabalhos da última sessão, através da Sra. S..., médium.

– Por que São Luís não se comunicou sexta-feira última pelo Sr. Didier, e deixou falar um Espírito enganador? – São Luís estava presente, mas não quis falar. Aliás, não reconhecestes que não era ele? É o essencial. Não fostes enganados, desde que reconhecestes a impostura.

– Com que objetivo não quis falar? – Podeis perguntar a ele mesmo. Está aqui.

– São Luís poderia dar-nos o motivo de sua abstenção? – Ficaste contrariado com o que aconteceu, mas deves saber que nada ocorre sem motivo. Por vezes, há coisas cujo objetivo não compreendeis; que à primeira vista parecem más, porque sois muito impacientes, mas cuja sabedoria mais tarde reconheceis. Fica, pois, tranquilo, e não te inquietes por nada; nós sabemos distinguir os que são sinceros e velamos por eles.

– Se foi uma lição que nos quisestes dar, eu a compreenderia, quando estamos entre nós; mas em presença de estranhos, que lhe reconheceram a má impressão, parece que o mal leva o bem de vencida.

– Tu te enganas, vendo as coisas assim. O mal não é o que pensas e eu te asseguro que houve pessoas aos olhos das quais essa espécie de revés foi uma prova da boa-fé de vossa parte. Aliás, por vezes, do mal resulta o bem. Quando vês um pomicultor cortar belos ramos de uma árvore, deploras a perda da verdura, e isto te parece um mal. Mas esses ramos parasitas, uma vez cortados, os frutos são mais belos e saborosos. Eis o bem; e então achas que o pomicultor foi sábio e mais previdente do que supunhas. Do mesmo modo, se se corta um membro de um doente, a perda do membro é um mal; mas, após a amputação, se fica bom, eis o bem, porque talvez lhe tenham salvo a vida.

Reflete bem nisto e compreenderás.

– É muito justo. Mas como é que, apelando aos bons Espíritos e lhes pedindo o afastamento dos impostores, o apelo não é atendido? – É atendido, não o duvides. Mas tens a certeza de que o apelo venha do fundo do coração de todos os assistentes, ou que não haja alguém, que por um pensamento pouco caridoso e malévolo, se não pelo desejo, atraia para o meio de vós os maus Espíritos? Eis por que vos dizemos incessantemente: Sede unidos; bons e benevolentes uns para com os outros. Disse Jesus: Quando estiverdes reunidos em meu nome, estarei entre vós. Por isto, credes que baste pronunciar o seu nome? Não o penseis e convencei-vos de que Jesus não vai senão onde é chamado por corações puros; aos que praticam os seus preceitos, porque esses estão verdadeiramente reunidos em seu nome. Não vai aos orgulhosos, nem aos ambiciosos, nem aos hipócritas, nem aos que falam mal do próximo. É destes que diz: Não entrarão no reino dos céus.

– Compreendo que os bons Espíritos se retirem dos que não lhes ouvem os conselhos. Mas se, entre os assistentes, há mal intencionados, é isto uma razão para punir os outros? – Admiro-me de tua insistência. Parece que me expliquei muito claramente para quem queira compreender. É preciso repetir que não deves preocupar-te com essas coisas, que são puerilidades junto ao grande edifício da doutrina, que se ergue? Crês que tua casa vá cair porque se desprende uma telha? Duvidas de nosso poder, de nossa benevolência? Não! Então, deixa-nos agir e fica certo de que todo pensamento, bom ou mau, tem seu eco no seio do Eterno.

– Nada dissestes a propósito da invocação geral que fazemos no começo de cada sessão. Podeis dizer o que pensais? – Deveis sempre apelar aos bons Espíritos; a forma sabeis, é insignificante. O pensamento é tudo. Tu te admiras do que se passou. Mas examinaste bem o rosto dos que te escutam, quando fazes essa invocação? Mais de uma vez não viste o sorriso de sarcasmo em certos lábios? Que Espíritos pensas que tragam essas pessoas? Espíritos que, como elas, se riem das coisas mais sagradas. É por isso que vos digo que não recebais o primeiro que vier; evitai os curiosos e os que não vêm para se instruírem. Cada coisa virá a seu tempo e ninguém pode prejulgar os desígnios de Deus. Em verdade vos digo que os que hoje riem destas coisas, não rirão muito tempo.

São Luis

2. – Nota dirigida pelo Sr. Jobard, de Bruxelas, sobre a evocação por ele feita do Sr. Ch. de Br..., há pouco falecido.

3. – Leitura de uma comunicação recebida pela Sra. Lesc..., médium, membro da Sociedade, com interessantes explicações sobre a história do Espírito e do cãozinho. Publicada adiante.

4. – Outro ditado espontâneo pelo mesmo médium, sobre a tristeza e a mágoa.

5. – Carta do Sr. B..., professor de ciências, sobre a teoria, que lhe foi dada, das horas fixas, nas quais cada Espírito pode manifestar-se. Sem exceção, tal teoria é por todos considerada como resultado de uma obsessão de Espíritos sistemáticos e ignorantes. A experiência e o raciocínio demonstram à saciedade não merecer um exame sério.

6. – Relato de um fato curioso, relacionado com um retrato pintado sob a influência de uma mediunidade natural intuitiva. O Sr. T..., pintor, tinha perdido o pai numa idade em que não podia conservar qualquer lembrança de seus traços. Como os outros membros da família, lamentava muito não ter nenhum retrato dele. Um dia, no atelier, teve uma espécie de visão, ou antes, uma imagem se lhe desenhou no cérebro; reproduziu-a na tela. A execução tomou várias sessões e, de cada vez, a mesma imagem lhe reaparecia. Veio-lhe a ideia de que fosse seu pai, mas não falou a ninguém. E quando o retrato foi acabado, o mostrou aos parentes, que o reconheceram sem hesitação.

*Estudos*. 1. – Quatro ditados espontâneos, recebidos simultaneamente: o primeiro, pela Srta. Huet, do Espírito que começou a escrever suas memórias; o segundo, pela Sra. S..., sobre a *Fantasia*, de Alfred de Musset; o terceiro, pela Srta. Stéphanie S..., de um Espírito familiar, morto há alguns anos e que, em vida, se chamava Gustave Lenormand. É um Espírito ainda pouco adiantado, de caráter alegre e espirituoso, mas muito bom, muito serviçal e que, em várias famílias, onde aparece muito, é considerado como um amigo da casa. Um dia havia dito que viria caçar os maus Espíritos. O quarto, da Srta. Parisse, assinado *Luís*.

2. – Evocação do Sr. B..., professor de ciências, do qual se falou acima, vivo, e que tinha sido designado por outro Espírito como podendo fornecer informações sobre *François Bayle*, médico do século dezessete, cuja biografia querem fazer. O resultado da evocação tende a provar que *Bayle*, morto e o Sr. B..., vivo, são um e o mesmo. Com

efeito, este último fornece as informações desejadas e dá várias explicações do mais alto interesse. Serão publicadas.

(SEXTA-FEIRA, 25 DE MAIO DE 1860 – SESSÃO GERAL)

Leitura da ata e dos trabalhos da última sessão.

*Comunicações diversas.* 1. – Carta do Dr. Morhéry, com uma apreciação, do ponto de vista científico, sobre a medicação empregada, sob sua direção, pela Srta. Désirée Godu. Publicada a seguir.

2. – Leitura de um ditado espontâneo, recebido pela Sra. Lesc..., médium, sobre a *miséria humana*.

3. – Leitura de uma série de comunicações muito notáveis, feitas em sessões particulares, por diversos membros da família russa W... Serão publicadas.

4. – Leitura da evocação feita em sessão particular da Sra. Duret, médium, falecida em Sétif, Argélia, a 1º de maio. Encerra importantes apreciações sobre os médiuns.

*Estudos.* 1. – Evocação da Sra. Duret; série de suas comunicações.

2. – Evocação de Charles Saint-G..., idiota de 13 anos. Faz curiosas revelações sobre o estado desse Espírito, antes e durante sua encarnação. Publicada adiante.

3. – Estudo sobre o Sr. V..., oficial de marinha, vivo, que conservou a lembrança precisa de sua existência e morte na época do São Bartolomeu. Será publicada.

## O ESPIRITISMO NA INGLATERRA

Desde o princípio encontrou o Espiritismo, na Inglaterra, uma oposição de que, com razão, nos admiramos. Não que não tenha encontrado partidários isolados, como em toda parte, mas ali os seus progressos foram infinitamente menos rápidos do que na França. Será que, como pretendem alguns, mais frios e positivos, menos entusiastas que nós, os ingleses se deixem arrastar menos pela imaginação? Que sejam menos atraídos pelo maravilhoso? Se assim fosse, seria de admirar, que com mais forte razão, tenha ele seu principal foco nos Estados Unidos, onde o positivismo dos interesses materiais reina como soberano absoluto. Não teria sido mais racional que houvesse surgido na Alemanha, mas, ao mesmo tempo, não parece que a Rússia toma a dianteira, como a terra clássica das lendas? A oposição que o Espiritismo encontrou na Inglaterra nada tem com o caráter nacional, mas deve-se à influência das ideias religiosas de certas seitas preponderantes, rigorosamente aferradas mais à letra que ao espírito de seus dogmas. Elas se abalaram com uma doutrina que, à primeira vista, lhes pareceu contrária às suas crenças. Mas assim não poderia ser por muito tempo, num povo reflexivo, esclarecido, no qual o livre exame não sofre qualquer entrave, onde o direito de reunião para discutir é absoluto. Ante a evidência dos fatos, tinham que se render. Ora, foi precisamente porque os ingleses os julgaram friamente e sem entusiasmo que os apreciaram e compreenderam todo o seu alcance. Quando, a seguir de uma observação séria surgiu, para eles, esta verdade capital, de que as ideias espíritas têm sua fonte nas ideias cristãs, que longe de se contradizerem, se corroboram, se confirmam, se explicam umas pelas outras, toda satisfação foi dada ao escrúpulo religioso. Assegurada a consciência, nada mais se opôs ao progresso das ideias novas, que se propagam naquele país com rapidez admirável. Ora, lá, como alhures, ainda é na parte esclarecida da população que se encontram os mais zelosos e os mais numerosos partidários. É um argumento peremptório, ao qual nada se têm oposto. Os médiuns se multiplicam; abrem-se numerosos centros, aos quais se associam membros do alto clero, cujas convicções proclamam abertamente. Dirão os adversários que a febre do maravilhoso triunfou sobre a fleugma inglesa? Seja como for, um fato é notório: as suas fileiras se esclarecem diariamente, a despeito de seus sarcasmos.

O desenvolvimento das ideias espíritas na Inglaterra não poderia deixar de dar origem a publicações especializadas. Elas têm agora um órgão mensal muito interessante, que desde 1º de maio se publica em Londres, sob o título de *The Spiritual Magazine*, de onde extraímos o relato seguinte:

## UM ESPÍRITO FALADOR

Estando em Worcester há algumas semanas, em casa de um banqueiro da cidade, encontrei uma senhora, travando conhecimento com sua filha. De sua própria boca ouvi uma história tão surpreendente, que necessitei de várias testemunhas para lhe dar crédito. Quando interroguei o banqueiro sobre aquela senhora, disse-me que a conhecia há mais de trinta anos. "Ela é tão verídica, acrescentou, sua correção é tão conhecida por todos, que não tenho a menor dúvida quanto à realidade do que contou. É uma senhora de reputação sem mancha, de costumes irrepreensíveis, de espírito forte e inteligente, e de instrução variada." Acha, portanto, impossível que procurasse enganar aos outros ou que ela própria se enganasse. Tinha-lhe ouvido várias vezes contar aquela história, e sempre de maneira clara e precisa, de modo que se achava muito embaraçado. Repugnava-lhe admitir semelhantes fatos, mas, por outro lado, não ousava duvidar da sua boa fé.

Minhas próprias observações tendiam para confirmar tudo quanto me havia dito aquela dama. Havia no seu ar, nas suas maneiras, mesmo na voz, um não sei quê incapaz de enganar e que leva em si a convicção da verdade. Assim, era-me impossível julgá-la insincera, tanto mais quanto parecia falar dessas coisas com evidente repugnância. O banqueiro me havia dito ser muito difícil levá-la a falar do assunto, porque, em geral, achava os ouvintes mais dispostos a rir do que a acreditar. Adicione-se que nem ela nem o banqueiro conheciam o Espiritismo ou dele tinham ouvido falar.

Eis o relato da senhora:

"Por volta de 1820, tendo deixado nossa casa de Suffolk, fomos morar na cidade de..., porto de mar na França. Nossa família era composta de meu pai, minha mãe, uma irmã, um irmão de uns doze anos, eu e um criado inglês. Nossa casa era muito retirada, um pouco fora da cidade, bem no meio da praia. Não havia outras casas ou construções na vizinhança.

Uma noite, meu pai viu, a poucas jardas da porta, um homem envolto num grande manto, sentado num fragmento de rochedo. Meu pai aproximou-se para lhe dar boa noite, mas não tendo resposta, voltou. Antes de entrar, contudo, teve a ideia de se voltar e, para seu grande espanto, não viu mais ninguém. Ficou ainda mais surpreendido quando, ao aproximar-se novamente e bem examinar em redor do rochedo, não encontrou o menor traço do indivíduo, assentado um instante antes, e nenhum abrigo onde pudesse ter-se escondido. Quando meu pai entrou no salão, disse: "Meus filhos, acabo de ver uma aparição". Como é fácil compreender, rimos às gargalhadas.

Contudo, naquela noite e em várias noites seguintes, ouvimos ruídos estranhos em diversos pontos da casa: ora eram gemidos, vindo debaixo das janelas, ora parecia que arranhavam as próprias janelas e, em outros momentos, dir-se-ia que várias pessoas trepavam no telhado. Diversas vezes abrimos as janelas, perguntando em voz alta: "Quem está aí?" Mas não obtivemos resposta.

Ao fim de alguns dias, os ruídos se fizeram ouvir no quarto onde dormíamos eu e minha irmã. Esta tinha 20 anos e eu 18. Acordamos toda a casa, mas ninguém queria escutar-nos. Censuraram-nos e chamaram-nos de loucas. Ordinariamente os ruídos consistiam em pancadas; às vezes, havia 20 ou 30 por minuto; outras vezes, uma por minuto.

Por fim, tanto os ruídos internos quanto os externos foram ouvidos por nossos pais, que se viram forçados a admitir não se tratar de imaginação. Então, recordaram-se da aparição. Mas, por fim, embora muito apavoradas, acabamos por nos habituar a todo esse barulho.

Uma noite, quando batiam, como de hábito, veio-me à ideia de perguntar: "Se és um Espírito, bate seis pancadas". Imediatamente ouvi os seis golpes um por um. Com o tempo, os ruídos se tornaram tão familiares, que não só não tínhamos medo como deixaram de ser desagradáveis.

Agora vou contar a parte mais curiosa da história, e hesitaria em vo-lo fazer, se todos os membros de nossa família não a tivessem testemunhado. Meu irmão, então menino, mas agora um homem muito distinto na sua profissão, poderá, se necessário, vo-la confirmar em detalhes.

Além das batidas em nosso dormitório, começamos a ouvir, principalmente no salão, como que uma voz humana. A primeira vez que a ouvimos, minha irmã estava ao piano; cantávamos uma romanza e eis que o Espírito se pôs a cantar conosco. Podem imaginar a nossa admiração. Não havia como duvidar da realidade, porque, pouco depois, a voz começou a falar-nos de maneira clara e inteligível, metendo-se, de vez em quando, em nossa conversa. A voz era baixa, os tons lentos, solenes e muito distintos; o Espírito sempre nos falava em francês. Disse chamar-se Gaspard; mas quando queríamos interrogá-lo sobre sua história pessoal, não respondia; também jamais quis explicar por que motivo tinha sido levado a pôr-se em contato conosco. Geralmente pensávamos que fosse espanhol. Contudo, não me lembro de onde nos veio tal ideia. Chamava cada membro da família pelo nome de batismo; às vezes, recitava versos e constantemente procurava inculcar-nos sentimentos de moral cristã, sem, contudo, jamais tocar em questão de dogmas. Parecia desejoso de nos fazer compreender o que há de grandeza na virtude, o que há de belo na harmonia reinante entre os membros de uma família. Uma vez em que minha irmã e eu tivemos uma ligeira discussão, ouvimos a voz dizer: "M... está errada; S... tem razão". Desde que se tornou conhecido, ocupou-se constantemente em nos dar bons conselhos. Uma vez, meu pai estava muito inquieto a propósito de certos documentos, que julgava ter perdido e queria encontrar. Gaspard lhe disse onde estavam, em nossa velha casa de Suffolk. Procuraram e os encontraram no exato lugar indicado.

As coisas continuaram a passar-se assim por mais de três anos; todas as pessoas da família, inclusive os empregados, tinham ouvido sua voz. A presença do Espírito, pois não duvidávamos, era sempre uma grande felicidade para todos nós; era considerado, ao mesmo tempo, como companheiro e protetor. Um dia nos disse: "Durante alguns meses não estarei convosco". Com efeito, suas visitas cessaram durante vários meses. Uma noite, ouvimos aquela voz, tão nossa conhecida dizer: "Eis-me ainda entre vós". Seria difícil descrever a nossa alegria.

Até aqui tínhamos sempre ouvido, mas nunca visto. Uma noite meu irmão disse: "Gaspard, eu gostaria muito de ver-te". E a voz respondeu: "Eu vos contentarei. Ver-me-eis, se quiserdes ir até o outro lado da praça". Meu irmão nos deixou, mas logo voltou, dizendo: "Eu vi Gaspard; tinha um grande manto e um chapéu de abas largas; olhei por baixo do chapéu e ele sorriu". – "Sim, disse a voz, entrando na conversa, era eu".

A maneira por que nos deixou, de repente, foi-nos muito sensível. Voltamos a Suffolk e ali, como na França, durante várias semanas após a nossa chegada, Gaspard continuou a conversar conosco.

Uma noite nos disse: "Vou deixar-vos para sempre; acontecer-vos-ia uma desgraça se eu ficasse junto de vós nesta terra, onde nossas comunicações seriam mal compreendidas e mal interpretadas".

Desde então, – acrescentou a senhora, com um tom de tristeza, como quando se fala de um ser amado, que a morte levou, - não mais ouvimos a voz de Gaspard."

Eis os fatos, como nos foram contados. Tudo isto me faz refletir e, talvez, aos vossos leitores. Não pretendo dar qualquer explicação, qualquer opinião. Direi apenas que tenho inteira confiança na boa-fé da pessoa de quem os ouvi, e subscrevo o meu nome, como garantia da exatidão de meu relato.

S. C. Hall

## O ESPÍRITO E O CÃOZINHO

(SOCIEDADE, 4 DE MAIO DE 1860 – MÉDIUM, SR. DIDIER)

O Sr. G. G..., de Marselha, nos transmite este fato:

"Um rapaz faleceu há oito meses e sua família, na qual há três irmãs médiuns, o evoca quase que diariamente, servindo-se de uma cesta. Cada vez que o Espírito é chamado, um cãozinho, do qual ele gostava muito, salta sobre a mesa e vem cheirar a cesta, soltando ganidos. A primeira vez que isso aconteceu, a cesta escreveu: "Meu valente cachorrinho, que me reconhece".

Eu não vi o fato, mas as pessoas de quem o ouvi várias vezes o testemunharam, e são bons espíritas e muito sérias, de modo que não posso pôr em dúvida a sua veracidade. Eu me perguntei se o periespírito conservava suficientes partículas materiais para afetar o olfato do cão, ou se esse seria dotado da faculdade de ver os Espíritos. É um problema que me pareceria útil aprofundar, caso ainda não esteja resolvido."

1. – Evocação do Sr..., morto há oito meses, do qual acabamos de falar. R – Eis-me aqui.

2. – Confirmais o fato relativo ao vosso cão, que vem cheirar a cesta que serve às vossas evocações e que parece reconhecer-vos? R – Sim.

3. – Poderíeis dizer a causa que atrai o cão para a cesta? R – A extrema finura dos sentidos pode levar a adivinhar a presença do Espírito e até a vê-lo.

4. – O cão vos vê ou vos sente? R – O olfato, sobretudo, e o fluido magnético.

Charlet

**Observação**: Charlet, o pintor, deu à Sociedade uma série de comunicações muito notáveis sobre os animais, e que publicaremos proximamente. Foi certamente a esse título que interferiu espontaneamente na presente evocação.

5. – Desde que Charlet quer mesmo intervir na questão que nos ocupa, nós lhe pedimos que dê algumas explicações a respeito. R – De boa vontade. O fato é perfeitamente verossímil; e, consequentemente, natural. Falo em geral, pois não conheço aquele de que se trata. O cão é dotado de uma organização muito particular. Ele compreende o homem: basta isso. Sente-o, segue-o em todas as suas ações com a curiosidade de uma criança; ama-o, e chega mesmo ao ponto de – e disto têm-se exemplos para confirmar o que adianto – ao ponto, dizia eu, de a ele se dedicar. O cão deve ser – não tenho certeza, entendei bem – mas o cão deve ser um desses animais vindos de um mundo já adiantado para sustentar o homem em seu sofrimento, servi-lo, guardá-lo. Acabo de falar das qualidades morais que, positivamente, possui o cão. Quanto às suas faculdades sensitivas, são extremamente delicadas. Todos os caçadores conhecem a sutileza do faro do cão; além desta qualidade, o cão compreende quase todas as ações do homem; compreende a importância de sua morte. Por que não adivinharia a sua alma e porque, mesmo, não a veria?

Charlet

No dia seguinte a Sra. Lesc..., médium, membro da Sociedade, recebeu em particular a seguinte explicação sobre o mesmo assunto:

"O fato citado na Sociedade é verídico, embora o perispírito destacado do corpo não tenha nenhuma de suas emanações. O cão farejava a presença de seu dono; quando digo *farejava*, entendo que seus órgãos percebiam sem que os olhos vissem, sem que o nariz sentisse; mas todo o seu ser estava advertido da presença do dono, e essa advertência lhe era dada principalmente pela vontade que se desprendia do Espírito dos que evocaram o morto. A vontade humana atinge e adverte o instinto dos animais, sobretudo dos cães, antes que algum sinal exterior o revele. Por suas fibras nervosas o cão é posto em relação direta conosco, Espíritos, quase tanto quanto com os homens: percebe as aparições; dá-se conta da diferença existente entre elas e as coisas reais ou terrenas, e lhes tem muito medo. O cão uiva à Lua, conforme a expressão vulgar; uiva também quando sente vir a morte. Em ambos os casos, e ainda em outros, o cão é intuitivo. Acrescentarei que seu órgão visual é menos desenvolvido que as suas sensações; ele vê menos do que sente; o fluido elétrico o penetra quase que habitualmente. O fato que me serviu de ponto de partida nada tem de admirável, porque, no momento do desprendimento da vontade que chamava o seu dono, o cão sentia sua presença quase tão depressa quanto o próprio Espírito escutava e respondia ao chamado que lhe era feito."

Georges (Espírito familiar)

## O ESPÍRITO DE UM IDIOTA

(SOCIEDADE, 25 DE MAIO DE 1860)

Charles de Saint-G... é um jovem idiota de treze anos, vivo, e cujas faculdades intelectuais são de uma tal nulidade que nem conhece os pais e apenas pode alimentar-se. Há nele uma parada completa do desenvolvimento em todo o sistema orgânico. Pensou-se que poderia ser assunto interessante de estudo psicológico.

1. (*A São Luís*) – Poderíeis dizer-nos se podemos evocar o Espírito dessa criança? R – Podeis evocá-lo como se fosse um morto.

2. – Vossa resposta faz-nos supor que a evocação poderia ser feita em qualquer momento. R – Sim. Sua alma se liga ao corpo por laços materiais, mas não espirituais. Ela pode sempre desprender-se.

3. – Evocação de Ch. de Saint-G... R – Sou um pobre Espírito ligado à Terra, como uma ave por um pé.

4. – Em vosso estado atual, como Espírito, tendes consciência de vossa nulidade no mundo? R – Certamente: sinto bem o meu cativeiro.

5. – Quando vosso corpo dorme e vosso Espírito se desprende, tendes as ideias tão lúcidas quanto se estivésseis em estado normal? R – Quando meu corpo infeliz repousa, estou um pouco mais livre para me elevar ao céu, a que aspiro.

6. – Como Espírito experimentais um sentimento penoso do estado corporal? R – Sim, pois é uma punição.

7. – Lembrai-vos da vossa existência anterior? R – Oh, sim! ela é a causa de meu exílio atual.

8. – Qual foi essa existência? R – Um jovem libertino ao tempo de Henrique III.

9. – Dissestes que vossa condição atual é uma punição. Então não a escolhestes? R – Não.

10. – Como pode vossa existência atual servir ao vosso progresso, no estado de nulidade em que estais? R – Ela não me é nula perante Deus, que a impôs.

11. – Prevedes a duração da existência atual? R – Não: mais alguns anos e voltarei à minha pátria.

12. – Desde a existência precedente até a encarnação atual, que fizestes como Espírito? R – Porque eu era um Espírito leviano, Deus me aprisionou.

13. – No estado de vigília tendes consciência do que se passa em vosso redor, a despeito da imperfeição dos órgãos? R – Vejo, entendo, mas o corpo não compreende nem vê.

14. – Podemos fazer-vos algo de útil? R – Nada.

15. – (A São Luís): As preces por um Espírito reencarnado podem ter a mesma eficácia que por um errante? R – As preces são sempre boas e agradáveis a Deus. Na posição deste pobre Espírito, elas não lhe podem servir: servirão mais tarde, pois Deus as deixa de reserva.

**Observação**: Ninguém desconhecerá o alto ensinamento moral que decorre desta evocação. Além disso, ela confirma o que sempre foi dito sobre os idiotas. Sua nulidade moral não significa nulidade do Espírito, que, abstração feita dos órgãos, goza de todas as faculdades. A imperfeição dos órgãos é apenas um *obstáculo* à livre manifestação das faculdades; não as aniquila. É o caso de um homem vigoroso, cujos membros fossem comprimidos por laços. Sabe-se que, em certas regiões, longe de serem objeto de desprezo, os cretinos são cercados de cuidados benevolentes. Este sentimento não brotaria de uma intuição do verdadeiro estado desses infelizes, tanto mais dignos de atenções quanto seu Espírito, que compreende sua posição, deve sofrer por se ver como um refugo da sociedade?

## PALESTRAS FAMILIARES DE ALÉM-TÚMULO

### SRA. DURET

Médium escrevente, morta a 1º de maio de 1860, em Sétif, Argélia. Evocada primeiro em casa do Sr. Allan Kardec, a 21 de maio, depois a 25, na Sociedade.

1. (*Evocação*) R – Eis-me aqui.

2. – Conhecemo-nos de nome, senão de fato. E, posto jamais me tenhais visto, me reconheceis? R – Oh! muito bem.

3. – Depois de morta, viestes visitar-me? R – Não, ainda não, mas sabia que iríeis chamar-me.

4. – Como médium e perfeitamente iniciada no Espiritismo, pensei que, melhor que outro, poderíeis dar-nos explicações instrutivas sobre diferentes pontos da Ciência. R – Responderei o melhor que puder.

5. – Esta primeira evocação só visa a renovar, de certo modo, nosso conhecimento e nos pôr em contato. Quanto às perguntas, como são de interesse geral, prefiro dirigi-las na Sociedade. Assim, pergunto se teríeis a bondade de vir. R – Sim, de boa vontade. Responderei e pedirei a Deus que me esclareça.

6. – Há cinco médiuns aqui. Há algum que preferis para vos servir de intérprete? R – Isto me é indiferente, desde que seja um bom médium.

7. – Como médium, fostes alguma vez enganada por Espíritos em vossas comunicações? R – Oh! muitas vezes. Há poucos médiuns que não o sejam mais ou menos.

**Nota:** No dia seguinte a Sra. Duret manifestou-se espontaneamente e revelou pesar por lhe não terem feito maior número de perguntas na véspera.

8. – Se não fiz, foi como disse, que as reservava para a Sociedade. Queria apenas assegurar-me se podia contar convosco. R – Aquilo que se faz em vossa casa é dado para a instrução da Sociedade; e, muitas vezes, convém aproveitar os instantes em que o Espírito vem comunicar-se, pois nem sempre as circunstâncias lhe são igualmente favoráveis.

9. – Quais as condições que lhe podem ser favoráveis? R – Há muitas, que conheceis. Mas é preciso saberdes que isto nem sempre

dele depende. Por vezes necessita ser assistido por outros Espíritos, que nem sempre ali se acham no momento.

10. – Desde que viestes espontaneamente, devo supor que estais num desses momentos propícios e o aproveitareis, se quiserdes. Dissestes ontem que muitas vezes fostes enganada como médium. Vedes agora os Espíritos que vos enganaram? R – Sim. Vejo-os muito bem. Agora também queriam interferir. Mas vejo muito bem. Não sou mais o seu joguete. Então os repilo.

11. – Dissestes que há poucos médiuns que não tenham sido mais ou menos enganados. De que depende isto? R – Muito do médium e daquele que interroga.

12. – Peço que vos expliqueis mais claramente. R – Quero dizer que sempre é possível, quando se queira, preservar-se dos maus Espíritos. E a primeira condição para isso é não os atrair pela fraqueza ou pelos defeitos. Quanto vos teria a dizer sobre isto! Ah! se os médiuns soubessem todo o erro que cometem, tornando-se presa de Espíritos malévolos!

13. – É no mundo dos Espíritos que cometem erros? R – Sim; e também no dos vivos.

14. – Qual o erro que podem cometer no mundo dos vivos? R – Há-os diversos. Para começar, tornam-se presa dos maus Espíritos, que deles abusam e os impelem ao mal, excitando todas as falhas, que neles encontram em germe, principalmente o orgulho e a inveja. Depois, Deus os pune, às vezes, por penas na vida.

**Observação**: Temos mais de um exemplo de médiuns dotados das mais felizes disposições, e que a desgraça os perseguiu e abateu, depois que se deixaram dominar por maus Espíritos.

15. – Mas, então, não seria melhor não ser médium, desde que essa faculdade pode arrastar a tão graves inconvenientes? R – Credes que os maus Espíritos só venham atacar os médiuns? A mediunidade, ao contrário, é um meio precioso de os reconhecer e de se premunir contra eles. É o remédio que, em sua bondade, Deus põe ao lado do mal. É o aviso do bom pai que ama os seus filhos e quer preservá-los do perigo. Infelizmente, os que desfrutam desse dom não sabem ou não querem aproveitá-lo. São como o imprudente que se fere com a arma que deve servir para sua defesa.

16. – Sois vós mesma, Sra. Duret, que dais as respostas? R – Sou eu mesma que as dou, e vo-lo certifico em nome de Deus. Mas não creio que tivesse sido abandonada a mim mesma, se fosse incapaz. Os pensamentos me vêm de mais alto.

17. – Vedes o Espírito que vo-las inspira? R – Não. Há aqui uma multidão de Espíritos, ante os quais me inclino, e cujos pensamentos parecem irradiar sobre mim.

18. – Assim, um Espírito pode receber inspiração de outros, do mesmo modo que se fosse encarnado, e lhes servir de intermediário? R – Não duvideis: muitas vezes pensa responder por si mesmo, quando é apenas um eco.

19. – Quer os pensamentos sejam pessoalmente vossos, quer sejam sugeridos, pouco nos importa, desde que são bons e nós agradecemos aos bons Espíritos que vo-los sugerem. Mas, então, perguntarei por que esses mesmos Espíritos não respondem diretamente? R – Eles o fariam se os interrogásseis. Foi a mim que evocastes. Eles querem responder e, então, servem-se de mim para minha própria instrução.

20. – O Espírito que obsedou um médium em vida, obsedá-lo-á após a morte? R – A morte não liberta o homem da obsessão dos maus Espíritos: é a figura dos demônios, atormentando as almas sofredoras. Sim, esses Espíritos os perseguem após a morte e lhes causam sofrimentos horríveis, porque o Espírito atormentado se sente num abraço de que não se pode libertar. Ao contrário, o que se libertou da obsessão em vida é forte, e os maus Espíritos o encaram com medo e respeito: encontraram o seu superior.

21. – Há muitos médiuns realmente bons, em toda a acepção da palavra? – Não são os médicos que faltam; mas os bons médicos são raros. Dá-se o mesmo com os médiuns.

22. – Por que sinal é possível reconhecer que as comunicações de um médium merecem confiança? R – As comunicações dos bons Espíritos têm um caráter com o qual não podemos nos enganar, quando nos damos ao trabalho de as estudar. Quanto ao médium, o melhor seria aquele que jamais tivesse sido enganado, pois isso seria a prova de que só atrai bons Espíritos.

23. – Mas não há médiuns dotados de excelentes qualidades morais e que são enganados? R – Sim, os maus Espíritos podem fazer

tentativas, e não triunfam senão pela fraqueza ou a excessiva confiança do médium que se deixa enganar. Mas isto não dura, e os bons Espíritos facilmente vencem, quando há vontade.

24. – A faculdade mediúnica é independente das qualidades morais do médium? R – Sim. Por vezes, ela é dada em alto grau a pessoas viciosas, a fim de ajudar a sua correção. Será que os doentes não precisam mais de remédios que as pessoas sadias? Os maus Espíritos por vezes lhes dão bons conselhos sem o saber; a isto são levados pelos bons Espíritos. Mas elas não os aproveitam porque, por orgulho, não os tomam para si.

**Observação**: Isto é perfeitamente exato, e às vezes veem-se Espíritos inferiores darem duras lições, em termos pouco medidos; assinalar defeitos, pôr os caprichos em ridículo, com mais ou menos habilidade, conforme as circunstâncias, e por vezes de modo muito espirituoso.

25. – Bons Espíritos podem comunicar-se por maus médiuns? R – Às vezes, médiuns imperfeitos podem ter belas comunicações, que só viriam de bons Espíritos. Mas, quanto mais sábias e sublimes essas comunicações, mais culpados os médiuns por não as aproveitar. Oh! sim. São muito culpados e sofrerão penas cruéis por sua cegueira.

26. – As boas intenções e as qualidades pessoais de quem interroga podem conjurar os maus Espíritos, atraídos por um médium imperfeito, e lhe assegurar boas comunicações? R – Os bons Espíritos apreciam a intenção e, quando o julgam útil, podem servir-se de qualquer espécie de médium, segundo o fim em vista. Mas, em geral, as comunicações são tanto mais seguras quanto mais sérias as qualidades do médium.

27. – Como nenhum homem é perfeito, segue-se que não há médiuns perfeitos? R – Uns são tão perfeitos quanto o comporta a humanidade terrena. São raros, mas existem: são os preferidos por Deus e se preparam grandes alegrias no mundo dos Espíritos.

28. – Quais os defeitos que dão mais acesso aos maus Espíritos? R – Eu vo-lo disse: o orgulho; e também a inveja, que é uma decorrência do orgulho e do egoísmo. Deus ama os humildes e castiga os soberbos.

29. – Disso concluís que o médium que não é humilde não merece nenhuma confiança? R – Não de maneira absoluta. Mas se num mé-

dium reconheceis orgulho, inveja e pouca caridade, tendes muito mais chances de ser enganado.

Observação: O que perde muitos médiuns é o julgarem-se os únicos capazes de receber boas comunicações e desprezarem as dos outros. Julgam-se profetas e não passam de intérpretes de Espíritos astutos, que os enlaçam em suas redes, persuadindo-os de que tudo quanto escrevem é sublime e não mais precisam de conselhos. A crença de certos médiuns na infalibilidade e na superioridade de suas comunicações é tal, que nelas tocar é quase uma profanação; delas duvidar é quase uma injúria; ainda mais, é até expor-se a deles fazer inimigos, pois mais valeria dizer a um poeta que os seus versos são maus. Esse sentimento, cujo princípio evidente é o orgulho, é alimentado pelos Espíritos que os assistem e que têm muito cuidado em lhes inspirar o afastamento de quem quer que os pudesse esclarecer. Só isto deveria bastar, se não estivessem fascinados, para lhes abrir os olhos. Há um princípio, que ninguém poderia contestar: o de que os bons Espíritos só podem aconselhar o bem. Portanto, tudo quanto não for o *bem*, no sentido absoluto, não pode vir de um bom Espírito. Consequentemente, todo conselho ditado, ou todo sentimento inspirado, que reflita o menor pensamento mau, é, por isso mesmo, de origem suspeita, sejam quais forem, aliás, as qualidades ou a redundância do estilo.

Um sinal não menos característico dessa origem é a adulação, de que os maus Espíritos não são avaros, em relação a certos médiuns. A propósito, sabem elogiar os dotes físicos ou as qualidades morais, acariciar as secretas inclinações, excitar a cobiça e a cupidez e, mesmo censurando o orgulho e aconselhando a humildade, aguilhoar-lhes a vaidade e o amor-próprio. Um dos meios que empregam consiste, sobretudo, em os persuadir de sua superioridade como médiuns, elevando-os como apóstolos de missões, pelo menos duvidosas, e para as quais a primeira das qualidades seria a humildade, unida à simplicidade e à caridade.

Ofuscados por nomes de seres veneráveis, dos quais se julgam intérpretes, não veem a ponta da orelha que os falsos Espíritos deixam aparecer, malgrado seu, porque seria impossível a Espíritos inferiores simular completamente todas as qualidades que não possuem. Os médiuns não se libertarão realmente da obsessão de que são vítimas, senão quando compreenderem esta verdade. Só então os maus Espíritos, por seu lado, compreenderão que perdem o tempo com pessoas que não poderiam pegar em falta.

(SOCIEDADE, 25 DE MAIO DE 1860)

30. – Ao que parece, vosso marido possui a faculdade da vidência. Ele a tem realmente? R – Sim, positivamente.

31. – Diz ele vos ter visto duas vezes após a vossa morte. Isto é verdade? R – É verdade, sim.

32. – Os médiuns videntes estão expostos a serem enganados pelos Espíritos impostores, como os médiuns escreventes? R – Eles são enganados menos vezes que os escreventes, mas igualmente podem sê-lo, pelas falsas aparências, quando não inspirados por Deus. Sob os Faraós, ao tempo de Moisés, os falsos profetas não faziam milagres que enganavam o povo? Só Moisés não se enganava, pois era inspirado por Deus.

33. – Quereis explicar-vos agora vossas sensações à entrada no mundo dos Espíritos? Além da perturbação mais ou menos longa, que sempre segue à morte, houve um instante em que vosso Espírito perdeu toda a consciência de si mesmo? R – Sim, como sempre; é impossível ser de outro modo.

34. – Essa perda absoluta da consciência começou antes do instante da morte? R – Começou na agonia.

35. – Persistiu após a morte? R – Muito pouco tempo.

36. – Ao todo, quanto tempo pode ter durado? R – Cerca de 15 a 18 de vossas horas.

37. – Tal duração é variável, conforme os indivíduos? R – Certamente. Não é a mesma em todos os homens. Depende muito do gênero de morte.

38. – Enquanto se realizava o fenômeno da morte, tínheis consciência do que se passava com o corpo? R – Absolutamente. Deus, que é bom para todas as suas criaturas, quer poupar ao Espírito as angústias desse momento. Por isso lhe tira toda lembrança e toda sensação.

**Observação**: Esse fato, que nos tem sido sempre confirmado, é análogo ao que se passa na volta do Espírito ao mundo corporal. Sabe-se que, no momento da concepção, o Espírito designado para habitar o corpo que deve nascer é tomado por uma perturbação, que vai crescendo à medida que os laços fluídicos, que o unem à matéria, se apertam, até as proximidades do nascimento. Neste momento, perde igualmente toda a consciência de si mesmo e não começa a recobrar as ideias senão no momento em que a criança respira. Só então é que se torna completa e definitiva a união entre o Espírito e o corpo.

39. – Como se operou o instante do despertamento? Vós vos reconhecestes subitamente ou houve um momento de semiconsciência,

isto é, um vazio nas ideias? R – Fiquei uns instantes nesse estado; depois, pouco a pouco, eu me reconheci.

40. – Quanto durou esses estado? R – Não sei ao certo; mas, pouco tempo. Creio que umas duas horas.

41. – Durante essa espécie de meio sono, experimentastes uma sensação agradável ou penosa? R – Não sei: quase não tinha consciência de mim mesma.

42. – À medida que as ideias clareavam, tínheis a certeza da morte do corpo, ou, por um instante, crestes estar ainda neste mundo? R – Na verdade o acreditei por instantes.

43. – Quando tivestes a certeza da morte, sentistes pesar? R – Não, absolutamente. A vida não é para se lamentar.

44. – Quando vos reconhecestes, aonde vos acháveis, e a princípio que foi o que vos feriu a vista? R – Encontrei-me com Espíritos que me rodeavam e ajudavam a sair da perturbação; foi essa mudança que me chocou.

45. – Encontrastes-vos junto ao vosso marido? R – Eu pouco o deixo. Ele me vê, evoca-me, e isto substitui meu pobre corpo.

46. – Fostes imediatamente rever as pessoas conhecidas: o Sr. Dumas e os outros espíritas de Sétif? R –Não imediatamente. Pensei que me evocariam. Não havia muito que os havia deixado; e achei que os tinha conhecido e que há séculos não os via. Eu era médium e espírita. Todos os Espíritos que eu havia evocado vieram rever-me. Isso me tocou. Se soubésseis como é agradável reencontrar os amigos neste mundo!

47. – O mundo dos Espíritos vos pareceu uma coisa estranha e nova? R – Oh! sim.

48. – Esta resposta nos admira, porque não é a primeira vez que vos achais no mundo dos Espíritos. R – Isto nada tem que deva admirar. Eu não era tão adiantada quanto hoje. E depois, a diferença é tão grande entre o mundo corporal e o dos Espíritos, que surpreende sempre.

49. – Vossa explicação poderia ser mais clara. Isto não seria porque, cada vez que se retorna ao mundo dos Espíritos, os progressos realizados dão novas percepções e permitem encará-lo sob outro aspecto? R – É bem isto. Eu vos disse que não era tão adiantada quanto hoje.

**Observação**: A comparação seguinte permite compreender o que se passa em tal circunstância. Suponhamos um pobre camponês, que venha a Paris pela primeira vez: frequentará uma sociedade e morará num bairro compatível com a sua situação. Depois de uma ausência de alguns anos, durante os quais tivesse ficado rico e adquirido certa educação, volta a Paris e encontra-se num meio completamente diverso do da primeira vez, e que lhe parecerá novo. Compreenderá e apreciará uma porção de coisas, que apenas tinha despertado sua atenção da primeira vez. Numa palavra, dificilmente reconhecerá a antiga Paris e, contudo, será sempre Paris, visto que se lhe apresenta sob um novo aspecto.

50. – Como julgais agora as comunicações dadas em Sétif: são, em geral, antes boas que más? R – São como em toda parte: há boas e más, verdadeiras e falsas. Muitas vezes se ocupam de coisas não bastante sérias e que nem sempre andam bem. Mas não julgam fazer mal. Tentarei corrigi-los.

51. – Agradecemos a bondade de ter vindo e as explicações dadas. R – Também vos agradeço por terdes pensado em mim.

## MEDICINA INTUITIVA

### PLESSIS-BOUDET, 23 DE MAIO DE 1860

"Senhor,

Em minha última carta dei-vos um boletim das curas obtidas por meio da medicação da Srta. Godu. Estou sempre com a intenção de vos manter ao corrente dos fatos, mas hoje julgo mais útil falar do seu modo de tratar. É bom trazer as pessoas a par disso, porque de longe nos vêm doentes que têm uma falsa ideia desse gênero de medicação, e que se expõem a fazer uma viagem inútil ou de pura curiosidade.

A Srta. Godu não é sonâmbula. Jamais consulta à distância, nem mesmo em meu domicílio, senão sob minha direção e meu controle. Quando estamos de acordo, o que acontece quase sempre, pois estou agora em condições de apreciar sua medicação, começamos o tratamento convencionado e a Srta. Godu faz os curativos, prepara as tisanas e, numa palavra, age como enfermeira, mas enfermeira de *élite*, e com um zelo sem exemplo, em nossa modesta casa de saúde improvisada.

Será por um fluido depurador, de que seria dotada, que obtém tão preciosos resultados?

Será por sua assiduidade na aplicação dos pensos, ou pela confiança que inspira?

Será, enfim, por um sistema de medicação bem concebido e bem dirigido, que ela obtém sucesso?

Tais são as três perguntas que muitas vezes me faço.

Pelo momento, não quero entrar na primeira questão, porque exige um estudo aprofundado e uma discussão científica de primeira ordem. Ela virá mais tarde.

Quanto à segunda questão, hoje posso resolver afirmativamente, desde que a Srta. Godu se acha nas mesmas condições de todos os médicos, enfermeiras ou operadores, que sabem levantar o moral dos doentes e lhes inspirar uma salutar confiança.

Quanto à terceira questão, não hesito mais em resolvê-la afirmativamente. Adquiri a convicção que a medicação da Srta.Godu constitui todo um sistema muito metódico. Este sistema é simples em sua teoria, mas, na prática, varia ao infinito; e é na aplicação que reclama toda a atenção e toda a habilidade possíveis. O profissional mais apto acha difícil compreender, de saída, esse mecanismo e essa série de modificações incessantes, em razão do progresso ou do declínio da doença. Fica ofuscado e pouco compreende; mas, com o tempo, dá-se conta facilmente dessa medicação e dos seus efeitos.

Seria longo vos enumerar em detalhes e, *currente calamo*, todo um sistema médico novo para nós, posto que, sem dúvida, muito antigo em relação à idade do homem no planeta. Eis as bases sobre as quais repousa esse sistema, que raramente sai da medicina revulsiva.

Na maioria dos casos, a Srta. Godu aplica um tópico extrativo, composto de uma ou duas matérias, encontradas por toda parte, na cabana como no castelo. Este tópico tem um efeito tão enérgico, que se obtêm efeitos incomparavelmente superiores a todos os nossos revulsivos conhecidos, sem excetuar o cautério atual e as moxas. Às vezes, ela se limita à aplicação de vesicatórios, quando um efeito enérgico não é indispensável. A habilidade consiste em proporcionar o remédio ao mal, em manter uma supuração constante e variada, e eis o que ela obtém com um unguento tão simples que não se pode classificar no número dos medicamentos. Pode ser assimilado aos ceratos simples e mesmo às cataplasmas; contudo, esse unguento produz efeitos seguros e variadíssimos: aqui são sais calcários que surgem sobre o emplasto; nos hidrópicos, é água; na gente com humores, é uma supuração abundante, ora clara, ora espessa; enfim, os efeitos de seu unguento variam ao infinito, por uma causa que ainda não apreendi e que, aliás, deve entrar no estudo da primeira questão. Isto quanto ao exterior. Mais tarde, dir-vos-ei uma palavra sobre a medicação interna, que compreendo facilmente. Não se deve pensar que o mal seja tirado com a mão. Como sempre, são precisos tempo e perseverança para curar radicalmente as doenças rebeldes.

Aceitai, etc."

Morhéry

## UMA SEMENTE DE LOUCURA

O *Journal de la Haute-Saône* citou, ultimamente, o seguinte fato:

"Viram-se reis destronados sepultar-se nas ruínas de seus palácios; veem-se jogadores infelizes renunciar à vida após a perda da fortuna; mas um proprietário que se suicida para não sobreviver à expropriação de um bosque, é o que talvez nunca se viu, antes do caso que relatamos. Um proprietário de Saint-Loup recebeu comunicado de que um de seus bosques seria expropriado a 14 de maio, pela Companhia de Estradas de Ferro do Leste. A informação o afetou profundamente. Não podia suportar a ideia de separar-se de seu bosque, e deu sinais de alienação mental. A 2 de maio saiu de casa, às três da manhã, e afogou-se no ribeirão de Combeauté".

Com efeito, é difícil suicidar-se por uma causa tão fútil; e um ato tão desarrazoado só se explica por um desarranjo no cérebro. Mas, o que foi que produziu o desarranjo? Com certeza, não foi a crença nos Espíritos. O fato da desapropriação do campo? Nesse caso, por que todos os que sofrem desapropriações não ficam loucos? Dirão que é porque nem todos têm o cérebro tão fraco. Então, admitis uma predisposição natural para a loucura. E não poderia ser de outra forma, desde que a mesma causa nem sempre produz o mesmo efeito, já o dissemos muitas vezes, em resposta aos que acusam o Espiritismo de provocar a loucura. Que digam se, antes de tratar-se de Espíritos, não havia loucos, e se não há loucos entre os que não creem nos Espíritos? Uma causa física ou uma violenta comoção moral só produzirão uma loucura instantânea. Fora disso, se examinarmos os antecedentes, sempre serão encontrados sintomas, que uma causa fortuita pode desenvolver. Então a loucura toma o caráter da preocupação principal. O louco fala do que o preocupa, mas a causa não é esta preocupação; esta é uma espécie de forma de manifestação. Assim, havendo uma predisposição para a loucura, aquele que se ocupa de religião terá uma loucura religiosa; o amor produzirá a loucura amorosa; a ambição, a loucura das honras e das riquezas, etc. No caso acima referido, seria absurdo ver outra coisa além de um simples efeito, que qualquer outra causa teria provocado, pois existia a predisposição. Agora, vamos mais longe: dizemos bem alto que se esse proprietário, tão impressionável quanto ao seu bosque, estivesse imbuído profundamente dos princípios do Espiritismo, não teria enlouquecido nem se afogado; duas desgraças teriam sido evitadas, como nos mostram numerosos exemplos. A razão disso é evidente. A loucura tem como causa primeira uma relativa fraqueza moral, que torna o indivíduo incapaz de suportar o choque de certas impressões, em cujo número figuram, ao menos em três quartas partes, a mágoa, o desespero, o desapontamento e todas as tribulações da vida. Dar ao homem a força necessária para ver essas coisas com indiferença, é atenuar a causa mais frequente que o leva à loucura e ao suicídio. Ora, essa força ele a tira da doutrina espírita bem compreendida. Ante a grandeza do futuro que ela desenrola aos nossos olhos, e de que dá prova patente, as tribulações da vida se tornam tão efêmeras, que deslizam sobre a alma como água sobre o mármore, sem deixar traços. O verdadeiro Espírita não se liga à matéria senão o quanto é preciso para as necessidades da vida. Mas, se lhe falta alguma coisa, resigna-se, porque sabe estar aqui de passagem e que uma sorte muito melhor o aguarda. Também não se aborrece por encontrar acidentalmente uma pedra em seu caminho. Se o nosso homem estivesse imbuído dessas ideias, em que se teria tornado o bosque aos seus olhos? A contrariedade sofrida seria insignificante ou nula, e uma desgraça imaginária não o teria arrastado a uma desgraça real. Em resumo, um dos efeitos, e nós podemos dizer, um dos benefícios do Espiritismo, é o de dar à alma a força que lhe falta em muitas circunstâncias, e é nisto que ele pode reduzir as causas de loucura e de suicídio. Como se vê, os mais simples fatos podem ser uma fonte de ensinamentos para quem quer refletir. É mostrando as aplicações do Espiritismo aos mais vulgares casos, que se fará compreender toda a sua sublimidade. Não está nisso a verdadeira filosofia?

## TRADIÇÃO MUÇULMANA

Extraímos a passagem seguinte da sábia e notável obra do Sr. Géraldy Saintine, publicada sob o título de *Três Anos na Judéia*.

"Quando o sultão de Babel Bakhtunnassar (Nabucodonosor) foi enviado por Deus para punir os filhos de Israel, que tinham abandonado a doutrina da unidade, ele despojou o templo de todos os objetos preciosos que ali se achavam. E, reservando para si o trono de Salomão, com seus suportes, os dois leões de ouro puro, animados por uma arte mágica, que defendiam a entrada, distribuiu o resto do saque aos diversos reis da corte. Ao rei de Roum, o hábito de Adam e a vara de Moisés; o rei de Antakia teve o trono de Belkis e o pavão maravilhoso, cuja cauda, toda em pedrarias, forma no trono um rico dossel; o rei de Andaluzia tomou a mesa de ouro do Profeta. Um cofre de pedra, que continha a Torá (Bíblia) estava no meio de todas essas riquezas e ninguém lhe dava atenção, posto fosse o mais precioso de todos os tesouros. Assim, deixaram-no abandonado ao capricho dos salteadores, que percorriam a cidade e o templo, passando a mão em tudo o que encontravam; e o depósito da palavra divina desapareceu nessa imensa desordem.

Quarenta anos mais tarde, estando aplacada a sua cólera, Deus resolveu restabelecer os filhos de Israel em sua herança e suscitou o Profeta Euzer (Esdras) – Salve ele! – predestinado pela vontade divina a uma missão gloriosa. Tinha ele passado toda a juventude na prece e na meditação, negligenciando as ciências humanas para se absorver na contemplação do Ser Infinito, e vivia separado do mundo, no fundo de uma das grutas que cercavam a cidade santa. Essa gruta ainda hoje se chama *el Azérie*.[*] Obedecendo à ordem de Deus, saiu de seu retiro e veio entre os filhos de Israel, indicar-lhes como deveriam reconstruir o templo e restabelecer a honra dos antigos ritos.

Mas o povo não acreditou na missão do profeta. Declarou que não se submeteria à lei; que até cessaria os trabalhos de construção do

---

[*] Nome árabe da gruta conhecida sob o nome de Túmulo de Lázaro.

templo e iria habitar outras terras, se não lhe apresentassem o livro em que nosso senhor Moisés – salve ele! – tinha consignado todas as prescrições religiosas a ele ditadas no Monte Sinai. O livro havia desaparecido e todas as buscas para o encontrar foram infrutíferas.

Euzer, então, nesse grande embaraço, fez a Deus fervorosas preces, para que o tirasse do sofrimento e impedisse o povo de persistir na via da perdição. Estava sentado debaixo de uma árvore, contemplando com tristeza as ruínas do templo, em redor do qual se agitava uma multidão indócil, quando uma voz do alto lhe ordena que escreva, e, embora jamais tivesse pegado num *galam* (pena, pincel), obedeceu imediatamente. Depois da prece do meio dia até o dia seguinte à mesma hora, sem se alimentar, sem se levantar do solo santo, onde estava sentado, continuou a escrever tudo o que lhe ditava a voz celeste, não hesitando um instante, nem se interrompendo pelas trevas da noite, porque uma luz sobrenatural iluminava o seu espírito e um anjo lhe guiava a mão.

Todos os filhos de Israel estavam pasmados e contemplavam em silêncio essa manifestação da Onipotência divina. Mas quando o profeta terminou sua cópia miraculosa, os imãs, invejosos do favor particular do qual acabava de ser objeto, pretenderam que o novo livro fosse uma invenção diabólica e que nada se parecia com o antigo.

Euzer voltou-se novamente à Bondade Infinita e, cedendo a uma inspiração súbita, dirigiu-se, seguido por todo o povo, para a fonte de Siloé. Chegado diante da fonte, levantou as mãos ao céu, fez uma longa e ardente prece e toda a multidão se prosternou com ele. De repente, na superfície da água apareceu uma pedra quadrada, que flutuava como se sustentada por uma mão invisível; nela os imãs reconheceram, trêmulos, o cofre sagrado, há muito perdido. Euzer o tomou com respeito. O cofre abriu-se por si; a Torá de Moisés saiu dele, como se animada de vida própria, e a nova cópia, escapando-se do seio do profeta, foi colocar-se na caixa sagrada.

Não era possível a dúvida. Contudo, o santo homem exige que os imãs confrontem os dois exemplares. Estes, a despeito de sua confusão, obedeceram à sua vontade. Após longo exame, testemunharam em altas vozes que nem uma palavra, nem um *kareket* (acento) fazia a menor diferença entre o livro escrito por Euzer e o que tinha sido traçado por Moisés. Desde que prestaram essa homenagem à verdade, Deus, para os punir por seus primeiros erros, apagou os seus olhos e os mergulhou nas trevas eternas.

Assim, os filhos de Israel foram trazidos à fé dos seus pais. O lugar onde se havia sentado o chefe que Deus lhes tinha dado foi chamado depois *Kerm ech Cheick* (cercado ou vinha do *Scheik*)."

Quem não reconhecerá, no relato, vários fenômenos espíritas, que os médiuns reproduzem aos nossos olhos e que nada têm de sobrenatural?

## ERRO DE LINGUAGEM DE UM ESPÍRITO

Recebemos a carta seguinte, a propósito do fato de escrita direta, relatado, na *Revista Espírita* de maio, à página 163:

"Senhor,

Só hoje li o vosso número de maio, e nele encontro o relato de uma experiência de escrita direta, feita em minha presença, em casa da Srta. Huet. É-me um prazer confirmar o relato, exceção de uma pequena inexatidão, que escapou ao narrador. Não é *God loves you*, mas *God love you*, que encontramos no papel, isto é, o verbo *love*, sem o *s*, não estava na terceira pessoa do singular do indicativo presente. Assim, não se poderia traduzir por *Deus vos ama*, a menos que se subentenda a existência de um *que* e se dê à frase uma forma de imperativo ou de subjuntivo. A observação foi feita na sessão seguinte ao Espírito de Channing (se é que foi mesmo ao Espírito de Channing, pois me conheceis e vos peço permissão para conservar minhas dúvidas sobre a identidade absoluta dos Espíritos); e o Espírito de Channing, digo eu, não se explicou muito categoricamente a respeito desse *s* omitido de propósito ou por inadvertência. Ele próprio nos censurou um pouco, se tenho boa memória, por ligar importância a uma letra a mais ou a menos numa experiência tão notável.

A despeito dessa censura amistosa, feita pelo Espírito de Channing, julguei dever comunicar-vos a minha observação sobre a maneira por que a palavra *love* foi escrita. O honrado Sr. E. de B..., que ficou com o papel, pode mostrá-lo e o mostrará a muitas pessoas; e entre estas poderá haver quem tenha conhecimento do vosso último número. Ora, importa – e estou persuadido que sois de minha opinião – que a maior fidelidade se encontre no relato de fatos tão estranhos e tão maravilhosos que obtemos.

Recebei, etc."

Mathieu

Havíamos notado perfeitamente a falta assinalada pelo Sr. Mathieu e incumbimo-nos de a corrigir, sabendo, por experiência, que os Espíritos ligam muito pouca importância a essas espécies de pecadilhos, com os quais os mais esclarecidos não têm nenhum escrúpulo. Assim, não ficamos absolutamente admirados da observação de Channing em presença, como o disse, de um fato insignificante. A exatidão na reprodução dos fatos é, sem dúvida, uma coisa essencial. Mas a importância de tais fatos é relativa, e confessamos que se devêssemos sempre, para o francês, seguir a ortografia dos Invisíveis, os senhores gramáticos iriam divertir-se, tratando-os de cozinheiros, mesmo quando o médium tenha passado nessas matérias. Temos um, ou uma, na Sociedade, cheio de diplomas, e cujas comunicações, por vezes escritas muito calmamente, têm numerosos erros desse gênero. Os Espíritos sempre nos dizem: "Ligai ao fundo e não à forma; para nós, o pensamento é tudo; a forma, nada. Corrigi, pois, a forma, se quiserdes. Nós vos deixamos esse cuidado". Se a forma for defeituosa, não a conservamos senão quando pode servir de ensinamento. Ora, tal não era o caso, em nossa opinião, no fato acima, porque o sentido estava evidente.

## DITADOS ESPONTÂNEOS E DISSERTAÇÕES ESPÍRITAS RECEBIDOS OU LIDOS NAS SESSÕES DA SOCIEDADE

### A VAIDADE

(PELA SRA. LESC..., MÉDIUM)

Quero falar da vaidade, que se mistura a todas as ações humanas. Ela mancha todos os pensamentos delicados; penetra o coração e o cérebro. Planta má, abafa a bondade em seu germe; todas as qualidades são aniquiladas por seu veneno. Para lutar contra ela, é preciso usar a prece; só esta nos dá a humildade e a força. Incessantemente, ó homens ingratos, vos esqueceis de Deus. Ele não é para vós senão o socorro implorado na aflição, e jamais o amigo convidado para o banquete da alegria. Para iluminar o dia, ele vos deu o sol, radiação gloriosa, e para clarear a noite, as estrelas, flores de ouro. Por toda parte, ao lado dos elementos necessários à humanidade, pôs o luxo necessário à beleza de sua obra. Deus vos tratou como faria um hóspede generoso que, para receber os convidados, multiplica o luxo de sua morada e a abundância do festim. Que fazeis vós, que tendes apenas o coração para lhe oferecer? Longe de o enfeitar de alegria e de virtudes, longe de lhe oferecer as premissas de vossas esperanças, não o desejais, não o convidais a vos penetrar o coração, senão quando o luto e as amargas decepções vos trabalharam e feriram. Ingratos! que esperais para amar vosso Deus? A desgraça e o abandono. Oferecei-lhe antes o vosso coração livre de dores; oferecei-lhe, como homens em pé, e não como escravos de joelhos, vosso amor purificado do medo, e na hora do perigo ele se lembrará de vós, que não o esquecestes na hora da felicidade.

Georges (Espírito familiar)

## A MISÉRIA HUMANA

A miséria humana não está na incerteza dos acontecimentos que ora nos elevam, ora nos rebaixam. Está inteira no coração ávido e insaciável, que incessantemente aspira a receber, que se lamenta da secura de outrem e jamais se lembra da própria aridez. Essa desgraça de aspirar a mais alto que a si mesmo, essa desgraça de não poder satisfazer-se com as mais caras alegrias, essa desgraça, digo eu, constitui a miséria humana. Que importa o cérebro, que importam suas mais brilhantes faculdades, se elas são sempre ensombradas pelo desejo amargo e insaciável de algo que lhe escapa sem cessar; a sombra flutua junto ao corpo, a felicidade flutua junto à alma, para ela inatingível. Contudo, não vos deveis lamentar nem maldizer a sorte. Porque essa sombra, essa felicidade, fugidia e móvel como a onda, pelo ardor e pela angústia que deposita no coração, dá-nos a prova da divindade aprisionada na humanidade. Amai, pois, a dor e sua poesia vivificante, que faz vibrar vossos Espíritos pela lembrança da pátria eterna. O coração humano é um cálice cheio de lágrimas; mas vem a aurora, que beberá a água dos vossos corações; ela será para vós a vida que deslumbrará vossos olhos, enceguecidos pela escuridão da prisão carnal. Coragem! cada dia é uma libertação. Marchai pelo caminho doloroso; marchai, acompanhando com o olhar a misteriosa estrela da esperança.

Georges (Espírito familiar)

## A TRISTEZA E O PESAR

(PELA SRA. LESC..., MÉDIUM)

É um erro ceder frequentemente à tristeza. Não vos enganeis: o pezar é o sentimento firme e honesto, que fere o homem atingido no coração ou nos interesses; mas a tristeza lassa não passa de manifestação física do sangue afrouxado ou precipitado em seu curso. A tristeza cobre com o seu nome muito egoísmo, muita fraqueza. Debilita o espírito que a ela se abandona. Ao contrário, o pezar é o pão dos fortes; este amargo alimento nutre as faculdades do espírito e diminui a parte animal. Não busqueis o martírio do corpo, mas sede ávidos pelo martírio da alma. Os homens compreendem que devem mover pernas e braços para manter a vida do corpo, e não compreendem que devem sofrer para exercitar as faculdades morais. A felicidade, ou apenas a alegria são hóspedes tão passageiros da humanidade, que não podeis, sem ser por elas esmagados, suportar a sua presença, por mais ligeira que seja. Fostes feitos para sofrer e sonhar incessantemente com a felicidade, porque sois aves sem asas, pregadas ao solo, que olhais o céu e desejais o espaço.

Georges (Espírito familiar)

**Observação**: Essas duas comunicações encerram incontestavelmente belíssimos pensamentos e imagens de grande elevação. Mas nos parecem escritas sob o império de ideias um pouco sombrias e um tanto misantrópicas. Parece haver nelas a expressão de um coração ulcerado. O Espírito que as ditou morreu há poucos anos; em vida era amigo do médium, do qual, após a morte, tornou-se o gênio familiar. Era um pintor de talento, cuja vida tinha sido calma e muito despreocupada. Mas quem sabe se teria sido o mesmo na existência precedente? Seja como for, todas as suas comunicações atestam muita profundeza e sabedoria. Poderiam crer que fossem o reflexo do caráter do médium. A Sra. Lesc... é, sem contradita, uma senhora muito séria e acima do vulgar, sob muitos aspectos, e é isso que, sem dúvida, junto à sua faculdade mediúnica, lhe concilia a simpatia dos bons Espíritos. Mas a comunicação seguinte, obtida na Sociedade, prova que as pode receber de caráter muito variado.

## A FANTASIA

### (MÉDIUM, SRA. LESC...)

Queres que te fale da fantasia. Ela foi minha rainha, minha dona, minha escrava. Eu a servi e a dominei. Mas embora sujeito às suas adoráveis flutuações, jamais lhe fui infiel. É ainda ela quem me impele a falar de outra coisa: da facilidade com que o coração carrega dois amores, facilidade mal vista e muito censurada. Considero absurda essa censura dos bons burgueses que só gostam de seus pequenos vícios moderados, mais enfadonhos ainda que suas virtudes; eles só admitem o que os seus miolos podados e cercados de sebes como um jardim de padre conseguem entender. Tens medo do que te digo; fica tranquila; Musset tem a sua garra; não se lhe podem pedir gentilezas de cãezinhos amestrados. É preciso suportar e compreender suas piadas, verdadeiras sob sua aparência frívola, tristes sob sua alegria, risonhas nas suas lágrimas.

Alfred de Musset

**Observação**: Uma pessoa que só tinha ouvido essa comunicação à primeira leitura, dizia, numa sessão íntima, que lhe parecia de pouca significação. O Espírito de Sócrates, que participava da conversa, respondendo a essa observação, escreveu espontaneamente: "Não, tu te enganas; relê; há coisas boas; ela é muito inteligente e isto tem o seu lado bom. Diz-se que nisto se conhece o homem. Com efeito, é mais fácil provar a identidade de um Espírito do vosso tempo do que do meu. Para certas pessoas é útil que, de vez em quando, tenhais comunicações desta espécie".

Um outro dia, numa conversa sobre médiuns, referindo-se ao caráter de Alfred de Musset, que um dos assistentes acusava de ter sido muito material em vida, este escreveu espontaneamente a notável comunicação seguinte, por um de seus *médiuns preferidos*.

## INFLUÊNCIA DO MÉDIUM SOBRE O ESPÍRITO

### (MÉDIUM, SRA. SCHMIDT)

Só os Espíritos superiores podem comunicar-se indistintamente por todos os médiuns e manter com todos a mesma linguagem. Mas eu não sou um Espírito superior, e, por isso, às vezes sou um pouco material. Contudo, sou mais adiantado do que pensais.

Quando nos comunicamos por um médium, a emanação de sua natureza se reflete mais ou menos sobre nós. Por exemplo, se o médium é dessas naturezas em que predomina o coração, desses seres mais adiantados, capazes de sofrer por seus irmãos; enfim, dessas almas devotadas, grandes, que a infelicidade tornou fortes e que ficaram puras no meio da tormenta, então o reflexo faz bem, no sentido de nos corrigirmos espontaneamente e nossa linguagem se ressentir. Mas no caso contrário, se nos comunicamos por um médium de outra natureza, menos elevada, pura e simplesmente nos servimos de sua faculdade como de um instrumento. É então que nos tornamos o que chamas de um pouco material. Dizemos coisas espirituais, se quiseres, mas pomos de lado o coração.

*Pergunta* – Os médiuns instruídos, de espírito culto, são mais aptos a receber comunicações elevadas que os não instruídos? *Resposta* – Não; repito. Só a essência da alma se reflete sobre os Espíritos; mas os Espíritos superiores são os únicos invulneráveis.

Alfred de Musset

## BIBLIOGRAFIA

Num artigo acima falamos de uma nova publicação periódica sobre o Espiritismo, feita em Londres, sob o título de *The Spiritual Magazine*. A Itália não fica atrás do movimento que eleva as ideias para o mundo invisível. Recebemos o prospecto de um jornal que se publica em Gênova, sob o título de **L'amore Del Vero**, *periodico de scienze, litteratura, belle arti, magnetismo animale, omeopatia, elettro-telegrafia, Spiritismo, etc. Sotto la direzzione dei signori* **D. Pietro Gatti** e **B. E. Maineri**. Esse jornal aparece três vezes por mês, em cadernos de 18 páginas.

O Dr. Gatti, diretor do Instituto Homeopático de Gênova, é um adepto esclarecido do Espiritismo, e não duvidamos que as questões relativas a esta ciência sejam tratadas por ele com o talento e a sagacidade que o caracterizam.

A **História de Joana D'Arc**, ditada por ela mesma à Srta. *Ermance Dufaux*, cuja reimpressão anunciamos, acaba de aparecer na Livraria Ledoyen. Referimo-nos a essa obra notável na *Revista Espírita* de janeiro de 1858. Desde então, nossa opinião não variou quanto a sua importância, não só do ponto de vista histórico, mas como um dos fatos mais curiosos de manifestação espírita. A reedição era vivamente reclamada, e não duvidamos que obtenha um sucesso tanto maior, quanto os partidários da nova ciência são hoje mais numerosos do que no tempo da primeira publicação.

Allan Kardec

# ANO III
# JULHO DE 1860

## AVISO

*O escritório da Revista Espírita e o domicílio particular do Sr. Allan Kardec foram transferidos para a Rua Sainte-Anne, nº 59, travessa Sainte-Anne.*

## BOLETIM

DA SOCIEDADE PARISIENSE DE ESTUDOS ESPÍRITAS

(SEXTA-FEIRA, 1º DE JUNHO DE 1860 – SESSÃO PARTICULAR)

Leitura da ata e dos trabalhos da sessão de 25 de maio.

Por proposta da comissão e após relato verbal, a Sociedade admite como sócios livres:

Sra. E..., de Viena, Áustria.

*Assuntos administrativos.* A comissão propõe e a Sociedade adota as seguintes proposições:

1. – Considerando que, nos termos do art. 16 do regulamento, no fim de abril a Sociedade pode dar a conhecer a intenção de retirada de certos membros;

Que se as admissões feitas pela direção e comissão, antes dessa época, poderiam recair sobre membros que não continuarão a fazer parte;

Que não seria racional que os que pretendem retirar-se fossem admitidos;

Resolve o seguinte:

1. – As eleições para a direção e para a comissão serão feitas na primeira sessão de maio. Os membros em exercício continuarão suas funções até essa época.

2. – A Sociedade, considerando que uma ausência muito prolongada e não prevista dos membros da direção e da comissão pode entravar a marcha dos trabalhos;

Resolve o seguinte:

Os membros da direção e da comissão, ausentes durante três meses sem prévio aviso, serão considerados resignatários, providenciando-se a sua substituição.

*Comunicações diversas.* 1. – Leitura de um ditado espontâneo pela Sra. L..., sobre a *honestidade relativa*, assinado por Georges, Espírito familiar.

2. – Outro, pela Sra. Schmidt, sobre a *Influência do médium sobre o Espírito*, assinado por *Alfred de Musset*.

3. – Relato de um caso concernente a duas pessoas, das quais uma é uma pobre moça, e cujas relações atuais são consequência das que existiam em sua vida anterior. Circunstâncias aparentemente fortuitas as puseram em relação e elas experimentaram uma simpatia recíproca, revelada por singular coincidência do poder mediúnico. Interrogado sobre certos fatos, um Espírito superior disse que a jovem tinha sido filha da outra em vida anterior, havia sido abandonada e, na presente existência, posta em seu caminho, para lhe dar ocasião de reparar a falta protegendo-a, o que ela está resolvida a fazer, a despeito de sua situação bastante precária, pois vive de seu trabalho.

O fato, que contém muitos detalhes interessantes, vem em apoio do que sempre tem sido dito sobre certas simpatias, cuja causa remonta a vidas precedentes.

Sem contradita, esse princípio dá uma razão de ser a mais ao sentimento fraterno, que faz uma lei da caridade e da benevolência, porque aperta e multiplica os laços que devem unir a Humanidade.

*Estudos.* 1. – Evocação da *grande Françoise*, uma das principais convulsionárias de Saint-Médard, da qual uma primeira evocação foi publicada no número de maio último. Esse Espírito foi chamado novamente a seu pedido, com o objetivo de retificar a opinião emitida sobre o diácono Paris. Acusa-se de o haver caluniado, desnaturando suas intenções e pensa que a retratação feita espontaneamente poupar-lhe-á a punição que por isso merecia.

São Luís completa a comunicação com informes sobre os mundos destinados ao castigo dos Espíritos culpados.

2. – Exame analítico e crítico das comunicações de Charlet sobre os animais. O Espírito desenvolve, completa e retifica certas afirmações que tinham parecido obscuras ou erradas. Tal exame será continuado na próxima sessão. Publicado a seguir.

3. – Dois ditados espontâneos, o primeiro pela Srta. Huet, sobre a continuação das Memórias de um Espírito; o segundo pela Sra. Lesc..., assinado por *Georges*, seu Espírito familiar, sobre o exame crítico que a Sociedade se propõe fazer das comunicações espíritas. O Espírito aprova muito esse gênero de estudo e o considera como um meio de evitar falsas comunicações.

(SEXTA-FEIRA, 8 DE JUNHO DE 1860 – SESSÃO GERAL)

Leitura da ata e dos trabalhos da sessão de 1º de junho.

A Sra. Viúva G..., antigo membro titular, não incluída na lista de 30 de abril, em cumprimento do novo regulamento da Sociedade, escreve explicando os motivos de sua abstenção e pede seja reintegrada como *associada livre*. Conforme parecer da comissão, é admitida nessas condições.

*Comunicações diversas.* 1. – Leitura de um ditado espontâneo, recebido pela Sra. Lesc... e assinado por *Delphine de Girardin*, sobre as *primeiras impressões de um Espírito*. Apresenta um quadro poético e muito real das sensações que o Espírito experimenta ao deixar a Terra.

2. – Outro, pelo mesmo médium, assinado por *Alfred de Musset*, intitulado *Aspirações de um Espírito*.

3. – O Sr. M..., de Metz, relata um fato interessante e pessoal, sobre a influência que um médium pode exercer sobre outra pessoa, para lhe desenvolver a faculdade mediúnica. Por tal meio ela foi desenvolvida no Sr. M...; mas o que há de particular no caso é que foi uma ação a distância. Estando o médium em Châlons, e o Sr. M... em Metz, combinaram a hora para a prova e o Sr. M... constatou o momento preciso em que o médium o influenciava ou cessava de agir. Ainda mais, descreveu as impressões espirituais que sentia o médium e das

quais não podia fazer uma ideia e, por outro lado, o médium escreveu as mesmas palavras traçadas pelo Sr. M...

Ainda mais, houve com o médium um fato muito curioso de escrita direta espontânea, isto é, sem provocação e sem qualquer intenção de sua parte, porque nem pensava em tal. Várias palavras, que não podiam ter outra origem, quando se conhecem as circunstâncias, inopinadamente foram achadas escritas, com manifesta intenção, e adequadas à situação. Tendo tentado nova manifestação, o médium não a conseguiu.

*Estudos*. 1. – Diversas perguntas a São Luís. 1 – sobre o estado dos Espíritos; 2. – sobre o que se deve entender por esfera ou planeta das flores, de que falam alguns Espíritos; 3. – sobre as faculdades intelectuais latentes; 4. – sobre os sinais de reconhecimento para constatar a identidade dos Espíritos.

2. – Evocação de Antoine T..., desaparecido há alguns anos, sem deixar indícios sobre sua sorte. Reconhecida como inexata uma primeira evocação, ele explica o motivo e dá novos detalhes sobre sua pessoa. A investigação mostrará se são mais exatos que os primeiros.

3. – Evocação do astrólogo Vogt, de Munique, que se suicidou a 4 de maio de 1860. Seu Espírito, pouco desprendido, ainda se acha sob o império das ideias que o preocupavam em vida.

4. – Dois ditados espontâneos e simultâneos, o primeiro pelo Sr. Didier Filho, sobre a *Fatalidade*, assinado por *Lammenais*; o segundo pela Sra. Lesc..., assinado por *Delphine de Girardin*, sobre as *Mascaradas Humanas*.

(SEXTA-FEIRA, 15 DE JUNHO DE 1860 – SESSÃO PARTICULAR)

Leitura da ata e dos trabalhos da sessão de 8 de junho.[*]

Por proposta da comissão, são recebidos como sócios livres:

O Sr. Conde de N..., de Moscou.

O Sr. P..., proprietário em Paris.

*Comunicações diversas*. 1. – Leitura de uma carta informando

---

[*] No original é de 8 de maio. Visível erro de revisão, pois a 8 de maio não houve sessão, como se constata no fascículo de junho. N do T

que em certas localidades o clero se ocupa seriamente com o estudo do Espiritismo, e que membros bem esclarecidos desse corpo falam dele como de uma coisa chamada a exercer uma grande influência nas relações sociais.

2. – Leitura de uma evocação particular, feita em casa do Sr. Allan Kardec, do Sr. J... Filho, de Saint-Etienne. Posto que de interesse privado, a evocação apresenta ensinamentos úteis, pela elevação de pensamentos do Espírito chamado, e foi ouvida com vivo interesse.

3. – Observação apresentada pelo Sr. Allan Kardec a respeito de uma predição que lhe foi submetida por um médium de seu conhecimento. Segundo ela, certos acontecimentos devem ocorrer em data fixa e, como constatação, o Espírito tinha dito ao médium que a fizesse assinar por várias pessoas, entre outras o Sr. Allan Kardec, a fim de poder certificar, na ocorrência, a época em que fora feita. Eu me recusei, disse o Sr. Allan Kardec, pelas seguintes considerações: "Já há muita tendência a ver no Espiritismo um meio de adivinhação, o que é contrário ao seu objetivo; quando fatos futuros são anunciados e se realizam, temos, sem dúvida, um caso curioso e excepcional, mas seria perigoso considerá-lo como uma regra. Por isso, não quis que meu nome servisse para endossar uma crença que falsearia o Espiritismo, em seu princípio e na sua aplicação".

*Estudos*. 1. – Evocação de Thilorier, físico, que morrera supondo ter encontrado o meio de substituir o vapor pelo ácido carbônico condensado, como força motriz. Reconhece que tal descoberta não passava de sua imaginação. Publicada adiante.

2. – Continuação do exame crítico das comunicações de Charlet sobre os animais. Será publicado.

3. – Evocação de um Espírito batedor, que se manifesta ao filho do Sr. N..., membro da Sociedade, por efeitos físicos de certa originalidade. Disse ter sido tambor-mor na banda militar do Vaticano e chamar-se *Eugène*. Sua linguagem não desmente a qualidade que se atribui.

4. – Ditado espontâneo pela Sra. Lesc..., sobre o *desenvolvimento das faculdades intelectuais*, a propósito da evocação de Thilorier, e assinado *Georges*, Espírito familiar. É de notar-se que muitas vezes esse Espírito apropria suas comunicações às circunstâncias, o que pro-

va que assiste às conversas, mesmo sem ser chamado. O fato produziu-se em várias outras ocasiões, da parte de outros Espíritos. Outro, pelo Sr. Didier Filho, assinado por *Vauvernagues* e contendo alguns notáveis pensamentos.

(SEXTA-FEIRA, 22 DE JUNHO DE 1860 – SESSÃO GERAL)

Leitura da ata e dos trabalhos da sessão de 15 de junho.

*Comunicações diversas*. 1. – Leitura de um ditado espontâneo, recebido de *Alfred de Musset* pela Sra. Lesc..., sobre a *Rêverie*.

2. – Relato de um fato natural de mediunidade espontânea, como médium escrevente, apresentado pela Sra. Lub..., membro da Sociedade. A pessoa é uma camponesa de quinze anos e que, sem qualquer conhecimento de Espiritismo, escreve quase diariamente, por vezes páginas inteiras, de maneira absolutamente mecânica. Uma intuição lhe diz que deve ser um Espírito que lhe fala, porque, quando é levada a escrever, toma um lápis dizendo: *Vejamos o que ele vai me dizer hoje*. Suas comunicações quase sempre se relacionam com episódios da vida privada, quer para ela, quer para pessoas de seu conhecimento e, quase sempre, de extrema justeza, sobre coisas que ela ignora completamente. É provável que, se a faculdade fosse cultivada e bem dirigida, se desenvolveria de modo notável e útil.

*Estudos*. 1. – Pergunta sobre os animais de transição que podem preencher a lacuna existente na escala dos seres vivos, entre o animal e o homem. O estudo será continuado.

2. – Perguntas sobre os inventores e as descobertas prematuras, a propósito da evocação de Thilorier.

3. – Manifestações físicas produzidas pelo filho do Sr. N..., rapaz de treze anos, de que se falou na última sessão. O Espírito batedor a ele ligado o faz simular, com as mãos e os dedos, com incrível volubilidade, toda sorte de evoluções militares, como cargas de cavalaria, manobras de artilharia, ataques de fortes, etc., tomando todos os objetos a seu alcance, para fingir de armas. Exprime os vários sentimentos que o agitam, como a cólera, a impaciência ou a zombaria, por violentas batidas e gestos de pantomima, muito expressivos. Além disso, nota-se a impassibilidade e a despreocupação do rapaz, enquanto mãos e braços se entregam a essa espécie de ginástica.

Torna-se evidente que todos os movimentos independem de sua vontade. Durante o resto da sessão e quando já interrompida a experiência, o Espírito aproveita a ocasião para manifestar, a seu modo, o contentamento ou o mau humor a respeito do que se diz. Numa palavra, vê-se que se apodera dos membros do rapaz e os emprega como seus. Tal gênero de manifestações oferece um curioso assunto para estudo, por sua originalidade, e pode dar a compreender a maneira por que os Espíritos agem sobre certas criaturas.

Interrogado quanto às consequências que tais manifestações podem ter sobre o rapaz, São Luís faz advertências cheias de sabedoria e aconselha não as provocar. Além disso, concita a Sociedade a não entrar nessa via de experiência, cujo resultado seria o afastamento dos Espíritos sérios, e a continuar ocupando-se, como fez até agora, em aprofundar as questões importantes.

## A FRENOLOGIA E A FISIOGNOMONIA

A frenologia é a ciência que trata das funções atribuídas a cada parte do cérebro. O Dr. Gall, fundador dessa Ciência, pensava que, desde que o cérebro é o ponto onde terminam todas as sensações, e de onde partem todas as manifestações das faculdades intelectuais e morais, cada uma das faculdades primitivas deveria ter ali o seu órgão especial. Assim, seu sistema consiste na localização das faculdades. Como o desenvolvimento da caixa óssea é determinado pelo desenvolvimento de cada parte cerebral, produzindo protuberâncias, concluiu ele que, do exame dessas protuberâncias poder-se-ia deduzir a predominância de tal ou qual faculdade e, daí, o caráter ou as aptidões do indivíduo. Daí, também, o nome de *cranioscopia* dado a essa ciência, com a diferença de que a *frenologia* tem por objeto tudo o que concerne às atribuições do cérebro, ao passo que a *cranioscopia* se limita às induções tiradas da inspeção do crânio. Numa palavra, Gall fez, a respeito do crânio e do cérebro, o que Lavater fez para os traços fisionômicos.

Não vamos aqui discutir o mérito desta ciência, nem examinar se é verdadeira ou exagerada em todas as suas consequências. Mas ela foi, alternadamente, defendida e criticada por homens de alto valor científico. Se certos detalhes ainda são hipotéticos, nem por isso deixa de repousar sobre um princípio incontestável, o das funções gerais do cérebro, e sobre as relações existentes entre o desenvolvimento ou a atrofia desse órgão e as manifestações intelectuais. O nosso propósito é o estudo das suas consequências psicológicas.

Das relações existentes entre o desenvolvimento do cérebro e a manifestação de certas faculdades, concluíram alguns cientistas que os órgãos do cérebro são a própria fonte das faculdades, doutrina que não passa de materialismo, porque tende para a negação do princípio inteligente estranho à matéria. Consequentemente, faz do homem uma máquina sem livre-arbítrio e sem responsabilidade por seus atos, pois sempre poderia atribuir os seus erros à sua organização e seria injustiça puni-lo por faltas que não teriam dependido dele. Ficamos, com razão, abalados pelas consequências de semelhante teoria. Devia-se, por isso, proscrever a frenologia? Não. Mas examinar o que nela poderia existir de verdadeiro ou de falso, na maneira de encarar os fatos. Ora, esse exame prova que as atribuições do cérebro em geral e, mesmo, a localização das faculdades, podem conciliar-se perfeitamente com o *espiritualismo* mais severo, que encontraria nisso a explicação de certos fatos. Admitamos, por um instante, a título de hipótese, a existência de um órgão especial para o instinto musical. Suponhamos, além disso, como nos ensina a *doutrina espírita*, que um Espírito, cuja existência é muito anterior ao seu corpo, se encarne com a faculdade musical muito desenvolvida; esta se exercerá naturalmente sobre o órgão correspondente, e impelirá o seu desenvolvimento, como o exercício de um membro aumenta o volume dos músculos. Como na infância o sistema ósseo oferece pouca resistência, o crânio sofre a influência do movimento expansivo da massa cerebral, portanto o desenvolvimento do crânio é produzido pelo do cérebro, assim como o deste o é pelo da faculdade. Esta é a causa primeira; o estado do cérebro é um efeito consecutivo. Sem a faculdade não existiria o órgão ou este seria apenas rudimentar. Encarada sob este ponto de vista, como se vê, nada teria a frenologia de contrário à moral, porque deixa ao homem toda a sua responsabilidade, e acrescentamos que esta teoria é, ao mesmo tempo, conforme à lógica e à observação dos fatos.

Objetam com os casos conhecidos, nos quais a influência do organismo sobre a manifestação das faculdades é incontestável, como os da loucura e da idiotia, mas é fácil resolver o problema. Diariamente veem-se homens muito inteligentes tornarem-se loucos. O que prova isto? Um homem muito forte pode quebrar uma perna e não poderá mais andar. Ora, a vontade de andar não está na perna, mas no cérebro. Esta vontade só é paralisada pela impossibilidade de mover a perna. No louco, o órgão que servia às manifestações do pensamento, uma vez desarranjado por uma causa física qualquer, o pensamento não pode manifestar-se de maneira regular; erra a torto e a direito, fazendo o que chamamos extravagâncias. Nem por isso deixa de existir em sua integridade, e a prova está em que, se o órgão for restabelecido, volta o anterior pensamento, como o movimento da perna que é curada. Assim, o pensamento não está no cérebro, como não está na caixa craniana. O cérebro é o instrumento do pensamento, como o olho é o instrumento da visão, e o crânio é a superfície sólida que se molda aos movimentos do instrumento. Se o instrumento for deteriorado, não se dá a manifestação, exatamente como, quando se perdeu um olho, não mais se pode ver.

Às vezes, entretanto, acontece que a suspensão da livre manifestação do pensamento não é devida a uma causa acidental, como na loucura. A constituição primitiva dos órgãos pode oferecer ao Espírito, desde o nascimento, um obstáculo do qual sua atividade não pode triunfar. É o que ocorre quando os órgãos são atrofiados, ou apresentam uma resistência insuperável. Tal é o caso da idiotia. O Espírito está como que aprisionado e sofre essa constrição, mas nem por isso deixa de pensar como Espírito, do mesmo modo que um prisioneiro nas grades. O estudo das manifestações do Espírito de pessoas vivas, pela evocação, lança uma grande luz sobre os fenômenos psicológicos. Isolando o Espírito da matéria, prova-se pelos fatos que os órgãos não são a causa das faculdades, mas simples instrumentos, com o auxílio dos quais as faculdades se manifestam com maior ou menor liberdade ou precisão; que muitas vezes são como abafadores, que amortecem as manifestações, o que explica a maior liberdade do Espírito, desde que desprendido da matéria.

No conceito materialista, que é um idiota? Nada: apenas um ser humano. Conforme a doutrina espírita é um ser dotado de razão, como todo mundo, mas enfermo de nascença pelo cérebro, como outros o são pelos membros. Reabilitando-o, tal doutrina não é mais moral, mais humana, que a que dele faz um ser de refugo? Não é mais consolador para um pai, que tem a infelicidade de ter um tal filho, pensar que esse invólucro imperfeito encerra uma alma que pensa?

Aos que, sem serem materialistas, não admitem a pluralidade das existências, perguntaremos o que é a alma do idiota! Se a alma é formada ao mesmo tempo que o corpo, por que cria Deus seres assim desgraçados? Qual será o seu futuro? Ao contrário, admiti uma sucessão de existências e tudo se explica conforme a justiça: a idiotia pode ser uma punição ou uma prova e, em todo o caso, não passa de incidente na vida do Espírito. Isto não é maior, mais digno da justiça de Deus, do que supor que Deus tenha criado um ser abortivo para a eternidade?

Agora lancemos as vistas para a *fisiognomonia*. Esta ciência é baseada no princípio incontestável de que é o pensamento que põe os órgãos em jogo, que imprime certos movimentos aos músculos. Daí se segue que, estudando as relações entre os movimentos aparentes e o pensamento, daqueles pode deduzir-se o pensamento, que não se vê. É assim que não nos enganaremos quanto à intenção de quem faz um gesto agressivo ou amigo; que reconheceremos a marcha de um homem apressado e a do que não o é. De todos os músculos, os mais móveis são os da face: ali se refletem muitas vezes até as mais delicadas nuanças do pensamento. É por isso que, com razão, se diz que o rosto é o espelho da alma. Pela frequência de certas sensações, os músculos contraem o hábito dos movimentos correspondentes e acabam formando a ruga. A forma exterior se modifica, assim, pelas impressões da alma, de onde se segue que, dessa forma, por vezes se podem deduzir essas impressões, como do gesto pode deduzir-se o pensamento. Tal é o princípio geral da arte, ou, se se quiser, da ciência fisiognomônica. Este princípio é verdadeiro: não só se apoia sobre base racional, mas é confirmado pela observação, e Lavater tem a glória, se não de o haver descoberto, ao menos de o ter desenvolvido e formulado em corpo de doutrina. Infelizmente, Lavater caiu no erro comum à maior parte dos autores de sistemas, ou seja, o de um princípio verdadeiro sob certos pontos, concluírem pela aplicação universal e, em seu entusiasmo por terem descoberto uma verdade, a vê-la em tudo. Eis aí o exagero e, por vezes, o ridículo. Não vamos aqui examinar o sistema de Lavater em detalhe: diremos apenas que tanto é ele consequente ao remontar do físico ao moral por certos sinais exteriores, quanto é ilógico ao atribuir um sentido qualquer às formas ou sinais sobre os quais o pensamento não pode ter qualquer ação. É a falsa aplicação de um princípio verdadeiro que muitas vezes o relega ao plano das crenças supersticiosas, e que leva a confundir na mesma reprovação os que veem certo e os que exageram.

Digamos, entretanto, para ser justo, que muitas vezes a falta é menos do mestre que dos discípulos que, em sua admiração fanática e irrefletida, por vezes levam as consequências de um princípio além dos limites do possível.

Agora, se examinarmos esta ciência nas suas relações com o Espiritismo, teremos que combater várias induções errôneas, que dela poderiam ser tiradas. Entre as relações fisiognomônicas, uma há, sobretudo, sobre a qual a imaginação muitas vezes se exerceu: é a semelhança de algumas pessoas com certos animais. Procuremos, então, buscar a causa.

A semelhança física resulta, entre os parentes, da consanguinidade que transmite, de um a outro, partículas orgânicas semelhantes, porque o corpo procede do corpo. Mas não poderia vir à mente de ninguém supor que aquele que se parece com um gato, por exemplo, tenha nas veias sangue de gato. Há, pois, uma outra causa. Para começar, pode ser fortuita e sem qualquer significação, o que é o caso mais ordinário. Contudo, além da semelhança física, por vezes se nota uma certa analogia de inclinações. Isto poderia explicar-se pela mesma causa que modifica os traços fisionômicos. Se um Espírito ainda atrasado conserva alguns dos instintos animais, seu caráter, como homem, terá esses traços e as paixões que o agitam poderão dar a esses traços algo que lembra vagamente os do animal cujos instintos possui. Mas esses traços se apagam á medida que o Espírito se depura e que o homem progride na via da perfeição.

Aqui seria o Espírito a imprimir o cunho à fisionomia; mas da similitude dos instintos seria absurdo concluir que o homem que tem os do gato, possa ser a encarnação do Espírito de um gato. Longe de ensinar uma tal teoria, o Espiritismo sempre demonstrou o seu ridículo e a sua impossibilidade. É certo que se nota uma gradação contínua na série animal; mas entre o animal e o homem há uma solução de continuidade. Ora, mesmo admitindo, o que é apenas um sistema, que o Espírito haja passado por todos os graus da escala animal, antes de chegar ao homem, haveria sempre, de um ao outro, uma interrupção que não existiria se o Espírito do animal pudesse encarnar-se diretamente no corpo do homem. Se assim fosse, entre os Espíritos errantes haveria os de animais, como há Espíritos humanos, o que não se dá.

Sem entrar no exame aprofundado desta questão, que discutiremos mais tarde, dizemos, segundo os Espíritos, que nisto estão de acordo com a observação dos fatos, que nenhum homem é a encarnação do espírito de um animal. Os instintos animais do homem se devem à imperfeição do próprio Espírito ainda não depurado e que, sob a influência da matéria, dá preponderância às necessidades físicas sobre as morais e sobre o senso moral, ainda não desenvolvido suficientemente. Sendo as mesmas as necessidades físicas no homem e no animal, necessariamente resulta que, até o senso moral estabelecer um contra-peso, pode haver entre eles uma certa analogia de instintos; mas aí estaca a paridade; o senso moral que não existe num, e que no outro está em germe e cresce incessantemente, estabelece entre eles uma verdadeira linha de demarcação.

Outra indução não menos errônea é tirada do princípio da pluralidade das existências. Da sua semelhança com certas pessoas, alguns concluem que podem ter sido tais pessoas. Ora, do que precede, fácil é demonstrar que aí existe apenas uma ideia quimérica. Como dissemos, as relações consanguíneas podem produzir uma similitude de formas, mas este não é o caso, pois Esopo pode ter sido mais tarde um homem bonito e Sócrates um belo rapaz. Assim, quando não há filiação corpórea, só haverá uma semelhança fortuita, pois não há qualquer necessidade do Espírito habitar corpos parecidos e, ao tomar um novo corpo, não traz qualquer parcela do antigo. Entretanto, conforme o que dissemos acima, quanto ao caráter que as paixões podem imprimir aos traços, poder-se-ia pensar que, se um Espírito não progrediu sensivelmente e voltar com as mesmas inclinações, poderá trazer no rosto identidade de expressão. Isto é exato, mas seria no máximo um ar de família, e daí a uma semelhança real há muita distância. Aliás, este caso deve ser excepcional, pois é raro que o Espírito não venha em nova existência com disposições sensivelmente modificadas. Assim, dos sinais fisiognomônicos não é possível, absolutamente, tirar qualquer indício das existências anteriores. Não se pode encontrá-las senão no caráter moral, nas ideias instintivas e intuitivas, nas inclinações inatas, nas que não resultam da educação, assim como na natureza das expiações enfrentadas. E ainda isso não poderia indicar senão o gênero de existência, o caráter que se deveria ter, levando em conta o progresso, mas não a individualidade. (Ver o *Livro dos Espíritos*, n°s 216 e 217).

## OS FANTASMAS

A Academia assim define o vocábulo: "Diz-se dos Espíritos que se supõe voltarem do outro mundo". Ela não diz *quem volta*; só os espíritas são bastante loucos para ousarem afirmar tais coisas. Seja como for, pode-se dizer que a crença nos fantasmas é universal. Evidentemente se funda na intuição da existência dos Espíritos e na possibilidade de comunicação com eles. A esse título, todo Espírito que manifesta sua presença, seja pela escrita de um médium, ou apenas batendo numa mesa, seria um fantasma. Mas geralmente esse nome quase sepulcral é reservado para os que se tornam visíveis e que se *supõe*, como diz com razão a Academia, vir em circunstâncias mais dramáticas. São histórias de comadres? O fato em si, não; os acessórios, sim. Sabe-se que os Espíritos podem manifestar-se à vista, mesmo em forma tangível, eis o que é real. Mas o que é fantástico são os acessórios cujo medo, que tudo exagera, ordinariamente acompanha esse fenômeno, em si tão simples, que se explica por uma lei muito natural e, consequentemente, nada tem de maravilhoso ou de diabólico. Por que, então, temer os fantasmas? Precisamente por causa desses mesmos acessórios que a imaginação gosta de tornar apavorantes, porque ela se superexcitou e talvez tivesse acreditado ver o que não viu. Em geral são representados sob aspecto lúgubre, vindo de preferência à noite e, sobretudo, nas noites mais escuras, em horas fatais, aos lugares sinistros, amortalhados ou vestidos de modo esquisito. Ao contrário, o Espiritismo ensina que os Espíritos podem mostrar-se em qualquer lugar, a qualquer hora, de dia como de noite; que em geral o fazem na aparência que tinham em vida e que só a imaginação criou os fantasmas; que os que aparecem, longe de serem temíveis, as mais das vezes são parentes ou amigos que vêm a nós por afeição, ou Espíritos infelizes aos quais podemos ajudar. Também são, por vezes, brincalhões do mundo espírita, que se divertem às nossas custas e se riem do medo que causam. Compreende-se que com estes o melhor meio é rir também, e lhes provar que não se teme. Aliás, eles se limitam quase sempre a fazer barulho e raramente se tornam visíveis. Infeliz de quem os leva a sério, porque redobram nas brincadeiras: seria o mesmo que exorcizar um moleque de Paris. Mesmo supondo seja um mau Espírito, que mal poderia fazer e não seria cem vezes mais para temer um valentão vivo que um morto que se tornou Espírito? Aliás, sabemos que estamos constantemente rodeados por Espíritos, que só diferem dos que chamamos fantasmas porque não os vemos.

Os adversários do Espiritismo não deixarão de o acusar por aceitar uma crença supersticiosa. Mas o fato das manifestações visíveis, constatado, explicado pela teoria e confirmado por inúmeras testemunhas, não se pode impedir, e todas as negações não o privam de se reproduzir, porque há poucas pessoas que, consultando as suas lembranças, não se recordem de algum caso dessa natureza e que não podem pôr em dúvida. Então o melhor é ser esclarecido sobre o que há de verdadeiro ou de falso, de possível ou impossível nas histórias desse gênero. É explicando uma coisa, raciocinando, que nos premunimos contra o medo pueril. Conhecemos muita gente que temia muito os fantasmas. Hoje que, graças ao Espiritismo, sabem o que é isto, seu maior desejo é ver um. Conhecemos outras que tiveram visões que as tinham apavorado; agora que as compreendem, não mais se abalam. Conhecem-se os perigos do mal do medo para os cérebros fracos. Ora, um dos resultados do conhecimento do Espiritismo esclarecido é precisamente curar esse mal, o que não é um dos seus menores benefícios.

## RECORDAÇÃO DE UMA VIDA ANTERIOR

(SOCIEDADE, 25 DE MAIO DE 1860)

Um dos nossos assinantes nos envia uma carta de um de seus amigos, da qual extraímos o seguinte:

"Perguntastes a minha opinião, ou antes, se acredito na presença ou não, junto a nós, das almas dos que amamos. Pedis ainda explicações relativas à minha convicção de que nossas almas mudam de envoltório muito rapidamente.

Por mais ridículo que pareça, direi que minha convicção sincera é a de ter sido assassinado durante os massacres de São Bartolomeu. Eu era muito criança quando tal lembrança veio ferir-me a imaginação. Mais tarde, quando li essa triste página de nossa História, pareceu que muitos detalhes me eram conhecidos, e ainda creio que se a velha Paris fosse reconstruída eu reconheceria essa velha aléia sombria onde, fugindo, senti o frio de três punhaladas dadas pelas costas. Há detalhes dessa cena sangrenta em minha memória e jamais desapareceram. Por que tinha eu essa convicção antes de saber o que tinha sido o São Bartolomeu? Por que, lendo o relato desse massacre eu me perguntei: é sonho, esse sonho desagradável que tive em criança, cuja lembrança me ficou tão viva? Por que, quando quis consultar a memória, forçar o pensamento, fiquei como um pobre louco ao qual surge uma ideia e que parece lutar para lhe descobrir a razão? Por quê? Nada sei. Certo me achareis ridículo, mas nem por isso guardarei menos a lembrança, a convicção.

Se dissesse que tinha sete anos quando tive um sonho assim: Eu tinha vinte anos, era um rapaz bem posto, parece que rico. Vim bater-me em duelo e fui morto. Se dissesse que a saudação feita com a arma, antes de se bater, eu a fiz pela primeira vez que tive um florete na mão. Se dissesse que cada preliminar mais ou menos graciosa que a educação ou a civilização pôs na arte de se matar me era desconhecida antes de minha educação nas armas, certamente diríeis que sou louco ou maníaco. Bem pode ser; mas às vezes me parece que um clarão atravessa essa névoa e tenho a convicção de que a lembrança do passado se restabelece em minh'alma.

Se me perguntásseis se creio na simpatia entre as almas, em seu poder de se porem em contato entre elas, a despeito da distância, apesar da morte, eu vos responderia: Sim, e este sim seria pronunciado com toda a força de minha convicção. Aconteceu encontrar-me a vinte e cinco léguas de Lima, após vinte e seis dias de viagem, e despertar em lágrimas, com uma verdadeira dor no coração; uma tristeza mortal apoderou-se de mim todo o dia. Registrei o fato em meu diário. Àquela hora, na mesma noite, meu irmão tinha sido atingido por um ataque de apoplexia, que comprometeu gravemente a sua vida. Confrontei o dia e a hora: tudo exato. Eis um fato; as pessoas existem. Direis que eu sou louco?

Não li qualquer autor tratando de tal assunto. Fá-lo-ei em minha volta. Talvez essa leitura lance alguma luz em mim."

O Sr. V..., autor desta carta, é oficial de marinha e atualmente em viagem. Seria interessante ver se, evocando-o, confirmaria suas lembranças; mas haveria a impossibilidade de o prevenir de nossa intenção e, por outro lado, à vista de seu serviço, poderia ser difícil achar o momento propício. Contudo, disseram-nos que chamássemos o seu anjo da guarda, quando quiséssemos evocá-lo, e ele nos diria se poderíamos fazê-lo.

1. – Evocação do anjo da guarda do Sr. V... R – Atendo ao vosso chamado.

2. – Conheceis o motivo que nos leva a querer evocar o vosso protegido. Não se trata de satisfazer uma vã curiosidade, mas de constatar, se possível, um fato interessante para a ciência espírita, o da recordação de sua vida anterior. R – Compreendo o vosso desejo, mas no momento seu Espírito não está livre: está ativamente ocupado pelo corpo e numa inquietude moral que o impede de repousar.

3. – Ainda está no mar? R – Está em terra. Mas poderei responder a algumas perguntas, porque aquela alma foi sempre confiada à minha guarda.

4. – Desde que tendes a bondade de responder, perguntaremos se a lembrança que julga conservar de sua morte numa existência anterior é uma ilusão. R – É uma intuição muito real. Na época estava muito bem na Terra.

5. – Por que motivo essa lembrança lhe é mais precisa do que para outros? Há nisso alguma causa fisiológica ou alguma utilidade particular para ele? R – Essas lembranças vivas são muito raras. Deve-se um pouco ao gênero de morte que de tal modo o impressionou que está, por assim dizer, encarnado em sua alma. Contudo, muitas outras pessoas tiveram morte tão terrível e não lhes ficou a lembrança. Só raramente Deus o permite.

6. – Depois dessa morte no São Bartolomeu teve ele outras existências? R – Não.

7. – Que idade tinha quando morreu? R – Uns trinta anos.

8. – Pode-se saber o que era ele? R – Ligado à casa de Coligny.

9. – Se tivéssemos podido evocá-lo teríamos perguntado se recorda o nome da rua onde foi assassinado, a fim de ver se, indo a esse lugar, quando voltar a Paris, a lembrança da cena lhe é ainda mais precisa. R – Foi no cruzamento de Bucy.

10. – A casa onde foi morto ainda existe? R – Não: foi reconstruída.

11. – Com o mesmo objetivo teríamos perguntado se recorda o nome que tinha. R – Seu nome não é conhecido na História, pois era simples soldado. Chamava-se Gaston Vincent.

12. – Seu amigo, aqui presente, desejaria saber se recebeu suas cartas? R – Ainda não.

13. – Éreis então o seu anjo da guarda? R – Sim: então e agora.

**Observação**: Céticos, antes mais trocistas do que sérios, poderiam dizer que o anjo da guarda o guardou mal e perguntar por que não desviou a mão que o feriu. Posto uma tal pergunta mereça apenas uma resposta, talvez algumas palavras a respeito sejam úteis.

Para começar diremos que, se o morrer pertence à natureza humana, nenhum anjo de guarda tem o poder de opor-se ao curso das leis da Natureza. Do contrário, razão não haveria para que não impedissem a morte natural, tanto quanto a acidental. Em segundo lugar, estando o momento e o gênero de morte no destino de cada um, é preciso que se cumpra o destino. Diremos, por fim, que os Espíritos não encaram a morte como nós: a verdadeira vida é a do Espírito, da qual as várias existências corpóreas não passam de episódios. O corpo é um invólucro que o Espírito reveste momentaneamente e deixa como uma roupa usada ou *rasgada*. Pouco importa, pois, que se morra um pouco mais cedo ou mais tarde, de uma ou de outra maneira, pois que, em definitivo, sempre é preciso chegar à morte, que longe de prejudicar o Espírito, pode ser-lhe útil, conforme a maneira por que se realiza. É o prisioneiro que deixa a prisão temporária pela liberdade eterna. Pode ser que o fim trágico de Gaston Vincent lhe tenha sido uma coisa útil, como Espírito, o que o seu anjo da guarda compreende melhor que ele, porque um só vê o presente, ao passo que o outro vê o futuro. Espíritos retirados deste mundo por uma morte prematura, na flor da idade, por vezes nos responderam que era um favor de Deus, que assim os havia preservado dos males aos quais, sem isto, estariam expostos.

## DOS ANIMAIS

(DISSERTAÇÕES ESPONTÂNEAS FEITAS PELO ESPÍRITO DE CHARLET, EM VÁRIAS SESSÕES DA SOCIEDADE)

Há entre vós uma coisa que sempre vos excita a atenção e a curiosidade. Esse mistério, pois que o é e grande para vós, é a ligação, ou antes, a distância existente entre a vossa alma e a dos animais, mistério que, a despeito de toda a sua ciência, Buffon, o mais poético dos naturalistas, e Cuvier, o mais profundo, jamais puderam penetrar, assim como o escalpelo não vos detalha a anatomia do coração. Ora, sabeis, os animais vivem, e tudo o que vive pensa. Não se pode, pois, viver sem pensar.

Assim sendo, resta demonstrar-vos que quanto mais o homem avança, não conforme o tempo, mas conforme a perfeição, mais penetrará a ciência espiritual, o que se aplica não somente a vós, mas ainda aos seres que estão abaixo de vós: os animais. Oh! exclamarão alguns homens persuadidos de que o vocábulo *homem* significa todo o aperfeiçoamento, mas há um paralelo possível entre o homem e o bruto? Podeis chamar inteligência aquilo que não passa de instinto? Sentimento o que é apenas sensação? Numa palavra, podeis rebaixar a imagem de Deus? Responderemos: houve um tempo em que a metade do gênero humano era considerada no nível do irracional, onde o animal não figurava: um tempo, agora o vosso, em que a metade do gênero humano é encarada como inferior e o animal como bruto. Então? Do ponto de vista do mundo é assim, não há dúvida. Do ponto de vista espiritual a coisa é diferente. O que os Espíritos superiores diriam do homem terreno, os homens dizem dos animais.

Tudo é infinito na Natureza: o material como o espiritual. Ocupemo-nos, pois, um pouco, desses pobres brutos, falando espiritualmente, e vereis que o animal vive realmente, desde que pensa.

Isto serve de prefácio a um pequeno curso que darei a respeito. Aliás, em vida, eu havia dito que a melhor companhia do homem era o cão.

Continua no próximo número.

Charlet

II

O mundo é uma escada imensa, cuja elevação é infinita, mas cuja base repousa num horrível caos. Quero dizer que o mundo não é senão um progresso constante dos seres. Estais muito embaixo, sempre, mas haverá muitos abaixo de vós. Porque, ouvi bem, não falo apenas do vosso planeta, mas de todos os mundos do universo. Não temais, porém, pois nos limitaremos à Terra.

Antes disso, entretanto, duas palavras sobre um mundo chamado Júpiter, do qual o engenhoso e imortal Palissy vos deu alguns esboços estranhos e tão sobrenaturais para a vossa imaginação. Lembrai-vos de que nesses encantadores desenhos ele vos representou alguns animais de Júpiter. Não há neles um progresso evidente e podeis negar-lhes um grau de superioridade sobre os animais terrestres? E ainda só vedes nisso um progresso de forma e não de inteligência, posto que a atividade de que se ocupam não possa ser executada pelos animais terrestres. Só vos cito este exemplo para vos indicar desde logo uma superioridade de seres que estão muito abaixo de vós. Que seria se vos enumerasse todos os mundos que conheço, isto é, cinco ou seis? Mas limitando-nos a Terra, vede a diferença que entre eles existe. Então! se a forma é tão variada, tão progressiva, que mesmo na matéria há progresso, podeis deixar de admitir o progresso espiritual desses seres? Ora, sabei-o, se a matéria progride, mesmo a mais atrasada, com mais forte razão o espírito que a anima.

Continuarei da próxima vez.

Charlet

**Nota**: Com o número de agosto de 1858, publicamos uma prancha desenhada e gravada pelo Espírito de Bernard Palissy, representando a casa de Mozart em Júpiter, com uma descrição desse planeta, que foi sempre designado como um dos mundos mais adiantados do nosso turbilhão solar, moralmente e fisicamente. O mesmo Espírito deu um grande número de desenhos sobre o mesmo assunto. Entre outros, há um que representa uma cena de animais, jogando na parte reservada para sua habitação, na casa de Zoroastro. É, sem dúvida, um dos mais interessantes da coleção. Entre os animais figurados, há uns cuja forma se aproxima bastante da forma humana terrena, tendo ao mesmo tempo algo do macaco e do sátiro. Sua ação denota inteligência e compreende-se que sua estrutura possa prestar-se aos trabalhos manuais que executa para os homens. São, ao que se diz, criados e operários, pois os homens só se ocupam de trabalhos da inteligência. É a esse desenho, feito há mais de três anos, que alude Charlet na comunicação acima.

III

Nos mundos adiantados, os animais são de tal modo superiores que a mais rigorosa ordem lhes é dada pela palavra, e entre vós, muitas vezes a pauladas. Em Júpiter, por exemplo, basta uma palavra, e entre vós as chicotadas não bastam. Contudo, há um sensível progresso em vossa Terra, jamais explicado: é que o próprio animal se aperfeiçoa. Assim, outrora o animal era muito mais rebelde ao homem. Também há progresso de vossa parte, por terdes instintivamente compreendido esse aperfeiçoamento dos animais, pois que vos proibis de bater-lhes. Eu dizia que há progresso moral no animal. Há também progresso de condição. Assim, um pobre cavalo açoitado, ferido por um carroceiro mais brutal que ele, comparativamente estará numa condição muito mais tranquila, mais feliz que a de seu carrasco. Não é de toda justiça, e devemos acaso admirar-nos de que um animal que sofre, que chora, que é reconhecido ou humilhado, conforme a suavidade ou a crueldade de seus donos, tenha a recompensa por haver pacientemente suportado uma vida cheia de torturas? Antes de tudo, Deus é justo e todas as suas criaturas estão sob suas leis, e estas dizem: "Todo ser fraco que tiver sofrido será recompensado". Sempre comparativamente ao homem, entendo, e ouso acrescentar, para concluir, que por vezes o animal tem mais alma, mais coração que o homem, em muitas circunstâncias.

Charlet

IV

Em vosso globo a superioridade do homem se manifesta por essa elevação da inteligência que o torna o rei da Terra. Ao lado do homem, o animal é muito fraco, muito inferior e, pobre escravo desta terra de provação, por vezes tem que suportar caprichos cruéis de seu tirano: o homem! A antiga metempsicose era uma lembrança muito confusa da reencarnação e, contudo, essa mesma doutrina não passa de crença popular. Os grandes Espíritos admitiam a reencarnação progressiva; não compreendendo como eles o Universo, a massa ignorante naturalmente dizia: Desde que o homem se reencarna, isto não pode ser senão na Terra; então sua punição, seu tártaro, sua provação é a vida no corpo de um animal; absolutamente como na Idade Média, os cristãos diziam: É no grande vale que se dará o julgamento, após o que os condenados irão para baixo da terra, queimar-se em suas entranhas.

Acreditando na metempsicose, os antigos acreditavam, portanto, em espíritos de animais, desde que admitiam a passagem da alma humana para corpos de animais. Pitágoras lembrava-se de sua antiga existência e reconhecia o escudo que usava no cerco de Tróia. Sócrates morre predizendo sua nova vida.

Desde que, como disse, tudo é progresso no universo, desde que as leis de Deus não são e não podem ser senão leis do progresso, do ponto de vista em que estais, do ponto de vista de vossas tendências espiritualistas, não admitir o progresso do que está abaixo do homem seria insensato e uma prova de ignorância ou de completa indiferença.

Como o homem, o animal tem aquilo a que chamais consciência, e que não é outra coisa senão a sensação da alma quando fez o bem ou o mal? Observai e vede se o animal não dá prova de consciência, sempre, relativamente ao homem. Credes que o cão não saiba quando fez o bem ou o mal? Se não o sentisse, não viveria. Como já vos disse, a sensação moral, numa palavra, a consciência, existe nele como no homem, sem o que seria preciso negar-lhe o sentimento de gratidão, o sofrimento, os pesares, enfim todos os caracteres de uma inteligência, caracteres que todo homem sério pode observar em todos os animais, conforme seus diversos graus, porque, mesmo entre eles, há diversidades singulares.

Charlet

V

Rei da Terra pela inteligência, o homem é também um ser superior do ponto de vista material. Suas formas são harmoniosas e, para se fazer obedecer, seu Espírito tem um organismo admirável: o corpo. A cabeça do homem é alta e olha o céu, diz o Gênesis; o animal olha a terra e, pela estrutura de seu corpo, a ela parece mais ligado que o homem. Além disso, a harmonia magnífica do corpo humano não existe no animal. Vede a infinita variedade que os distingue uns dos outros e que, entretanto, não corresponde ao seu Espírito, porque os animais – e entendo sua imensa maioria – têm, quase todos, o mesmo grau de inteligência. Assim, no animal variedade de forma; ao contrário, no homem, variedade de Espírito. Tomai dois homens que tenham os mesmos gostos, aptidões, inteligência; tomai um cão, um cavalo, um gato, numa palavra, mil animais e dificilmente notareis diferenças em sua inteligência. Assim, o Espírito dorme no animal; no homem brilha em todos os sentidos; seu Espírito adivinha Deus e compreende a razão de ser da perfeição.

Assim, pois, no homem, a harmonia simples da forma, começo do infinito no Espírito; e vede agora a superioridade do homem que domina o animal, materialmente por sua estrutura admirável e intelectualmente por suas imensas faculdades. Parece que, nos animais, aprouve a Deus variar mais a forma, encerrando o Espírito; ao contrário, no homem, fazer do próprio corpo humano a manifestação material do Espírito.

Igualmente admirável nessas duas criações, a Providência tanto é infinita no mundo material quanto no espiritual. O homem está para o animal como a flor e todo o reino vegetal estão para a matéria bruta.

Nestas poucas linhas quis eu estabelecer o lugar que deve ocupar o animal na escala da perfeição. Veremos como pode elevar-se comparativamente ao homem.

Charlet

## VI

Como se eleva o Espírito? Pela submissão, pela humildade. O que perde o homem é a razão orgulhosa, que o impele a desprezar todo subalterno e invejar todo superior. A inveja é a mais viva expressão do orgulho; não é o prazer do orgulho, é o desejo doentio, incessante, de poder gozá-lo. Os invejosos são os mais orgulhosos, quando se tornam poderosos. Olhai o mestre de todos vós, o Cristo, o homem por excelência, mas na mais alta fase da sublimidade. O Cristo, digo eu, em vez de vir com audácia e insolência para derrubar o mundo antigo, vem a Terra encarnar-se numa família pobre e nasce entre os animais. Porque encontrareis por toda parte esses pobres animais, a todos os instantes, onde o homem vive simplesmente com a natureza, numa palavra, pensando em Deus. Nasce entre os animais e estes lhe exaltam o poder na sua linguagem tão expressiva, tão natural e tão simples. Vede que tema para reflexão! O Espírito ainda inferior que os anima pressente o Cristo, isto é, o Espírito em toda a sua essência de perfeição. Balaão, o falso profeta, o orgulho humano em toda a sua corrupção, blasfemou contra Deus e bateu no seu animal. De súbito, o Espírito ilumina o Espírito ainda muito vago do jumento e este fala. Por um instante torna-se igual ao homem e, por sua palavra, é o que será nalguns milhares de séculos. Poderíamos citar muitos outros fatos, mas este me parece bem notável, a propósito do que eu dizia sobre o orgulho do homem, que nega até a sua alma, por não poder compreendê-la, e vai até a negação do sentimento entre os seres inferiores, entre os quais o Cristo preferiu nascer.

Charlet

## VII

Eu vos entretive durante algum tempo com o que vos havia prometido. Como disse de começo, não falei do ponto de vista anatômico ou médico, mas apenas da essência espiritual que existe nos animais. Terei ainda que falar sobre outros vários pontos que, sendo bem diferentes, não são menos úteis à doutrina. Permiti-me uma última recomendação, a de refletirdes um pouco sobre quanto eu disse: nem é extenso, nem pedante e, crede-me, nem por isso é menos útil. Um dia, quando o Bom Pastor dividir suas ovelhas, que vos possa contar entre os bons e excelentes animais que tiverem seguido melhor os seus preceitos. Perdoai esta imagem pouco viva. Ainda uma vez, precisais refletir no que vos digo. Aliás, continuarei a vos falar enquanto quiserdes. Terei que vos dizer outra coisa da próxima vez, para definir meu pensamento sobre a inteligência dos animais.

Todo vosso,

Charlet

## VIII

Tudo quanto vos posso dizer no momento, amigos, é que vejo com prazer a linha de conduta que seguis. Que a caridade, esta virtude das almas verdadeiramente francas e nobres, seja sempre o vosso guia, pois é o sinal da verdadeira superioridade. Perseverai neste caminho que necessariamente vos deve conduzir, a todos, a despeito dos esforços cuja força não suspeitais, à verdade e à unidade.

A modéstia também é um dom muito difícil de adquirir; não é, senhores? É uma virtude bastante rara entre os homens. Pensai que para progredir na via do bem e do progresso, só tendes que usar a modéstia. Sem Deus, sem seus divinos preceitos, que seríeis? Um pouco menos que esses pobres animais dos quais vos falei, e sobre os quais tenho ainda a intenção de vos entreter. Cingi os rins e preparai-vos para lutar de novo, mas não fraquejeis. Pensai que não é contra Deus que lutais, como Jacó, mas contra o Espírito do mal, que invade tudo e a vós próprios, a cada instante.

O que vos tenho a dizer seria muito longo para esta noite. Tenho a intenção de vos explicar a queda moral dos animais, após a queda moral do homem. Para concluir o que vos disse sobre os animais, tomarei por título: o primeiro homem feroz e o primeiro animal tornado feroz.

Desconfiai dos maus Espíritos. Não suspeitais de sua força, disse-vos há pouco. E embora esta última frase não se relacione com a precedente, não é menos verdadeira e muito a propósito. Agora, refleti.

*Charlet*

**Observação**: O Espírito achou que devia interromper naquele dia o assunto principal de que tratava, para nos dar este ditado incidental, motivado por uma circunstância particular, de que se quis aproveitar. Publicamo-lo, não obstante, porque encerra úteis instruções.

Quando foi criado o primeiro homem, era tudo harmonia na Natureza. A Onipotência do Criador tinha posto em cada ser uma palavra de bondade, de generosidade e de amor. O homem era radioso; os animais desejavam seu olhar celeste e suas carícias eram as mesmas para eles e para sua celeste companheira. A vegetação era luxuriante; o sol dourava e iluminava toda a Natureza, como o sol misterioso da alma, centelha de Deus, iluminava interiormente a inteligência do homem. Numa palavra, todos os reinos da Natureza apresentavam essa calma infinita, que parecia compreender Deus; tudo parecia ter bastante inteligência para exaltar a Onipotência do Criador. O céu sem nuvens era como o coração do homem, e a água límpida e azul tinha reflexos infinitos, como a alma do homem tinha os reflexos de Deus.

Muito tempo depois tudo pareceu mudar subitamente. A Natureza oprimida soltou um longo suspiro e, pela primeira vez, a voz de Deus se fez ouvir. Terrível dia de desgraça, em que o homem, que até então não tinha ouvido senão a grande voz de Deus, que lhe dizia em tudo: "Tu és imortal", ficou apavorado com essas terríveis palavras: "Caim, por que mataste teu irmão?" Logo, tudo mudou: o sangue de Abel espalhou-se por toda a Terra; as árvores mudaram de cor; a vegetação, tão rica e colorida, murchou; o céu tornou-se escuro.

Por que o animal se tornava feroz? Magnetismo todo poderoso, invencível, que então tomou todas as criaturas, a sede de sangue, o desejo de carnagem brilhavam em seus olhos, outrora tão suaves, e o animal tornou-se feroz como o homem. Pois o homem, que tinha sido o rei da Terra, não havia dado o exemplo? O animal seguiu o seu exemplo e desde então a morte planou sobre a Terra, morte que se tornou odiosa, em vez de uma transformação suave e espiritual. O corpo do homem deveria dispersar-se no ar, como o corpo do Cristo, e dispersou-se na Terra, nessa Terra regada pelo sangue de Abel. E o homem trabalhou, e o animal trabalhou.

Charlet

# EXAME CRÍTICO
## DAS DISSERTAÇÕES DE CHARLET SOBRE ANIMAIS

SOBRE O § I

1. – Dizeis: *Tudo o que vive, pensa. Então não se pode viver sem pensar.* A proposição nos parece algo absoluta, pois a planta vive e não pensa. Admitis isso como um princípio? R – Sem dúvida. Só falo da vida animal e não da vida vegetal. Deveis compreendê-lo.

2. – Mais adiante dizeis: *Vereis que o animal vive realmente, desde que pensa.* Não há inversão na frase? Parece que a proposição é: *Vereis que o animal pensa, realmente, desde que vive.* R – Isso é evidente.

SOBRE O § II

3. – Lembrais o desenho feito dos animais de Júpiter. Nota-se que têm uma notável analogia com os sátiros da fábula. Essa ideia dos sátiros seria uma intuição da existência desses seres em outros mundos e, nesse caso, não seria mera criação fantástica? R – Quanto mais novo o mundo, mais ele se lembrava. O homem tinha a intuição de uma ordem de seres intermediários, ora mais atrasados que ele, ora mais adiantados. Era o que ele chamava *os deuses*.

4. – Então admitis que as divindades mitológicas não eram senão o que chamamos *Espíritos*? R – Sim.

5. – Foi-nos dito que em Júpiter é possível o entendimento pela simples transmissão do pensamento. Quando os habitantes desse pla-

neta se dirigem aos animais, que são seus servidores e operários, recorrem a uma linguagem particular? Para os animais teriam uma linguagem articulada e, entre si, a do pensamento? R – Não, não há linguagem articulada, mas uma espécie de magnetismo poderoso que faz curvar o animal e o leva a executar os menores desejos e as ordens de seus senhores. O Espírito todo poderoso não pode curvar-se.

6. – Evidentemente, entre nós os animais têm uma linguagem, pois se compreendem, mas é muito limitada. Os de Júpiter têm uma linguagem mais precisa e positiva que os nossos? Numa palavra, uma linguagem articulada? R – Sim.

7. – Os habitantes de Júpiter compreendem melhor que nós a linguagem dos animais? R – Veem através deles e os compreendem perfeitamente.

8. – Examinando a série dos seres vivos, encontra-se uma cadeia ininterrupta, desde a madrépora, a própria planta, até o animal mais inteligente. Mas entre o animal mais inteligente e o homem há uma evidente lacuna, que em algum lugar deve ser preenchida, porque a Natureza não deixa elos vazios. De onde vem essa lacuna? R – Essa lacuna dos seres é apenas aparente; não existe na realidade: vem das raças desaparecidas (São Luís).

9. – Tal lacuna pode existir na Terra, mas certamente não existe no conjunto do Universo e deve ser preenchida em alguma parte. Não o seria por certos animais de mundos superiores que, como os de Júpiter, por exemplo, parecem aproximar-se muito do homem terreno pela forma, a linguagem e outros sinais? R – Nas esferas superiores o germe surgido da Terra desenvolveu-se e jamais se perde. Tornando-vos Espíritos, reencontrareis todos os seres criados e desaparecidos nos cataclismos do vosso globo (São Luís).

**Observação**: Desde que essas raças intermediárias existiram na Terra e dela desapareceram, justifica-se o que disse Charlet pouco antes, que quanto mais novo o mundo, mais ele se lembra. Se só houvessem existido nos mundos superiores, o homem da Terra, menos adiantado, não lhes poderia guardar a lembrança.

SOBRE O § III

10. – Dizeis que tudo se aperfeiçoa e, como prova do progresso do animal, dizeis que outrora ele era mais rebelde ao homem. É eviden-

te que o animal se aperfeiçoa; mas, pelo menos na Terra, não se aperfeiçoa pelos cuidados do homem. Abandonado a si mesmo, retoma sua natureza selvagem, mesmo o cão. R – E o homem se aperfeiçoa pelos cuidados de quem? Não é pelos de Deus? Tudo é escalado na Natureza.

11. – Falais das recompensas para os animais que sofrem maus tratos e dizeis que é justiça que haja compensação para eles. Assim, parece que admitis no animal a consciência do *eu* após a morte, com a recordação do passado. Isso é contrário ao que nos foi dito. Se as coisas se passassem como dizeis, resultaria que no mundo dos Espíritos haveria Espíritos de animais. Então não haveria razão para não existirem os das ostras. Podeis dizer se vedes em torno de vós Espíritos de cães, de gatos, e cavalos ou elefantes, como vedes Espíritos humanos? R – A alma do animal – tendes toda razão – não se reconhece após a morte: é um conjunto confuso de germes, que podem passar para o corpo de tal ou qual animal, conforme o desenvolvimento adquirido. Não é individualizada. Contudo, direi que em certos animais, mesmo em muitos, é individualizada.

12. – Aliás, de modo algum essa teoria justifica os maus tratos dos animais. O homem é sempre culpado por fazer sofrer qualquer ser sensível, e a doutrina nos diz que por isso ele será punido. Mas daí a pôr o animal numa condição superior a ele, há uma grande distância. Que pensais disso? R – Sim; mas, no entanto, sempre estabeleceis uma escala entre os animais; pensais que há distância entre certas raças. O homem é tanto mais culpado quanto mais poderoso.

13. – Como explicais que mesmo no mais selvagem estágio o homem se faça obedecer pelo mais inteligente animal? R – É, sobretudo, a Natureza que age no caso. O homem selvagem é o homem da Natureza; conhece o animal familiarmente; o homem civilizado estuda o animal, e este se curva ante ele. O homem é sempre o homem em frente ao animal, quer seja selvagem, quer civilizado.

SOBRE O § V

14. – (*A Charlet*). Nada temos a dizer sobre este parágrafo, que nos parece muito racional. Tendes algo a acrescentar? R – Apenas isto: os animais têm todas as faculdades que indiquei, mas neles o progresso se realiza pela educação que recebem do homem e não por si mesmos. Abandonado no estado selvagem, o animal retoma o tipo que

tinha ao sair das mãos do Criador. Submetido ao homem, aperfeiçoa-se. Eis tudo.

15. – Isso é perfeitamente certo para os indivíduos e as espécies. Mas se considerarmos o conjunto da escala dos seres há uma evidente marcha ascendente, que não pára nos animais da Terra, desde que os de Júpiter são física e intelectualmente superiores aos nossos. R – Cada raça é perfeita em si mesma e não emigra para raças estranhas. Em Júpiter são os mesmos tipos, formando raças distintas, mas não são os Espíritos dos animais mortos.

16. – Então em que se torna o princípio inteligente dos animais mortos? R – Volta à massa em que cada novo animal toma a porção de inteligência que lhe é necessária. Ora, é precisamente isso que distingue o homem do animal. Naquele o Espírito é individualizado, e progride por si mesmo e é isso que lhe dá superioridade sobre todos os animais. Eis por que o homem, mesmo selvagem, como fizestes notar, se faz obedecer, mesmo pelos mais inteligentes animais.

### SOBRE O § VI

17. – Dais a história de Balaão como fato positivo. Seriamente, que pensais disso? R – É uma pura alegoria, ou antes, uma ficção, para castigar o orgulho. Fizeram falar o burro de Balaão, como La Fontaine fez falar muitos outros animais.

### SOBRE O § XI

18. – Nessa passagem Charlet parece ter sido arrastado pela imaginação, pois o quadro que faz da degradação moral do animal é mais fantástico do que científico. Com efeito, o animal é feroz por necessidade, e foi para satisfazer a essa necessidade que a Natureza lhe deu uma organização especial. Se uns devem nutrir-se de carne, é por uma razão providencial e porque era útil à harmonia geral que certos elementos orgânicos fossem absorvidos. O animal é, pois, feroz por constituição e não se conceberia que a queda moral do homem tivesse desenvolvido os dentes caninos do tigre e encurtado os seus intestinos, porque então não haveria razão para que o mesmo não tivesse acontecido com o carneiro. Antes dizemos que, na Terra, sendo o homem mais adiantado, encontra-se com seres inferiores em

todos os sentidos, cujo contato lhe é causa de inquietação, de sofrimentos e, consequentemente, uma fonte de provas que lhe auxiliam o progresso futuro.

Que pensa Charlet destas reflexões? R – Apenas as posso aprovar. Eu era um pintor e não um literato ou um cientista. Por isso, de vez em quando me deixo arrastar pelo prazer, novo para mim, de escrever belas frases, mesmo com sacrifício da verdade. Mas o que dizeis é muito justo e inspirado. No quadro que tracei, bordei certas ideias recebidas, para não chocar nenhuma convicção. A verdade é que as primeiras épocas eram a idade do ferro, muito afastadas das pretensas suavidades. Descobrindo diariamente tesouros acumulados pela bondade de Deus, tanto no espaço quanto na Terra, a civilização levou o homem à conquista da verdadeira terra prometida, que Deus concederá à inteligência e ao trabalho, e que não entregou enfeitada nas mãos dos homens-crianças, que a deviam descobrir pela própria inteligência. Aliás, esse erro que cometi não poderia ser prejudicial aos olhos da gente esclarecida, que o notaria facilmente. Para os ignorantes passaria inapercebido. Contudo, concordo que errei. Agi levianamente, e isso vos prova até que ponto devereis controlar as comunicações que recebeis.

## OBSERVAÇÃO GERAL

Um ensinamento importante, do ponto de vista da Ciência Espírita, ressalta destas comunicações. A primeira coisa que se destaca, ao lê-las, é uma mistura de ideias justas, profundas e com o cunho do observador, ao lado de outras, evidentemente falsas e fundadas mais na imaginação do que na realidade. Sem sombra de dúvida, Charlet era um homem acima do vulgar; mas, como Espírito, não é mais universal do que o era em vida e pode equivocar-se porque, não sendo ainda bastante elevado, só encara as coisas de seu ponto de vista. Aliás, só os Espíritos chegados ao último grau de perfeição estão isentos de erros. Os outros, por melhores que sejam, nem tudo sabem e podem enganar-se; mas, quando verdadeiramente bons, o fazem de boa fé e concordam francamente, ao passo que os outros o fazem conscientemente e se obstinam nas mais absurdas ideias. Por isso devemos guardar-nos contra o que vem do mundo invisível, sem se ter submetido ao controle da lógica. Os bons Espíritos o recomendam incessantemente e jamais se ofendem com a crítica porque, de duas uma: ou estão seguros do que dizem e, então, nada temem, ou não o estão e, se têm consciência de sua insuficiência, eles mesmos buscam a verdade. Ora, se os homens podem instruir-se com os Espíritos, alguns destes podem instruir-se com os homens. Ao contrário, os outros querem dominar, esperando fazer aceitar as suas utopias por causa da sua condição de Espíritos. Então, seja presunção de sua parte ou má intenção, não suportam a contradita: querem ser acreditados sob palavra, porque sabem que vão perder no exame. Ofendem-se à menor dúvida sobre sua infalibilidade e soberbamente ameaçam vos abandonar, como indignos de os ouvir. Assim, só gostam dos que se ajoelham ante eles. Não há homens assim? E é de admirar que os encontremos com seus caprichos no mundo dos Espíritos? Nos homens, uma tal característica é sempre, aos olhos de gente sensata, um indício de orgulho, de vã suficiência, de tola vaidade, e, portanto, de pequenez nas ideias e de falso julgamento. O que seria um sinal de inferioridade moral nos homens, não poderia ser indício de superioridade nos Espíritos.

Como acabamos de ver, Charlet de boa vontade se presta à controvérsia; escuta e admite as objeções e responde com benevolência; desenvolve o que era obscuro e reconhece lealmente o que não era exato. Numa palavra, não quer passar por mais sábio do que é, e nisto prova mais elevação do que se obstinasse nas ideias falsas, a exemplo de certos Espíritos que se escandalizam ao simples enunciado de que suas comunicações parecem susceptíveis de comentários.

O que é ainda próprio desses Espíritos orgulhosos é a espécie de fascinação que exercem sobre *seus médiuns*, através da qual por vezes os fazem compartilhar dos mesmos sentimentos. Dizemos de propósito *seus médiuns*, porque deles se apoderam e neles querem ter instrumentos que agem de olhos fechados. De modo algum se acomodariam a um médium perscrutador ou que visse bem claro. Não se dá o mesmo entre os homens? Quando o encontram, temendo que lhes escape, inspiram-lhe o afastamento de quem quer que o possa esclarecer. Isolam-no de certo modo, a fim de estarem em liberdade, ou não o aproximam senão daqueles de quem nada têm a temer. E, para melhor lhes captar a confiança, fazem-se de bons apóstolos, usurpando os nomes de Espíritos venerados, cuja linguagem procuram imitar. Mas, por mais que façam, jamais a ignorância poderá contrafazer o verdadeiro saber, nem uma natureza perversa a verdadeira virtude. O orgulho brotará sempre sob o manto de uma falsa humildade; e porque temem ser desmascarados, evitam a discussão e afastam seus médiuns.

Não há ninguém que, julgando friamente e sem prevenção, não reconheça como má uma tal influência, porque ressalta ao mais vulgar bom-senso que um Espírito realmente bom e esclarecido jamais procura exercê-la. Pode, pois, dizer-se que todo médium que a ela se submete se acha sob o império de uma obsessão, da qual deve quanto antes procurar livrar-se. O que se quer, antes de tudo, não são comunicações a todo custo, mas comunicações boas e verdadeiras. Ora, para ter boas comunicações são necessários bons Espíritos; e para ter bons Espíritos é preciso ter bons médiuns, livres de qualquer influência má. A natureza dos Espíritos que habitualmente assistem um médium é, pois, uma das primeiras coisas a considerar. Para a conhecer exatamente há um critério infalível e não é nos sinais materiais, nem nas fórmulas de evocação ou de conjuração que será encontrada. Esse critério está nos sentimentos que o Espírito inspira ao médium. Pela maneira deste último agir, pode julgar-se a natureza dos Espíritos que o dirigem e, consequentemente, o grau de confiança que merecem suas comunicações.

Isso não é uma opinião pessoal, um sistema, mas um princípio deduzido da mais rigorosa lógica, se admitirmos esta premissa: um mau pensamento não pode ser sugerido por um bom Espírito. Enquanto não se provar que um bom Espírito pode inspirar o mal, diremos que todo ato que se afaste da benevolência, da caridade e da humildade, e no qual se note o ódio, a inveja, o ciúme, o orgulho ferido ou a simples acrimônia, não pode ser inspirado senão por um mau Espírito, ainda quando este hipocritamente pregasse as mais belas máximas, porque, se fosse realmente bom, prová-lo-ia pondo seus atos em harmonia com suas palavras. A prática do Espiritismo é cercada de tantas dificuldades; os Espíritos enganadores são tão astuciosos, tão sabidos e, ao mesmo tempo tão numerosos, que não seria demais armar-se do máximo de precauções para os desalojar. Importa, pois, rebuscar com o maior cuidado todos os indícios pelos quais eles se podem trair. Ora, esses indícios estão, ao mesmo tempo, em sua linguagem e nos atos que provocam.

Tendo submetido essas reflexões ao Espírito de Charlet, eis o que disse a respeito: "Não posso senão aprovar o que acabais de dizer e aconselhar a todos quantos se ocupam do Espiritismo a seguir tão sábios conselhos, evidentemente ditados por bons Espíritos, mas que não são absolutamente – bem podeis crê-lo – do gosto dos maus, pois estes sabem muito bem que é esse o meio mais eficaz de combater a sua influência. Assim, fazem tudo quanto podem para desviar disso aqueles que querem prender em suas redes".

Charlet disse que foi arrastado pelo prazer, para ele novo, de escrever belas frases, mesmo com sacrifício da verdade. Que teria acontecido se tivéssemos publicado seu trabalho sem comentários? Teriam acusado o Espiritismo por aceitar ideias ridículas, e a nós mesmos por não sabermos distinguir entre o verdadeiro e o falso. Muitos Espíritos estão no mesmo caso: acham uma satisfação para o amor-próprio em espalhar, através dos médiuns, já que não o podem diretamente, essas peças literárias, científicas, filosóficas ou dogmáticas de grande fôlego. Mas quando têm apenas um falso saber, escrevem coisas absurdas, assim como o fariam os homens. É, sobretudo, nessas obras continuadas que podemos julgá-los, porque sua ignorância os torna incapazes de representar o papel por muito tempo e eles próprios revelam sua insuficiência, a cada passo, ferindo a lógica e a razão. Através de uma porção de ideias falsas, há, por vezes, algumas boas, com que contam para iludir. Tal incoerência apenas demonstra sua incapacidade: são os pedreiros que sabem alinhar as pedras da construção, mas incapazes de construir um palácio. É, por vezes, curioso ver o dédalo inextricável de combinações e de raciocínios em que se metem, e dos quais não saem senão à força de sofismas e de utopias. Vimos alguns que, a custa de expedientes, deixaram o seu trabalho. Outros, porém, não se dão por vencidos e querem agir até o fim, rindo-se ainda à custa dos que os levam a sério.

Essas reflexões nos são sugeridas como um princípio geral, e seria erro ver nelas uma aplicação qualquer. Entre os numerosos escritos publicados sobre o Espiritismo, sem dúvida alguns poderiam dar lugar a uma crítica fundada; mas não os pomos a todos na mesma linha; indicamos um meio de os apreciar e cada um fará como entender. Se ainda não empreendemos fazer-lhes um exame em nossa *Revista* é pelo receio de que se equivoquem quanto ao móvel da crítica que poderíamos fazer. Assim, preferimos esperar que o Espiritismo seja melhor conhecido e, sobretudo, melhor compreendido. Então nossa opinião, apoiada em base geralmente admitida, não poderá ser suspeitada de parcialidade. O que esperamos acontece diariamente, pois vemos que em muitas circunstâncias o julgamento da opinião toma a dianteira da nossa. Assim, nos aplaudimos por nossa reserva. Empreenderemos esse exame, quando julgarmos oportuno o momento. Mas já se pode ver qual será a base de nossa apreciação: esta base será a *lógica*, da qual cada um fará seu próprio uso, pois não temos a tola pretensão de lhe ter o privilégio. Com efeito, a lógica é o grande critério de toda comunicação espírita, como o é de todos os trabalhos humanos. Sabemos bem o que aquele que raciocina erradamente julga ser lógico. Ele o é à sua maneira, mas só para si e não para os outros. Quando uma lógica é rigorosa como dois e dois são quatro, e as consequências são deduzidas de axiomas evidentes, o bom-senso geral, mais cedo ou mais tarde faz justiça a todos esses sofismas. Cremos que as proposições seguintes têm este caráter:

1. – Os bons Espíritos não podem ensinar e inspirar senão o bem; assim, tudo o que não é rigorosamente bem não pode vir de um bom Espírito;

2. – Os Espíritos esclarecidos e verdadeiramente superiores não podem ensinar coisas absurdas; assim, toda comunicação manchada de erros manifestos ou contrários aos dados mais vulgares da ciência e da observação, só por isso atesta a inferioridade de sua origem;

3. – A superioridade de um escrito qualquer está na justeza e na profundidade das ideias e não nos enfeites e na redundância do estilo; assim, toda comunicação espírita em que há mais palavras e frases brilhantes do que pensamentos sólidos, não pode vir de um Espírito realmente superior;

4. – A ignorância não pode contrafazer o verdadeiro saber, nem o mal contrafazer o bem de maneira absoluta; assim, todo Espírito que, sob um nome venerado, diz coisas incompatíveis com o título que se dá, é responsável por fraude;

5. – É da essência de um Espírito elevado ligar-se mais ao pensamento do que à forma e à matéria, de onde se segue que a elevação do Espírito está na razão da elevação das ideias; assim, todo Espírito meticuloso nos detalhes da forma, que prescreve puerilidades, numa palavra, que liga importância aos sinais e às coisas materiais, acusa,

por isso mesmo, uma pequenez de ideias, e não pode ser verdadeiramente superior;

6. – Um Espírito realmente superior não pode contradizer-se; assim, se duas comunicações contraditórias forem dadas sob um mesmo nome respeitável, uma delas necessariamente é apócrifa, e se uma for verdadeira, será aquela que em nada desmente a superioridade do Espírito cujo nome a encima.

A consequência a tirar desses princípios é que, fora das questões morais, só se deve acolher com reservas o que vem dos Espíritos, e que, em todo caso, jamais devem ser aceitas sem exame. Daí decorre a necessidade de ter a maior circunspecção na publicação dos escritos emanados dessa fonte, sobretudo quando, pela estranheza das doutrinas que contêm, ou pela incoerência das ideias, podem prestar-se ao ridículo. É preciso desconfiar da inclinação de certos Espíritos para as ideias sistemáticas e do amor-próprio que buscam espalhar. Assim, é, sobretudo, nas teorias científicas que precisa haver extrema prudência e guardar-se de dar precipitadamente como verdades alguns sistemas por vezes mais sedutores do que reais e que, mais cedo ou mais tarde, podem receber um desmentido oficial. Que sejam apresentados como probabilidades, se forem lógicos, e como podendo servir de base a observações ulteriores, vá; mas seria imprudência tomá-los prematuramente como artigos de fé. Diz um provérbio: "Nada mais perigoso que um amigo imprudente". Ora, é o caso dos que, no Espiritismo, se deixam levar por um zelo mais ardente que refletido.

## BIBLIOGRAFIA

Anunciamos a continuação de *O Livro dos Espíritos* sob o título de *Espiritismo Experimental*, e como devendo sair em abril último. O trabalho foi retardado por circunstâncias independentes de nossa vontade e, sobretudo, pela maior importância que julgamos dever lhe dar. Hoje está no prelo e anunciaremos brevemente a data de seu aparecimento.

**Nota**: A falta de espaço nos obriga a adiar para o próximo número várias comunicações importantes que nos enviaram.

Allan Kardec

# ANO III
# AGOSTO DE 1860

## AVISO

*O escritório da Revista Espírita e o domicílio particular do Sr. Allan Kardec foram transferidos para a Rua Sainte-Anne, nº 59, travessa Sainte-Anne.*

## BOLETIM

### DA SOCIEDADE PARISIENSE DE ESTUDOS ESPÍRITAS

### SEXTA-FEIRA 29 DE JUNHO DE 1860 – (SESSÃO PARTICULAR)

Leitura da ata e dos trabalhos da sessão de 22 de junho.

Leitura de uma carta do Dr. de Grand-Boulogne, antigo vice-cônsul da França, que pede admissão como membro correspondente em Havana, para onde vai proximamente.

A Sociedade o admite e, como sua carta contém observações muito judiciosas sobre o Espiritismo, pede sua inserção na Revista.

*Comunicações diversas.* 1. – Leitura de um ditado espontâneo pela Sra. Costel, sobre as *Origens*, assinado por *Lázaro*.

2. – Relato de manifestações físicas espontâneas ocorridas ultimamente à Rua des Noyers, noticiadas em vários jornais, lembrando fatos análogos passados em 1849 na Rua des Grès. Alguns acrescentaram que os da Rua des Grès eram produto de trapaças imaginadas pelo inquilino, para quebrar o contrato de locação.

O Sr. de Grand-Boulogne disse a respeito que pode garantir a autenticidade dos fatos, aliás referidos pelo Sr. de Mirville, que tomou todas as informações necessárias, para assegurar-se de sua realidade.

Um sócio observa que, no caso, a afluência de curiosos se tinha tornado tão incômoda para os interessados, que eles se livraram levando a coisa à conta de malevolência. Com medo de ver a casa deserta, o proprietário teve todo o interesse em não acreditar. Essa a razão do desmentido muitas vezes dado a fatos dessa natureza.

*Estudos* 1. – Discussão sobre o mérito e a eficácia das provas do homem de bem, suportadas para proporcionar alívio aos Espíritos sofredores e infelizes, a propósito de uma passagem da carta do Sr. de Grand-Boulogne.

A respeito, observa ele que a eficácia da prece, considerada como prova de simpatia e comiseração, uma vez constatada, podem considerar-se as provas que nos impomos com tal objetivo como um testemunho análogo, que deve produzir os mesmos efeitos que a prece. A intenção é tudo, nesse caso, e pode ser encarada como uma prece mais ardente ainda do que a consistente apenas em palavras.

2. – A Sra. N... manifesta dúvidas quanto à identidade do Espírito que lhe deu alguns conselhos na última sessão, e que não considera aplicáveis. Pede seja perguntado, por outro médium, se o Espírito que se comunicou é mesmo São Luís. Acrescenta que lhe pareceu ver, na natureza de suas reflexões, um sentimento pouco benevolente, que não está em relação com a sua habitual mansuetude. Foi o que lhe inspirou dúvidas.

Interrogado a respeito, por intermédio da Srta. H..., respondeu São Luís: "Sim, fui eu mesmo quem veio traçar aquelas linhas e vos dar um conselho. É por erro que recebem mal os meus conselhos. É preciso que aquele que quer progredir na via do bem saiba aceitar os conselhos e avisos que se lhes dão, ainda quando lhes firam o amor-próprio. A prova de seu adiantamento consiste na maneira suave e humilde por que os recebe. Outrora, quando eu estava na Terra, não dei provas da maior humildade, submetendo-me sem murmurar às decisões da Igreja e até às penitências que me impunha, por mais humilhantes que fossem? Sede, pois, dóceis e humildes, se não fordes orgulhosos; aceitai os conselhos; procurai corrigir-vos e progredireis".

O Sr. T... observa que, em vida, nem sempre São Luís se submeteu à Igreja, desde que lutou contra as suas pretensões.

Responde São Luís: "Dizendo que me submeti às penitências impostas pelos chefes da Igreja, disse-vos a verdade. Mas não vos disse que minha conduta tenha sido sempre irreprochável: fui um grande pecador perante Deus, embora mais tarde, os homens me tenham concedido o glorioso título de santo".

O Sr. Allan Kardec acrescenta que São Luís sempre se submeteu às decisões da Igreja, concernentes ao dogma; só lutou contra as pretensões de outra natureza.

3. – Perguntas relativas ao conselho de São Luís com referência às experiências físicas, aconselhando a Sociedade a não se ocupar com elas.

4. – Perguntas sobre as faculdades mediúnicas nas crianças, a propósito das manifestações obtidas na última sessão pelo jovem N...

5. – Perguntas sobre as manifestações da Rua des Noyers.

6. – Dois ditados espontâneos e simultâneos: o primeiro pela Sra. Costel, sobre a *Eletricidade do Pensamento,* assinado por *Delphine de Giradin*; o segundo pela Sra. Lubr... a propósito dos conselhos dados pelos Espíritos, assinado por *Paul*, Espírito familiar.

(SEXTA-FEIRA, 6 DE JULHO DE 1860 – SESSÃO PARTICULAR)

Leitura da ata e dos trabalhos da sessão de 29 de junho.

*Comunicações diversas.* 1 – O Sr. Achille R... lê uma carta de Limoges, na qual o autor fala de um médium de seus amigos, que um Espírito faz trabalhar de oito a nove horas por dia; diz ele que o Espírito lhe deve dar um meio infalível para assegurar-se da identidade dos Espíritos e de não ser enganado. Mas lhe aconselha segredo sobre esse ponto e sobre suas comunicações em geral.

A respeito, o Sr. Allan Kardec observa que vê três motivos de suspeita neste caso: o primeiro é a duração do trabalho imposto ao médium, o que é sempre um sinal de obsessão. Sem dúvida os bons Espíritos podem pedir ao médium que escreva; mas, em geral, não são imperativos e nada prescrevem de absoluto, nem quanto às horas, nem quanto à duração do trabalho; ao contrário param o médium, quando haja excesso de zelo. O segundo é o pretenso processo infalível para assegurar-se da identidade; enfim, o terceiro é a recomendação de segredo. Se a receita fosse boa, não se devia fazer mistério. Parece-lhe que o Espírito quer empolgar o médium, a fim de o manobrar à vontade, em favor da suposta infalibilidade de seu processo. Provavelmente teme que outros vejam as coisas às claras e descubram as suas manobras. Por isso recomenda silêncio, a fim de não ter contraditores: é o meio de sempre ter razão.

*Estudos.* 1. – Evocação de François Arago, pela Srta. H... São Luís responde que não é o médium que convém a esse Espírito. Aconselha a escolha de outro.

Diversas perguntas são feitas sobre a aptidão especial dos médiuns para receber comunicações de tal ou qual Espírito. A resposta é: "Um Espírito vem de preferência a uma pessoa cujas ideias simpatizam com as que tinha em vida; há uma relação de pensamento entre o Céu e a Terra, ainda maior do que na Terra".

2. – Pergunta do Sr. Conde de Z... sobre a distinção feita por certos sonâmbulos lúcidos, que designam os homens por *luz azul* e as mulheres por *luz branca*. Pergunta se os perispíritos teriam uma cor diferente conforme o sexo. Interrogado, o Espírito responde: "Isto nenhuma relação tem com o nosso mundo; é um fato puramente físico e depende da pessoa que vê. Entre os homens há os que, despertos, não veem certas cores, ou as veem diferentemente dos outros. Dá-se o mesmo com pessoas adormecidas: podem ver o que outras não veem".

3. – Quatro ditados espontâneos recebidos: o primeiro pela Srta. Huet, do Espírito que continua suas memórias; o segundo, pelo sr Didier, sobre a *Eletricidade Espiritual*, assinado por *Lammenais*; o terceiro, pela Sra. Costel, sobre *As Altas Verdades do Espiritismo*, assinado por *Lázaro*; o quarto, pela Srta. Stéphan, sobre *A Cada um a sua Tarefa*, assinado por *Gustave Lenormand*.

(SEXTA-FEIRA, 13 DE JULHO DE 1860 – SESSÃO GERAL)

Leitura da ata e dos trabalhos da sessão de 6 de julho.

O Sr. Eugène de Porry, de Marselha, homenageia a Sociedade com seu novo poema, *Linda, legenda gaulesa*. A Sociedade recorda seu encantador poema *Urânia* e lhe agradece a nova obra. A Srta. P... é encarregada de o relatar.

*Comunicações diversas.* 1. – O Sr. S... transmite uma nota sobre um homem que, no ano passado, suicidou-se à Rua Quincampoix, para isentar o filho do serviço militar, como filho único de viúva. Pensa-se que sua evocação será instrutiva.

2. – O Sr. de Grand-Boulogne envia uma nota sobre o muçulmano Seih-bem-Moloka, que acaba de morrer em Tunis, com cento e dez anos e cuja vida foi notável por atos de caridade. Será evocado.

Trava-se uma conversa sobre a longevidade. O Sr. de Grandboulogne, que viveu muito tempo entre os árabes, diz que os exemplos dessa natureza não são raros entre eles, o que o leva a atribuí-lo à sobriedade. Conheceu um com cerca de cento e trinta anos. O Sr. Conde de Z... diz que talvez seja a Sibéria o país onde a longevidade é mais frequente. A sobriedade e o clima sem dúvida têm grande influência na duração da vida. Mas o que, sobretudo, deve contribuir para isso é a tranquilidade de espírito e a ausência de preocupações morais, que em geral afetam a gente da sociedade civilizada, gastando-as prematuramente. Eis por que se encontram maiores velhices entre os que vivem mais próximos da Natureza.

3. – O Sr. Allan Kardec conta um caso pessoal, que mostra o desejo de certos Espíritos de serem evocados, quando nunca o foram. Aproveitam as ocasiões propícias de se comunicar, quando estas se apresentam.

4. – Vários membros comunicam o protesto, publicado em vários jornais, do Sr. Lerible, antigo negociante de carvão da Rua des Grès, onde, em 1849, se passaram notáveis manifestações, cuja autenticidade tinha sido posta em dúvida.

*Estudos.* 1. – Exame crítico da dissertação de Lammenais sobre a *Eletricidade Espiritual*, feita na sessão de 6 de julho. O Espírito explica e desenvolve os pontos aparentemente obscuros.

2. – Evocação do suicida da Rua Quincampoix.

3. – Evocação de Gustave Lenormand.

4. – Perguntas diversas sobre os médiuns.

5. – Três ditados simultâneos: o primeiro, sobre o *Saber dos Espíritos*, assinado por *Channing*; o segundo, continuação da *Eletricidade do Pensamento*, assinado por *Delphine de Girardin*; o terceiro sobre a *Caridade*, assinado por *Lammenais*, a propósito da notícia lida sobre o mulçumano Seih-ben-Moloka.

(SEXTA-FEIRA, 20 DE JULHO DE 1860 – SESSÃO PARTICULAR)

Leitura da ata e dos trabalhos da sessão de 13 de julho.

O presidente faz observar que, desde algum tempo, têm-se deixado de ler, como fora combinado, os nomes dos Espíritos que pedem assistência. De agora em diante isso será feito em seguida à evocação geral.

*Comunicações diversas*. 1. – Leitura de dois ditados pelo Sr. C..., novo médium, um sobre as *Pretensões do homem*, assinado por *Massilon*; o outro sobre o *Futuro*, assinado por *São Luís*. O Sr. C... pergunta se, sobretudo no último, nada existe que denuncie uma substituição de Espírito, sem se levar em conta sua própria opinião.

Após uma leitura atenta, a Sociedade reconhece na comunicação o cunho de uma incontestável superioridade e nada vê que desminta o caráter de São Luís, de onde conclui que não pode emanar senão de um Espírito elevado.

2. – Outro ditado sobre a *Experiência*, pela Sra. Costel e assinado por *Georges*.

O presidente anuncia que vários dos novos membros fazem notáveis progressos como médiuns de diversos gêneros. Convida-os a comunicar à Sociedade os trabalhos que obtiverem. A Sociedade é necessariamente limitada em seus trabalhos pelo tempo; ela deve ser o centro a que chegarão os resultados obtidos em reuniões particulares. Seria até egoísmo guardar para si trabalhos que a todos podem ser úteis. Aliás, é um meio de controle, pelos esclarecimentos a que podem dar lugar, a menos que o médium esteja convencido da infalibilidade de suas comunicações, ou que, como o de Limoges, tenha recebido a injunção de os manter secretos, o que seria certamente um mau augúrio e um duplo motivo de suspeita. A primeira qualidade de um médium é a abnegação de todo amor-próprio, como da falsa modéstia, por isso que, sendo um instrumento, não pode atribuir-se o mérito do que recebe de bom, nem se abespinhar com a crítica do que pode ser mau. A Sociedade é uma família, cujos membros, animados de recíproca benevolência, devem ser movidos pelo único desejo de instruir-se e banir todo sentimento de personalismo e de rivalidade, desde que compreendam a doutrina como verdadeiros Espíritas. A propósito, o Sr. C... deu muito bom exemplo, mostrando que não é desses médiuns que julgam nada ter a aprender porque recebem algumas comunicações assinadas por grandes nomes. Quanto mais imponentes os nomes, mais se deve temer, ao contrário, ser joguete de Espíritos enganadores.

3. – O Sr. Achille R... lê uma carta, relatando curioso caso de

manifestação espontânea, ocorrida na prisão de Limoges, cuja realidade foi constatada pelo autor da carta. Publicada adiante no artigo *Variedades*.

4. – O Sr. Allan Kardec conta outro fato muito original, que lhe foi relatado no ano passado, de cujo visitante nem se recorda o nome nem o endereço, fonte a que, por isso, não pode recorrer para o verificar. Trata-se do seguinte:

Um médico crente e um seu amigo que em nada acreditava, falavam de Espiritismo; o primeiro disse ao outro: "Vou tentar uma prova; não sei se terei resultado; em todo caso, não respondo por nada. Indique uma pessoa viva que lhe seja muito simpática". Tendo o amigo indicado uma jovem senhora, que reside numa cidade muito distante e que era conhecida do médico, este lhe disse: "Vá passear no jardim e observe o que se passa; repito que é um ensaio que faço e que pode nada produzir". Durante o passeio do amigo ele evocou e lhe disse: "Acabo de ver aquela pessoa; estava vestida de branco, aproximou-se de mim, apertou-me a mão e desapareceu. Mas o que é muito esquisito é que me deixou no dedo este anel". Imediatamente o médico enviou ao pai da moça o seguinte telegrama: "Nada pergunteis, respondei-me imediatamente e dizei o que fazia vossa filha às três horas e como estava vestida". A resposta foi esta: "Ás três horas minha filha estava comigo no salão; tinha um vestido branco; adormeceu por 15 ou 20 minutos; mas ao despertar notou que não mais tinha o anel que usa sempre".

Travou-se uma discussão sobre o fato, cujos diversos graus de probabilidade e de improbabilidade foram examinados. Interrogado a respeito, São Luís respondeu: "O fato da aparição é possível; o do transporte não o é menos, pelo perispírito de uma pessoa viva. Certamente, a Deus tudo é possível, mas Ele não permite tais coisas senão muito raramente. Um Espírito desprendido pode fazer esses transportes mais facilmente. Quanto a vos dizer se a coisa é real, eu a ignoro".

**Nota**: Publicado o fato, se por acaso cair nas mãos de quem o contou, agradeceremos nos fornecer esclarecimentos a respeito.

*Estudos*. 1. – Perguntas sobre os Espíritos que tomam nomes supostos.

2. – Evocação do Espírito da Rua des Noyers.

3. – Cinco ditados espontâneos: o primeiro de Lammenais, sobre uma retificação que pede, da ata de sua comunicação sobre a *Caridade*. O segundo, sobre as *Vítimas da Síria*, assinado por Jean. O terceiro sobre as *Aberrações da Inteligência*, assinado por Georges. O quarto sobre *Os Erros dos Médiuns*, assinado por Paul. O quinto sobre o *Concurso dos Médiuns*, assinado por Gustave Lenormand.

Durante a sessão ouviram-se batidas muito distintas junto a Srta. Stephan. Era o Espírito de Gustave que, como disse, queria obrigá-la a escrever, coisa de que ela não se advertia. Pensou que era um meio de provocar perguntas que a obrigariam a vir à mesa, pois desejava dar uma comunicação por seu intermédio.

Depois da sessão, numa comunicação particular, perguntado a São Luís se tinha ficado satisfeito, respondeu: "Sim e não. Errastes, permitindo cochichos contínuos de certos sócios, quando os Espíritos são interrogados. Por vezes recebeis comunicações que exigem réplicas sérias de vossa parte dos Espíritos evocados, que com isso, estai certo, ficarão descontentes. Assim, nada perfeito, porque o médium que escreve experimenta por sua vez graves distrações, prejudiciais ao seu ministério. Há uma coisa a fazer: ler estas observações na próxima sessão, que serão compreendidas por todos os sócios. Dizei-lhes que esta não é uma sala para conversa".

São Luís

## CONCORDÂNCIA ESPÍRITA E CRISTÃ

A carta seguinte foi dirigida à *Sociedade de Estudos Espíritas* pelo Dr. de Grand-Bolougne, antigo vice-cônsul da França.

"Sr. Presidente,

Desejando vivamente fazer parte da Sociedade Parisiense de Estudos Espíritas, mas forçado a deixar a França proximamente, venho solicitar a honra de ser aceito como membro correspondente. Tenho a vantagem de vos conhecer pessoalmente e não necessito dizer-vos com que interesse e simpatia acompanho os trabalhos da Sociedade. Li vossas obras, bem como as do Barão de Guldenstubbe e, consequentemente, conheço os pontos fundamentais do Espiritismo, cujos princípios adoto sinceramente, tais quais vos são ensinados. Como protesto aqui a minha firme vontade de viver e morrer cristão, esta declaração me leva a vos fazer minha profissão de fé, e talvez vejais com que interesse minha fé religiosa acolhe muito naturalmente os princípios do Espiritismo. Eis como, em minha opinião, as duas coisas se aliam:

1. – Deus: criador de todas as coisas.

2. – Objetivo e fim de todos os seres criados: concorrer para a harmonia universal.

3. – No universo criado, três reinos principais: o material, ou inerte; o orgânico ou vital; o intelectual e moral.

4. – Todo ser criado está submetido a leis.

5. – Os seres compreendidos nos dois primeiros reinos obedecem submissamente, e por eles a harmonia jamais é perturbada.

6. – Como os dois primeiros, o terceiro reino está submetido a leis, mas goza do singular privilégio de poder subtrair-se a elas e possui a terrível faculdade de desobedecer a Deus: é o que constitui o livre-arbítrio.

O homem pertence simultaneamente aos três reinos: é um Espírito encarnado.

7. – As leis que regem o mundo moral estão formuladas no Decálogo, mas se resumem neste admirável preceito de Jesus: Amai a Deus sobre todas as coisas e ao próximo como a vós mesmos.

8. – Toda derrogação da lei constitui uma perturbação na harmonia universal; ora, Deus não permite que tal perturbação persista e a ordem deve ser inevitavelmente restabelecida.

9. – Existe uma lei destinada à reparação da desordem no mundo moral, e esta lei está inteira nesta palavra: *expiação*.

10. – A expiação efetua-se: 1º – pelo arrependimento e os atos de virtude; 2º – pelo arrependimento e as provas; 3º – pela prece e as provas do justo, unidas ao arrependimento do culpado.

11. – A prece e as provas do justo, embora concorram da maneira mais eficaz para a harmonia universal, são insuficientes para expiação absoluta da falta; Deus exige o arrependimento do pecador; mas com esse arrependimento, a prece do justo e sua penitência em favor do culpado bastam à eterna justiça, e o crime é perdoado.

12. – A vida e a morte de Jesus põem em evidência esta adorável verdade.

13. – Sem livre-arbítrio não há pecado, mas também não há virtude.

14. – Que é a virtude? A coragem no bem.

15. – O que há de mais belo no mundo não é, como disse um filósofo, o espetáculo de uma grande alma lutando com a adversidade; é o esforço perpétuo de uma alma progredindo no bem e elevando-se de virtude em virtude até o Criador.

16. – Qual a mais bela de todas as virtudes? A caridade.

17. – Que é a caridade? É o atributo especial da alma que, em suas ardentes aspirações para o bem, se esquece de si mesma e se consome em esforços pela felicidade do próximo.

18. – O saber está muito abaixo da caridade; ele nos eleva na hierarquia espírita, mas não contribui para o restabelecimento da ordem perturbada pelo mau. O saber nada expia, nada resgata, em nada influi sobre a justiça de Deus: ao contrário, a caridade expia e apazigua. O saber é uma qualidade; a caridade, uma virtude.

19. – Ao encarnar os Espíritos, qual foi o desígnio de Deus? Criar, para uma parte do mundo espiritual, uma situação sem a qual não existiria nenhuma das grandes virtudes que nos enchem de respeito e de admiração. Com efeito, sem o sofrimento não há caridade; sem o perigo não há coragem; sem a desgraça não há devotamento; sem a perseguição não há estoicismo; sem a cólera não há paciência, etc. Ora, sem a corporeidade, com o desaparecimento desses males, desapareceriam essas virtudes.

Para o homem um pouco desprendido dos laços da matéria, nesse conjunto de bem e de mal há uma harmonia, uma grandeza de ordem mais elevada que a harmonia e a grandeza do mundo exclusivamente material.

Isso responde em poucas palavras às objeções baseadas na incompatibilidade do mal com a bondade e a justiça de Deus.

Seriam necessários volumes para desenvolver convenientemente essas diversas proposições. Mas o objetivo desta comunicação não é oferecer à Sociedade uma tese filosófica e religiosa.

Quis apenas formular algumas verdades cristãs em harmonia com a doutrina espírita do meu ponto de vista, essas verdades são a base fundamental da religião e, longe de enfraquecer-se elas se fortificam com as revelações espíritas. Também não hesito em formular uma censura; é que os ministros do culto, eneguecidos pela demonofobia, recusem esclarecer-se e condenem sem exame. Se os cristãos abrissem os ouvidos às revelações dos espíritos, tudo quanto, no ensino religioso, perturba os nossos corações ou revolta a nossa razão, desvanecer-se-ia de repente. Sem se modificar em sua essência, a religião alargaria o círculo de seus dogmas e os lampejos da verdade nova consolariam e iluminariam as almas. Se, como diz o Pe. Ventura, é certo que as doutrinas filosóficas ou religiosas acabam invencivelmente por se traduzirem nos atos ordinários da vida, é bem evidente que uma nação iniciada no Espiritismo tornar-se-ia a mais admirável e a mais feliz das nações.

Dir-se-á que uma sociedade realmente cristã seria perfeitamente feliz. Concordo. Mas o ensino religioso tanto se faz pelo terror quanto pelo amor; e os homens, dominados por suas paixões, querendo a todo preço libertar-se dos dogmas que os ameaçam, serão sempre tão numerosos que o grupo dos cristãos firmes constituirá sempre pequena minoria. Os cristãos são numerosos; mas os verdadeiros cristãos são raros.

Não acontece assim com o ensino espírita. Embora sua moral se confunda com a do Cristianismo e pronuncie, como este, palavras cominatórias, há tão ricos tesouros de consolação; é, ao mesmo tempo, tão lógico e tão prático; lança uma luz tão viva sobre o nosso destino; afasta tão bem as obscuridades que perturbam a razão e as perplexidades que atormentam os corações, que na verdade parece impossível que um Espírita sincero negligencie um só dia trabalhar o seu progresso e, assim, não concorra para restabelecer a harmonia perturbada pelo desbordamento das paixões egoístas e cúpidas.

Pode-se, pois, afirmar que, propagando as verdades que temos a felicidade de conhecer, trabalhamos pela humanidade e nossa obra será abençoada por Deus. Para que um povo seja feliz, é necessário que o número dos que querem o bem, que praticam a lei da caridade, supere o dos que querem o mal e só praticam o egoísmo. Creio em minha alma e tenho consciência de que o Espiritismo, apoiado no Cristianismo, é chamado a operar esta revolução.

Penetrado de tais sentimentos e querendo, na medida de minhas forças, contribuir para a felicidade de meus semelhantes, ao mesmo tempo que busco tornar-me melhor, peço, Sr. presidente, para fazer parte de vossa Sociedade.

Aceitai, etc."

De Grand-Boulogne, doutor em Medicina,
Antigo vice-cônsul da França.

**Observação**: Esta carta dispensa comentários e cada um apreciará o alto alcance dos princípios nela formulados de maneira ao mesmo tempo tão profunda, tão simples e tão clara. São esses os princípios do verdadeiro Espiritismo; esses que certos homens ousam pôr em ridículo, pois pretendem o privilégio da razão e do bom-senso, por não saberem se tem alma e não fazerem diferença entre o seu futuro e o de uma máquina. Apenas uma observação acrescentaremos: é que, *bem compreendido*, o Espiritismo é a salvaguarda das ideias verdadeiramente religiosas que se extinguem; contribuindo para o melhoramento dos indivíduos, trará, pela força das coisas, o melhoramento das massas, e não está longe o tempo de os homens compreenderem que nesta doutrina encontrarão o mais fecundo elemento da ordem, do bem-estar e da prosperidade dos povos. E isto por uma razão muito simples: é que ela mata o materialismo, que desenvolve e alimenta o egoísmo, fonte perpétua de lutas sociais, e lhe dá uma razão de ser. Uma sociedade cujos membros fossem todos guiados pelo amor ao próximo, que inscrevesse a caridade no alto de todos os seus códigos, seria feliz e em breve veria apagarem-se os ódios e as discórdias. O Espiritismo pode realizar esse prodígio e o fará a despeito dos que ainda o agridem. Porque os agressores passarão, mas o Espiritismo permanecerá.

## O TRAPEIRO DA RUA DES NOYERS

(SOCIEDADE, 29 DE JUNHO DE 1860)

Sob o título de *Cenas de feitiçaria no século XIX*, "Lê Droit" relata o seguinte:

"Um dos mais estranhos fatos ocorre atualmente na Rua des Noyers. O Sr. Lesage, ecônomo do Palácio da Justiça, mora num apartamento dessa rua. Há algum tempo que projéteis, vindos não se sabe de onde, quebram as vidraças e vão atingir os que se encontram em casa, ferindo-os mais ou menos gravemente. São fragmentos bastante consideráveis de tições meio carbonizados, pedaços de carvão de pedra muito pesados e até dos chamados carvões de paris. A criada do Sr. Lesage recebeu diversos no peito, ficando com fortes contusões.

A vítima de tais sortilégios acabou pedindo a assistência da polícia. Agentes foram postos de vigia. Mas eles próprios acabaram sendo atingidos pela artilharia invisível e lhes foi impossível saber de onde vinham os golpes.

Tendo-se tornado insuportável a permanência numa casa onde nunca se sabe o que acontecerá, o Sr. Lesage solicitou ao proprietário a rescisão do contrato. Concedida esta, mandaram vir o Sr. Vaillant, meirinho, cujo nome convinha perfeitamente numa circunstância em que as investigações não poderiam ser feitas sem perigo.

Com efeito, quando o funcionário ministerial redigia o ato, um pedaço enorme de carvão, lançado com extrema força, entrou pela janela e foi bater na parede, fazendo-se em pó. Sem se desconcertar, o Sr. Vaillant serviu-se do pó, como outrora Janot da terra levantada pela bomba, para espalhar sobre a página que acabava de escrever.

Em 1847 aconteceu coisa análoga na Rua des Grès, cujo relato então fizemos. Um tal L..., vendedor de carvão, também servia de alvo a fantásticos sagitários, e essas incompreensíveis emissões de pedras punham em pânico todo o quarteirão. Ao lado da casa do carvoeiro havia um terreno vago, em meio ao qual se achava a antiga igreja da Rua des Grès, hoje Escola das Freiras da Doutrina Cristã. A princípio pensaram que vinham de lá os projéteis, mas logo verificaram que não. Quando vigiavam um lado, as pedras vinham do outro. Entretanto, acabaram pegando em flagrante o mágico, que não era outro senão o próprio Sr. L... Tinha recorrido a essa fantasmagoria por estar descontente na casa e querer a rescisão do contrato.

Não foi o mesmo com o Sr. Lesage, cuja honorabilidade excluiu qualquer ideia de astúcia e que, aliás, estava contente com o apartamento e o deixou com pesar.

Espera-se que o inquérito, conduzido pelo Sr. Hubaut, comissário do bairro da Sorbonne, esclareça o mistério, que não deixa de ser uma brincadeira de mau gosto, já muito prolongada."

1. – (*A São Luís*). Tereis a bondade de dizer se são verdadeiros os fatos acima, de cuja possibilidade não duvidamos? R – Sim. Os fatos são verdadeiros. Apenas a imaginação dos homens os aumentara, por medo ou por ironia. Mas, repito, são verdadeiros. Tais manifestações são provocadas por um Espírito que se diverte um pouco, à custa dos moradores do local.

**Observação**: Desde então tivemos ocasião de ver o Sr. Lesage, que nos honrou com sua visita e não só confirmou os fatos, mas os completou e retificou em vários pontos. São Luís tinha razão de dizer que seriam aumentados pelo medo ou pela ironia. Com efeito, a história da poeira colhida estoicamente pelo corajoso meirinho, à imitação de Junot, foi uma invenção do jornalista brincalhão. No próximo número daremos uma relação muito exata dos fatos, com as novas observações a que derem lugar.

2. – Há na casa alguém que seja a causa dessas manifestações? R – Estas sempre são causadas pela presença da pessoa atacada. O Espírito perturbador se apega ao habitante do lugar onde se acha e quer fazer maldades ou fazê-lo mudar-se.

3. – Perguntamos se, entre os moradores da casa, existe alguém que seja a causa desses fenômenos por uma influência mediúnica espontânea e involuntária? R – É mesmo necessário. Sem isto o fato não ocorreria. Um Espírito habita um lugar predileto; fica na inação até que se apresente ali alguém cuja natureza lhe serve. Quando aparece essa pessoa, então ele se diverte quanto pode.

4. – Esses Espíritos são sempre de ordem muito inferior. A aptidão para lhes servir de instrumento é uma presunção desfavorável à pessoa? Anuncia ela uma simpatia com os seres de tal natureza? R – Não é bem assim. Porque tal aptidão depende de uma disposição física. Contudo, muitas vezes denuncia uma tendência material que seria preferível não se ter. Porque, quanto mais elevado se for moralmente, mais se atraem os bons Espíritos, que necessariamente afastam os maus.

5. – Onde o Espírito encontra os projéteis de que se serve? R – Na maioria das vezes esses objetos são colhidos nos próprios lugares. Uma força que vem do Espírito os lança no espaço e caem no lugar designado pelo Espírito. Quando não existem nesses lugares, pedras, carvões, etc., podem muito facilmente ser por eles fabricados.

**Observação**: Na *Revista* de abril de 1859 demos a teoria completa dessas espécies de fenômenos, nos artigos: *Mobiliário de Além-túmulo e Pneumatografia ou escrita direta*.

6. – Seria útil evocar esse Espírito, para lhe pedir explicações? R – Evocai-o, se o quiserdes. Mas é um Espírito inferior, que só dará respostas muito insignificantes.

(SOCIEDADE, 29 DE JUNHO DE 1860)

1. – Evocação do Espírito perturbador da Rua des Noyrs. R – Por que me chamais? Quereis pedradas, hem? Então seria um salve-se quem puder, malgrado o vosso ar de bravura.

2. – Se nos atirasses pedras não teríamos medo. Pergunto se tu as podes jogar. R – Aqui talvez não pudesse: tendes um guarda que vela bem por vós.

3. – Havia alguém na Rua des Noyers que servia de auxiliar para te facilitar as brincadeiras de mau gosto com os habitantes da casa? R – Certamente; encontrei um bom instrumento e nenhum Espírito douto, sábio e importante para me impedir. Porque sou alegre e às vezes gosto de me divertir.

4. – Quem te servia de instrumento? R – Uma criada.

5. – Ela te servia inconscientemente? R – Oh! sim. Coitada! Era a mais apavorada.

6. – Entre as pessoas aqui presentes existe alguma capaz de te ajudar a produzir tais efeitos? R – Eu bem podia encontrar uma, se ela quisesse prestar-se a isso. Mas não aqui.

7. – Podes apontá-la? R – Sim! Lá, à direita daquele que fala. Ele usa óculos.

**Observação**: Com efeito, o Espírito designa um membro da Sociedade, que é um pouco médium escrevente, mas nunca teve qualquer manifestação física. É provável que seja nova brincadeira do Espírito.

8. – Ages com objetivo hostil? R – Eu? Não tenho nenhum propósito hostil; mas os homens, que de tudo se apoderam, tirarão sua vantagem.

9. – Que entendes por isso? Não te compreendemos. R – Eu procurava divertir-me; mas vós estudais a coisa e tendes mais um fato para mostrar que nós existimos.

10. – Onde apanhaste os objetos que atiravas? R – São muito comuns: encontrei-os no pátio e nos jardins vizinhos.

11. – Encontraste todos ou fabricaste alguns? R – Nada criei, nada compus.

12. – Se não os tivesses encontrado poderias fabricá-los? R –

Teria sido mais difícil; mas, a rigor, a gente mistura matéria e isso faz um todo qualquer.

13. – Agora, dize-nos, como os lançaste? R – Ah! Isso é mais difícil de dizer: eu fui ajudado pela natureza elétrica daquela moça, junto à minha, menos material. Assim pudemos ambos transportar aqueles diversos materiais. (Vide a nota que segue à evocação).

14. – Penso que nos queiras dar algumas informações sobre tua pessoa. Para começar, dize-nos se morreste há muito tempo? R – Há muito tempo: há bem uns cinquenta anos.

15. – Que eras em vida? R – Não era grande coisa. Catava molambos pelo bairro; diziam-me tolices, porque gostava do licor vermelho de Noé. Assim, eu queria enxotá-los a todos.

16. – Foi por ti mesmo e de boa vontade que respondeste às nossas perguntas? R – Eu tinha um orientador.

17. – Quem é este orientador? R – O vosso bom rei Luís.

**Observação**: Essa pergunta foi motivada pela natureza de certas respostas, que pareceram ultrapassar o alcance do Espírito, pelo fundo das ideias e pela forma da linguagem. Nada de admirar tenha ele sido ajudado por um Espírito mais esclarecido, que queria aproveitar a ocasião para nos instruir. Isto é um fato muito comum. Mas há uma notável particularidade nesta circunstância, é que a influência do outro Espírito se fez sentir sobre a própria letra: a das respostas onde interferiu é mais regular e corrente; a das outras é angulosa, grossa, irregular, por vezes pouco legível e mostra um caráter diverso.

18. – Que fazes agora? Ocupas-te com o teu futuro? R – Ainda não; ando errante. Pensam tão pouco em mim aí na Terra, que ninguém ora por mim. Assim, não sou ajudado e não trabalho.

19. – Qual o teu nome em vida? R – Jeannet.

20. – Pois bem! Nós oraremos por ti. Dize-nos se nossa evocação te deu prazer ou te contrariou? R – Antes prazer, porque sois boa gente, alegres, embora um pouco austeros. Tudo bem: vós me ouvistes e estou contente.

Jeannet

**Observação**: A explicação dada pelo Espírito à pergunta 13 está perfeitamente conforme à que nos foi dada, há tempos, por outros Espíritos, quanto à maneira por que agem para fazer movimentos e translação das mesas e outros objetos inertes. Quando nos damos conta dessa teoria, o fenômeno parece muito simples. Compreende-se que decorre de uma lei da Natureza e não é mais maravilhoso que qualquer outro efeito cuja causa desconhecemos. Essa teoria se acha perfeitamente desenvolvida na *Revista* de maio e junho de 1858.

Diariamente a experiência nos confirma a utilidade das teorias que temos dado dos fenômenos espíritas. Uma explicação racional desses fenômenos devia resultar em maior compreensão da sua possibilidade e, por isso mesmo, dar convicção. Eis por que muitas pessoas que não se tinham convencido pelos mais extraordinários fatos, o foram desde que puderam saber o porquê e o como. Acrescentemos que para muitos as explicações fazem desaparecer o maravilhoso, colocando os fatos, por mais insólitos que sejam, na ordem das coisas naturais, isto é, não sendo derrogações das leis da Natureza e o diabo nada tendo com isso. Quando ocorrem espontaneamente, como na Rua dês Noyers, quase sempre oferecem ocasião para algum benefício e para aliviar alguma alma.

Sabe-se que em 1848 fatos semelhantes ocorreram na Rua dês Grès, perto da Sorbonne. O Sr. Lerible, que foi a vítima, acaba de dar um desmentido pelos jornais que o acusaram de fraude, arrastando-o aos tribunais. Os considerandos de sua declaração merecem ser referidos:

Ano de 1860, nove de julho, a requerimento do Sr. Lerible, antigo negociante de carvão e lenha, proprietário, residente em Paris, à rua de Grenelle-Saint-Germain, 64, com domicílio em sua propriedade.

Eu, Aubin Jules Demonchy, meirinho do tribunal civil do Sena, sediado em paris e residente à Rua dês Fosses Sainte-Victor, 43, abaixo assinado, notifico ao Sr. Garat, gerente do jornal *la* P*atrie*, nos escritórios do dito jornal, sitos em Paris, Rua du Croissant, onde estando e falando a uma senhora de confiança, assim declarei:

Ter que inserir, em resposta ao artigo publicado a 27 de junho último, nos *Fatos* do jornal *la Patrie* a citação seguinte, feita pelo requerente ao gerente do jornal *le Droit*, com a oferta que faz o requerente de pagar os gastos da publicação, caso sua resposta exceda o número de linhas que a lei autoriza a publicar:

"No ano de 1860, a cinco de julho, a requerimento do Sr. Lerible, antigo negociante de carvão e lenha, proprietário, residente em Paris, à Rua de Grenelle-Saint-Germain, 64, com domicílio em sua propriedade;

Eu Aubin Jules Demonchy, meirinho do Tribunal Civil do Sena, sediado em Paris e residente à Rua dês Fosses-Saint-Victor, 43;

Citei ao Sr. François, em nome e como gerente do jornal *le Droit*, nos escritórios do mesmo jornal, sitos em Paris, Praça Dauphine onde estando e falando a...

A comparecer a 8 de agosto de 1860 à audiência perante os senhores presidentes e juízes componentes da sexta câmara do tribunal de primeira instância do Sena, estatuindo em matéria de polícia correcional, no Palácio da Justiça de Paris, às dez horas da manhã, para:

Visto que em seu número de 26 de junho último e por ocasião dos fatos que se teriam passado numa casa da Rua dês Noyers, o jornal *le Droit* refere que fatos análogos teriam ocorrido em 1847, numa casa da Rua dês Grès;

Que o redator acompanha suas observações de explicações tendentes a fazer crer que os ataques de que a casa da Rua dês Grès era o objetivo em 1847 emanavam do próprio inquilino, que os praticava de má fé, a fim de obter, por meio de uma especulação desonesta, a rescisão do contrato de aluguel.

Visto que os fatos referidos pelo jornal *le Droit* realmente ocorreram, não em 1847, mas em 1849, na casa que o requerente ocupava nessa época à Rua dês Grès;

Que ainda bem que o nome do requerente não seja indicado no artigo do *le Droit* senão por uma inicial, a designação exata de sua indústria, a dos locais que habitava e, enfim, que a relação dos fatos de que se trata foram colhidos pelo próprio jornal, assinalam suficientemente o requerente como autor das manobras atribuídas à pessoa que ocupava a casa da Rua dês Grès;

Visto como essas imputações são de natureza a atingir a honra e a consideração do requerente;

Que são tanto mais repreensíveis quanto nenhuma das verificações sobre os acontecimentos de que se trata teria sido realizada e que, a exemplo daqueles de que parece ter sido teatro a Rua dês Noyers, esses acontecimentos ficaram sem explicação;

Que, por outro lado, o requerente era proprietário, desde 1847, da casa e do terreno que ocupava na Rua dês Grès; que a suposição a que chegou o diretor de *le Droit* não tem qualquer razão de ser e jamais foi formulada;

Visto que os termos empregados pelo jornal *le Droit* constituem uma difamação e caem na aplicação das penas estabelecidas pela lei;

Que todos os jornais de Paris se aproveitaram do artigo de *le Droit* e que a honra do requerente sofreu pelo fato dessa publicidade uma ofensa cuja reparação lhe é devida;

Por estes motivos:

Submeteu-se o Sr. François à aplicação das penas estabelecidas pela lei, considera-se condenado, em pessoa, a pagar ao requerente os danos e perdas que este se reserva para reclamar em audiência, os quais declara, no momento, empregar em favor dos pobres; ainda que o julgamento a ser feito seja inserto em todos os jornais de Paris, por conta do citado, e se considera condenado às custas, sob todas as reservas;

E, para que o citado não o ignore, eu lhe deixei em domicílio e falando como acima, cópia do presente.

Custas, 3 fr. 55 c.

Assinado: Demonchy

Registrado em Paris, a 6 de julho de 1860. Recebidos 2 fr. 20 c.

Assinado: Duperron

Declarando ao citado que se não satisfizer a presente intimação, o requerente agravará pelas vias de direito;

E, a domicílio e falando como acima, eu lhe deixei esta cópia.

Custas, 9 fr. 10 c."

Demonchy

## PALESTRAS FAMILIARES DE ALÉM-TÚMULO

### THILORIER, O FÍSICO

Thilorier ocupava-se ativamente na procura de um motor destinado a substituir o vapor e pensou tê-lo encontrado com o ácido carbônico, que chegara a condensar. Então o vapor era considerado como um meio de locomoção grosseiro e antiquado. A respeito lê-se a seguinte notícia na crônica da *Patrie*, de 22 de setembro de 1859;

Se Thilorier tivesse achado um motor de potência sem igual e ao lado do qual o vapor não passasse de uma traquinagem, ainda teria de regular a sua força, e três ou quatro vezes os ensaios que ele havia tentado lhe foram funestos. Explodindo, os aparelhos o tinham coberto de ferimentos, reduzindo a uma surdez quase completa o mártir da Ciência.

Entrementes, pareceu a propósito renovar-se a experiência da condensação do ácido carbônico no Colégio de França. Por imprudência ou acaso funesto, o aparelho quebrou-se, explodiu, feriu gravemente várias pessoas, custou a vida a um ajudante do professor e arrancou um dedo de Thilorier.

Não foi o dedo que ele lamentou, mas o desfavor lançado sobre o novo motor que havia descoberto. O medo apoderou-se de todos os cientistas e estes se recusaram a render-se a todos esses ingênuos argumentos de Thilorier: "Eis que vinte vezes meu aparelho de condensação estoura em minhas mãos e é a primeira que mata alguém! Nunca fez mais do que me ferir!" Só o nome do ácido carbônico afugentava todo o Instituto, sem contar a Sorbonne e o Colégio de França.

Um pouco triste, Thilorier encerrou-se em seu laboratório mais do que habitualmente. Os que o amavam notaram desde logo que profunda mudança se operava em seus hábitos. Passava dias inteiros sem ao menos pensar em pôr o seu gato sobre os joelhos, andava a grandes passadas e não tocava mais em suas retortas e alambiques. Quando por acaso saía de casa, parava de súbito, no meio da rua, sem atentar para a curiosidade e o espanto que excitava nos transeuntes.

Como fosse um homem de fisionomia suave e distinta, com bonitos cabelos que começavam a encanecer, e levava na lapela do sobretudo azul a insígnia da Legião de Honra, olhavam-no sem muita zombaria. Movida pela compaixão, uma jovem o tomou pelo braço um dia e o afastou do meio da calçada. Ele nem pensou em agradecer à sua benfeitora. Passava ao lado dos melhores amigos sem os ver e sem responder quando lhe dirigiam a palavra. A ideia fixa se havia apoderado dele, a ideia fixa, essa nuança sutil que separa o gênio da loucura.

Um dia, conversando no laboratório com um de seus amigos:

– Então, disse ele, finalmente resolvi o meu problema. Como sabes, há algumas semanas meu aparelho de condensação quebrou-se na Sorbonne...

– Algumas semanas? interrompi. Mas isso foi há alguns anos!

– Ah! Continuou ele sem se desconcertar; então levei tanto tempo para resolver meu problema? Afinal de contas, que importam algumas semanas ou anos, desde que tenho a solução! Sim, meu amigo, não só uma explosão é impossível, mas, ainda, essa força terrível, eu a domino. Dela faço o que quero. É minha escrava! Posso empregá-la à vontade para arrastar massas enormes, para dar vida a máquinas gigantescas, ou obrigá-la a brincar, sem os quebrar, com os mais delicados e frágeis dispositivos!

E como o encarasse estupefato:

– Ele duvida, palavra, do que lhe digo! gritou, rindo. Mas olha estes planos, estes desenhos; e se não acreditas em teus olhos, escuta-me!

Então, com uma lucidez que não deixava qualquer dúvida, mesmo para um homem estranho aos arcanos da Ciência, explicou os meios de que dispunha para realizar sua obra. Não se lhe podia fazer uma só objeção: em todos os pontos, sua teoria era irrefutável.

– Preciso de três dias para fabricar meu aparelho, continuou ele. Quero eu mesmo construí-lo inteiramente com as próprias mãos. Vem ver-me depois de amanhã... E tu, que não me abandonaste, tu que não duvidaste de mim, tu, cuja pena me defendeu, serás o primeiro a gozar de meu sucesso e dele compartilhar.

Assim fui fiel, com efeito.

Quando passei, depois, pela porteira, esta me chamou.

– Ah! senhor, me disse ela, que grande desgraça, não? Um homem tão bom! um homem nascido para a bondade! Morrer tão depressa!

– Mas, quem?

– O Sr. Thilorier. Morreu agora mesmo.

Ah! ela dizia a verdade. Fora atingido de morte súbita, no laboratório, o meu infeliz amigo.

Que aconteceu à sua descoberta? Não foi encontrado um traço dos desenhos que me havia mostrado; suas notas, se as deixou, também se perderam. Teria resolvido o grande problema que o preocupava? Deus o sabe! Deus, que não lhe tinha permitido transmitir seu pensamento sublime ou louco senão a um profano, incapaz de discernir o verdadeiro do falso e, sobretudo, de se lembrar da teoria sobre a qual o inventor a baseava.

Seja como for, hoje a condensação do ácido carbônico não passa de experiência curiosa, que os professores raramente demonstram em seus cursos.

Se Thilorier tivesse vivido mais alguns dias, talvez o ácido carbônico tivesse transformado a face do mundo.

Sam

Thilorier teria ou não achado o que buscava? Em todo o caso, seria interessante saber o que a respeito pensava como Espírito.

1. – (*Evocação*) R – Eis-me muito alegre em vosso meio.

2. – Desejamos conversar convosco, porque pensamos lucrar numa palestra com o Espírito de um cientista, como fostes em vida. R – O Espírito de um cientista, por vezes é mais elevado na Terra do que no Céu. Contudo, quando a Ciência foi companheira da probidade, isto é uma garantia da superioridade espírita.

3. – Como físico, vos ocupastes especialmente na procura de um motor para substituir o vapor e pensáveis havê-lo encontrado no ácido carbônico condensado. Que é o que pensais agora? R – Minha ideia era de tal modo fixa nesse assunto, que eu havia tido um sonho, na véspera de minha morte ou, para ser mais exato, no momento de minha ressurreição espiritual.

4. – Alguns dias antes de morrer pensáveis haver encontrado a solução da dificuldade prática. Achastes realmente esse meio? R – Digo-vos que a superexcitação da imaginação me havia dado um sonho fantástico, que enunciei desperto. O que eu sonhava não era absolutamente aplicável.

5. – Estáveis aqui quando foi lida a notícia que vos concerne? R – Sim.

6. – Que pensais dela? R – Pouca coisa; eu repouso no seio do meu anjo da guarda, porque minha pobre alma saiu muito chocada de meu corpo miserável.

7. – Não obstante, poderíeis responder a algumas perguntas sobre as ciências? R – Sim. Por um momento, quero mesmo entrar no emaranhado da Ciência.

8. – Pensais que um dia o vapor será substituído por outro motor? R – Este ainda será muito aperfeiçoado. Contudo, creio ver no futuro que a inteligência humana achará um meio de o simplificar ainda mais.

9. – Que pensais do ar condensado, como motor? R – O ar condensado é excelente motor, mais leve que o vapor e mais econômico. Quando se souber dirigir o seu emprego, terá mais força, portanto mais velocidade.

10. – Que pensais agora do ácido carbônico condensado, usado

para tal fim? R – Eu ainda estava muito atrasado. Serão necessárias numerosas experiências, bem como difíceis estudos para chegar a um resultado satisfatório. A Ciência ainda tem tanto a fazer!

11. – Dos vários motores de que se ocupam, qual o que, na sua opinião, triunfará? R – Agora, o vapor; mais tarde, o ar condensado.

12. – Voltastes a ver Arago? R – Sim.

13. – Palestrais sobre as ciências? R – Algumas vezes temos as faculdades de nossa inteligência voltadas para os estudos humanos. Gostamos muito de assistir às experiências que são feitas. Mas quando se volta ao Céu não se pensa mais nisto. Depois, no momento, como disse, estou repousando.

14. – Ainda uma pergunta, por favor, mas muito séria; se não puderdes respondê-la por vós mesmo, tende a bondade de usar a assistência de um Espírito mais competente. Sempre nos disseram que os Espíritos costumam sugerir ideias aos homens e que muitas descobertas são dessa origem. Mas como nem todos os Espíritos sabem tudo e alguns procuram instruir-se, podeis dizer se alguns fazem pesquisas e descobertas no estado de Espíritos? R – Sim. Quando um Espírito alcançou um grau bem avançado, Deus lhe confia uma missão e o encarrega de ocupar-se de tal ou qual ciência útil aos homens. É então que essa inteligência, obediente a Deus, busca nos segredos da Natureza, que Deus lhe permite entrever, tudo quanto deve aprender para isto. E quando estudou bastante, dirige-se a um homem capaz de apreender aquilo que, por sua vez, pode ensinar. De repente esse homem é obsidiado por um pensamento; só pensa nisso; disso fala a todo instante; sonha dia e noite com a coisa; ouve vozes celestes que lhe falam. Depois, quando tudo está bem desenvolvido em sua cabeça, esse homem anuncia ao mundo uma descoberta ou um aperfeiçoamento. É assim que são inspirados os homens, em sua maioria.

15. – Nós vos agradecemos a bondade das respostas e por haverdes deixado por nós, um instante, o vosso repouso. R – Pedirei a Deus que vele por vós e vos inspire.

**Nota**: A Sra. G..., que às vezes vê os Espíritos, descreve as impressões recebidas durante a evocação de Thilorier. Viu um Espírito que julga ser o dele.

16. – (*A São Luís*) Teríeis a bondade de dizer se realmente foi o Espírito de Thilorier que a Sra. G.... viu? R – Não é precisamente este

Espírito que esta senhora acaba de ver: mais tarde seus olhos estarão habituados a distinguir a forma ou perispírito e ela os distinguirá perfeitamente. No momento é uma espécie de miragem.

**Nota**: As perguntas complementares que seguem também foram dirigidas a São Luís.

17. – Se os autores de descobertas são assistidos por Espíritos que lhes sugerem ideias, como é que alguns homens creem inventar e nada inventam, ou só inventam quimeras? R – É que são iludidos por Espíritos enganadores que, achando seu cérebro aberto ao erro, deles se apoderam.

18. – Como se explica que o Espírito tão frequentemente escolha homens incapazes de levar a termo uma descoberta? R – São os cérebros desprovidos de previsão humana os mais capazes de receber a perigosa semente do desconhecido. O Espírito não escolhe tal homem por ser incapaz; é o homem que não sabe fazer frutificar a semente que lhe é dada.

19. – Mas então é a Ciência que sofre com isso; e isto não explica por que o Espírito não se dirige de preferência a um homem capaz. R – A Ciência nada sofre, porque o que um esboça um outro termina, e, durante o intervalo, a ideia amadurece.

20. – Quando uma descoberta é prematura, obstáculos providenciais podem opor-se à sua divulgação? R – Nada jamais detém o desenvolvimento de uma ideia útil. Deus não o permitiria; é preciso que ela siga o seu curso.

21. – Quando Papin descobriu a força motriz do vapor, numerosos ensaios foram feitos para o utilizar e obtiveram-se resultados bastante satisfatórios, mas ficaram no estado de teoria. Como é que tão grande descoberta ficou adormecida tanto tempo, desde que se possuíam os seus elementos? Não faltavam homens capazes de a fecundar. Isso foi devido à insuficiência dos conhecimentos ou não era ainda chegado o momento da revolução que ela deveria operar? R – Para a comunicação das descobertas que transformam o aspecto exterior das coisas, Deus deixa a ideia amadurecer, como as espigas cujo desenvolvimento o inverno não impede, mas apenas retarda. A ideia deve germinar bastante tempo a fim de nascer quando todos a solicitam. Dá-se o mesmo com as ideias morais, que primeiro germinam e só se implantam quando

chegam à maturidade. Por exemplo, neste momento em que o Espiritismo tornou-se uma necessidade, será acolhido como um benefício, porque inutilmente foram tentadas todas as outras filosofias para satisfazer as aspirações do homem.

São Luís

## O SUICIDA DA RUA QUINCAMPOIX

O ano passado os jornais noticiaram um exemplo de suicídio em circunstâncias especiais. Foi no começo da guerra da Itália. Um pai de família, que desfrutava de estima geral dos vizinhos, tinha um filho que o sorteio militar havia chamado às armas. Achando-se, por sua posição, impossibilitado de o livrar do serviço, teve a ideia de suicidar-se, para o isentar como filho único de viúva.

A morte foi uma prova para o pai ou para a mãe? Em todo caso, é provável que Deus tenha levado em conta, a favor desse homem, a sua dedicação, e que o suicídio não tivesse para ele as mesmas consequências que outros motivos acarretariam.

(*A São Luís*). Podeis dizer-nos se podemos evocar o homem de quem acabamos de falar? R – Sim. Ele ficará muito feliz por isso, porque será um pouco aliviado.

1. – (*Evocação*) R – Oh! obrigado! Sofro muito, mas... é justo. Contudo, Ele me perdoará.

**Observação**: O Espírito escreve com muita dificuldade: Os caracteres são irregulares e mal traçados. Depois da palavra *mas*, ele pára, em vão tenta escrever e faz apenas uns traços indecifráveis e pontos. É evidente que foi a palavra *Deus* que não pôde escrever.

2. – Preenchei a lacuna que deixastes. R – Sou indigno disto.

3. – Dizeis sofrer. Sem dúvida errastes, praticando o suicídio. Mas o motivo que vos levou a isso não vos merece alguma indulgência? R – Minha punição será menos longa, mas a ação não é menos má.

4. – Poderíeis descrever a punição que sofreis, dando o máximo de detalhes para a nossa instrução? R – Sofro duplamente, na alma e no corpo; sofro neste último, embora não mais o possua, como o amputado sofre no membro ausente.

5. – Vossa ação teve por único motivo salvar o filho ou fostes

levado por outra causa? R – Só o amor paterno me guiou, mas guiou mal. Por isso minha pena será abreviada.

6. – Prevedes o termo dos vossos sofrimentos? R – Não sei o termo: mas tenho certeza de que o termo existe, o que me é um alívio.

7. – Há pouco não pudestes escrever a palavra *Deus*. Contudo, vimos Espíritos bastante sofredores escrevê-la. Isso faz parte de vossa punição? R – Eu o poderei, com grandes esforços de arrependimento.

8. – Muito bem! Fazei grandes esforços e tentai escrevê-la. Estamos convictos de que se o conseguirdes isso vos dará alívio.

O Espírito acaba escrevendo, em caracteres irregulares, trêmulos e grandes: "Deus é muito bom".

9. – Somos gratos por terdes vindo ao nosso apelo e oraremos por vós a Deus, para que sua misericórdia caia sobre vós. R – Sim, por favor.

10. (*A São Luís*) – Quereis dar-nos vossa apreciação pessoal sobre o ato do Espírito que acabamos de evocar? R – Esse Espírito sofre justamente, porque perdeu a confiança em Deus, o que é sempre uma falta punível. A punição seria longa e terrível se ele não tivesse, em seu favor, um motivo louvável, qual o de impedir o filho de marchar para a morte. Deus, que vê o fundo dos corações, e que é justo, não o punirá senão segundo as suas obras.

**Observação**: Por sua ação, esse homem talvez tenha impedido a realização do destino do filho. Para começar, não é certo que fosse morto na guerra e, talvez, essa carreira lhe fornecesse oportunidade de fazer algo de útil ao seu progresso. Sem dúvida tal consideração não será estranha à severidade do castigo que lhe é infligido. Certamente sua intenção era boa e isso lhe foi levado em conta. A intenção atenua o mal e merece indulgência, mas não impede que aquilo que é mal seja mal. Sem isso, a favor da intenção se poderiam desculpar todos os malefícios e até se poderia matar, sob pretexto de uma boa intenção. Acredita-se, por exemplo, seja permitido matar um homem sem esperança de cura, pelo motivo de querer abreviar seus sofrimentos? Não: porque, agindo assim, abreviamos a prova que deve sofrer e lhe fazemos mais mal do que bem. A mãe que mata o filho na crença de que o manda direto ao céu, será menos culposa porque o fez com boa intenção? Baseados nesse sistema justificaríamos todos os crimes que um fanatismo cego produziu nas guerras de religião.

## VARIEDADES

### O PRISIONEIRO DE LIMOGES

O fato seguinte foi comunicado à Sociedade pelo Sr. Achille R..., um de seus membros, conforme uma carta de um de seus amigos de Limoges, datada de 18 de julho:

"No momento nossa cidade se ocupa de um fato interessante para os Espíritas, e que me apresso a fazer passar ao Sr. Kardec por vosso intermédio. Eu mesmo colhi as mais circunstanciadas informações, junto a testemunhas do fato em questão, isto é, na prisão onde se acha, no momento, o herói da aventura.

Um soldado da 1ª linha, chamado Mallet, foi condenado a um mês de prisão por ter desviado a quantia de três francos, pertencente a um de seus camaradas. Sua pena expirou há sete dias. Esse jovem militar perdeu um irmão de dezenove anos, doméstico, há cerca de oito anos, e desde sete anos ele vê, ao menos quatro noites em oito, depois da meia noite, uma grande chama em meio à qual se destaca um cordeirinho. A visão o apavora, mas não ousa falar disso. Quando estava só na prisão, ficou ainda mais apavorado e suplicou ao carcereiro que lhe desse companheiros; foram para junto dele quatro soldados do 2º de caçadores montados. A uma hora da madrugada, tendo-se levantado Mallet, as quatro testemunhas também viram a chama e o cordeiro em suas costas.

Como disse, a aparição se repete muitas vezes; o pobre rapaz fica tão afetado que chora, fica desolado e não mais se alimenta. O major médico do regimento quis assegurar-se do fato, mas não ficou bastante tempo e a visão só ocorreu uma hora e meia após a sua saída. Um padre de Saint-Michel, M. F..., foi mais feliz, ao que parece, pois tomou notas. Far-lhe-ei uma visita para lhe perguntar o que pensa.

Mas não é tudo. O carcereiro me disse ter visto várias vezes a porta da prisão aberta pela manhã, embora na véspera tivesse cuidadosamente passado os ferrolhos. Aconselharam a Mallet que interrogasse o cordeirinho, o que fez na última noite, e a resposta foram estas palavras, que dele ouvi textualmente: *Manda rezar um De Profundis e missas; sou teu irmão; não voltarei mais.* Tal é a descrição exata dos fatos; eu as entrego ao Sr. Kardec, para que faça o uso que julgar conveniente."

## PERGUNTAS DE UM ESPÍRITA DE SÉTIF AO SR. OSCAR COMETTANT

A carta seguinte nos foi dirigida por um de nossos assinantes de Sétif, Argélia, onde há numerosos adeptos que recebem notáveis comunicações, com as quais já brindamos os nossos leitores.

"Senhor,

O Sr. Dumas já vos falou de um fenômeno extraordinário que se passou há algum tempo com meu filho de dezesseis anos, médium de um gênero singular. Cada vez que se faz uma evocação, ele adormece sem magnetismo e nesse estado responde a todas as perguntas que, por seu intermédio, são dirigidas ao Espírito. Ao despertar não traz qualquer lembrança. Responde em latim, em inglês, em alemão, línguas das quais não tem nenhum conhecimento. É um fato que muitas pessoas puderam constatar e o afirmo sobre o que tenho de mais sagrado, mesmo ao Sr. Oscar Comettant. Tenho em mãos uma relação deste último, de 27 de outubro de 1859, onde diz: "Mas em que acreditais? talvez me pergunte o Sr. Allan Kardec". Eu, senhor, não lhe perguntarei se crê nalguma coisa, primeiro porque isso pouco me importa; depois, porque há homens que em nada acreditam. O Sr. Oscar Comettant apoia-se na autoridade de Voltaire, que não acreditava no que a razão não podia compreender. Está errado porque, malgrado o imenso saber que Deus havia dado a Voltaire, há milhares de coisas hoje conhecidas e de que a sua razão jamais suspeitou. Ora, ao negar um fato cuja realidade não se quer constatar, pergunto, em consciência, de que lado está o absurdo.

Dirijo-me diretamente ao Sr. Comettant e lhe digo: Admitamos não sejam os Espíritos que nos falam. Então dai-nos uma explicação lógica do fato citado. Se o negais *a priori* eu vos chamo ao tribunal da razão, que invocais; se me pilhais em flagrante delito de mentira, concordo em fazer uma confissão pública ou em passar por louco. Caso contrário, estou pronto a entrar em luta convosco, no terreno dos fatos. Mas antes de entabular a discussão, eu vos perguntarei:

1. – Se acreditais no sonambulismo natural e se vistes indivíduos nesse estado?

2. – Vistes sonâmbulos a escrever?

3. – Vistes sonâmbulos respondendo a perguntas mentais?

4. – Vistes sonâmbulos respondendo em línguas que desconhecem?

Preciso de um *sim* ou um *não* puro e simples a todas essas perguntas. Se for *sim*, passaremos a outra coisa; se for *não*, encarregome de vos fazer ver e, então, podereis explicar-me a coisa à vossa maneira.

Recebei, etc."

Courtois

Em relação à carta acima faremos as seguintes reflexões. É provável que o Sr. Comettant não responda ao Sr. Courtois, nem a outras pessoas que lhe escreverem sobre o mesmo assunto. Se ele entabulasse uma polêmica, certamente seria no terreno do sarcasmo, terreno no qual sempre diz a última palavra, e sobre o qual nenhum homem sério quereria acompanhá-lo. Que o Sr. Courtois o deixe, pois, na momentânea quietude de sua incredulidade, desde que esta lhe basta e ele se contenta em ser matéria. Desde que ele só tem piadas a opor, é que nada tem de melhor a dizer. Ora, como as piadas não são razões, aos olhos da gente sensata isso é confessar-se vencido.

O Sr. Courtois não tem razão para levar muito a sério as negações dos incrédulos. Os materialistas não acreditam sequer ter uma alma e se reduzem ao modesto papel de autômatos. Como podem admitir Espíritos fora deles quando não acreditam tê-los em si mesmos? Falar-lhes de Espíritos e de suas manifestações é começar por onde se deveria terminar. Não admitindo a causa primeira, não podem admitir as consequências. Dir-se-á, por certo, que se têm raciocínio, devem ceder à evidência. É verdade; mas é precisamente esse raciocínio que lhes falta. Aliás, sabe-se que não há pior cego do que aquele que não quer ver. Deixemo-los, pois, em paz, porque suas negações não impedirão mais a verdade de espalhar-se, do que a água de correr.

## DITADOS ESPONTÂNEOS E DISSERTAÇÕES ESPÍRITAS RECEBIDOS OU LIDOS NAS SESSÕES DA SOCIEDADE

### DESENVOLVIMENTO DAS IDEIAS

A propósito da evocação de Thilorier. (Médium, Sra. Costel).

Vou falar a propósito da necessidade de reunir elementos diversos do Espírito para formar um todo. É ilusão comum pensar que, para se desenvolver uma aptidão especial não se necessite senão de estudo especial. Não. O Espírito humano, como um rio, se avoluma com todos os afluentes. O homem não deve isolar-se no seu trabalho, isto é, deve, pelos contrastes os mais opostos, fazer brotar a seiva das ideias. A originalidade é o contraste das ideias-mães; é uma das mais raras superioridades. Desde a infância ela é abafada pela regra absurda, que rebaixa todos os Espíritos ao mesmo nível. Vou explicar minha ideia. Thilorier, que acabam de evocar, era um inventor apaixonado, uma inteligência ativa; mas se havia fechado na esfera da invenção, isto é, na ideia fixa. Jamais se postava à janela, para ver passarem as ideias dos outros. Assim, ficou prisioneiro de seu próprio cérebro; o gênio flutuava ao seu redor; encontrando todas as saídas fechadas, deixou a loucura, sua irmã, penetrar e invadir o lugar tão bem guardado. E Thilorier, que teria deixado um nome imortal, vive apenas na lembrança de alguns cientistas.

Georges (Espíritio familiar)

## MASCARADAS HUMANAS

(MÉDIUM, SRA. COSTEL)

Falarei da necessidade própria que têm os melhores Espíritos de imiscuir-se sempre nas coisas que não lhes competem. Por exemplo: um excelente comerciante não duvidará um instante de sua aptidão política, e o maior diplomata porá o amor-próprio na decisão das mais frívolas questões. Esse defeito, comum a todos, não tem outro móvel senão a vaidade, e esta só tem necessidades artificiais. Para a toalete, para o espírito, para o próprio coração, ela busca, antes de mais nada, o que é falso; vicia o instinto do belo e do verdadeiro; leva as mulheres a desnaturar sua beleza; persuade os homens a buscar precisamente o que lhes é mais prejudicial. Se os franceses não tivessem esse defeito, uns seriam os mais inteligentes do mundo e outras as mais sedutoras Evas conhecidas. Não tenhamos, pois, essa absurda fraqueza; tenhamos a coragem de sermos nós-mesmos; de levar a cor do nosso Espírito, como a dos nossos cabelos. Mas os tronos ruirão, as repúblicas se estabelecerão, antes que um francês leviano renuncie às suas pretensões de gravidade e uma francesa às suas pretensões de firmeza. Mascarada contínua, em que cada um veste uma roupa de outra época, ou apenas a do vizinho. Mascarada política, mascarada religiosa, em que todos, arrastados pela vertigem, vos buscais apaixonadamente, sem encontrar nesse tumulto nem o ponto de partida, nem o vosso objetivo.

Delphine de Girardin

## O SABER DOS ESPÍRITOS

### (MÉDIUM, SRTA. HUET)

No estudo do Espiritismo há um grave erro, que cada dia mais se propaga e que se torna quase o móvel que faz os outros virem a nós: é o de nos julgarem infalíveis nas respostas. Pensam que tudo devemos saber, tudo ver, tudo prever. Erro! grande erro! Certamente, nossa alma não mais estando encerrada num corpo material, como um pássaro numa gaiola, lança-se no espaço; os sentidos dessa alma tornam-se mais sutis, mais desenvolvidos; vemos e ouvimos melhor; mas não podemos saber tudo, estar em toda parte, porque não temos o dom da ubiquidade. Que diferença, pois, haveria entre nós e Deus, se nos fosse permitido conhecer o futuro e anunciá-lo pontualmente? Isso é impossível. Sabemos mais que os homens, certamente; por vezes podemos ler no pensamento e no coração dos que nos falam, mas aí para a nossa ciência espírita. Corrigi-vos, pois, da ideia de nos interrogar unicamente para saber o que se passa em tal ou qual parte do vosso globo, em relação a uma descoberta material, comercial, ou para serdes advertidos do que se passará amanhã, nos negócios políticos ou industriais. Nós vos informaremos sempre sobre o nosso estado, sobre nossa existência extra-corpórea, sobre a bondade e a grandeza de Deus, enfim, sobre tudo quanto possa servir à vossa instrução e à vossa felicidade presente e futura, mas não nos pergunteis o que não podemos nem devemos dizer.

Channing

## ORIGENS

### (MÉDIUM, SRA. COSTEL)

No princípio era o Verbo, e o Verbo era Deus. Assim se anuncia no Evangelho de São João. Isto é, no começo estava o princípio e o princípio era Deus, o Criador de todas as coisas, que não hesitou mais na formação do homem, que na do globo. Ele o criou tal qual é hoje, dando-lhe, ao sair de suas mãos, o livre-arbítrio e o poder de progredir. Deus disse ao mar: Não irás mais longe. Ao contrário, disse ao homem, mostrando-lhe o Universo: Tudo isto é para vós; trabalhai, desenvolvei, descobri os tesouros em germe, semeados por toda parte – no ar, nas ondas, no seio da terra; trabalhai e amai; não duvideis de vossa origem divina, ela é direta; não sois fruto de lenta progressão; não passastes pela fieira animal; positivamente sois filhos de Deus. Então de onde provém o pecado? O pecado foi criado por vossas próprias faculdades; é o avesso e o exagero destas.

Não houve um primeiro homem, pai do gênero humano, assim como não houve um sol para iluminar o Universo. Deus abriu sua grande mão e espalhou com a mesma profusão a raça humana sobre os mundos, quanto às estrelas nos céus. Espíritos animados por seu sopro logo revelaram sua existência aos homens, antes dos profetas que conheceis. Outros enviados desconhecidos tinham elucidado as almas ignorantes de si mesmas. Ao mesmo tempo que os homens, foram criados os animais. Estes, dotados de instinto, mas não de inteligência progressiva. Assim, conservaram o tipo primitivo e, salvo a educação individual, são os mesmos do tempo dos patriarcas. Os cataclismos dos dilúvios – pois não houve um único, mas vários – fizeram desaparecer raças inteiras de homens e animais. São consequências geológicas que ainda vos ameaçam.

Os homens descobrem, mas nada inventam. Assim, as crenças mitológicas não eram meras ficções, mas revelações de Espíritos inferiores. Os sátiros, os faunos eram Espíritos secundários, que habitavam os bosques e os campos, como ainda hoje. Então era-lhes permitido manifestar-se mais vezes aos olhos dos homens, porque o materialismo não se tinha depurado pelo Cristianismo e o conhecimento de um Deus único. O Cristo destruiu o império dos Espíritos inferiores, para estabelecer o do Espírito sobre a Terra. Isto é a verdade, que afirmo em nome de Deus Todo-Poderoso.

Lázaro

## O FUTURO

### (MÉDIUM, SR. COLL...)

O Espiritismo é a ciência de toda a luz. Feliz da sociedade que o puser em prática! Somente então a idade de ouro, ou melhor, a era do pensamento celeste reinará entre vós. E não penseis que por isso tereis menos satisfações terrenas. Muito ao contrário, tudo será felicidade para vós, porque nesse tempo a luz vos fará ver a verdade sob um aspecto mais agradável. O que os homens ensinarão não será mais essa ciência capciosa, que vos faz ver, sob a enganadora máscara do bem geral, ou de um bem futuro, no qual, muitas vezes, o próprio mestre não tem nenhuma confiança, a mentira e a cupidez, a vontade de tudo ter, em proveito de uma seita e, por vezes até, em proveito de um só. Certamente os homens não serão perfeitos; mas então o falso será tão restrito, os maus terão tão pouca influência que serão felizes na sua minoridade. Nesses tempos os homens compreenderão o trabalho e todos chegarão à riqueza, porque não desejarão o supérfluo senão para fazer grandes obras em proveito de todos. O amor, esta palavra tão divina, não mais terá essa acepção impura que lhe emprestais; todo sentimento pessoal desaparecerá, ante esse ensinamento tão suave, contido nestas palavras do Cristo: Amai-vos uns aos outros, como a vós mesmos.

Chegando a esta crença todos sereis médiuns; desaparecerão todos os vícios que degradam a vossa sociedade; tudo se tornará luz e verdade; o egoísmo, esse verme roedor e retardatário do progresso, que abafa todo sentimento fraterno, não terá mais domínio sobre as vossas almas; vossas ações não mais terão por móvel a cupidez e a luxúria; amareis vossa mulher porque ela terá uma alma boa e vos quererá, porque verá em vós o homem escolhido por Deus para proteger a sua fraqueza e porque ambos vos auxiliareis a suportar as provas terrenas, e sereis os instrumentos votados à propagação e seres destinados a melhorar-se, a progredir, a fim de chegarem a mundos melhores, onde podereis, por um trabalho ainda mais inteligente, atingir o nosso supremo Benfeitor.

Ide, Espíritas! perseverai; fazei o bem pelo bem; desprezai suavemente os gracejadores; lembrai-vos de que tudo é harmonia na Natureza, que a harmonia está nos mundos superiores e que, malgrado certos Espíritos fortes, tereis também a vossa harmonia relativa.

São Luís

## A ELETRICIDADE ESPIRITUAL

### (MÉDIUM, SR. DIDIER FILHO)

O homem é, ao mesmo tempo, um ser muito singular e muito fraco. É singular no sentido em que, no meio aos fenômenos que o cercam, nem por isso deixa de seguir o seu curso ordinário, espiritualmente; fraco porque, depois de ter visto e ter-se convencido, sorri porque seu vizinho sorriu e não pensa mais naquilo. E notai que aqui falo, não de seres vulgares, sem reflexão e sem experiência. Não: falo de gente inteligente e, na maioria, esclarecida. De onde vem tal fenômeno? Porque refletindo bem, é um fenômeno moral. Mas quê! O Espírito começou a agir sobre a matéria pelo magnetismo e a eletricidade; a seguir entrou no próprio coração do homem, e este não o percebe. Estranha cegueira! Cegueira não produzida por uma causa estranha, mas voluntária, oriunda do Espírito; em seguida vem o Espiritismo. Produziu uma comoção no mundo, e o homem publicou livros muito sérios, dizendo: é uma causa natural, é simplesmente eletricidade, uma lei física, etc. E o homem ficou satisfeito; mas estai certos, o homem terá ainda muitos livros para escrever, antes de poder compreender o que está escrito no livro da Natureza: o livro de Deus. a eletricidade, essa nuança entre o tempo e o que não é mais o tempo, entre o finito e o infinito, não foi ainda possível ao homem defini-la. Por quê? Sabei-o: não podeis defini-la senão pelo magnetismo, essa manifestação material do Espírito. Não conheceis ainda senão a eletricidade material. Mais tarde conhecereis também a eletricidade espiritual, que não é senão o reino eterno da ideia.

Lamennais

### DESENVOLVIMENTO DA COMUNICAÇÃO PRECEDENTE

1 - Teríeis a bondade de fazer alguns esclarecimentos sobre certas passagens do vosso último ditado, que nos parecem um pouco obscuras? – Farei o possível, no momento.

2 - Dizeis: "A eletricidade, essa nuança entre o tempo e o que não é mais tempo, entre o finito e o infinito"; esta frase não nos parece muito clara. Tereis a bondade de a esclarecer? – Explico-me assim, da maneira mais simples que posso. Para vós o tempo existe, não? para nós, não existe. Assim defini a eletricidade: essa nuança entre o tempo e o que não é mais tempo, porque esta parte do tempo de que outrora vos devíeis servir para vos comunicardes de um a outro extremo do mundo, esta porção do tempo, digo eu, não existe mais; mais tarde virá essa eletricidade que não será outra coisa senão o pensamento do homem, transpondo o espaço. Com efeito, não é a imagem mais compreensível sobre o finito e o infinito, o pequeno meio e o grande meio? Numa palavra, quero dizer que a eletricidade suprime o tempo.

3 - Mais adiante dizeis: "Não conheceis senão a eletricidade material. Mais tarde conhecereis também a eletricidade espiritual". Entendeis por isto os meios de comunicação de homem a homem, por via mediúnica? – Sim, como progressos médios; outra coisa virá mais tarde. Daí aspirações ao homem: a princípio, ele adivinha; depois, vê.

## INSTRUÇÃO PRÁTICA SOBRE AS MANIFESTAÇÕES ESPÍRITAS

Esta obra está inteiramente esgotada e não será reimpressa. Será substituída pelo novo trabalho, ora no prelo, que sairá muito mais completo e obedecerá a um outro plano.

Allan Kardec

# ANO III
# SETEMBRO DE 1860

## AVISO

*O escritório da Revista Espírita e o domicílio particular do Sr. Allan Kardec foram transferidos para a Rua Sainte-Anne, n° 59, travessa Sainte-Anne.*

## BOLETIM

### DA SOCIEDADE PARISIENSE DE ESTUDOS ESPÍRITAS

(SEXTA-FEIRA, 27 DE JULHO DE 1860 – SESSÃO GERAL)

Reunião da comissão.

Leitura da ata e dos trabalhos da sessão de 20 de julho.

*Comunicações diversas.* 1. – Relatório da Srta. P... sobre o poema que o Sr. de Pory, de Marselha, enviou à Sociedade, intitulado *Linda, lenda gaulêsa*. A Srta. P... analisa o assunto da obra e reconhece pensamentos de grande elevação muito bem expressos; mas, salvo as ideias cristãs, em geral, nela nada vê, ou vê pouca coisa que tenha relação direta com o Espiritismo. O autor lhe parece mais *Espiritualista* que *Espírita*. Nem por isso sua obra é menos notável e será lida com interesse pelos amantes da boa poesia.

2. – Carta do Sr. X..., com uma análise sucinta da doutrina do Sr. Rigolot, de Saint-Etienne. Conforme tal doutrina, o mundo espírita não existe; após a morte do corpo, os Espíritos são imediatamente reunidos a Deus. Apenas três Espíritos podem comunicar-se com os homens por via mediúnica: Jesus, mentor e protetor do nosso globo; Maria, sua mãe; e Sócrates. Todas as comunicações sejam de que natureza forem, emanam deles. São os únicos, diz, que a ele se manifestam, e quando lhe ditam coisas grosseiras, pensa que é para o provar.

A respeito travou-se uma discussão, que assim se resume: A Sociedade é unânime em declarar que a razão se recusa a admitir que o

Espírito do bem por excelência, o modelo das mais sublimes virtudes, possa ditar coisas más e que há uma espécie de profanação em supor que comunicações de torpezas revoltantes, e até obscenidades, como por vezes são vistas, possam emanar de fonte tão pura. Por outro lado, admitir que, após a morte, todas as almas se reúnam a Deus, é negar o castigo do culpado, pois não se poderia pensar que o seio de Deus, que nos ensina a olhar como a suprema recompensa, seja ao mesmo tempo um foco de dor para o que viveu mal. Se nessa fusão divina o Espírito perde a individualidade, temos uma variedade de panteísmo. Num caso como no outro, conforme essa doutrina, o culpado não tem qualquer motivo para se deter na via do mal, pois supérfluos são os esforços para praticar o bem. É, pelo menos, o que ressalta dos princípios gerais que, parece, formam a sua base.

A Sociedade não conhece bem o sistema do Sr. Rigolot para o apreciar em detalhes; ignora como ele explica uma porção de fatos *patentes*: os de aparição, por exemplo; aqueles em que o Espírito evocado de um parente prova *materialmente* a sua identidade. Então seria Jesus quem simularia tais personagens; seria ainda quem, no caso dos Espíritos batedores, viria tocar o tambor ou as árias ritmadas. Depois de ter representado o papel odioso de tentador, viria servir de divertimento? Há incompatibilidade moral entre o grosseiro e o sublime, entre o bem absoluto e o mal absoluto.

O Sr. Rigolot sempre se manteve isolado dos outros Espíritas, o que é um erro. Para bem conhecer uma coisa é preciso tudo ver, tudo aprofundar, comparar todas as opiniões, ouvir os prós e os contras, escutar todas as objeções e, finalmente, só aceitar aquilo que a mais severa lógica pode admitir. É o que incessantemente nos recomendam os Espíritos que nos dirigem; e é por isso que a Sociedade tomou o nome de *Sociedade de Estudos*, nome que implica a ideia de exame e de pesquisa. É lícito pensar que se o Sr. Rigolot tivesse seguido esse caminho, teria reconhecido em sua teoria pontos em manifesta contradição com os fatos. Seu afastamento dos outros Espíritas só lhe permite ter comunicações de uma mesma natureza, e naturalmente o impede de ver aquilo que poderia esclarecê-lo sobre sua insuficiência para resolver todas as questões. É o que se observa na maioria dos médiuns que se isolam: estão na condição daqueles que, só ouvindo um sino, só ouvem um som.

Tal é a impressão que a Sociedade experimenta a respeito dessa doutrina, que lhe parece incapaz de explicar a razão de todos os fatos.

3. – Referência a uma carta do Dr. Morhéry, com novos detalhes sobre a Srta. Godu e a continuação de suas observações sobre as curas obtidas; e a uma outra do Dr. de Grand-Boulogne, sobre o papel dos Espíritos batedores. Dada a sua extensão, a leitura foi adiada para a próxima sessão.

4. – O Sr. Allan Kardec relata interessante fato, ocorrido em sessão particular, em sua casa. Nessa sessão estava presente o Sr. Rabache, ótimo médium, pelo qual se havia espontaneamente comunicado Adam Smith num café de Londres. Tendo sido evocado através de outro médium, a Sra. Costel, Adam Smith respondeu simultaneamente em francês, por essa senhora, e em inglês pelo Sr. Rabache; várias respostas eram de uma identidade perfeita e até mesmo a tradução *literal* uma da outra.

5. – Relato de várias manifestações físicas ocorridas com o Sr. B..., presente à sessão. Entre outros fatos, o transporte de uma rolha atirada num quarto e de um frasco de água fluidificada, que tinha o cheiro de mungo, tão forte que impregnou todo o apartamento.

*Estudos.* 1. – Evocação do muçulmano *Séid-ben-Moloka*, morto em Tunis com 110 anos e cuja vida toda foi marcada por atos de beneficência e generosidade. Suas respostas revelam um espírito elevado, mas que, em vida, não estava isento dos preconceitos de seita.

Recebidos dois ditados espontâneos, o primeiro pelo Sr. Didier, sobre a *consciência*, assinado por Lamennais; o segundo pela Sra. Lub... com conselhos diversos, assinado por Paul.

(SEXTA-FEIRA, 3 DE AGOSTO DE 1860 – SESSÃO PARTICULAR)

Reunião da comissão.

Leitura da ata e dos trabalhos da sessão de 27 de julho.

Leitura de uma carta do Sr. Darcol na qual propõe à Sociedade fazer uma subscrição para os cristãos da Síria. Baseia a proposta nos princípios de humanidade, caridade e tolerância que são a essência mesma do Espiritismo e devem guiar a Sociedade.

Tendo examinado a proposta e fazendo justiça às boas intenções do Sr. D..., a comissão pensa que a Sociedade deve abster-se de qualquer manifestação estranha ao objetivo de seus estudos, e que deve deixar cada sócio livre para agir individualmente.

A Sociedade não vê na ideia nada que possa ser considerado prejudicial; muito ao contrário. Mas, dada a ausência da maior parte dos sócios, durante a temporada, adia o exame do assunto para a volta.

Por sugestão da comissão a Sociedade resolve tomar férias no mês de setembro.

*Comunicações diversas*. 1. – Carta do Dr. Morhéry.

2. – Carta do Sr. Indermuhle, membro da Sociedade, falando da boa aceitação das ideias espíritas, que se verifica entre gente da classe rural. Cita o caso de um livrinho alemão, intitulado *Die Ewigkeit Kein geheimniss mehr* (Não mais segredos sobre a eternidade) e que se propõe mandar à Sociedade.

3. – Carta do Dr. de Grand-Boulogne sobre as manifestações físicas como meio de convicção. Ele pensa que não seria certo considerar todos os Espíritos batedores como de uma ordem inferior, visto como ele próprio, através de batidas, obteve comunicações de ordem muito elevada.

O Sr. Allan Kardec responde que a tiptologia é um meio de comunicação como qualquer outro e do qual podem servir-se os mais elevados Espíritos, quando não disponham de outro mais rápido. Nem todos os Espíritos que se comunicam por batidas são Espíritos batedores e em maioria eles repudiam tal classificação, que só convém àqueles que chamamos *batedores profissionais*. Ao bom-senso repugna crer que Espíritos superiores venham passar o tempo divertindo uma reunião com exibição de habilidades. Quanto às manifestações físicas, propriamente ditas, jamais contestou sua utilidade, mas persiste na opinião de que, por si sós, são impotentes para levar à convicção. Ainda mais, diz ele, quanto mais extraordinários os fatos, mais excitam a incredulidade. O que é necessário, antes de tudo, é compreender o princípio dos fenômenos. Para aquele que o conhece, estes nada têm de sobrenatural e vêm em apoio à teoria.

O Sr. de Grand-Boulogne diz que a carta que acabam de ler já é um pouco antiga e que, depois, suas ideias se modificaram sensivelmente. Concorda inteiramente com a opinião do Sr. Allan Kardec, pois a experiência lhe demonstrou quanto é útil compreender o princípio antes de ver. Assim, só admite em sua casa pessoas que já se deram conta da teoria, assim evitando uma porção de perguntas ociosas e objeções. Reconhece ter feito mais prosélitos por tal sistema do que pela exibição de fatos que não são compreendidos.

*Estudos.* 1. – Evocação de *James Coyle*, alienado, morto com 106 anos, no hospital de Saint-Patrick, de Dublin, onde se achava desde 1802. A evocação oferece interessante assunto para estudo sobre o estado do Espírito na alienação mental.

2. – Apelo, sem evocação especial, aos Espíritos que pediram assistência. Dois se manifestam espontaneamente: a Grande Françoise e o Espírito de Castelnaudary, que agradecem aos que oraram por eles.

3. – Ditado espontâneo pelo Sr. D..., assinado pela *Irmã Jeanne*, uma das vítimas dos massacres da Síria.

(SEXTA-FEIRA, 10 DE AGOSTO DE 1860 – SESSÃO GERAL)

Reunião da comissão.

Leitura da ata e dos trabalhos da última sessão.

O Sr. Allan Kardec anuncia que uma senhora, membro da Sociedade, lhe mandou 10 francos para sua subscrição em benefício dos cristãos da Síria, ou qualquer outra obra de caridade à qual julgue dever aplicá-los.

*Comunicações diversas.* 1. – Carta do Sr. Jobard, de Bruxelas, sobre Thilorier, do qual foi amigo, e que foi evocado a 15 de junho de 1860. Dá interessantes detalhes sobre sua descoberta, vida e hábitos, retifica várias asserções contidas na notícia a seu respeito publicadas no jornal *la Patrie*. Entre outras particularidades conta como a audição lhe foi restabelecida pelo magnetismo. Publicada adiante.

2. – O Sr. B... associado estrangeiro, conta diversos casos de manifestações físicas espontâneas ocorridas a um de seus amigos. Como este não pôde vir à sessão, posteriormente ele mesmo os relatará com mais detalhes.

*Estudos.* 1. – Diversas perguntas e problemas morais dirigidos a São Luís, a respeito da morte de Jean Luizerolle, que substituiu a seu filho, condenado à morte em 1793 e se dedicou a salvar-lhe a vida.

2. – Evocação de Alfred de Marignac, que deu ao Sr. Darcol uma comunicação sobre a *penúria* sob o nome de Bossuet.

3. – Evocação de Bossuet a esse respeito e várias outras perguntas. Termina por uma dissertação espontânea sobre o perigo das querelas religiosas.

4. – Evocação da *Irmã Jeanne*, vítima dos massacres da Síria, que comparecera espontaneamente na última sessão e tinha pedido para ser chamada novamente.

5. – Apelo a um dos Espíritos sofredores que pediam assistência. Um Espírito novo se apresenta sob o nome de *Fortuné Privat*, e dá detalhes sobre sua situação e as penas que sofre. Essa comunicação dá lugar a várias explicações interessantes sobre o estado dos Espíritos infelizes.

6. – Ditado espontâneo sobre o *nada da vida*, assinado por *Sophie Swetchine*, recebido pela Srta. Huet.

(SEXTA-FEIRA, 17 DE AGOSTO DE 1860 – SESSÃO PARTICULAR)

Reunião da comissão.

Leitura da ata e dos trabalhos da sessão de 10 de agosto.

Por sugestão da comissão, após a leitura da ata, a Sociedade recebe como sócio livre o Sr. Jules R..., de Bruxelas, domiciliado em Paris.

*Comunicações diversas*. 1. – Numa carta da Condessa D..., de Milão, ao Sr. Allan Kardec, encontra-se esta passagem: "Ultimamente, folheando velhas revistas de Paris, encontrei uma historieta de um delicioso escritor, Charles Nodier, e que tem por título: *Lídia ou a ressurreição*. Encontrei-me em plena *Revista Espírita*; é uma intuição de *O Livro dos Espíritos*, posto que escrita em 1839. Nodier era um crente? Àquela época falava-se do Espiritismo? Se pudesse, gostaria de o evocar: era um coração puro e uma alma apaixonada. Peço-vos que o evoqueis, vós que podeis tanto! Se, encarnado sua moral era tão suave, tão atraente, que não será agora, que seu Espírito está desvencilhado de toda a matéria!"

Há muito tempo a Sociedade deseja chamar Charles Nodier. Falo-á na presente sessão.

2. – Leitura de duas dissertações pelo Dr. de Grand-Boulogne, assinada por Zenon; a primeira, sobre a dúvida emitida quanto à identidade de Bossuet, na sessão anterior; a segunda sobre a reencarnação, cuja necessidade o Espírito demonstra, do ponto de vista moral, e sua concordância com as ideias religiosas.

3. – Leitura de duas comunicações obtidas pela Sra. Costel e assinadas por Georges; a primeira, sobre o *progresso dos Espíritos*; a segunda, *sobre o despertar do Espírito*.

4. – Leitura da evocação de Luís XIV, feita pela Srta. Huet, e de um ditado espontâneo, recebido pela mesma, sobre *o proveito a tirar dos conselhos dos Espíritos*, assinado por *Marie*, Espírito familiar.

*Estudos*. 1. – O Sr. Ledoyen recorda que há tempos São Luís tinha começado uma série de dissertações sobre os pecados capitais. Pergunta se ele quereria continuar esse trabalho.

São Luís responde que o fará de boa vontade e que da próxima vez falará sobre a *Inveja*, pois a hora está muito avançada para o fazer na presente.

2. – Perguntam a São Luís se, na próxima sessão, poderá ser chamada novamente a rainha de Ouda, já evocada em janeiro de 1858, a fim de julgar do progresso que poderia ela ter feito. Ele responde: "Seria uma caridade se a evocásseis, falando-lhe amigavelmente, ao mesmo tempo instruindo-a um pouco, pois ainda está muito atrasada".

3. – Evocação de Charles Nodier. Depois de responder, com extrema benevolência, as perguntas feitas, promete começar um trabalho contínuo na próxima sessão.

4. – Ditado espontâneo, pelo Sr. Didier, sobre a *hipocrisia*, assinado por Lamennais. Em seguida, o Espírito responde a várias perguntas sobre a sua situação e o caráter que se reflete em suas comunicações.

(SEXTA-FEIRA, 24 DE AGOSTO DE 1860 – SESSÃO GERAL)

Reunião da comissão.

Leitura da ata e dos trabalhos da última sessão.

O presidente lê a seguinte instrução, concernente às pessoas estranhas à Sociedade, a fim de as premunir contra as falsas ideias que poderiam formar quanto aos objetivos de seus trabalhos.

"Julgamos dever lembrar às pessoas estranhas à Sociedade e que não estejam ao corrente dos nossos trabalhos, que não fazemos nenhuma experiência e que elas se enganariam se pensassem aqui encontrar assunto para distrações. Ocupamo-nos seriamente de coisas muito sérias, mas pouco interessantes e pouco inteligíveis para quem quer que seja estranho à Ciência Espírita. Como a presença de tais pessoas seria inútil para elas próprias e poderia ser para nós causa de perturbação, recusamo-nos a admitir as que não possuam, ao menos, os seus primeiros elementos e, sobretudo, as que a ela não sejam simpáticas. Antes de tudo somos uma Sociedade científica, de estudos, e não uma sociedade de ensino; jamais convocamos o público porque sabemos, por experiência, que a convicção só se forma por uma longa série de observações e não por se haver assistido a algumas sessões que não apresentam nenhuma continuidade metódica. Eis por que não fazemos demonstrações que deveriam recomeçar cada vez e nos parariam os trabalhos. Se, malgrado isso, aqui se encontrassem pessoas atraídas somente pela curiosidade, ou que não partilhassem de nossa maneira de ver, nós lhes pediríamos se lembrassem de que não as convidamos e esperamos de seu decoro o respeito às nossas convicções, como respeitamos às suas. Só lhes pedimos silêncio e recolhimento. Sendo o recolhimento uma das mais expressas recomendações da parte dos Espíritos que de boa vontade se comunicam conosco, convidamos insistentemente as pessoas presentes a que se abstenham de qualquer conversação particular."

Decidiu a comissão que, embora haja uma 5ª sexta-feira no dia 31 deste mês, a de hoje será a última sessão antes das férias, e que a próxima será na primeira sexta-feira de outubro.

A comissão tomou conhecimento de uma carta com pedido de admissão como sócio livre, do Sr. B..., de Paris. Mas, visto como a sessão é geral, o exame fica adiado para depois das férias.

*Comunicações diversas.* 1. – Leitura da evocação particular, feita pelo Sr. Jules Rob..., do *Père Leroy*, morto ultimamente em Beirute. A evocação é notável pela elevação do pensamento do Espírito, que em nada desmente o belo caráter de que deu provas em vida, e que é o de um verdadeiro cristão. Ele manifesta o desejo de ser evocado na Sociedade.

2. – Leitura de um ditado espontâneo, recebido pelo Sr. Dacol, sobre *os médiuns* e assinado por *Salles*. Entregue na última sessão,

não tinha sido lido por se não ter tido conhecimento prévio, *formalidade que o regulamento prescreve imperiosamente*.

3. – Outro ditado espontâneo, recebido pela Sra. B... sobre a *Caridade moral*, assinado pela Irmã Rosalie.

4. – Dois outros ditados espontâneos, recebidos pela Sra. Costel, um sobre as *várias categorias de Espíritos errantes* e outro sobre *os castigos*, assinados por *Georges*. Ambas as comunicações podem ser postas entre as mais notáveis, pela sublimidade dos pensamentos, a verdade dos quadros e a eloquência do estilo. (Serão publicadas, assim como as outras mais importantes comunicações).

O presidente faz observar que a Sociedade é necessariamente limitada pelo tempo, mas que tudo quanto os membros recebem em particular, desde que o queiram trazer, deve ser considerado como um complemento de seus trabalhos. Ela não deve encarar como fazendo parte de seu acervo apenas o que é recebido em suas sessões, mas, também, tudo quanto lhe vem de fora e pode servir para a sua instrução. Ela é o centro para onde convergem os estudos particulares para o bem de todos: examina-os, comenta-os e os aproveita, se for o caso. Para os médiuns é um meio de controle que, esclarecendo-os quanto à natureza das comunicações que recebem, pode protegê-los contra enganos. Aliás, os Espíritos muitas vezes preferem comunicar-se na intimidade, onde há mais recolhimento que nas reuniões numerosas, pelos instrumentos de sua escolha, nos momentos que lhes convêm e nas circunstâncias que nem sempre podemos apreciar. Concentrando essas comunicações, cada um aproveita todas as vantagens que elas podem oferecer.

*Estudos*. 1. – Pergunta a São Luís sobre o Espírito de *Georges*. Em vida era pintor e professor de desenho de quem lhe serve de médium. Sua vida não oferece nenhuma particularidade destacada, a não ser que sempre foi bom e benevolente. Como Espírito, suas comunicações têm sempre tal cunho de superioridade, que se desejou saber a posição que ele ocupa no mundo dos Espíritos. São Luís responde:

"Na Terra foi um Espírito justo; toda a sua grandeza consiste na bondade, na caridade e na fé em Deus, que professava; assim, hoje se encontra entre os Espíritos superiores".

2. – Evocação de *Charles Nodier*, pela Srta. Huet. Ele começa o trabalho prometido na última sessão.

3. – Evocação de *Père Leroy*. Como tinha ficado livre a escolha do médium, preferiu-se não usar aquele de que se serviu pela primeira vez, a fim de afastar qualquer influência e poder melhor julgar da identidade por suas respostas. Em todos os pontos elas são conforme os sentimentos antes expressos e dignos de um Espírito elevado. Ele termina por conselhos da mais alta sabedoria, nos quais se revelam, ao mesmo tempo, a humildade cristã, a tolerância da caridade evangélica e a superioridade da inteligência.

4. – Evocação da rainha de Ouda, já evocada em janeiro de 1858 (ver a *Revista* de março de 1858). Médium, Sr. Jules Rob... Nota-se nela uma leve disposição para progredir, mas o fundo do caráter sofreu pequena mudança.

**Observação**: Entre os assistentes achava-se uma senhora que durante muito tempo residiu na Índia e a conheceu pessoalmente. Diz que todas as suas respostas são perfeitamente conformes com o seu caráter, e que é impossível não reconhecer nelas uma prova de identidade.

5. – Três ditados espontâneos, são obtidos: o primeiro pela Srta. Huet, sobre a *Inveja*, assinado por São Luís; o segundo pelo Sr. Didier, sobre o *pecado original*, com a assinatura de Ronsard; o terceiro pela Srta. Stéphanie, assinado por Gustave Lenormand.

Durante as últimas comunicações, a Srta. L. J..., médium desenhista, obteve dois grupos das mesmas, assinados por Jules Romain.

Depois de alguns belos pensamentos escritos por um Espírito que não os assina, outro Espírito, que já se manifestou pela Srta. L. J..., interfere fazendo quebrar os lápis e riscar traços que denotam cólera. Ao mesmo tempo comunica-se pelo Sr. Jules Rob... e responde laconicamente e com altivez às perguntas que lhe são dirigidas.

É o Espírito de um soberano estrangeiro, conhecido pelo caráter violento. Convidado a assinar o nome, o faz de duas maneiras. Um dos assistentes, ligado ao governo de seu país, e cujas funções lhe permitiam ver muito a sua assinatura, numa reconhece a de documentos oficiais, na outra a das cartas particulares.

Levantada a sessão geral, os senhores membros são convidados a ficar um pouco para uma comunicação.

Numa alocução muito calorosa, o Sr. Sanson expõe o reconhecimento que deve ao Espírito de São Luís, por sua intervenção na cura instantânea de um mal na perna, que tinha resistido a todos os tratamentos e deveria levar à amputação. É, diz ele, ao conhecimento do Espiritismo que deve sua cura verdadeiramente miraculosa, pela confiança que teve na bondade e no poder de Deus, com o que antes pouco se ocupava. E como é à Sociedade que deve o ter sido iniciado nas verdades que ela ensina, ele a inclui nos seus agradecimentos. Desde então, todos os anos, oferece ao Espírito de São Luís, no dia que lhe é consagrado, um ramo de flores, em memória do favor recebido. E é essa homenagem que renova hoje, 24 de agosto, véspera de São Luís.

A Sociedade associa-se ao testemunho de gratidão do Sr. Sanson. Ela agradece a São Luís a benevolência de que é objeto de sua parte, e lhe pede continue a sua proteção. São Luís responde:

"Sinto-me feliz, três vezes feliz, meus amados irmãos, pelo que vejo e ouço esta noite. Vossa emoção e reconhecimento ainda são a melhor homenagem que me possais dirigir. Que o Deus de bondade vos conserve nestes bons e piedosos sentimentos! Continuarei a velar por uma Sociedade unida pelos sentimentos de caridade e de uma verdadeira fraternidade".

Louis

## O MARAVILHOSO E O SOBRENATURAL

Se a crença nos Espíritos e em suas manifestações fosse uma concepção isolada, produto de um sistema, poderia ela, com certa aparência de razão, ser inquinada de ilusão. Digam-nos, porém, por que é ela encontrada tão vivaz em todos os povos antigos e modernos e nos livros santos de todas as religiões conhecidas? É, dizem alguns críticos, porque em todos os tempos o homem amou o maravilhoso. – Então, em vossa opinião, que é o maravilhoso? O que é sobrenatural. – Que entendeis por sobrenatural? O que é o contrário às leis da Natureza. – Então conheceis tão bem essas leis, que vos é possível traçar limites ao poder de Deus? Ora! Então provai que a existência dos Espíritos e suas manifestações são contrárias às leis da Natureza; que isso não é nem pode ser uma dessas leis. Acompanhai a Doutrina Espírita e vereis se esse encadeamento não tem todos os caracteres de uma lei admirável. O pensamento é um dos atributos do Espírito; a possibilidade de agir sobre a matéria, de impressionar os sentidos e, em consequência, transmitir o seu pensamento resulta, se assim nos podemos exprimir, da sua constituição fisiológica. Portanto, nesse fato nada há de sobrenatural, nada de maravilhoso.

Dirão, contudo: admitis que um Espírito possa retirar uma mesa e mantê-la no espaço, sem ponto de apoio; não é uma derrogação da lei da gravidade? – Sim; da lei conhecida. Mas já disse a Natureza sua última palavra? Antes que se tivesse experimentado a força ascencional de certos gases, quem teria dito que uma máquina pesada, levando alguns homens, pudesse vencer a força de atração? Aos olhos do vulgo não deveria isso parecer maravilhoso, diabólico? Aquele que, há um século, se tivesse proposto mandar um telegrama a 500 léguas e receber resposta nalguns minutos, teria passado por louco; se o tivesse feito, teriam acreditado estar o diabo às suas ordens. Por que, então, só o diabo seria capaz de ir tão depressa? Por que, então, um fluido desconhecido não teria a propriedade, em determinadas circunstâncias, de contrabalançar o efeito da gravidade, como o hidrogênio contrabalança o peso do balão? Isso notamos de passagem, é uma comparação, mas não uma assimilação, unicamente para mostrar, por analogia, que o fato não é fisicamente impossível. Ora, é precisamente na observação dessas espécies de fenômenos que os cientistas se enganaram, quando quiseram proceder por via de assimilação. Aliás, o fato aí está: nenhuma negação poderá destruí-lo, pois negar não é provar. Para nós nada há de sobrenatural: eis tudo quanto, a respeito, podemos dizer no momento.

Se o fato for constatado – dirão – nós o aceitamos; aceitamos até mesmo a causa que acabais de indicar, de um fluido desconhecido. Mas, que é o que prova a intervenção dos Espíritos? Aí está o maravilhoso, o sobrenatural.

Seria aqui necessária toda uma demonstração, fora de lugar e representando, aliás, uma repetição, porque ressalta de todas as outras partes do ensino. Contudo, para a resumir em poucas palavras, diremos que, teoricamente, ela se baseia neste princípio: todo efeito inteligente deve ter uma causa inteligente; na prática, observando-se que os fenômenos ditos Espíritas deram provas de inteligência, deveriam ter sua causa fora da matéria; que essa inteligência não sendo dos assistentes – o que é um resultado da experiência – deveria estar fora deles. E desde que o agente não era visto, seria um ser invisível. Então, de observação em observação, chegou-se a reconhecer que esse ser invisível, ao qual se deu o nome de Espírito, não é senão a alma dos que tiveram vida corpórea e que a morte despojou de seu grosseiro invólucro visível, deixando-lhe apenas o invólucro etéreo, invisível no estado normal. Eis, pois, o sobrenatural e o maravilhoso reduzidos à sua expressão mais simples. Uma vez constatada a existência dos seres invisíveis, sua ação sobre a matéria resulta da natureza do envoltório fluídico. Esta ação é inteligente, porque, morrendo, eles perderam apenas o corpo, mas conservaram a inteligência, que é a sua essência. Eis aí a chave de todos os fenômenos erroneamente reputados sobrenaturais. A existência dos Espíritos não é, pois, um sistema preconcebido, uma hipótese imaginada para explicar os fatos: é o resultado de observações e a conseqüência natural da existência da alma. Negar esta causa é negar a alma e os seus atributos.

Os que pensam poder dar a esses efeitos inteligentes uma solução mais racional, sobretudo que dê a razão de *todos os fatos*, que o façam, e, então se poderá discutir o mérito de cada uma.

Aos olhos dos que consideram a matéria como a única força da Natureza, *tudo quanto não pode ser explicado pelas leis da matéria é maravilhoso ou sobrenatural*. Ora, para eles, *maravilhoso* é sinônimo de *superstição*. A este título a religião, fundada na existência de um princípio imaterial, seria um tecido de superstições. Não ousam dizê-lo alto e bom som, mas aos cochichos, e julgar salvar as aparências concedendo que uma religião é necessária para o povo e para que as crianças sejam bem comportadas.

De duas, uma: ou o princípio religioso é verdadeiro, ou falso. Se é verdadeiro, ele é para todos; se falso, não é melhor para os ignorantes do que para os esclarecidos.

Os que atacam o Espiritismo em nome do maravilhoso, assim se apoiam, em geral, no princípio materialista, desde que lhe negam todo efeito extramaterial e, por isso mesmo, negam a existência da alma. Sondai o fundo de seu pensamento, penetrai bem o sentido de suas palavras e vereis, quase sempre, esse princípio, se não formulado categoricamente, despontar sob as aparências de uma pretensa filosofia racional. Se abordardes a questão de frente, perguntando-lhes se acreditam ter uma alma, talvez não ousem responder que não, mas nada sabem ou não têm certeza. Levando à conta do maravilhoso tudo quanto decorre da existência da alma, são, pois, consequentes consigo mesmos; não admitindo a causa, não podem admitir os efeitos. Daí, nalguns, uma opinião preconcebida que os impossibilita de julgar corretamente o Espiritismo, pois parte do princípio da negação de tudo quanto não seja material. Quanto a nós, por isso que admitimos os efeitos consequentes da existência da alma, decorre que aceitamos todos os fatos qualificados como maravilhosos, somos campeões de todos os sonhadores, os adeptos de todas as utopias, de todas as excentricidades sistemáticas? Fôra preciso conhecer muito pouco o Espiritismo para assim pensar. Mas os nossos adversários não o olham tão de perto. A necessidade de conhecer, de que falam, é menor do que os seus cuidados. Segundo eles, o maravilhoso é absurdo; ora, o Espiritismo se apoia em fatos maravilhosos, portanto é absurdo. Isto é para eles um julgamento sem apelo. Eles julgam opor um argumento sem réplica quando, após terem feito eruditas pesquisas sobre os convulsionários de Saint-Médar, os Camisards das Cévennes ou as religiosas de Loudun, chegaram a descobrir fatos patentes de fraude, que ninguém contesta. Mas tais histórias são o evangelho do Espiritismo? Seus partidários negaram que o charlatanismo tenha explorado certos fatos em proveito próprio, que a imaginação os tenha criado, que o fanatismo os tenha exagerado? Ele não é mais solidário com as extravagâncias que podem ser cometidas em seu nome, do que a verdadeira Ciência pelo abuso da ignorância, nem a verdadeira religião pelos excessos do fanatismo. Muitos críticos só julgam o Espiritismo pelos contos de fadas e as lendas populares, que são as suas ficções. Seria o mesmo que julgar a História pelos romances históricos ou as tragédias.

Em lógica elementar, para discutir uma coisa é preciso conhecê-la, porque a opinião de um crítico só tem valor quando este fala com perfeito conhecimento de causa. Só assim sua opinião, ainda que errada, pode ser tomada em consideração. Mas que valor terá ela num assunto que ignora? O verdadeiro crítico deve, não só dar prova de erudição, mas de *saber profundo* sobre o objeto de que trata, de uma razão sã, de uma imparcialidade a toda prova, pois do contrário o primeiro trovador que aparecesse acreditaria ter o direito de julgar Rossini e um borratintas o de criticar Rafael.

O Espiritismo não aceita, pois, todos os fatos reputados maravilhosos ou sobrenaturais. Longe disso, demonstra a impossibilidade de um grande número e o ridículo de certas crenças que, para ele, constituem propriamente a superstição. É verdade que, no que ele admite, há coisas que para os incrédulos são puro maravilhoso, isto é, a superstição. Seja. Mas, pelo menos, discuti apenas esses pontos, porque sobre os outros nada há a dizer e pregaríeis a conversos. Mas onde para a crença do Espiritismo? Perguntarão. Lede, observai e sabereis. Toda ciência só é adquirida com tempo e estudo. Ora, o Espiritismo, que toca nas mais sérias questões de Filosofia e em todos os ramos da ordem social; que abarca, ao mesmo tempo, o homem físico e o homem moral, é, ele próprio, toda uma Ciência, toda uma Filosofia, que não pode ser apreendida nalgumas horas, assim como qualquer outra ciência, porque seria tão pueril ver todo o Espiritismo nas mesas girantes, quanto toda a Física em certos brinquedos de criança. Para quem não queira ficar só na superfície, não são horas, mas meses e anos necessários para lhe sondar todos os arcanos. Que se julgue, por aí, o grau de saber e o valor da opinião dos que se arrogam o direito de julgar, porque viram uma ou duas experiências, as mais das vezes como distração e passatempo! Sem dúvida dirão que não tem folga para dar todo o tempo necessário a tal estudo. Seja. Ninguém os obriga. Mas, então, quando não se tem tempo de aprender uma coisa, não se deve falar dela e, menos ainda, julgar, desde que se não queira ser acusado de leviandade. Ora, quanto mais elevada é a posição que se ocupa na Ciência, menos desculpável tratar-se levianamente de um assunto que se desconhece. Nós nos cingimos às seguintes proposições:

1. – Todos os fenômenos espíritas têm por princípio a existência da alma, sua sobrevivência ao corpo e suas manifestações.

2. – Sendo tais fenômenos baseados numa lei da Natureza, nada tem de *maravilhoso* nem de *sobrenatural*, no sentido vulgar desses vocábulos.

3. – Muitos fatos só são considerados sobrenaturais porque se lhes desconhecem as causas; assinando-lhe uma causa, o Espiritismo os faz entrar no domínio dos fenômenos naturais.

4. – Entre os fatos qualificados como sobrenaturais, há muitos cuja impossibilidade é demonstrada pelo Espiritismo, que os coloca entre as crenças supersticiosas.

5. – Embora o Espiritismo reconheça em muitas crenças populares um fundo de verdade, de modo algum aceita a solidariedade de todas as histórias fantásticas criadas pela imaginação.

6. – Julgar o Espiritismo pelos fatos que ele não admite é dar prova de ignorância e tirar qualquer valor da própria opinião.

7. – A explicação dos fatos admitidos pelo Espiritismo, suas causas e consequências morais, constituem uma verdadeira ciência que requer estudo sério, perseverante e aprofundado.

8. – O Espiritismo não pode olhar como crítico sério senão aquele que tudo tivesse visto, tudo estudado com a paciência e a perseverança de um observador conscencioso; que estivesse tão seguro desse assunto quanto o mais esclarecido adepto; consequentemente, que tivesse obtido seus conhecimentos fora dos romances da Ciência; ao qual não fosse possível opor nenhum fato de que não tivesse conhecimento, nenhum argumento que ele não tivesse meditado; que refutasse, não por negações, mas por outros argumentos mais peremptórios. Que, enfim, pudesse apresentar uma causa mais lógica aos fatos constatados. Tal crítico ainda está por ser encontrado.

Desnecessário dizer que, com mais forte razão, os que desprezam o maravilhoso relegam os milagres para o plano das quimeras da imaginação. Posto que tiradas de um artigo precedente, algumas palavras a respeito têm aqui seu lugar natural, e não será inútil lembrá-las.

Na sua acepção primitiva e por sua etimologia, o vocábulo milagre significa *coisa extraordinária, coisa admirável de ver.* Mas, com tantos outros, o vocábulo perdeu o sentido original e hoje se diz, segundo a Academia, *de um ato do poder divino, contrário às leis comuns da Natureza.* Tal é, com efeito, sua acepção usual, e só por comparação e por metáfora é aplicado às coisas vulgares que nos surpreendem, e cuja causa é desconhecida. Não entra absolutamente em nosso propósito examinar se Deus poderia julgar útil, em certas circunstâncias, derrogar leis por Ele estabelecidas. Nosso objetivo é apenas demonstrar que os fenômenos espíritas, por mais extraordinários que sejam, absolutamente não derrogam essas leis, não têm qualquer caráter miraculoso, como não são maravilhosos ou sobrenaturais. O milagre não se explica; os fenômenos espíritas, ao contrário, se explicam da maneira mais racional. Não são, pois, milagres, mas simples efeitos que têm sua razão de ser nas leis gerais. O milagre tem, ainda, outro caráter: o de ser insólito e isolado. Ora, do momento que um fato se repete, por assim dizer, à vontade e por diversas pessoas, não pode ser um milagre.

Diariamente a Ciência faz milagres aos olhos dos ignorantes. Por isso, outrora os que sabiam mais que o vulgo passavam por feiticeiros. E como acreditavam que toda ciência sobre-humana vinha do diabo, queimavam-nos. Hoje, que estamos muito mais civilizados, contentamo-nos em mandá-los para os hospícios.

Se um homem realmente morto voltar à vida por uma intervenção divina, é um milagre, porque contrário às leis da Natureza. Mas se esse homem tiver apenas as aparências da morte, se ainda lhe resta *vitalidade latente* e se a Ciência ou uma ação magnética chegar a reanimá-lo, para as pessoas esclarecidas será um fenômeno natural; mas aos olhos da gente ignorante o fato passará por miraculoso. Se em certas regiões do campo um físico lançar um papagaio elétrico e fizer cair um raio sobre uma árvore, o novo Prometeu certamente será olhado como armado de um poder diabólico. Mas Josué, parando o movimento do Sol, ou melhor, da Terra, eis o verdadeiro milagre, pois não conhecemos nenhum magnetizador dotado de tão grande poder para operar tal prodígio. De todos os fenômenos espíritas, um dos mais extraordinários e, sem dúvida, o da escrita direta, e um dos que demonstram da mais patente maneira a ação das inteligências ocultas; mas, pelo fato de ser o fenômeno produzido por seres ocultos, não é mais miraculoso que todos os outros fenômenos devidos a agentes invisíveis, porque esses seres ocultos que povoam o espaço são uma força da Natureza, cuja ação é incessante sobre o mundo material, tanto quanto sobre o mundo moral.

Esclarecendo-nos quanto a essa força, o Espiritismo nos dá a chave de uma porção de coisas inexplicadas, e inexplicáveis por qualquer outro meio e que, em tempos remotos, puderam passar por prodígios. Assim como o magnetismo, ele revela uma lei, senão desconhecida, ao menos mal compreendida ou, melhor dito, da qual se conheciam os efeitos, porque se produziam em todas as épocas, mas não se conhecia a lei, e foi essa ignorância da lei que engendrou a superstição. Conhecida essa lei, o maravilhoso desaparece e os fenômenos entram na ordem das coisas naturais. Eis por que os espíritas não operam mais milagres fazendo girar uma mesa ou um morto escrever, do que o médico fazendo reviver um moribundo ou o físico fazendo cair o raio. Aquele que, auxiliado por esta ciência, pretendesse *fazer milagres*, ou seria um ignorante do assunto, ou um charlatão.

Os fenômenos espíritas, bem como os magnéticos, devem ter passado por prodígios, antes que suas causas fossem conhecidas. Ora, como os céticos, os espíritos fortes, isto é, os que têm o privilégio exclusivo da razão e do bom-senso, não creem que uma coisa seja possível desde que não a compreendem. Por isso todos os fatos tidos como prodigiosos são objeto de suas zombarias; e como a religião contém grande número de fatos desse gênero, não creem na religião. Daí à incredulidade absoluta há apenas um passo. Explicando a maioria desses fatos, o Espiritismo lhes dá uma razão de ser. Ele, pois, vem em auxílio à religião, demonstrando a possibilidade de certos fatos que, por não mais terem caráter miraculoso, não são menos extraordinários; e Deus nem é menos grande, nem menos poderoso por não haver derrogado as suas leis. De quantos gracejos não foram objeto as elevações de São Cupertino? Ora, a suspensão no ar dos corpos pesados é um fato explicado pelo Espiritismo; pessoalmente fomos testemunha ocular, e o Sr. Home, como outras pessoas de nosso conhecimento, repetiram várias vezes o fenômeno passado com São Cupertino. Assim, o fenômeno entra na ordem das coisas naturais.

No número dos fatos desse gênero devem colocar-se, em primeira linha, as aparições, por serem os mais frequentes. A de Salette, que divide o próprio clero, para nós nada tem de insólito. Na verdade não podemos afirmar que a coisa tenha ocorrido, pois não temos a prova material. Para nós, entretanto, é possível, desde que milhares de fatos análogos *recentes* são do nosso conhecimento. Cremos neles, não só porque sua realidade foi por nós constatada, mas, sobretudo, porque nos damos perfeita conta da maneira por que se produzem. Queiram reportar-se à teoria que demos, das aparições, e verão que tal fenômeno se torna tão simples e plausível quanto uma porção de fenômenos físicos, tidos como prodigiosos apenas por falta de sua chave. Quanto à personagem que se apresentou em Salette, é outra questão. Sua identidade absolutamente não foi demonstrada; apenas se constata que pode ter havido uma aparição; o resto não é de nossa competência. A respeito, cada um pode guardar as suas convicções, com as quais nada tem o

Espiritismo. Apenas dizemos que os fatos produzidos pelo Espiritismo nos revelam leis novas e nos dão a chave de uma porção de coisas que pareciam sobrenaturais. Se algumas delas, que passavam por miraculosas, agora encontram uma explicação lógica, é motivo para não haver pressa em negar aquilo que não se compreende.

Os fatos do Espiritismo são contestados por certas pessoas, precisamente porque parecem fugir à lei comum, e porque elas não os compreendem. Dai-lhes uma base racional e a dúvida cessará. Neste século onde não se poupam palavras, a explicação é poderoso elemento de convicção. Assim, diariamente vemos criaturas que jamais testemunharam qualquer fato, que nem viram uma mesa girar, nem um médium escrever, e que são tão convencidas quanto nós, unicamente porque compreenderam. Se só devêssemos acreditar no que viram os nossos olhos, nossas convicções reduzir-se-iam a bem pouca coisa.

## HISTÓRIA DO MARAVILHOSO E DO SOBRENATURAL

POR LOUIS FIGUIER

I

Acontece com o vocábulo *maravilhoso* o mesmo que com o vocábulo *alma*; há em ambos um sentido elástico, que se presta a interpretações diversas. Eis por que julgamos útil estabelecer alguns princípios gerais no artigo precedente, antes de abordar o exame da história dada pelo Sr. Figuier. Quando essa obra apareceu, os adversários do Espiritismo bateram palmas, dizendo que, sem dúvida, íamos ter pela frente uma forte resistência. Em seu caridoso pensamento já nos viam mortos sem retorno. Tristes efeitos da cegueira apaixonada e irrefletida! Porque, se eles se dessem ao trabalho de observar o que querem demolir, veriam que o Espiritismo será um dia, e mais cedo do que pensam, a salvaguarda da sociedade e, talvez, eles próprios lhe devam a salvação, não dizemos no outro mundo, com o qual pouco se preocupam, mas neste mesmo! Não é levianamente que dizemos tais palavras. Ainda não chegou o momento de as desenvolver. Muitos, porém, já nos compreendem.

Voltando ao Sr. Figuier, nós mesmos tínhamos pensado encontrar nele um adversário realmente sério, com argumentos peremptórios, que valessem a pena de uma refutação séria. Sua obra compreende quatro volumes. Os dois primeiros com uma exposição de princípios num prefácio e numa introdução, depois de uma relação de fatos perfeitamente conhecidos, mas que, não obstante, ler-se-á com interesse, dadas as pesquisas eruditas a que deram lugar da parte do autor; é, cremos, o relato mais completo já publicado sobre o assunto. Assim, o primeiro volume é quase que inteiramente consagrado à história de Urbain Grandier e das religiosas de Loudun. Vem a seguir as convulsionárias de Saint-Médard, a história dos profetas protestantes, a varinha mágica, o magnetismo animal. O quarto volume, agora publicado, trata especialmente das mesas girantes e dos Espíritos batedores. Mais tarde voltaremos a este último volume, limitando-nos, por hora, a uma apreciação sumária do conjunto.

A parte crítica das histórias que constituem os dois primeiros volumes consiste em provar, por testemunhos autênticos, que a intriga, as paixões humanas, o charlatanismo tiveram grande papel no assunto; que certos fatos têm um evidente cunho de prestidigitação. Mas é o que ninguém contesta; ninguém jamais garantiu a integridade de *todos* esses fatos; menos que quaisquer outros, os Espíritas, os quais devem ser gratos ao Sr. Figuier por ter coletado provas que evitarão numerosas compilações. Eles têm interesse em que a fraude seja desmascarada, e todos os que as descobrirem nos fatos falsamente qualificados de fenômenos espíritas lhes prestarão serviço. Ora, para prestar semelhante serviço, ninguém melhor que os inimigos. Vê-se, pois, que estes servem para alguma coisa. Acontece apenas que o desejo da crítica às vezes arrasta muito longe e, no ardor de descobrir o mal, muitas vezes o veem onde não está, por não terem examinado com bastante atenção e imparcialidade, o que é ainda mais caro. O verdadeiro crítico deve afastar-se das ideias preconcebidas, despojar-se de qualquer preconceito, pois do contrário julgará de seu ponto de vista, que talvez, nem sempre seja justo. Tomemos um exemplo: suponhamos a história política de acontecimentos contemporâneos, escrita com a maior imparcialidade, isto é, com inteira verdade, e suponhamos essa história comentada por dois críticos de opiniões contrárias. Por isso que todos os fatos são exatos, melindrarão forçosamente a opinião de um deles. Daí julgamentos contraditórios: um que levará a obra às nuvens; o outro, que a julga só merecer o fogo. Contudo, a obra só conterá a verdade. Se assim é com os fatos patentes, como os da História, com mais forte razão quando se trata da apreciação de doutrinas filosóficas. Ora, o Espiritismo é uma doutrina filosófica, e os que apenas o veem no fato das mesas girantes, ou que o julgam pelas histórias absurdas e pelos abusos que dele fazem, que o confundem com os meios de adivinhação, provam que não o conhecem. Está o Sr. Figuier nas condições exigidas para o julgar com imparcialidade? É o que deve ser examinado.

Assim começa o Sr. Figuier o seu prefácio:

"Em 1854, quando as mesas girantes e falantes, importadas da América, apareceram na França, aqui produziram uma impressão que ninguém esqueceu. Muitos espíritos sábios e refletidos ficaram alarmados com esse desbordamento imprevisto da paixão pelo maravilhoso. Não podiam compreender *um tal desvio* em pleno século dezenove, com uma filosofia adiantada e em meio desse magnífico movimento científico que hoje dirige tudo para o positivo e para o útil."

Seu julgamento está pronunciado: a crença nas mesas girantes é um desvio. Como o Sr. Figuier é um homem positivo, deve pensar-se que antes de publicar seu livro, viu tudo, estudou tudo, aprofundou tudo; numa palavra, que fala com conhecimento de causa. Do contrário, cairia no erro dos Srs. Schiff e Jobert (de Lamballe) com a sua teoria do músculo que range (ver a *Revista* de junho de 1859). Contudo, sabemos que há um mês apenas ele assistiu a uma sessão, onde provou ignorar os mais elementares princípios do Espiritismo. Dir-se-á suficientemente esclarecido porque assistiu a uma sessão? Certo que não pomos em dúvida a sua perspicácia; mas, por maior que esta seja, não podemos admitir possa ele conhecer e, sobretudo, compreender o Espiritismo numa sessão, assim como não aprendeu a Física numa aula única. Se o Sr. Figuier pudesse fazê-lo, tomaríamos o fato como um dos mais maravilhosos. Quando ele tiver estudado o Espiritismo com o mesmo cuidado que se tem no estudo de uma ciência, quando lhe tiver consagrado um tempo moral necessário, quando tiver assistido a *milhares* de experiências, quando se tiver dado conta de todos os fatos sem exceção, quando tiver comparado todas as teorias, só então poderá fazer uma crítica judiciosa. Até lá o seu julgamento é uma opinião pessoal, sem nenhum peso pró ou contra.

Tomemos a coisa sob outro ponto de vista. Dissemos que o Espiritismo repousa inteiramente na existência, em nós, de um princípio imaterial ou, por outras palavras, na existência da alma. Quem não admite um Espírito em si não pode admiti-lo fora de si. Consequentemente, não admitindo *a causa*, não pode admitir o efeito. Gostaríamos de saber se o Sr. Figuier colocaria no princípio de seu livro a seguinte profissão de fé:

1. – Creio em Deus, autor de todas as coisas, todo-poderoso, soberanamente justo e bom e infinito em suas perfeições;

2. – Creio na *providência* de Deus;

3. – Creio na existência da alma sobrevivente ao corpo e em sua individualidade após a morte. Creio nisto, não como uma *probabilidade*, mas como uma coisa necessária e consequente dos atributos da Divindade;

4. – Admitindo a alma e a sobrevivência, creio que nem seria conforme a justiça, nem segundo a bondade de Deus, que o bem e o mal fossem tratados em pé de igualdade após a morte, de vez que, durante a vida, muito raramente recebem o prêmio ou o castigo que merecem;

5. – Se a alma do mau e a do bom não são tratadas do mesmo modo, umas são felizes, outras infelizes, isto é, são punidas ou recompensadas segundo as suas obras.

Se o Sr. Figuier fizesse tal profissão de fé, nós lhe diríamos: Esta confissão é a de todos os Espiritas, porque sem isto o Espiritismo não teria razão de ser; apenas aquilo em que credes teóricamente, o Espiritismo o demonstra pelos fatos; porque todos os fatos espíritas são consequência desses princípios. Os Espíritos que povoam o espaço não sendo mais do que as almas dos que viveram na Terra ou em outros mundos, desde que se admita a alma, sua sobrevivência e sua individualidade, por isso mesmo se admitem os Espíritos. Reconhecida a base, toda a questão é de saber se esses Espíritos ou essas almas podem comunicar-se com os vivos; se tem ação sobre a matéria; se influem no mundo físico e no mundo moral; ou então se são votados a uma perpétua inutilidade, ou a não se ocuparem senão de si mesmos, o que é pouco provável, desde que se admita a providência de Deus e se considere a admirável harmonia que reina no Universo, onde os menores seres desempenham o seu papel.

Se a resposta do Sr. Figuier fosse negativa ou apenas polidamente dubitativa, a fim de, para nos servirmos da expressão de certas pessoas, não chocar muito bruscamente respeitáveis preconceitos, nós lhe diríamos: não sois juiz mais competente em matéria de Espiritismo do que um muçulmano em matéria de religião católica. Vosso julgamento não seria imparcial e em vão buscaríeis evitar ideias preconcebidas, desde que tais ideias estão na vossa opinião mesma, no que toca o princípio fundamental que repelis *a priori* e antes de conhecer o assunto.

Se um dia um corpo de cientistas nomeasse um relator para examinar a questão do *Espiritismo* e esse relator não fosse francamente *Espiritualista*, seria o mesmo que um concílio escolher Voltaire para tratar de uma questão de dogma. Diga-se de passagem que a gente se admira de que as corporações científicas não tenham dado sua opinião; mas a gente esquece que a sua missão é o estudo das leis da matéria e não dos atributos da alma e, menos ainda, o de decidir se a alma existe. Sobre tais assuntos podem eles ter opiniões individuais, como as podem ter sobre a religião; mas, , como corporação científica, jamais terão que se pronunciar.

Não sabemos o que o Sr. Figuier responderia às perguntas formuladas na profissão de fé acima; mas o seu livro deixa pressenti-lo. Com efeito, o segundo parágrafo está assim vasado:

"Um conhecimento exato da História do passado teria prevenido ou, pelo menos, diminuído muito tal espanto. Com efeito, grande erro seria imaginar-se que as ideias que, em nossos dias, geraram a crença nas mesas falantes e nos Espíritos batedores, são de origem moderna. Esse amor do maravilhoso não é particular à própria natureza do espírito humano. *Por uma instintiva e injustificada desconfiança de suas próprias forças, o homem é levado a colocar acima de si forças invisíveis, que se exercem numa esfera inacessível*. Essa disposição *congênita* existiu em todos os períodos da História da humanidade e, conforme o tempo, os lugares e os costumes, revestindo aspectos diferentes, deu origem a manifestações variáveis na forma, porém tendo, no fundo, um princípio idêntico".

Dizer que é *por uma instintiva e injustificada desconfiança de suas próprias forças que o homem é levado a colocar acima de si forças invisíveis, que se exercem numa esfera inacessível*, é reconhecer que o homem é tudo, pode tudo, e que acima dele nada há. Se não nos enganamos, isso não é apenas materialismo, mas ateísmo. Aliás, essas ideias ressaltam de uma porção de outras passagens de seu prefácio e da introdução, para as quais chamamos toda a atenção de nossos leitores e estamos persuadidos de que estes as julgarão como nós. Dir-se-á que tais palavras não se aplicam à Divindade, mas aos *Espíritos?* Responderemos que, então, ele ignora a primeira palavra do Espiritismo, pois que negar os Espíritos é negar a alma. Espíritos e almas são a única e mesma coisa; e os Espíritos não exercem sua força numa esfera *inacessível,* desde que estão ao nosso lado, tocam-nos, agem sobre a matéria inerte, à maneira de todos os fluidos imponderáveis e invisíveis que, não obstante, são os mais poderosos motores e os mais ativos agentes da Natureza. Só Deus exerce o seu poder numa esfera *inacessível* aos homens. Negar esse poder é, pois, negar a Deus. Dir-se-á, enfim, que esses efeitos, que nós atribuímos aos Espíritos, certamente são devidos a alguns desses fluidos? Seria possível. Mas então lhe perguntaremos como fluidos *ininteligentes* podem produzir efeitos *inteligentes?*

O Sr. Figuier constata um fato capital ao dizer que *esse amor do maravilhoso... está em todos os tempos e países, porque ligado à própria natureza do espírito humano.* Aquilo a que chama amor do maravilhoso é, muito simplesmente, a crença instintiva, *congênita,* como o diz na existência da alma e sua sobrevivência ao corpo, crença que revestiu formas diversas,conforme o tempo e os lugares, mas tendo no fundo um princípio idêntico. Esse sentimento inato, universal no homem, Deus lho teria inspirado para dele zombar? Para lhe dar aspirações impossíveis de realizar? Crer que assim possa ser é negar a bondade de Deus e, mais, negar o próprio Deus.

Querem outras provas do que avançamos? Eis ainda algumas passagens do seu prefácio:

"Na Idade Média, quando uma religião transforma a Europa, o maravilhoso se instala nessa mesma religião. Acredita-se nas possessões diabólicas, nos feiticeiros e nos magos. Durante vários séculos tal crença é sancionada por uma guerra sem quartel e sem misericórdia, feita aos infelizes acusados de comércio secreto com os demônios, ou com os magos, seus propostos".

"Pelo fim do século dezessete, na aurora de uma filosofia tolerante e esclarecida, o diabo envelheceu e a acusação de magia começa a ser um argumento gasto, mas nem por isso o maravilhoso perde os seus direitos. Os milagres floresceram à vontade nas igrejas das diversas comunhões cristãs. Ao mesmo tempo, acredita-se na varinha mágica ou se interpretam os movimentos do forcado a fim de procurar objetos do mundo físico e esclarecer-se sobre coisas do mundo moral. Nas diversas ciências continua-se a admitir a intervenção de influências sobrenaturais precedentes introduzidas por Paracelso".

"No século dezoito, apesar da voga da filosofia cartesiana, sobre as matérias filosóficas, todos os olhos se abriram às luzes do bomsenso e da razão, enquanto que, nesse século de Voltaire e da Enciclopédia, só o maravilhoso resiste à queda de tantas crenças até então veneradas. Abundam ainda os milagres".

"Se a filosofia de Voltaire, *que abriu os olhos à luz do bomsenso e da razão* e cortou tantas superstições, não pode crenças até então veneradas. São abundantes ainda os milagres". Desarraigar a ideia *congênita* de um poder oculto, não seria porque tal ideia é inatacável? A filosofia do século dezoito flagelou os abusos, mas estacou ante a base. Se essa ideia triunfou sobre os golpes desferidos pelo apóstolo da incredulidade, o Sr. Figuier espera ser mais feliz? Permitimo-nos duvidar.

O Sr. Figuier faz uma confusão singular das crenças religiosas, dos milagres e da varinha mágica. Para ele, tudo isto sai da mesma fonte: a superstição, a crença do maravilhoso. Não tentaremos aqui defender esse pequeno forcado, que teria a propriedade singular de servir à *pesquisa do mundo físico*, por isso que aprofundamos o assunto e temos por princípio só louvar ou criticar *aquilo que conhecemos*. Mas, se quiséssemos argumentar por analogia, perguntaríamos ao Sr. Figuier se a pequena agulha de aço, com a qual o navegante acha a sua rota, não tem uma virtude maravilhosa bem diversa da virtude do pequeno forcado? Não, direis vós, porque conhecemos a causa que a faz agir e esta causa é inteiramente física. De acordo. Mas, quem diz que a causa que age sobre o forcado não seja inteiramente física? Antes que se conhecesse a teoria da bússola, que teríeis pensado, se tivésseis vivido naquela época, quando os marinheiros só tinham como guia as estrelas, que por vezes lhes faltavam; que teríeis pensado, dizemos nós, de um homem que tivesse vindo dizer: Tenho aqui numa caixinha, não maior que a de bombons, uma agulha pequenina, com a qual os maiores navios podem dirigir-se com segurança; que indica a rota com qualquer tempo, com a precisão de um relógio? Ainda uma vez, não defendemos a varinha mágica, e menos ainda o charlatanismo que dela se apoderou. Apenas perguntamos o que haveria de mais sobrenatural se um pedaço de madeira, em dadas circunstâncias, fosse agitado por um eflúvio terrestre invisível, como a agulha imantada o é pela corrente magnética que também não se vê? Será que essa agulha *também não serve para a procura das coisas do mundo físico?* Não será ela influenciada pela presença de uma mina de ferro subterrânea? O maravilhoso é a ideia fixa do Sr. Figuier; é o seu pesadelo; ele o vê por toda parte onde haja algo que não compreende. Mas poderá ele, só ele, sábio, dizer como germina e se reproduz o menor grão? Qual a força que faz a flor voltar-se para a luz? Quem, na terra, atrai as raízes para um terreno propício, mesmo através dos mais duros obstáculos? Estranha aberração do espírito humano, que pensa tudo saber e nada sabe; que calca aos pés maravilhas sem número, e nega um poder sobre-humano!

Sendo a religião baseada na existência de Deus, esse poder sobre-humano, que se exerce numa esfera inacessível; sobre a alma, que sobrevive ao corpo, mas conservando a sua individualidade e, consequentemente, a sua ação, tem por princípio aquilo que o Sr. Figuier chama de maravilhoso. Se ele se tivesse limitado a dizer que entre os fatos qualificados de maravilhosos há uns ridículos e absurdos, aos quais a razão faz justiça, nós o aplaudiríamos com todas as forças, mas não concordaríamos com a sua opinião, quando confunde na mesma reprovação o princípio e o abuso do princípio; quando nega a existência de qualquer poder acima da humanidade. Aliás, essa conclusão é formulada de maneira inequívoca na passagem seguinte:

"Dessas discussões, cremos resultará para o leitor a perfeita convicção da *não existência de agentes sobrenaturais* e a certeza de que todos os prodígios que, em diversos tempos, tem excitado a surpresa ou a admiração do homem, se explicam *apenas pelo conhecimento de nossa organização fisiológica. A negação* do maravilhoso, eis a conclusão a tirar deste livro, que poderia chamar-se o *maravilhoso explicado*. E se atingirmos o objetivo que nos propusemos, teremos a convicção de ter prestado um verdadeiro serviço a bem de todos".

Dar a conhecer os abusos, desmascarar a fraude e a hipocrisia por toda parte onde se encontrem, é, sem contradita, prestar um serviço muito grande. Mas cremos que é fazer muito grande mal à sociedade, assim como aos indivíduos, atacar o princípio pelo fato de terem dele abusado; é querer cortar a boa árvore, porque deu um fruto bichado. Bem compreendido, o Espiritismo, dando a conhecer a causa de certos fenômenos, mostra o que é possível e o que não o é. Por isto mesmo, tende a destruir as ideias realmente supersticiosas; mas, ao mesmo tempo, demonstrando o princípio, dá um objetivo ao bem; fortifica as crenças fundamentais que a incredulidade tenta fender, sob o pretexto do abuso; combate a chaga do materialismo, que é a negação do dever, da moral e de toda esperança, e é por isso que dizemos que um dia ele será a salvaguarda da sociedade.

Aliás, estamos longe de nos lamentar pela obra do Sr. Figuier. Sobre os adeptos ela não poderá ter nenhuma influência, pois que eles reconhecerão imediatamente todos os pontos vulneráveis. Sobre os outros, terá o efeito de todas as críticas: o de provocar a curiosidade. Depois da aparição, ou melhor, da reaparição do Espiritismo, muito se escreveu contra ele. Não lhe pouparam sarcasmos, nem injúrias. Apenas de uma coisa ele não teve a honra, foi a fogueira, graças aos costumes do tempo. Isso o impediu de progredir? De modo algum, pois hoje conta seus aderentes por *milhões* em todas as partes do mundo e estes aumentam diariamente. Para isso, e sem o querer, muito contribuiu a crítica, porque, como dissemos, seu efeito é o de provocar o exame. Querem ver o pró e o contra e ficam admirados por encontrarem uma doutrina racional, lógica, consoladora, que acalma as angústias da dúvida, resolvendo o que nenhuma filosofia pôde resolver, quando pensavam apenas encontrar uma crença ridícula. Quanto mais conhecido o nome do contraditor, mais repercussão tem a sua crítica e mais bem pode ela fazer, chamando a atenção dos indiferentes. A esse respeito a obra do Sr. Figuier está nas melhores condições: além de escrita de maneira muito séria, não se arrasta na lama das injúrias grosseiras e do personalismo, únicos argumentos dos críticos de baixo nível. Desde que pretende tratar o assunto do ponto de vista científico, e sua posição lho permite, ver-se-á nisso a última palavra da Ciência contra essa doutrina e o público saberá a que se ater. Se a sábia obra do Sr. Figuier não tiver o poder de lhe dar o golpe de graça, duvidamos que outros sejam mais felizes. Para a combater com eficácia, ele só tem um meio, que lhe indicamos com prazer. Não se destrói uma árvore cortando-lhe os galhos, mas a raiz. É necessário, pois, atacar o Espiritismo pela raiz e não nos ramos, que renascem à medida que são cortados. Ora, as raízes do Espiritismo, deste *extravio* do século dezenove, para nos servirmos de sua expressão, são a alma e os seus atributos. Que prove, portanto, que a alma não existe e não pode existir, porque sem *almas* não há mais *Espíritos*. Quando tiver provado isto, o Espiritismo não terá mais razão de ser e nós nos confessaremos vencidos. Se o seu ceticismo não vai a tanto que prove, não por uma simples negação, mas por uma demonstração matemática, física, química, mecânica, fisiológica ou qualquer outra:

1. – Que o ser que pensa durante a vida não mais pensa após a morte;

2. – Que, se pensa, não mais deve querer comunicar-se com aqueles a quem amou;

3. – Que, se pode estar em toda parte, não pode estar ao nosso lado;

4. – Que, se está ao nosso lado, não pode comunicar-se conosco;

5. – Que, por seu invólucro fluídico, não pode agir sobre a matéria inerte;

6. – Que, se pode agir sobre a matéria inerte, não pode agir sobre um ser animado;

7. – Que, se pode agir sobre um ser animado, não pode dirigir-lhe a mão para escrever;

8. – Que, podendo fazê-lo escrever, não pode responder às suas perguntas e lhe transmitir o seu pensamento.

Quando os adversários do Espiritismo nos tiverem demonstrado ser isso impossível, baseados em razões tão patentes quanto aquelas pelas quais Galileu demonstrou que não é o Sol que gira em torno da Terra, então poderemos dizer que suas dúvidas são fundadas. Infelizmente, até esse dia toda a sua argumentação se reduz a isto: *Não creio; logo é impossível*. Sem dúvida dirão que a nós cabe provar a realidade das manifestações; nós as provamos pelos fatos e pelo raciocínio. Se não admitem nem uns, nem o outro, se negam o que veem, a eles cabe provar que o nosso raciocínio é falso e que os fatos são impossíveis.

Em outro artigo examinaremos a teoria do Sr. Figuier. Fazemos votos para que ela seja de melhor teor que a teoria do músculo que range, do Sr. Jobert (de Lamballe).

## CORRRESPONDÊNCIA

### AO SR. PRESIDENTE DA SOCIEDADE PARISIENSE DE ESTUDOS ESPÍRITAS

Sr. Presidente

Permiti-me alguns esclarecimentos a propósito de *Thilorier* e suas descobertas (vide a *Revista* de agosto de 1860). Thilorier era meu amigo; e quando me mostrou o plano de seu trabalho em ferro fundido, para liquefazer o gás ácido carbônico, eu lhe havia dito que, apesar da espessura das paredes, ele se arrebentaria como os canhões, após certo número de experiências. Incentivei-o a envolvê-lo em ferro batido, como se faz hoje com os canhões de ferro fundido. Mas ele limitou-se a adicionar nervuras.

Jamais um aparelho desse gênero estourou em suas mãos, pois teria sido morto como o jovem Frémy. Mas a comissão da Academia se mantinha prudentemente atrás da parede quando ele preparava tranquilamente sua experiência. Desde alguns anos estava surdo, o que o forçara a demitir-se do cargo de inspetor dos correios. A única explosão de que foi vítima foi a da coronha de um fuzil, de ar, cheio de ácido carbônico, que ele havia posto ao sol, na grama do jardim.

Eu lhe havia sugerido tal experiência, bem como ao Sr. Galy Cazala, fazendo-lhe ver a que alta pressão poderia elevar-se o gás ácido carbônico, e o perigo de seu emprego nas armas de guerra. Quanto a Galy, teve ele a ideia de substituir o hidrogênio pelo ácido carbônico, mas este jamais ultrapassou 28 atmosferas. Era muito pouco. Sem isso a pólvora teria sido ultimamente suprimida, porque seu mecanismo era dos mais simples e um pequeno cilindro de cobre poderia facilmente conter cem tiros, na medida das necessidades, em consequência do restabelecimento quase que instantâneo da pressão, pela decomposição da água, por meio do ácido sulfúrico e de limalha de zinco. Se os nossos químicos encontrassem um gás que pudesse ser produzido sob uma pressão média entre a do ácido carbônico e o hidrogênio, o problema estaria resolvido. *Eis o que seria bom perguntar a Lavoisier, Berzélius ou Dalton.*

Na véspera de sua morte Thilorier me explicava um novo aparelho quase terminado, com o fito de liquefazer o ar atmosférico por pressões sucessivas capazes de suportar de 500 a 1.000 atmosferas. Terão vendido essa bela máquina ao ferro velho?

Eu disse que Thilorier era extremamente surdo, de modo que entrando em seu gabinete na Place Vendôme, semanas antes de sua morte, tive que gritar. Ele tapou os ouvidos com as duas mãos, dizendo que eu iria ensurdecê-lo, pois felizmente se havia curado com o magnetizador Lafontaine, hoje em Genebra. Saí maravilhado pela cura, que na mesma tarde anunciei aos meus dois amigos Galy Calaza e Capitão Delvigne, com os quais passeava na Place de la Bourse, quando avistamos Thilorier com o ouvido colado à vitrine de uma loja, onde alguém tocava piano. Parecia em êxtase, por poder ouvir a música moderna, que há anos não ouvia. Ah! por Deus! disse aos meus amigos incrédulos: eis a prova; passem por detrás dele e pronunciem o seu nome em tom normal. Thilorier voltou-se bruscamente, reconheceu os amigos, que fizeram um giro pela avenida, falando com ele normalmente. Delvigne, que no momento está em meu escritório, lembra-se perfeitamente desse fato interessante para o magnetismo. Tentei convencer aos nossos acadêmicos desde um mês, dizia Thilorier. Não querem acreditar que eu tenha sido curado sem as drogas de sua farmacopéia, que não curam, pois eu as usei a todas sem proveito, ao passo que os dois dedos de Lafontaine me restabeleceram a audição completa, nalgumas sessões. Recordo que, encantado pelo magnetismo, Thilorier tinha chegado a mudar os polos de uma barra imantada, que segurava pelo simples esforço da vontade.

A morte desse sábio inventor nos privou de uma porção de descobertas de que me havia falado e que levou para o túmulo. Era tão sagaz quanto esse bom Darcet, que eu também tinha visto, cheio de saúde na véspera de sua morte, e que me havia mostrado seus livros, todos descosturados e manchados, e dizendo que me daria mais prazer mostrando-nos naquele estado do que bem encadernados e de bordas douradas. É singular, me disse ele, quanto nossas ideias se assemelham, posto não tenhamos sido educados na mesma escola. Depois me disse do pesar que havia sentido por ter sido tão criticado a propósito de sua gelatina nutritiva, e que teria feito melhor, dizia, se a tivesse vendido ao preço de um cêntimo a libra aos pobres da Pont-

Neuf, do que dando-a de presente aos acadêmicos, que pagam 15 fr. Nas casas de comestíveis e ainda pretendem que ela não alimenta. Evocai esse bom tecnologista.

Arago nos ensina que as pretensas manchas do Sol não passam de restos de planetas que vem enriquecer-se no foco de eletricidade com os fluidos que lhes faltam, para se constituírem num cometa e começar o seu curso em um século. Esses restos, grandes como a Europa, estão a mais de 500 000 léguas do Sol. E, chegados ao limite extremo de sua atração, quando a Terra tiver descrito cerca de um quarto de seu percurso sobre a eclíptica, isto é, cerca de três meses (estamos a 6 de julho), esses restos, inseparáveis de sua constelação, terão desaparecido de nossas vistas.

A Academia ocupa-se de nossa tese sobre a catalepsia, que cometestes o engano de lançar à cesta das excomunhões. Não importa: a isto voltareis.

Recebei, etc.

Jobard

**Observação**: Agradecemos ao Sr. Jobard os interessantes detalhes fornecidos sobre Thilorier, e que são tanto mais preciosos quanto autênticos. Gosta-se sempre de saber a verdade sobre os homens que marcaram seu lugar na vida.

O Sr. Jobard engana-se ao pensar que pusemos na cesta do esquecimento a notícia que o Sr. B... nos enviou sobre a catalepsia. Para começar, foi lida na Sociedade como consta das atas de 4 e 11 de maio, publicadas na *Revista* de junho de 1860; e o original, em vez de ser posto de lado, está cuidadosamente conservado nos arquivos da Sociedade. Não publicamos esse volumoso documento porque, em primeiro lugar, se tivéssemos que publicar tudo quanto nos mandam, ser-nos-iam necessários, talvez, dez volumes por ano; e, em segundo lugar, porque cada coisa deve vir a seu tempo. Mas porque uma coisa não foi publicada, nem por isso deve ser considerada perdida. Nada fica perdido quando enviado a nós, ou à Sociedade. E nós o encontramos sempre, para aproveitar no momento oportuno. Eis o de que se devem convencer as pessoas que desejam enviar-nos documentos. Muitas vezes nos falta o tempo material para lhes responder de pronto e tão extensamente quanto, sem dúvida, conviria. Mas como responder em detalhes milhares de cartas por ano, quando se é obrigado a fazer tudo pessoalmente e não se tem a ajuda de um secretário? Certo que o dia não chegaria para tudo quanto temos de fazer, se não lhe consagrássemos, também, uma parte de nossas noites.

Dito isto, como justificação pessoal, acrescentaremos a respeito da teoria da formação da Terra, contida na citada tese, e do estado cataléptico dos seres vivos em sua origem, que foi aconselhado à Sociedade esperar, antes de prosseguir tais estudos, que documentos mais autênticos lhe sejam fornecidos. Disseram os seus guias espirituais: "É preciso desconfiar das ideias sistemáticas dos Espíritos, tanto quanto dos homens, e não as aceitar levianamente e sem controle, se não nos quisermos expor, mais tarde, a ver desmentido o que tivermos aceito com muita precipitação. É por nos interessarmos pelos vossos trabalhos que desejamos manter-vos em guarda contra um escolho onde se chocam tantas imaginações, seduzidas por aparências enganadoras. Lembrai-vos de que numa só coisa jamais sereis enganados: é quanto ao que toca ao melhoramento moral dos homens. Nisso está a verdadeira missão dos Espíritos. Não penseis que eles tenham o poder de vos descobrir qual é o segredo de Deus; sobretudo não acrediteis que eles estejam encarregados de vos aplanar o caminho áspero da Ciência. Esta só é adquirida à custa de trabalho e pesquisas assíduas. Quando chegar o momento de apresentar uma descoberta útil à humanidade, procuraremos o homem capaz de a conduzir a bom termo. Nós lhe inspiraremos a ideia de com ela ocupar-se e lhe deixaremos todo o mérito. Mas onde estariam o trabalho e o mérito, se lhe bastasse pedir aos Espíritos os meios de, sem esforço, adquirir ciência, honras e riquezas? Então sede prudentes, não entreis numa via onde teríeis decepções e que em nada contribuiria para o vosso adiantamento. Os que por aí se deixasses arrastar, um dia reconheceriam quanto estavam enganados e lamentar-se-iam por não haverem empregado melhor o seu tempo".

Tal é o resumo das instruções tantas vezes dadas pelos Espíritos, tanto a nós quanto à Sociedade. Por experiência chegamos, mesmo, a lhes reconhecer a sabedoria. Eis por que as comunicações relativas às pesquisas científicas têm para nós uma importância secundária. Não as repelimos: acolhemos tudo quanto nos é transmitido, porque em tudo há algo a aprender. Mas o aceitamos apenas como oferta, guardando-nos de lhe emprestar uma fé cega e irrefletida: observamos e esperamos. O Sr. Jobard, que é um homem positivo e de grande bom-senso, compreenderá melhor que ninguém ser esta a melhor maneira para evitar-se o perigo das utopias. Certo não seremos nós os acusados de querer ficar na retaguarda; mas queremos evitar de pisar em falso e tudo quanto pudesse comprometer o crédito do Espiritismo, dando prematuramente como verdades incontestáveis aquilo que ainda é hipotético.

Pensamos que estas observações serão igualmente apreciadas por outras pessoas e que estas compreenderão, sem dúvida, o inconveniente de antecipar o momento para certas publicações. A experiência lhes mostrará a necessidade de nem sempre acompanhar a impaciência de certos Espíritos. Os Espíritos verdadeiramente superiores, e não nos referimos aos que por tal se dão, são muito prudentes, o que constitui um dos caracteres pelos quais podem ser reconhecidos.

## DISSERTAÇÕES ESPÍRITAS

RECEBIDAS OU LIDAS POR VÁRIOS MÉDIUNS NA SOCIEDADE

O SONHO

Vou contar-te uma história do outro mundo, onde me encontro. Imagina um céu azul, um mar verde e calmo, rochedos bizarramente talhados; nenhuma vegetação, senão os pálidos líquens agarrados às fendas das pedras. Eis a paisagem. Como simples romancista, não me posso permitir mais detalhes. Para povoar esse mar, esses rochedos, só se achava um poeta, sentado, sonhador, refletindo em sua alma, como num espelho, a calma beleza da Natureza, que não falava menos ao coração do que aos olhos. Esse poeta sonhador era eu. Onde? Quando se passa a minha história? Que importa!

Assim, eu escutava, olhava, comovido e penetrado pelo encanto profundo da grande solidão. De repente vi surgir uma mulher, de pé, na crista do rochedo. Era alta, morena e pálida. Os longos cabelos negros flutuavam sobre o vestido branco. Olhava direto para a frente, com estranha fixidez. Eu me havia levantado, transportado de admiração, porque aquela mulher, florindo de repente do rochedo, me parecia o próprio sonho, o divino sonho, que tantas vezes eu havia evocado com estranhos transportes. Aproximei-me. Sem se mover, ela estendeu o braço nu e soberbo para o mar e, como que inspirada, cantou com voz suave, lamentosa. Eu a ouvia, tomado de tristeza mortal, e repetia mentalmente as estrofes que corriam de seus lábios, como de uma fonte viva. Então ela voltou-se para mim e eu fui como que envolvido pela sombra de sua roupagem branca.

– Amigo, disse ela, escuta-me. Menos profundo é o mar de ondas cambiantes, menos duros são os rochedos do que o amor, o cruel amor que rasga um coração de poeta. Não escutes a sua voz, que tira todas as seduções da onda, do ar, do sol, para estreitar, penetrar e queimar tua alma, que treme e deseja sofrer o mal do amor. Assim falava ela. Eu a ouvia e sentia o coração fundir-se numa divina ebriez. Eu teria desejado extinguir-me no sopro puro que saía de sua boca.

– Não, continuou ela. Amigo, não lutes contra o gênio que te possui. Deixa-te levar em suas asas de fogo pelas esferas radiosas. Esquece, esquece a paixão que te fará rastejar, a ti, águia destinada aos altos píncaros. Escuta as vozes que te chamam aos concertos celestes. Toma o teu voo, ave sublime: o gênio é solitário. Marcado por seu selo divino, não podes tornar-te escravo de uma mulher.

Ela falava e a sombra avançava; e o mar verde tornava-se negro; e o céu se entenebrecia e os rochedos se perfilavam sinistros. Ainda mais radiosa, ela parecia coroar-se de estrelas, que acendiam suas luzes cintilantes. E sua túnica, branca como a espuma que chicoteava a praia, desdobrava-se em pregas imensas.

– Não me deixes, disse-lhe eu finalmente. Leva-me em teus braços; deixa teus cabelos negros servirem de laços para me reterem cativo; deixa-me viver em tua luz ou morrer à tua sombra.

– Vem, pois, retomou ela com voz distinta, mas que parecia afastada. Vem, já que preferes o sonho, que adormece o gênio, o gênio, que esclarece os homens. Vem: não te deixarei mais; e ambos, feridos pelo golpe mortal, seguiremos enlaçados, como o grupo de Dante. Não temas que te abandone, ó meu poeta! O sonho te consagra para a desgraça e para o desdém dos homens, que só bendirão teus cantos quando não mais se sentirem irritados pelo brilho de teu gênio.

Então senti o poderoso abraço que me elevava do solo. Nada mais vi do que as vestes brancas que me envolviam como uma auréola. E fui arrebatado pelo poder do sonho que, para sempre, me separava dos homens.

Alfred de Musset

## SOBRE OS TRABALHOS DA SOCIEDADE

Falarei da necessidade de ser observada maior regularidade nas vossas sessões, isto é, de evitar-se toda confusão, toda divergência de ideias. A divergência favorece a substituição dos bons Espíritos pelos maus, e, quase sempre, são estes que se apoderam das perguntas feitas. Por outro lado, numa reunião composta de elementos diversos e reciprocamente desconhecidos, como evitar as ideias contraditórias, as distrações ou, pior ainda, uma vaga e censurável indiferença? Eu queria encontrar o meio eficaz e certo para isso. Talvez esteja na concentração dos fluidos esparsos em redor dos médiuns. Só eles, sobretudo aqueles que são amados, retêm os bons Espíritos na sessão. Mas sua influência é quanto basta para dissipar a turba dos Espíritos brincalhões. O trabalho de exame das comunicações é excelente. Não seria demais que se aprofundassem as perguntas e, sobretudo, as respostas. O erro é fácil, mesmo para os Espíritos animados das melhores intenções. A lentidão da escrita, durante a qual o Espírito se desvia do assunto, que esgota tão logo o concebe; a mobilidade e a indiferença por certas formas convencionais; todas essas razões e muitas outras vos tornam um dever confiar com cautela, e sempre atentos ao exame, mesmo quando se trata das mais autênticas comunicações.

Assim sendo, que Deus tome sob a sua Santa Guarda todos os verdadeiros espíritas.

Georges (Espírito familiar)

Allan Kardec

# ANO III
# OUTUBRO DE 1860

## AVISO

*O escritório da Revista Espírita e o domicílio particular do Sr. Allan Kardec foram transferidos para a Rua Sainte-Anne, n° 59, travessa Sainte-Anne.*

## RESPOSTA DO SR. ALLAN KARDEC

### À GAZETTE DE LYON

Sob o título de *Uma sessão dos Espíritas*, a "Gazette de Lyon" publicou, em seu número de 2 de agosto de 1860, o artigo seguinte, ao qual, durante sua visita a Lyon, o Sr. Allan Kardec deu a resposta que vai adiante, mas que aquele jornal ainda não se dignou reproduzir.

– São chamados Espíritas certos alucinados que, tendo rompido com todas as crenças religiosas de seu tempo e seu país, não obstante pretendem ser relacionados com os Espíritos.

Nascido das mesas girantes, o Espiritismo não passa de uma das mil formas desse estado patológico em que pode cair o cérebro humano, quando se deixa levar por essas mil e uma aberrações de que a Antiguidade, a Idade Média e os tempos atuais não deixaram de dar muitos exemplos.

Condenados prudentemente pela Igreja Católica, todas essas pesquisas misteriosas, que saem do domínio dos fatos positivos, não têm outro resultado senão produzir a loucura nos que delas se ocupam, supondo que esse estado de loucura já não tenha passado ao seu estado crônico no cérebro dos adeptos, o que está longe de ser demonstrado.

Os Espíritas têm um jornal em Paris e basta ler alguns dos seus trechos para certificar-se de que não exageramos. A inépcia das perguntas dirigidas aos Espíritos evocados só tem igual na inépcia de suas respostas e, com razão, é permitido dizer-lhes que não vale a pena voltar do outro mundo para dizer tantas tolices.

Em breve, essa nova loucura, renovada dos antigos, vem de abater-se sobre a nossa cidade. Lyon possui Espíritas e é em casa de simples tecelões que os Espíritos se dignam manifestar-se.

O antro de Trophonius está situado (sic) numa oficina; o sumo-sacerdote do lugar é um tecelão de seda e a sibila é sua esposa; os adeptos são, geralmente, operários, pois ali não recebem facilmente os que, pelo seu exterior, denunciam muita inteligência. Os Espíritos só se dignam manifestar-se aos *simples*. Talvez por isso fomos ali.

Convidado a assistir a uma das sessões semanais dos Espíritas lioneses, entramos na oficina onde se achavam quatro máquinas, uma das quais parada. Ali, entre as quatro forcas dessa máquina, a sibila sentou-se à frente de uma mesa quadrada, sobre a qual havia um caderno e, ao lado, uma pena de ganso. Notai que dissemos uma pena de ganso, e não uma pena metálica, pois os Espíritos têm horror aos metais.[1]

Vinte a vinte e cinco pessoas de ambos os sexos, inclusive este vosso servo, formavam um círculo em torno da mesa.

Depois de um pequeno discurso do sumo-sacerdote sobre a natureza dos Espíritos, tudo num estilo que deveria encantar os *Espíritos*, devido à sua *simplicidade*, começaram as perguntas.

Aproxima-se um jovem e pergunta à sibila porque, oito dias antes dos combates, fossem na Criméia ou na Itália, era ele sempre chamado a outro lugar?

A inspirada (é o nome que lhe dão), tomando a pena de ganso, a movimenta um instante sobre o papel, onde traça sinais cabalísticos, depois pronuncia esta fórmula: *"Meu Deus, fazei-me a graça de nos esclarecer neste assunto."* A seguir acrescenta: "Leio a seguinte resposta: É que estais destinado a viver para instruir e esclarecer os vossos irmãos."

Evidentemente é um adepto influente que querem conquistar para a causa. Além disso, foi soldado, talvez seja um ex-zuavo; não vamos criar caso; prossigamos.

Um outro jovem se aproxima por sua vez e pergunta se o Espírito de seu pai o acompanhou e protegeu nos combates.

---

[1] As máquinas de tecer tinham a armação formada por quatro palanques em forma de forca. Daí a alusão irônica às "quatro forcas" (N. da Eq. Revisora).

Resposta: Sim.

Tomamos o jovem à parte e lhe perguntamos desde quando seu pai estava morto.

— Meu pai não está morto, respondeu ele.

A seguir apresenta-se um velho e pergunta — notai bem a sutileza da pergunta, imitada de Tarquínio, o Antigo — se o que ele pensa foi o motivo pelo qual seu pai lhe deu o nome de João?

Depois um soldado do primeiro Império pergunta se os Espíritos dos soldados do velho Império não acompanharam os nossos jovens soldados à Criméia e à Itália?

Resposta: Sim.

Segue-se uma pergunta supersticiosa, feita por uma senhora moça: Por que sexta-feira é um dia aziago?

A resposta não se fez esperar e, certamente, merece se tome cuidado, por causa de várias obscuridades históricas que ela elimina. — É, respondeu a inspirada, porque Moisés, Salomão e Jesus Cristo morreram nesse dia.

Um jovem operário lionês, a julgar por seu sotaque, quer ser esclarecido sobre um fato maravilhoso. Uma noite, disse ele, minha mãe sentiu um rosto que tocava o seu; "desperta-nos a meu pai e a mim; procuramos por toda parte e nada encontramos. De repente um dos nossos teares se põe a bater, na extremidade da oficina. Estávamos aterrados, e piorou, quando vimos todos trabalhando ao mesmo tempo, sem que víssemos viva alma."

— É o vosso avô, respondeu a sibila, que vem pedir preces.

Ao que o jovem respondeu com um ar que lhe devia dar fácil entrada no santuário: É isso mesmo. Pobre velho! Tinham-lhe prometido missas que lhe não foram rezadas.

Outro operário pergunta por que, diversas vezes, o fiel de sua balança se move sozinho?

— É um Espírito batedor, responde a inspirada, que produz o fenômeno.

— Muito bem, responde o operário. Mas eu parei o prodígio, pondo um pedaço de chumbo no prato mais leve.

– É muito simples, continuou a advinha, os Espíritos têm horror ao chumbo, devido à *miragem*.

Todos querem uma explicação dessa miragem.

Aí para o poder da sibila: Deus não quer explicar isto, diz ela, *nem mesmo a mim*.

Era uma razão maior, ante a qual todos se inclinaram.

Então o sumo-sacerdote, prevendo sérias objeções interiores, tomou a palavra e disse: – Sobre essa questão, senhores, devemos abster-nos, pois seríamos arrastados a outras perguntas científicas que não podemos resolver.

Nesse momento as perguntas se multiplicavam e se cruzavam.

Se os sinais que nos aparecem no céu desde algum tempo (os cometas!) são os de que fala o Apocalipse?

– Resposta: Sim, e em cento e quarenta anos o mundo não mais existirá.

– Por que Jesus Cristo disse que sempre haveria pobres?

– Resposta: Jesus Cristo quis falar dos pobres de Espírito; para estes, Deus acaba de preparar um globo especial.

Não destacaremos toda a importância de semelhante resposta. Quem não compreende quão felizes serão os nossos descendentes quando não mais tiverem que temer o contato com os pobres de espírito? Quanto aos outros, a resposta da sibila felizmente deixa supor que seu reino terminou. Boa notícia para os economistas a quem o problema do pauperismo tira o sono.

Para terminar, aproxima-se uma mulher entre quarenta e cinquenta anos, e pergunta se seu Espírito já foi encarnado e quantas vezes?

Ficaríeis muito embaraçado, como eu, para responder. Mas os Espíritos respondem a tudo:

– Sim, responde a pena de ganso, foi três vezes: a primeira, como filha natural de *respeitável* princesa russa (esse *respeitável*, próximo do vocábulo anterior, me intriga); a segunda, como filha legítima de um trapeiro da Boêmia; e a terceira, ela o sabe...

Esperamos que tal amostra de uma sessão de Espíritas lioneses deve bastar para demonstrar que os *Espíritos* de Lyon valem bem os de Paris.

Mas perguntamos: não seria bom impedir que pobres loucos ficassem ainda mais loucos?

Outrora a Igreja era bastante poderosa para impor silêncio a semelhantes divagações. Talvez ela maltratasse bastante, é verdade, mas sustava o mal. Hoje, desde que a autoridade religiosa é impotente, desde que o bom-senso não tem bastante poder para fazer justiça a tais alucinações, não deveria a outra autoridade intervir nesse caso, pondo fim a práticas das quais o menor inconveniente é tornar ridículos os que delas se ocupam?

C.M.

## RESPOSTA DO SR. ALLAN KARDEC

### AO SR. REDATOR DA "GAZETTE DE LYON"

Senhor,

Enviaram-me um artigo, assinado por C. M., que publicastes na "Gazette de Lyon" de 2 de agosto de 1860, sob o título de: *Uma sessão dos Espíritas*. Nesse artigo, se não sou atacado senão indiretamente, eu o sou na pessoa de todos os que partilham de minhas convicções. Isto, porém, nada seria, se vossas palavras não tendessem a falsear a opinião pública sobre o princípio e as consequências das crenças espíritas, cobrindo de ridículo e de censura os que as professam e que apontais à vindita legal. Peço-vos permissão para algumas retificações a respeito, esperando de vossa imparcialidade que, uma vez que julgastes dever publicar o ataque, devereis publicar minha resposta.

Não julgueis, senhor, que tenha o objetivo de vos convencer, nem o de retribuir injúria por injúria. Sejam quais forem as razões que vos impeçam de partilhar de nossa maneira de ver, não penso em procurá-las, e as respeito, se forem sinceras. Só peço a reciprocidade praticada entre gente que sabe conviver. Quanto aos epítetos incivis, não é de meus hábitos utilizá-los.

Se tivésseis discutido seriamente os princípios do Espiritismo; se a eles tivésseis oposto quaisquer argumentos, bons ou maus, eu teria podido vos responder. Mas toda a vossa argumentação se limita a nos qualificar de *ignaros*; e não me cabe discutir convosco se tendes razão ou não; limito-me, pois, a destacar aquilo que as vossas asserções têm de inexato, fora de todo personalismo.

Não basta dizer aos que não pensam como nós que são uns imbecis: isto está ao alcance de qualquer um. É necessário lhes demonstrar que estão errados. Mas, como o fazer? Como entrar no cerne da questão, se não se conhece a sua primeira palavra? Ora, creio que é o caso em que vos encontrais, pois do contrário teríeis usado melhores armas que a acusação banal de estupidez. Quando tiverdes dado ao estudo do Espiritismo o tempo moral necessário – e vos advirto de que é preciso bastante – quando tiverdes lido tudo quanto pode fundamentar a vossa opinião, aprofundando todas as questões, assistido, como observador *consciencioso e imparcial*, a alguns milhares de experiências, vossa crítica terá algum valor. Até lá, não passa de uma opinião individual, que não se apoia sobre coisa alguma e a respeito da qual podeis, a cada momento, ser pilhado em flagrante delito de ignorância. O começo do vosso artigo é uma prova.

Dizeis: *"São chamados Espíritas certos alucinados que, tendo rompido com todas as crenças religiosas de seu tempo e seu país, etc."* Sabeis, senhor, que esta acusação é muito grave, e tanto mais grave quanto, ao mesmo tempo, falsa e caluniosa? O Espiritismo é inteiramente baseado no dogma da existência da alma, sua sobrevivência ao corpo, sua individualidade após a morte, sua imortalidade, as penas e as recompensas futuras. Não só sanciona essas verdades pela teoria; seu objetivo é prová-las de maneira patente. Eis por que tanta gente que em nada acreditava foi reconduzida às ideias religiosas. Toda a sua moral é apenas o desenvolvimento das máximas do Cristo: praticar a caridade, pagar o mal com o bem, ser indulgente para com o próximo, perdoar aos inimigos; numa palavra, agir para com os outros como quereríamos que eles agissem para conosco. Então achais estas ideias tão estúpidas? Romperam elas com toda crença religiosa, elas que se apoiam na base mesma da religião? Não, direis vós; mas basta ser católico para ter tais ideias. Tê-las, vá; mas praticá-las é outra coisa, ao que parece. É muito evangélico para vós, católico, insultar gente corajosa, que nunca vos fez mal, que não conheceis e que teve bastante confiança em vós para vos receber em seu meio? Admitamos que estejam errados. Será cobrindo-as de injúrias e os irritando, que os reconduzireis?

Vosso artigo contém um erro de fato que, ainda uma vez, prova a vossa ignorância em matéria de Espiritismo. Dizeis: *"os adeptos são, geralmente, operários."* Sabei então, senhor, para vosso governo que, dos cinco ou seis milhões de Espíritas que existem atualmente, a quase totalidade pertence às classes mais esclarecidas da sociedade; conta entre os seus aderentes grande número de médicos em todos os países, advogados, magistrados, homens de letras, altos funcionários, oficiais de todas as patentes, artistas, cientistas, negociantes, etc., pessoas que levianamente colocais entre os ineptos. Mas passemos sobre tudo isso. Os vocábulos *insulto* e *injúria* vos parecem muito fortes? Vejamos.

Pesastes bem o alcance de vossas palavras quando, depois de ter dito que os adeptos são geralmente operários, acrescentais, a propósito das reuniões lionesas: *"pois ali não recebem facilmente os que, pelo seu exterior, denunciam muita inteligência. Os Espíritos só se dignam manifestar-se aos simples. Talvez por isso fomos ali admitidos."* E mais adiante, esta outra frase: *"Depois de um pequeno discurso sobre a natureza dos Espíritos, tudo num estilo que deveria encantar os Espíritos, devido à sua simplicidade, começaram as perguntas."* Não lembro as facécias relativas à pena de ganso de que, segundo vós, servia-se o médium, e outras coisas, também bastante espirituosas. Falo mais seriamente. Farei uma única observação: é que vossos olhos e ouvidos vos serviram muito mal, porque o médium de quem falais não serve de pena de ganso e tanto a forma quanto o fundo da maioria das perguntas e das respostas referidas no artigo são pura invenção. São, pois, pequenas calúnias, através das quais quisestes fazer brilhar o vosso talento.

Assim, em vossa opinião, para ser admitido nessas reuniões operárias é preciso ser operário, isto é, desprovido de bom-senso, e ali fostes introduzido, dizeis, porque certamente vos tomaram por um tolo. Com certeza se vos tivessem julgado com bastante espírito para inventar coisas que não existem, é bem certo que vos teriam fechado a porta.

Já pensastes, senhor, que não atacais apenas os Espíritas, mas toda a classe operária e, em particular, a de Lyon? Esqueceis que são esses mesmos operários, os *tecelões*, como dizeis com afetação, que fazem a prosperidade de vossa cidade pela indústria? Não foram essas criaturas sem valor moral, esses operários, que produziram Jacquard? De onde saíram em bom número os vossos fabricantes, que adquiriram fortuna com o suor de sua fronte e à força de ordem e de economia?

Não é insultar o trabalho comparar os seus teares a ignóbeis *forças?* Ridicularizais a sua linguagem; esqueceis que o seu *ofício* não é para fazer discursos acadêmicos? É necessário um estilo puxado a barbante para dizer o que se pensa? Senhor, vossas palavras não são apenas levianas – emprego o vocábulo por consideração – elas são imprudentes. Se jamais Deus vos reservou dias nefastos, orai-lhe para que os ofendidos não se lembrem disso. Os que são Espíritas se esquecerão, porque a caridade o ordena. Assim, fazei votos para que todos o sejam, desde que bebem no Espiritismo os princípios de ordem social, de respeito à propriedade e de sentimentos religiosos.

Sabeis o que fazem os operários espíritas lioneses, que tratais com tanto desdém? Ao invés de irem atordoar-se nos cabarés ou alimentar-se de doutrinas subversivas e quiméricas, nessa oficina que por irrisão comparais ao antro de Trophonius, em meio a esses teares de quatro forcas, *eles pensam em Deus.* Eu os vi durante minha estada aí: conversei com eles e me convenci do seguinte: Entre eles muitos maldiziam seu trabalho penoso; hoje o aceitam com a resignação do cristão, como uma prova; muitos viam com ciúme e inveja a sorte dos ricos; hoje sabem que a riqueza é uma prova ainda mais escorregadia que a da miséria, e que o infeliz que sofre e não cede à tentação é o verdadeiro eleito de Deus; sabem que a verdadeira felicidade não está no supérfluo e que aqueles que são chamados os felizes deste mundo também sofrem cruéis angústias, que o ouro não acalma. Muitos se riam da prece: hoje oram e reencontraram o caminho da igreja que tinham esquecido, porque outrora não criam em nada e hoje creem; diversos teriam sucumbido no desespero; hoje, que conhecem a sorte dos que voluntariamente abreviam a vida, resignam-se à vontade de Deus, pois sabem que têm uma alma, do que antes não estavam certos. Enfim, porque sabem estar apenas de passagem na Terra, e que a justiça de Deus não falha para ninguém.

Eis, senhor, o que sabem e o que fazem esses *ineptos,* como os chamais. Talvez se exprimam numa linguagem ridícula, trivial aos olhos de um homem de espírito como vós, mas aos olhos de Deus o mérito está no coração e não na elegância das frases.

Noutro ponto dizeis: *"Outrora a igreja era bastante poderosa para impor silêncio a semelhantes divagações. Talvez ela maltratasse bastante, é verdade, mas sustava o mal. Hoje, desde que a autoridade religiosa é impotente, desde que o bom-senso não tem bastante poder para fazer justiça a tais alucinações, não deveria a outra autoridade intervir nesse caso, etc."* Com efeito, ela queimava. É realmente uma lástima que não tenhamos mais fogueiras. Oh! Deploráveis efeitos do progresso das luzes!

Não tenho por hábito responder às diatribes. Se só se tratasse de mim, eu nada teria dito. Mas, a propósito de uma crença de que me orgulho de professar porque é uma crença eminentemente cristã, vós procurais ridicularizar criaturas honestas e laboriosas, porque são iletradas, esquecendo que Jesus era operário; vós as excitais com palavras irritantes; chamais contra elas os rigores das autoridades civis e religiosas, quando são pacíficas e compreendem o vazio das utopias com que são embalados e que vos meteram medo. Tive que lhes tomar a defesa, lembrando os deveres impostos pela caridade, dizendo-lhes que, se outros não cumprem os seus deveres, isso não é razão para se afastarem de lá. Eis, senhor, os conselhos que lhe dou; são também os que lhe dão os Espíritos que cometem a tolice de se dirigirem a pessoas simples e ignorantes e não a vós. É que, provavelmente, sabem que serão melhor escutados. A propósito, poderíeis dizer-me por que Jesus escolheu seus apóstolos entre o povo, e não entre os homens de letras? Sem dúvida, na época porque não havia jornalistas para lhe dizerem o que ele devia fazer.

Certamente direis que vossa crítica só atinge a crença nos Espíritos e em suas manifestações e não os princípios sagrados da religião. Estou certo disto. Mas, então, por que dizer que os Espíritas romperam com todos os princípios religiosos? É que não sabeis em que eles se apoiam. Contudo, lá vistes um médium orar com fervor, e vós, católico, ristes de uma pessoa que orava!

Provavelmente vós não sabeis também o que são os Espíritos. Os Espíritos são apenas as almas dos que viveram; almas e Espíritos são uma única e mesma coisa. Assim, negar a existência dos Espíritos é negar a alma. Admitir a alma, sua sobrevivência e individualidade, é admitir os Espíritos. Toda a questão, pois, se reduz a saber se, após a morte, a alma pode manifestar-se aos vivos. Os livros sagrados e os Padres da Igreja o reconheciam. Se os Espíritas estão errados, as autoridades também se enganaram. Para provar, é preciso demonstrar, não por uma simples negativa, mas por peremptórias razões:

1. – Que o ser que pensa em nós durante a vida não deve mais pensar após a morte;

2. – Que, se pensa, não deve mais pensar naqueles que amou;

3. – Que, se pensa nos que amou, não deve mais querer com eles comunicar-se;

4. – Que, se pode estar em toda parte, não pode estar ao nosso lado;

5. – Que, se está ao nosso lado, não pode comunicar-se conosco.

Se conhecesseis o estado dos Espíritos, sua natureza e, se assim me posso exprimir, sua constituição fisiológica, tal como ele no-la descrevem e tal qual a observação nos confirma, saberíeis que o Espírito e a alma, sendo uma única e mesma coisa, só há de menos no Espírito o corpo de que se despoja ao morrer, restando-lhe, porém, um invólucro etéreo, que para ele constitui um corpo fluídico, com o auxílio do qual pode, em certas circunstâncias, tornar-se visível. É o que ocorre nos casos de aparições que a própria igreja admite perfeitamente, desde que de algumas faz artigo de fé. Dada esta base, às proposições precedentes acrescentarei as seguintes, pedindo-vos que as prove:

6. – Que, por seu envoltório fluídico, o Espírito não pode agir sobre a matéria inerte;

7. – Que, se pode agir sobre a matéria inerte, não pode agir sobre um ser animado;

8. – Que, se pode agir sobre um ser animado, não lhe pode dirigir a mão para escrever;

9. – Que, podendo fazê-lo escrever, não pode responder às suas perguntas e lhe transmitir seu pensamento.

Quando tiverdes demonstrado que tudo isto é impossível por meio de raciocínios tão patentes quanto aqueles pelos quais Galileu demonstrou que não é o Sol que gira, então vossa opinião poderá ser levada em consideração.

Certamente objetareis que, nas suas comunicações, por vezes os Espíritos dizem coisas absurdas. É bem certo; e fazem mais: por vezes dizem grosserias e impertinências. É que, deixando o corpo, o Espírito não se despoja imediatamente de todas as suas imperfeições. É, então, provável que aqueles que dizem coisas ridículas como Espíritos, as disseram ainda mais ridículas quando estavam entre nós. Eis por que não aceitamos mais cegamente o que vem da parte deles do que o que vem da parte dos homens.

Mas eu paro aqui, pois não tenciono dar um curso. Bastou-me provar que falastes do Espiritismo sem o conhecer.

Recebei, senhor, minhas respeitosas saudações.

Allan Kardec

## BANQUETE

### OFERECIDO PELOS ESPÍRITAS LIONESES AO SR. ALLAN KARDEC, A 19 DE SETEMBRO DE 1860

Nessa reunião íntima e familiar, um dos sócios, Sr. Guillaume, teve a bondade de expor os sentimentos dos Espíritas lioneses na alocução que se segue. Lendo-a, todos compreenderão que devemos ter hesitado em publicá-la na *Revista*, apesar do desejo que nesse sentido nos foi expresso. Assim, só cedendo a instâncias foi que concordamos, temerosos, por outro lado, de que a recusa pudesse significar falta de reconhecimento aos testemunhos de simpatia que recebemos. Rogamos, pois, aos leitores, que façam abstração da pessoa e não vejam nas palavras senão uma homenagem prestada à doutrina.

"Ao Sr. Allan Kardec; ao zeloso propagador da Doutrina Espírita!

É à sua coragem, às suas luzes e à sua perseverança devotada que devemos a felicidade de estarmos hoje reunidos, neste banquete simpático e fraterno.

Que todos os Espíritas de Lyon jamais esqueçam que, se têm a felicidade de sentir-se melhorados, malgrado todas as influências perniciosas que sempre desviam o homem do caminho do bem, devem-no ao *Livro dos Espíritos*.

Se sua existência se suavizou, se seu coração está mais depurado e mais afetuoso, se expulsaram a cólera e a vingança, devem-no ao *Livro dos Espíritos*.

Se, na vida privada, suportam com coragem os reveses da fortuna; se repelem todos os meios baseados na astúcia e na mentira, para adquirirem os bens terrenos, devem-no ao *Livro dos Espíritos*, que os fez compreender a prova e acendeu-lhes a luz que expulsa as trevas.

Se um dia, que talvez não esteja longe, os homens se tornarem humanos, fraternos e dedicados a uma mesma fé; se a deverão ao *Livro dos Espíritos*, ditado pelos melhores dentre eles ao Sr. Allan Kardec, escolhido para espalhar a luz.

À união sincera dos Espíritas lioneses! À Sociedade Espírita Parisiense, cuja radiação a todos nos esclareceu, que é a sentinela avançada, encarregada de limpar a difícil estrada do progresso! Paris é o cérebro do Espiritismo, como Lyon deve ser considerado o seu coração.

Quando o coração e o Espírito estiverem unidos na mesma fé, para atingir o mesmo objetivo, bem logo só haverá na França irmãos amorosos e dedicados. Cresçamos, pois, pela união no amor, e em breve os nossos sentimentos, os nossos princípios cobrirão o mundo inteiro. O Espiritismo, Senhoras e Senhores, é o único meio para chegarmos prontamente ao Reino de Deus.

Honra à Sociedade Espírita Parisiense! Honra ao Sr. Allan Kardec, o fundador e o primeiro elo da grande corrente espírita!"

Guillaume

### RESPOSTA DO SR. ALLAN KARDEC

Senhoras, Senhores e vós todos, meus caros e bons irmãos no Espiritismo.

A acolhida tão amiga e benevolente que recebo entre vós, desde a minha chegada, seria bastante para me encher de orgulho, se eu não compreendesse que tais testemunhos se dirigem menos à pessoa do que à doutrina, da qual não passo de um dos mais humildes obreiros: é a consagração de um princípio e me sinto duplamente feliz, porque esse princípio deve um dia assegurar a felicidade do homem e o repouso da sociedade, quando for bem compreendido e ainda melhor praticado. Seus adversários só o combatem porque não o compreendem. Cabe-nos a nós, aos verdadeiros Espíritas, aos que veem no Espiritismo algo mais do que experiências mais ou menos curiosas, fazê-lo compreendido e espalhado, tanto pregando pelo exemplo quanto pela palavra. *O Livro dos Espíritos* teve como resultado fazer ver o seu alcance filosófico. Se esse livro tem qualquer mérito, seria presunção minha orgulhar-me disso, porque a doutrina que ele encerra não é criação minha. Toda honra pelo bem que ele fez cabe aos sábios Espíritos que o ditaram e que quiseram servir-se de mim. Posso, pois, ouvir o elogio sem que seja ferida a minha modéstia, e sem que o meu amor-próprio por isso fique exaltado. Se eu desejasse prevalecer-me disso, certamente teria reivindicado a sua concepção, em vez de atribuí-la aos Espíritos; e se pudesse duvidar da superioridade daqueles que cooperaram, bastaria considerar a influência exercida em tão pouco tempo, só pelo poder da lógica, e sem qualquer dos meios materiais próprios para superexcitar a curiosidade.

Seja como for, Senhores, a cordialidade do vosso acolhimento será para mim um poderoso encorajamento na tarefa laboriosa que empreendi e da qual fiz a razão de minha vida, porque me dá a certeza consoladora de que os homens de coração já não são tão raros neste século materialista, como gostam de proclamá-lo. Os sentimentos que fazem nascer em mim esses testemunhos benevolentes são melhor compreendidos do que expressados; e o que lhes dá, aos meus olhos, um valor inestimável, é que não têm por móvel qualquer consideração pessoal. Eu vo-lo agradeço do fundo do coração, em nome do Espiritismo, sobretudo em nome da *Sociedade Parisiense de Estudos Espíritas*, que sentir-se-á feliz pelas mostras de simpatia que tendes a bondade de lhe dar, e orgulhosa de contar em Lyon tão grande número de bons e leais confrades. Permiti-me retraçar, nalgumas palavras, as impressões que levo de minha breve passagem entre vós.

A primeira coisa que me chamou a atenção foi o número de adeptos. Eu bem sabia que Lyon os contava em grande número, mas estava longe de suspeitar fosse tão considerável, pois são contados às centenas e em breve, espero, serão incontáveis. Mas se Lyon se distingue pelo número, não o faz menos pela qualidade, o que é ainda melhor. Por toda parte só encontrei Espíritas sinceros, que compreendem a doutrina sob seu verdadeiro ponto de vista. Há, Senhores, três categorias de adeptos: os que se limitam a acreditar na realidade das manifestações e que, antes de mais nada, buscam os fenômenos. Para estes o Espiritismo é simplesmente uma série de fatos mais ou menos interessantes.

Os segundos veem mais do que os fatos. Compreendem o seu alcance filosófico; admiram a moral dele decorrente, mas não a praticam. Para eles, a caridade cristã é uma bela máxima, e eis tudo.

Os terceiros, enfim, não se contentam em admirar a moral: praticam-na e aceitam todas as suas consequências. Bem convencidos de que a existência terrena é uma prova passageira, buscam tirar proveito desses curtos instantes para marchar na via do progresso que lhes traçam ao Espíritos esforçam-se por fazer o bem e reprimir suas inclinações más. Suas relações são sempre seguras, porque suas convicções os afastam de todo pensamento do mal. Em tudo a caridade lhes é regra de conduta. Estes são os *verdadeiros Espíritas*, ou melhor, os *Espíritas cristãos*.

Ora, Senhores! Eu vos digo com satisfação que aqui não encontrei nenhum adepto da primeira categoria. Em parte alguma vi se ocuparem do Espiritismo por mera curiosidade; em parte alguma vi se servirem das comunicações para assuntos fúteis. Em toda parte o objetivo é sério, as intenções honestas; e, a crer no que vejo e no que me dizem, há muitos da terceira categoria. Honra, pois, aos Espíritas lioneses, por haverem tão largamente penetrado essa via progressiva, sem a qual o Espiritismo não teria objetivo. Tal exemplo não será perdido: terá suas consequências e não foi sem razão, bem o vejo, que outro dia os Espíritos me responderam, por um dos vossos mais dedicados médiuns, posto que um dos mais obscuros, quando eu lhes exprimia a minha surpresa: *"Por que admirar-te? Lyon foi a cidade dos mártires. A fé aqui é viva. Ela fornecerá apóstolos ao Espiritismo. Se Paris é o cérebro, Lyon será o coração."* A coincidência desta resposta com a que vos foi dada precedentemente, e que o Sr. Guillaume acaba de recordar em sua alocução, tem algo de muito significativo.

A rapidez com que a doutrina se propagou nos últimos tempos, malgrado a oposição que ainda encontra, ou talvez, por isso mesmo pode fazer prever-lhe o futuro. Evitemos, pois, por imprudência, tudo quanto possa produzir uma impressão desagradável e, não digo perder uma causa já assegurada, mas retardar-lhe o desenvolvimento. Sigamos nisto os conselhos dos sábios Espíritos e não esqueçamos que, no mundo, muitos sucessos foram comprometidos por muita precipitação. Não esqueçamos, tampouco, que nossos inimigos do outro mundo, assim como os deste, podem procurar arrastar-nos por uma via perigosa.

Pediste-me alguns conselhos e para mim é um prazer vos dar aqueles que a experiência poderá sugerir-me. Não passarão, sempre, de uma opinião pessoal, que vos convido a ponderar com a vossa sabedoria e da qual fareis o uso que vos parecer mais adequado, pois não tenho a pretensão de me impor como árbitro absoluto.

Tínheis a intenção de formar uma grande sociedade. A respeito já vós dei o meu modo de pensar e me limitarei a resumi-la aqui.

Sabe-se que as melhores comunicações são obtidas em reuniões pouco numerosas, na quais reina a harmonia e uma comunhão de sentimentos. Ora, quanto maior for o número, tanto mais difícil será a obtenção dessa homogeneidade. Como é impossível que no começo de uma ciência, ainda tão nova, não surjam algumas divergências na maneira de apreciar certas coisas, dessa divergência infalivelmente nasceria um mal-estar, que poderá conduzir à desunião. Ao contrário, os pequenos grupos serão sempre mais homogêneos. Todos se conhecem melhor, estão mais em família, e podem ser melhor admitidos aqueles que desejamos. E como em definitivo, todos tendem para um mesmo fim, podem entender-se perfeitamente e estender-se-ão tanto melhor quanto não haja aquela discordância incessante, que é incompatível com o recolhimento e a concentração de espírito. Os maus Espíritos, que buscam incessantemente semear a discórdia, irritando suscetibilidades, terão sempre menos domínio num pequeno grupo do que num meio numeroso e heterogêneo. Numa palavra, a unidade de vistas e de sentimento será aí mais fácil de se estabelecer.

A multiplicidade de grupos tem outra vantagem: a de obter uma variedade muito maior de comunicações, pela diversidade de aptidões dos médiuns. Que essas reuniões parciais comuniquem reciprocamente o que elas obtêm, cada uma por seu lado, e todas aproveitarão assim os seus mútuos trabalhos. Aliás, chegará o momento em que o número de aderentes não permitiria mais uma reunião única; o grupo deveria fracionar-se pela força das coisas. Por isso seria melhor fazer imediatamente aquilo que serão obrigados a fazer mais tarde.

Do ponto de vista da propaganda – é ainda um fato certo 'não é nas grandes reuniões que os neófitos podem colher elementos de convicção, mas bem na intimidade. Há, pois, um duplo motivo para preferir os pequenos grupos, que se podem multiplicar ao infinito. Ora, vinte grupos de dez pessoas, por exemplo, inquestionavelmente obterão mais e farão mais prosélitos que uma reunião única de duzentas pessoas.

Falei, há pouco, das divergências que podem surgir, e disse que estas não devem criar obstáculos ao perfeito entendimento entre os centros. Com efeito, essas divergências só podem dar-se nos detalhes e não sobre o fundo. O objetivo é o mesmo: o melhoramento moral; o meio é o mesmo: o ensinamento dado pelos Espíritos. Se tal ensino fosse contraditório; se, evidentemente, um devesse ser falso e o outro verdadeiro, notai bem que isto não poderia alterar o objetivo, que é conduzir o homem ao bem, para sua maior felicidade presente e futura. Ora, o bem não poderia ter dois pesos e duas medidas. Do ponto de vista científico ou dogmático, é, contudo, útil ou, pelo menos interessante, saber quem está certo e quem está errado. Então! Tendes um critério infalível para o apreciar, quer se trate de um simples detalhe ou de sistemas radicalmente divergentes. E isto não se aplica somente aos sistemas espíritas, mas a todos os sistemas filosóficos.

Examinai, antes, o que é mais lógico, o que melhor corresponde às vossas aspirações, que pode melhor atingir o objetivo. O mais verdadeiro será, evidentemente, aquele que explica melhor, que melhor dá a razão de tudo. Se se puder opor a um sistema um único fato em contradição com a sua teoria, é que a teoria é falsa ou incompleta. Examinai a seguir os resultados práticos de cada sistema. A verdade deve estar do lado daquele que produz maior soma de bem, que exerce uma influência mais salutar, que produz mais homens bons e virtuosos, que excita ao bem pelos motivos puros e mais racionais. O objetivo constante a que o homem aspira é a felicidade. A verdade estará do lado do sistema que proporciona maior soma de satisfações morais; numa palavra, que torna as criaturas mais felizes.

Vindo o ensino dos Espíritos, os diversos grupos, assim como os homens, se acham sob a influência de certos Espíritos que presidem aos seus trabalhos, ou os dirigem moralmente. Se esses Espíritos não estiverem de acordo, a questão será aquele cuja teoria não pode levantar qualquer objeção séria; numa palavra, aquele que, em todos os pontos, dá mais provas de sua superioridade. Se tudo for bom, racional nesse ensino, pouco importa o nome que toma o Espírito. E, neste sentido, a questão de identidade é absolutamente secundária. Se, sob um nome respeitável, o ensino peca pelas qualidades essenciais, podeis habilmente concluir que é um nome apócrifo e que é um Espírito impostor, ou que se diverte. Regra geral: jamais o nome é uma garantia; a única, a verdadeira garantia de superioridade é o pensamento e a maneira por que este é expresso. Os Espíritos *enganadores* podem tudo imitar, tudo, menos o verdadeiro saber e o verdadeiro sentimento.

Senhores, não é intenção minha dar-vos aqui um curso de Espiritismo; e talvez eu abuse de vossa paciência com todos esses detalhes. Contudo, não me posso impedir de acrescentar mais algumas palavras.

Acontece muitas vezes que para fazer adotar certas utopias, os Espíritos afetam um falso saber e tentam impô-las retirando do arsenal de palavras técnicas tudo quanto possa fascinar aquele que acredita muito facilmente. Tem ainda um meio mais certo, que é o de aparentar virtudes. Apoiados nas grandes palavras caridade, fraternidade, humildade, esperam fazer aceitar os mais grosseiros absurdos; e é o que acontece muitas vezes, quando não se está prevenido. É preciso, pois, não se deixar levar pelas aparências, tanto da parte dos Espíritos quanto dos homens. Ora, confesso, esta é uma das maiores dificuldades. Mas, também, nunca se disse que o Espiritismo fosse uma ciência fácil. Ele tem os seus escolhos, que só pela experiência podem ser evitados. Para não cair na cilada, é necessário, de princípio, guardar-se contra o entusiasmo que cega, o orgulho que leva certos médiuns a se julgarem os únicos intérpretes da verdade. É preciso tudo examinar friamente, tudo pesar maduramente, tudo controlar; e, se se desconfia do próprio julgamento, o que por vezes é mais prudente, é preciso relatar a outros, seguindo o provérbio de que quatro olhos veem mais do que dois. Um falso amor-próprio ou uma obsessão podem, isoladamente, fazer persistir uma ideia notoriamente falsa e que é repelida pelo bom-senso de cada um.

Senhores, ignoro se aqui tenho muitos inimigos. Isso vos espanta, no entanto, nada mais verdadeiro. Sim: aqui há quem me ouça com ira; não digo entre vós, graças a Deus! Onde espero jamais ter senão amigos. Quero falar dos Espíritos enganadores, que não querem que vos dê os meios de os desmascarar, desde que descubro as suas astúcias, pondo-vos em guarda, e lhes tiro o domínio que poderiam ter sobre vós. A tal respeito, Senhores, dir-vos-ei que seria erro supor que eles não exerçam esse domínio apenas sobre os médiuns. Tende certeza de que, estando em toda parte, os Espíritos agem incessantemente sobre nós, sem o sabermos, quer se seja ou não, Espírita ou médium. A mediunidade não os atrai; ao contrário, ela dá o meio de conhecer seu inimigo, que se trai *sempre*. *Sempre*, ouvi bem, e que só abusa dos que se deixam abusar.

Isso, Senhores, leva-me a completar meu pensamento sobre o que acabo de dizer, a propósito das dissidências que poderiam surgir entre os diferentes grupos, por força da diversidade de ensino. Eu disse que, malgrado algumas divergências, eles poderiam entender-se e devem entender-se, desde que sejam verdadeiros Espíritas. Eu vos dei o meio de controlar o valor das comunicações: eis o de apreciar a natureza das influências exercidas sobre cada um. Dado que toda influência boa emana de um bom Espírito, que tudo quanto é mau vem de fonte má, que os maus Espíritos são os inimigos da união e da concórdia, o grupo que for assistido pelo Espírito do mal será o que lançará a pedra sobre o outro e não lhe estenderá a mão. Quanto a mim, Senhores, eu vos olho a todos como irmãos, quer estejais com a verdade, quer com o erro. Mas vos declaro, alto e bom som, estarei de corpo e alma com os que mostrarem mais caridade e mais abnegação. Se houvesse alguns, o que Deus não permita, que entretivessem sentimentos de ódio, inveja, ciúme, eu os lamentaria, porque estariam sob má influência e eu preferiria supor que esses maus pensamentos lhe vem de um Espírito estranho do que de seu próprio coração. Mas isso só me tornaria suspeita a veracidade das comunicações que pudessem receber, em virtude do princípio de que um Espírito realmente bom somente sugerirá bons sentimentos.

Terminarei, Senhores, esta alocução, certamente já bem longa, com algumas considerações sobre as causas que devem assegurar o futuro do Espiritismo.

Compreendeis todos, pelo que tendes sob os olhos e pelo que sentis em vós mesmos, que num dia futuro o Espiritismo deve exercer uma imensa influência sobre a estrutura social. Mas o dia em que essa influência será generalizada ainda está longe, sem dúvida. São necessárias gerações para que o homem se despoje do homem velho. Contudo, desde agora, se o bem não pode ser geral, já é individual, e porque esse bem é efetivo, a doutrina que o proporciona é aceita com tanta facilidade. Direi mesmo com tanto entusiasmo, por muitos. Com efeito, de lado a sua racionalidade, que filosofia é mais capaz de libertar o pensamento do homem dos laços terrenos, de elevar sua alma para o infinito? Qual a que lhe dá uma ideia mais justa, mais lógica, mais apoiada em provas patentes, de sua natureza e de seu destino? Que seus adversários a substituam por algo de melhor, uma doutrina mais consoladora, que se acomode melhor à razão, que substitua a alegria inefável de saber que os seres que nos foram caros na Terra estão juntos a nós, que nos veem, nos ouvem, nos falam e nos aconselham; que dá um motivo mais legítimo à resignação; que faça temer menos a morte; que proporcione mais calma nas provas da vida; que substitua, enfim, essa suave quietude experimentada quando se pode dizer: sinto-me melhor. Ante uma doutrina que faça melhor que tudo isso, o Espiritismo ensarilhará as armas.

O Espiritismo torna, pois, soberanamente feliz; com ele não mais isolamento nem desespero; ele já poupou muitas faltas, impediu vários crimes, levou a paz a inúmeras famílias, corrigiu muitos desvios. Que será, então, quando os homens forem alimentados por tais ideias! Porque, então, vindo o raciocínio, eles se fortificarão e não mais renegarão a alma. Sim, o Espiritismo torna feliz e é isso que lhe dá um poder irresistível e assegura o seu triunfo futuro. Os homens querem a felicidade; o Espiritismo a proporciona; eles se atirarão nos braços do Espiritismo. Querem aniquilá-lo? Então deem ao homem uma fonte maior de felicidade e de esperança. Isso quanto aos indivíduos.

Duas outras forças parecem ter receado o seu aparecimento: a autoridade civil e a autoridade religiosa. Por que isso? Porque não o conhecem. Hoje a Igreja começa a ver que nele encontrará poderosa arma para combater a incredulidade; a solução lógica de vários dogmas embaraçantes e, finalmente, que ele já traz aos seus deveres de cristãos bom número de ovelhas desgarradas. Por seu lado, o poder civil começa a ver provas de sua benéfica influência sobre a moralidade das classes laboriosas, às quais essa doutrina inculca, *pela convicção*, ideias de ordem, de respeito à propriedade, e faz compreender o nada das utopias; testemunha metamorfoses morais quase miraculosas e em breve entreverá, na difusão dessas ideias, um alimento mais útil ao pensamento que as alegrias dos cabarés ou o tumulto da praça pública e, consequentemente, uma salvaguarda para a sociedade. Assim, povo, Igreja e poder, um dia vendo nele um dique contra a brutalidade das paixões, uma garantia da ordem e da tranquilidade, uma volta às ideias religiosas que se extinguem, ninguém terá interesse em entravá-lo. Ao contrário, cada um buscará nele um apoio. Aliás, quem poderá deter o curso desse rio de ideias, que já rola suas águas benfazejas nas cinco partes do mundo?

Tais são, meus caros confrades, as considerações que desejava vos submeter. Termino agradecendo novamente vossa benévola acolhida, cuja lembrança estará sempre presente à minha memória. Agradeço igualmente aos bons Espíritos por toda a satisfação que me proporcionaram durante minha viagem, porque, por toda parte onde me detive, encontrei bons e sinceros Espíritas e pude constatar, por meus próprios olhos, o imenso desenvolvimento dessas ideias e com que facilidade elas se enraízam. Por toda parte encontrei gente feliz, aflitos consolados, pesares acalmados, ódios apaziguados; por toda parte a confiança e a esperança sucedendo às angústias da dúvida e da incerteza. Ainda uma vez, o Espiritismo é a chave da verdadeira felicidade e aí está o segredo de seu poder irresistível. Então é utopia uma doutrina que faz tais prodígios? Que Deus, na sua bondade, meus caros amigos, se digne vos enviar bons Espíritos para vos assistir nas vossas comunicações, a fim de que vos esclareçam sobre as verdades que estais encarregados de espalhar. Um dia colhereis centuplicados os frutos do bom grão que houverdes semeado.

Que este repasto de amigos, meus mui amados confrades, como nos ágapes antigos, seja o penhor da união entre todos os verdadeiros Espíritas!

Levanto um brinde aos Espíritas lioneses, tanto em meu nome quanto no da Sociedade Parisiense de Estudos Espíritas.

Allan Kardec

## SOBRE O VALOR DAS COMUNICAÇÕES ESPÍRITAS

(PELO SR. JOBARD)

A ortodoxia religiosa confere um papel de demasiada importância a Satã e aos seus supostos satélites, que apenas deveriam ser chamados Espíritos malignos, ignorantes, vaidosos, e quase todos manchados do pecado do orgulho que os perdeu. Nisso eles não diferem nada dos homens, dos quais fizeram parte durante um período muito curto, em relação à eternidade de sua existência pneumática, que pode ser comparada à de um corpo passado ao estado volátil. O erro é crer que, por isso que são Espíritos, devem ser perfeitos, como se o vapor ou os gases fossem mais perfeitos que a água ou o líquido de onde saíram;

como se um valentão não pudesse ser um homem pacífico depois de ser libertado da prisão; como se um louco pudesse ser reputado sábio depois de ter transposto os muros do *Charenton*[1]; como se um cego, saído do *Quinze-Vingts*[2], pudesse fazer-se passar por um clarividente.

Senhores médiuns, imaginai que vos tivésseis de haver com toda essa gente, e que haja tanta diferença entre os Espíritos quanto entre os homens. Ora, não ignorais que há tanto homens quanto sentimentos diferentes; tantos corpos, quantas propriedades diversas, antes quanto depois da mudança de estado. Podeis julgar, pelos seus erros, a má qualidade dos Espíritos, como se julga a má qualidade de um corpo pelo odor que exala. Se algumas vezes estão de acordo sobre certos pontos, entre si e convosco, é que se copiam e vos copiam, pois eles sabem melhor que vós o que foi escrito, antigamente e recentemente, sobre tal ou qual doutrina que vos repetem, muitas vezes como papagaios, mas outras vezes com convicção, se forem Espíritos estudiosos e conscienciosos, como certos filósofos ou sábios que vos dessem a honra de vir conversar e discutir convosco. Mas ficai persuadidos de que não vos respondem senão o que sentem estardes em condições de compreender. Sem isso só vos dizem vulgaridades e nada que ultrapasse o alcance de vossa inteligência e dos vossos conhecimentos adquiridos. Eles sabem, tanto quanto vós, que não se lançam pérolas aos porcos: citam os Evangelhos, se sois cristãos, o Alcorão, se sois turcos, e facilmente se põem em uníssono convosco, porque no estado pneumático têm a inteligência que os corpos materiais volatilizados não possuem. Só nisso a comparação precedente não é exata. Se gostais de rir, fazer jogo de palavras, e tratais com um Espírito sério, ele vos enviará farsistas, mais fortes que vós nas piadas e nos trocadilhos. Se tiverdes o cérebro fraco, ele vos abandona aos mistificadores, que vos levarão mais longe do que quereis.

Em geral os Espíritos gostam de conversar com os homens. É uma distração e por vezes um estudo para eles: todos o dizem. Não temais, pois, fatigá-los, que sempre o ficareis antes deles; mas não vos ensinarão nada além do que poderiam ter dito em vida. Por isso, tanta gente pergunta qual a vantagem de perder tempo em consultá-los, des-

---

[1] Asilo de alienados na cidade do mesmo nome. (N.R.).
[2] Hospital especializado para cegos. (N.R.).

de que não se podem esperar revelações extraordinárias, invenções inesperadas, panacéias, pedras filosofais, transmutações de metais, moto contínuo, pois eles não sabem mais que vós sobre os resultados ainda não obtidos pela ciência humana. E se vos animam a fazer experiências, é que eles próprios estariam curiosos para lhes ver os efeitos. Ao contrário, só vos dão explicações confusas, como os pseudo-sábios e os advogados que fazem questão de vencer nos debates. Se se trata de um tesouro, eles vos dizem: cavai; de uma liga, dizem: soprai. Pode ser que, buscando, encontreis. Ficarão tão admirados quanto vós e gabar-se-ão de vos haverem dado bons conselhos. A vaidade humana não os abandona. Os bons Espíritos não vos afirmam que encontrareis a solução, como os maus, que não têm escrúpulos em vos arruinar. É nisso que jamais deveis fazer abstração do vosso julgamento, do vosso livre-arbítrio, de vossa razão. Que dizeis quando um homem vos induz a um mau negócio? Que é um Espírito infernal, diabólico. Então! o Espírito que vos aconselha mal não é mais diabólico, mais infernal; é um ignorante, um mistificador a mais; mas nem tem missão especial, nem poder sobre-humano, nem grande interesse em vos enganar: ele usa igualmente o livre-arbítrio que Deus lhe deu, como a vós, e como vós pode fazer nele bom ou mau uso: eis tudo. É tolice acreditar que ele se ligue a vós durante anos e anos, para tentar alistar a vossa pobre alma no exército de Satã. Que é o que adianta a Satã um recruta a mais ou a menos, quando eles chegam, espontaneamente, aos milhões e milhares, sem que ele se dê ao trabalho de os recrutar? Os eleitos são raros, mas inumeráveis os voluntários do mal. Se Deus e o Diabo têm, cada um, o seu exército, só Deus necessita de recrutadores; o Diabo pode poupar-se ao trabalho de preencher os seus quadros. E como a vitória está sempre do lado dos grandes batalhões, julgai de sua grandeza e de seu poder, e da facilidade de seus triunfos sobre todos os pontos do Universo. E, sem ir muito longe, olhai em torno de vós.

Mas tudo isso não tem sentido. Desde que hoje se sabe facilmente conversar com a gente do outro mundo, é preciso aceitá-los como são. Há poetas que podem ditar bons versos, filósofos e moralistas que podem dar boas máximas, historiadores que podem dar esclarecimentos sobre sua época, naturalistas que podem ensinar o que sabem, ou retificar os erros que cometeram, astrônomos que podem revelar certos fenômenos que ignorais, músicos, autores que podem escrever obras póstumas e que, até, têm a vaidade de pedir sejam publicadas em seu nome. Um deles, que havia feito uma invenção, indignou-se ao saber que a patente não lhe seria entregue pessoalmente; outros não fazem mais caso das coisas terrenas do que certos sábios. Alguns assistem com prazer infantil a inauguração de sua estátua, e outros não se dão ao trabalho de ir vê-la e desprezam profundamente os imbecis que lhes prestam essa honra depois de os haverem desconhecido e perseguido em vida. A propósito de sua estátua, Humboldt respondeu apenas uma palavra: Ironia! Um outro deu a inscrição da estátua que lhe preparam e que sabe não havê-la merecido: *Ao grande ladrão, os roubados agradecidos.*

Em resumo, devemos considerar que cada um leva consigo o caráter e as aquisições morais e científicas; os tolos daqui são ainda mais tolos lá. Só os ratoneiros, que não têm mais bolsos a esvaziar; os gulosos, nada mais a fritar; os banqueiros, nada mais a descontar, sofrem tais privações. É por isso que o Espírito-Santo, o Espírito de Verdade nos recomenda o desprezo das coisas terrenas, que não podemos carregar, nem assimilar, para só pensarmos nos bens espirituais e morais, que nos acompanham e nos servirão pela eternidade, não só de distração, mas como degraus para nos elevarmos incessantemente na grande escada de Jacob, na incomensurável hierarquia dos Espíritos.

Assim, vede quão pouco caso os bons Espíritos fazem dos bens e dos prazeres grosseiros que perderam ao morrer, isto é, ao entrarem em seu país, como eles dizem. Semelhantes a um sábio pioneiro arrancado subitamente de seu calabouço, não são suas roupas, seus móveis, seu dinheiro que ele lamenta, mas os seus livros e os seus manuscritos. A borboleta que sacode o pó de suas asas antes de retomar o voo, se preocupa muito pouco com os restos da lagarta que lhe serviu de habitáculo. Assim, um Espírito superior, como o de Buffon, não mais lamenta o seu castelo de Montbard, do que Lamartine não lamentará seu Saint-Point enquanto vivo. É por isso que a morte do sábio é tão calma e a do *humanimal* tão horrível, porque este último sente que, perdendo os bens terrenos, tudo perde: aí se agarra como o avarento ao seu cofre forte. Seu Espírito nem pode afastar-se: prende-se à matéria e continua a assombrar os lugares que lhe foram caros e, em vez de fazer incessantes esforços por quebrar os laços que o retêm à Terra, a ela se prende como um desesperado. Sofre verdadeiramente como um danado por não mais poder gozá-los. Eis o inferno, eis o fogo que esses reprovados se esforçam em tornar eterno. Tais são os maus Espíritos, que repelem os conselhos dos bons e que necessitam socorros da razão e da sabedoria humana para os decidir a largar a presa. Os bons médiuns devem dar-se ao trabalho de os fazer pensar, de os doutrinar e orar por eles, pois confessam que a prece os alivia e por isso testemunham o seu reconhecimento, em termos às vezes muito tocantes. Isso prova a existência de uma solidariedade comum entre todos os Espíritos, livres ou encarnados, porque, evidentemente, a encarnação não passa de uma punição, a Terra, de um lugar de expiação, onde somos postos, como o diz o salmista, não para nosso divertimento, mas para nos aperfeiçoarmos e aprender a adorar a Deus, estudando as suas obras. De onde se segue que o mais infeliz é o mais ignorante; o mais selvagem torna-se o mais vicioso, o mais criminoso e o mais miserável dos seres, aos quais Deus concedeu uma centelha de sua alma divina, e talentos para os fazer valer e não para os enterrar até a chegada do mestre, ou antes, até o comparecimento do culpado de preguiça e negligência perante Deus.

Eis o que realmente é para uns, e possivelmente para outros, o mundo espírita, que a uns infunde tanto medo e a outros tanto encanta, e que não mereceu tanto excesso de homenagens, nem essa indignidade.

Quando, à força de estudo e de experiência, nos tivermos familiarizado com o fenômeno das manifestações, tão natural como qualquer, reconheceremos a veracidade das explicações que acabamos de dar. O poder do mal, que é concedido aos Espíritos, tem por antítese o poder do bem que se pode esperar dos outros. Essas duas forças são *adequadas*, como todas as da Natureza, sem o que o equilíbrio se romperia, e o livre-arbítrio seria substituído pela fatalidade, o cego *fatum*, o *fato bruto*, ininteligente, a morte de todos, a catalepsia do Universo, o caos.

Proibir interrogar os Espíritos é reconhecer que eles existem; assinalá-los como prepostos do diabo, é fazer pensar que existam os que são agentes e missionários de Deus. Concedamos que os maus sejam mais numerosos; mas há de tudo, como na Terra. Mas, porque há mais grãos de areia do que pepitas de ouro, devem ser condenados os faiscadores?

Quando os Espíritos vos dizem que lhes é interdito responder a certas perguntas de importância puramente pessoal, é uma maneira cômoda de justificar sua ignorância das coisas do futuro. Tudo quanto depende de nossos próprios esforços, de nossas pesquisas intelectuais, não nos pode ser revelado sem infração da lei divina, que obriga o homem ao trabalho. Seria muito cômodo para o primeiro médium que surgisse, tomado por um Espírito familiar complacente, adquirir sem esforço todos os tesouros e todo o poder imaginável, desembaraçando-se de todos os obstáculos que os outros vencem com tanta dificuldade. Não, os Espíritos não têm tal poder e fazem bem dizendo que lhes é interdito tudo o que lhes pedis de ilícito. Contudo, exercem grande influência sobre os encarnados, para o bem ou para o mal. Felizes aqueles a quem os bons Espíritos aconselham e protegem: tudo lhes sai bem, se obedecem às boas inspirações, que aliás não recebem se não as que houverem merecido, e feito o esforço equivalente ao sucesso que lhes é dado por acréscimo.

Quem quer que espere a fortuna deitado na cama não terá muita chance de a atrair. Tudo aqui depende do trabalho inteligente e honesto, que nos dá um grande contentamento interior e nos livra do mal físico, comunicando-nos o dom de aliviar o mal alheio. Porque não há um médium bem intencionado que não seja magnetizador e curador por natureza. Mas ignoram possuir tal tesouro e não sabem utilizá-lo. É nisso que deveriam ser melhor aconselhados e mais poderosamente ajudados por seus bons Espíritos. Têm-se visto milagres análogos ao que acaba de ser alvo o *Duque de Celeuza*, *Príncipe Vasto*, no café *Nocera*, em Nápoles, a 13 de junho último, o qual acaba de publicar que foi curado instantaneamente de uma doença reputada *incurável*, da qual sofria há dez anos, pela única palavra de um velho Cavalheiro francês, ao qual contava seus sofrimentos. Há outros que fazem tais coisas em diversos países, na Holanda, na Inglaterra, na França, na Suíça. Mas eles se multiplicarão com o tempo: os germes estão semeados.

Os médiuns devidamente advertidos quanto à natureza, os usos e costumes dos Espíritos terrenos, nada mais têm a fazer do que conduzir-se de acordo. Quanto aos Espíritos celestes ou de uma ordem transcendente, é tão raro se comunicarem aos indivíduos, que ainda não é tempo de falar deles. Eles presidem aos destinos das nações e às grandes catástrofes, às grandes evoluções dos globos e das humanidades. No momento estão operando. Esperemos com recolhimento as grandes coisas que vão acontecer: *Renovabunt facien terrae.*

Jobard

## OBSERVAÇÕES

O Sr. Jobard havia dado como título de seu artigo: *Conselhos aos médiuns.* Julgamos dever dar-lhe um título menos exclusivo, visto como suas observações se aplicam, em geral, à maneira de apreciar as comunicações espíritas. Sendo os médiuns apenas instrumentos das manifestações, estas podem ser dadas a todo o mundo, quer diretamente, quer por intermediário. Todos os evocadores podem, pois, aproveitá-las, tanto quanto os médiuns.

Aprovamos essa maneira de julgar as comunicações porque é rigorosamente certa e não pode senão contribuir para prevenir contra a ilusão a que se expõem os que aceitam muito facilmente, como expressão da verdade, tudo quanto vem do mundo dos Espíritos. Contudo, pensamos que o Sr. Jobard talvez seja um tanto absoluto sobre certos pontos. Em nossa opinião, ele não leva muito em conta o progresso realizado pelo Espírito no estado errante. Sem dúvida este leva para além-túmulo as imperfeições da vida terrena, fato constatado pela experiência. Como, porém, se acha num meio completamente diverso, não mais recebe as suas sensações através dos órgãos materiais, não tem mais sobre os olhos esse véu espesso, que obscurece as ideias, as sensações, as percepções e suas ideias devem experimentar uma sensível modificação. Eis por que vemos, todos os dias, homens que pensam, após a morte, de modo muito diferente do que em vida, pois o horizonte moral para eles se alargou; autores criticando as próprias obras; homens mundanos censurando sua conduta; sábios reconhecendo os seus erros. Se o Espírito não progredisse na vida espírita, retornaria à vida corpórea como dela tinha saído, nem mais adiantado, nem mais atrasado, o que, positivamente, é contraditado pela experiência. Certos Espíritos, pois, podem ver mais claro e mais justo do que quando estavam na Terra; assim, alguns são vistos dando excelentes conselhos, com ótimos resultados. Mas entre os Espíritos, como entre os homens, é preciso saber a quem nos dirigimos e não crer que o primeiro que chega possua a ciência inata, nem que um sábio esteja despojado de seus preconceitos terrenos, só porque são Espíritos. A esse respeito, o Sr. Jobard tem inteira razão para dizer que só se devem aceitar com extrema reserva suas teorias e sistemas; é preciso fazer com eles o que se faz com os homens, isto é, não lhes dar crédito senão quando tiverem dado provas irrecusáveis de sua superioridade, não pelo nome que falsamente por vezes tomam, mas pela constante sabedoria de seus pensamentos, a irrefutável lógica de seus raciocínios e a inalterável bondade de seu caráter.

As judiciosas observações do Sr. Jobard, deixando de lado o que podem conter de exagero, sem dúvida desencantarão os que pensam encontrar nos Espíritos um meio certo de tudo saber, fazer descobertas lucrativas, etc. Com efeito, aos olhos de certas pessoas, para que servem os Espíritos se nem nos ajudam a fazer fortuna? Pensamos que basta ter estudado um pouco a Doutrina Espírita, para compreender que nos ensinam uma porção de coisas mais úteis do que saber se ganharemos na bolsa ou na loteria. Mas, mesmo admitindo a hipótese mais rigorosa, na qual seria completamente indiferente dirigir-se aos Espíritos ou aos homens para as coisas deste mundo, não representa nada o fato de nos darem a prova da existência de além-túmulo? De nos iniciarem no estado feliz ou infeliz dos que nos precederam? De nos provar que aqueles a quem amamos não estão perdidos para nós? Que os reencontraremos nesse mundo que nos espera a todos, ricos ou pobres, poderosos ou escravos? Porque, em definitivo, há uma coisa certa: é que mais dia, menos dia, temos que dar aquele passo. Que é o que existe além dessa barreira? Atrás da cortina que vela o futuro? Alguma coisa ou o nada? Ora! Os Espíritos nos ensinam que existe algo; que, quando morremos, nem tudo está acabado; longe disso, então é que começa a verdadeira vida, a vida normal. Ainda que só isso nos ensinassem, suas palestras não seriam inúteis. Fazem mais: ensinam o que se deve fazer aqui para estar o melhor possível no outro mundo. E como lá teremos que ficar muito tempo, é bom nos assegurarmos o melhor lugar possível. Como diz o Sr. Jobard, os Espíritos, em geral, pouco ligam às coisas terrenas, por uma razão simples – *é que têm melhor do que isto*; seu objetivo é ensinar-nos o que devemos fazer para ali sermos felizes. Eles sabem que nos prendemos às alegrias da

Terra, como crianças aos brinquedos. Querem avançar o nosso raciocínio; tal a sua missão. Se somos enganados por uns, é porque queremos tirá-los da esfera de suas atribuições. Pergunta-se-lhes o que não sabem, não podem ou não devem dizer: é então que se é mistificado pela turba de Espíritos zombadores, que se divertem com a nossa credulidade. O erro de certos médiuns é crer na infalibilidade dos Espíritos que com eles se comunicam e os seduzem por belas frases, apoiados num nome emprestado que, geralmente, é falso. Reconhecer a fraude é um resultado do estudo e da experiência. O artigo do Sr. Jobard, nesse sentido, só lhes pode ajudar a abrir os olhos.

## DISSERTAÇÕES ESPÍRITAS RECEBIDAS OU LIDAS POR VÁRIOS MÉDIUNS NA SOCIEDADE

### FORMAÇÃO DOS ESPÍRITOS

(MÉDIUM, SRA. COSTEL)

Deus criou a semente humana, que espalhou nos mundos, como o lavrador lança nos sulcos o grão que deve germinar e amadurecer. As sementes divinas são moléculas de fogo que Deus faz saltar do grande foco, centro de vida, onde Ele se irradia em seu poder. Essas moléculas são para a humanidade aquilo que são os germes para a terra; desenvolvem-se lentamente, só amadurecem após longos repousos nos planetas-mães, onde se forma o começo das coisas. Falo apenas do princípio: o ser chegado à sua condição de homem se reproduz, e a obra de Deus está consumada.

Por que, sendo comum o ponto de partida, são tão diversos os destinos humanos? Por que uns nascem num meio civilizado e outros no estado selvagem? Então, qual a origem dos demônios? Retomemos a História do Espírito em sua primeira eclosão. Apenas formadas, hesitantes e balbuciando, as almas são, entretanto, livres de inclinar-se para o bom ou para o mau lado. Desde que viveram, os bons separam-se dos maus. A história de Abel é ingenuamente verdadeira. Apenas saídas das mãos do Criador, as almas ingratas persistem na revolta do crime; então, na sucessão dos séculos, elas erram, prejudicando aos outros e, sobretudo, a si mesmas, até que o arrependimento as toque, o que acontece infalivelmente. Então os primeiros demônios são os primeiros homens culpados. Na sua imensa justiça, Deus jamais impõe sofrimentos, senão os resultantes dos atos maus. A Terra devia ser inteiramente povoada, mas não o poderia ser igualmente e, segundo o grau de adiantamento obtido nas grandes migrações terrestres, uns nascem nos grandes centros de civilização, outros, Espíritos incertos, que ainda necessitam de iniciação, nascem nas florestas recuadas. O estado selvagem é preparatório. Tudo é harmonioso, e a alma culpada e cega de um demônio na Terra não pode reviver num centro esclarecido. Contudo, algumas se aventuram nesse meio que não é o seu. Se aí não podem marchar em uníssono, dão o espetáculo da barbárie em meio à civilização. São seres desterrados.

O estado embrionário é o de um ser que ainda não sofreu migração. Não se pode estudá-lo à parte, porque é a origem do homem.

Georges

## OS ESPÍRITOS ERRANTES

### (MÉDIUM, SRA. COSTEL)

Os Espíritos se dividem em várias categorias. A princípio os *embriões*, que não têm nenhuma faculdade distinta; que nadam no ar como insetos que se veem turbilhonar num raio de sol; voltam sem objetivo e se encarnam sem terem feito escolha. Tornam-se seres humanos ignorantes e grosseiros.

Acima deles estão os *Espíritos levianos*, cujos instintos não são maus, mas apenas brincalhões; divertem-se com os homens e lhes causam aborrecimentos frívolos. São crianças. Têm caprichos e a maldade pueril.

Os Espíritos maus não são todos do mesmo grau. Uns não fazem outro mal além de ligeiros enganos; não se agarram a um ser e se limitam a fazer cometer falhas pouco graves.

Os Espíritos malfeitores impelem ao mal e gozam com isto, mas ainda têm um vislumbre de piedade.

Os Espíritos perversos não a têm. Todas as suas faculdades tendem para o mal. Fazem-no por cálculo e com persistência; gozam as torturas morais que causam. Correspondem, no mundo dos Espíritos, aos criminosos do vosso. Chegam a essa perversidade porque desconhecem as leis de Deus; nas suas vidas carnais, vão de queda em queda e passam-se séculos antes que lhes venha o pensamento de renovação. O mal é o seu elemento; nele mergulham com delícia; mas, obrigados a reencarnar-se, passam por tais sofrimentos e esses sofrimentos de tal modo crescem em suas vidas espíritas, que a paixão do mal neles se gasta; acabam por compreender que devem ceder à voz de Deus, que não cessa de os chamar. Viram-se Espíritos rebeldes pedir com ardor as mais terríveis expiações e suportar o martírio com alegria. É uma imensa felicidade para os puros Espíritos, esse retorno ao bem. A palavra do Cristo sobre as ovelhas desgarradas é brilhante de verdade.

Os Espíritos errantes da segunda ordem são os intermediários entre os Espíritos superiores e os mortais, porque é raro que os Espíritos superiores se comuniquem diretamente: é preciso que a tanto sejam impelidos por uma solicitude particular. Esses intermediários são os Espíritos dos mortais que não têm nenhum mal grave a lamentar e cujas intenções não foram más. Recebem missões, e quando as realizam com zelo e amor, são recompensados por um progresso mais rápido. Têm que passar por menos migrações. Assim, os Espíritos desejam ardentemente essas missões, só concedidas como recompensa e quando são julgados capazes de cumpri-las. São os Espíritos superiores que os dirigem e que lhes escolhem as funções.

Os Espíritos superiores não são todos do mesmo grau. Se dispensados das migrações nos vossos mundos, não o são das condições de adiantamento nas esferas mais adiantadas. Enfim, não há qualquer lacuna no mundo visível e no invisível. Uma ordem admirável proveu a tudo; nenhum ser é ocioso ou inútil; todos concorrem na medida de suas faculdades para a perfeição da obra de Deus, que não tem termo nem limite.

Georges

O CASTIGO

(MÉDIUM, SRA. COSTEL)

Os Espíritos maus, egoístas e duros, logo após a morte, são entregues a uma dúvida cruel sobre o seu destino presente e futuro; olham em torno de si e, a princípio, não veem nenhum assunto sobre o qual possam exercer a sua influência má e o desespero se apodera deles, porque o isolamento e a inação são intoleráveis para os maus Espíritos; não levantam o olhar para os lugares habitados pelos puros Espíritos; consideram o que os cerca, e em breve, tocados pelo abatimento dos Espíritos fracos e punidos, lançam-se a eles como a uma presa, armando-se com a lembrança de suas faltas passadas, frequentemente reveladas por seus gestos irrisórios. Não lhes bastando essa zombaria, caem sobre a Terra como abutres esfaimados; procuram entre os homens a alma que dará mais fácil acesso às suas tentações: delas se apoderam, exaltam-lhe a cobiça, procuram extinguir a fé em Deus e quando, enfim, donos de sua consciência veem a presa dominada, estendem sobre tudo o que se aproxima de sua vítima o contágio fatal.

O Espírito mau que dá vazão à sua raiva é quase feliz; apenas sofre nos momentos em que não age ou quando o bem triunfa sobre o mal.

Entretanto, passam os séculos; o mau Espírito sente-se de súbito invadido pelas trevas. Aperta-se o seu círculo de ação, sua consciência, até então muda lhe faz sentir as pontas aceradas do arrependimento. Inativo, arrastado no turbilhão, vaga, sentindo, como diz a Escritura, o pelo de sua carne se eriçar de pavor; em breve um grande vazio se faz nele e ao seu redor; chegado o momento, deve expiar; lá está, ameaçadora, a reencarnação; ele vê, como numa miragem, as provas terríveis que o esperam; quereria recuar, mas avança e, precipitado no abismo escancarado da vida, rola apavorado até que o véu do desconhecimento lhe cai sobre os olhos. Vive, age, ainda culpado; sente em si não sei que lembrança inquieta, que pressentimentos que o fazem tremer, mas não fazem recuar no caminho do mal. Esgotado de forças e de crimes, vai morrer. Estendido sobre o catre ou sobre o leito, que importa! o homem culpado sente, sob aparente imobilidade, mover-se e viver um mundo de sensações esquecidas! Sob as pálpebras fechadas, vê surgir um clarão, ouvir sons estranhos; sua alma, que vai deixar o corpo, agita-se impaciente, enquanto as mãos crispadas procuram agarrar-se aos lençóis; quereria falar, gritar aos que o cercam: Segurem-me! vejo o castigo! Não pode: a morte se fixa sobre os lábios descorados, e os assistentes dizem: Ei-lo em paz!

Entretanto, ouve tudo; flutua ao redor do corpo que não quer abandonar; uma força secreta o atrai; vê, reconhece o que já viu. Transtornado, lança-se no espaço, onde quer esconder-se. Não há mais retiro!

Não há mais repouso! Outros Espíritos lhe devolvem o mal que ele fez e, castigado, ridicularizado, confuso por sua vez, ele erra e errará até que o divino clarão deslize sobre seu endurecimento e o esclareça, para lhe mostrar o Deus vingador, o Deus triunfante de todo o mal, que ele só poderá apaziguar à força de gemidos e expiações.

Georges

**Observação**: Nunca foi esboçado um quadro mais eloquente, mais terrível e mais verdadeiro da sorte do mau. É então necessário recorrer à fantasmagoria das chamas e das torturas físicas?

MARTE

(MÉDIUM, SRA. COSTEL)

Marte é um planeta inferior à Terra, da qual é grosseiro esboço; não é necessário habitá-lo. Marte é a primeira encarnação dos mais grosseiros demônios. Os seres que o habitam são rudimentares; têm a forma humana, mas sem nenhuma beleza; têm todos os instintos do homem, sem a nobreza da bondade.

Entregues às necessidades materiais, comem, bebem, batem-se, acasalam-se. Mas como Deus não abandona nenhuma de suas criaturas, no fundo das trevas de sua inteligência jaz, latente, o vago conhecimento de si mesmos, mais ou menos desenvolvido. Esse instinto basta para os tornar superiores uns aos outros e preparar a eclosão para uma vida mais completa. A deles é curta, como a dos insetos efêmeros. Os homens, que são apenas matéria, desaparecem após curta evolução. Deus tem horror ao mal e só o tolera como servindo de princípio ao bem. Ele abrevia o seu reino, sobre o qual triunfa a ressurreição.

Nesse planeta o solo é árido; pouca verdura; uma folhagem sombria, não renovada pela primavera; um dia igual e cinzento; o sol, apenas aparente, jamais prodigaliza suas festas; o tempo corre monótono, sem as alternativas e as esperanças das estações novas; nem é inverno, nem verão. O dia, mais curto, não se mede do mesmo modo; a noite domina mais longa. Sem indústria, sem invenções, os habitantes de Marte consomem a vida à procura de alimento. Suas moradas grosseiras, baixas como covis, são repugnantes pela incúria e pela desordem que nelas reinam. As mulheres penam mais que os homens; mais abandonadas, mais famélicas, não passam de suas fêmeas. Têm apenas o sentimento maternal; dão à luz com facilidade, sem nenhuma angústia; alimentam e guardam os filhos a seu lado, até o completo desenvolvimento de suas forças e os expulsam sem pesar e sem saudade.

Não são canibais; suas contínuas batalhas só têm como objetivo a posse de um terreno mais ou menos abundante em caça. Caçam nas planícies intermináveis. Inquietos e móveis como os seres desprovidos de inteligência, deslocam-se incessantemente. A igualdade da estação, a mesma em toda parte, por isso mesmo comporta as mesmas necessidades e as mesmas ocupações; há pouca diferença entre os habitantes de um e de outro hemisfério.

A morte não lhes oferece pavor nem mistério; olham-na apenas como a putrefação do corpo, que queimam imediatamente. Quando um desses homens vai morrer, fica logo abandonado, e só, deitado, pensa pela primeira vez; um vago instinto o assalta; como a andorinha advertida da próxima migração, sente que nem tudo está acabado, que vai recomeçar alguma coisa desconhecida. Não é bastante inteligente para supor, temer ou esperar, mas calcula, às pressas, suas vitórias e derrotas; pensa no número de peças de caça que abateu, e se alegra ou se aflige conforme os resultados obtidos. Sua mulher – que só tem uma por vez, mas que pode trocar sempre que lhe convém – agachada à entrada, atira seixos no ar; quando estes formam um montículo, ela julga que chegou a hora e se aventura a olhar para dentro; se as previsões se tiverem realizado, se o homem estiver morto, ela entra sem um grito, sem uma lágrima, despoja-o da pele de animal que o envolve, vai friamente avisar seus vizinhos, os quais transportam o corpo e o queimam, logo que se esfria.

Os animais, que por toda parte sofrem os reflexos humanos, são mais selvagens, mais cruéis do que em qualquer outro lugar. O cão e o lobo são uma mesma espécie e incessantemente em luta com o homem, aos quais dão encarniçados combates. Aliás, menos numerosos, menos variados que na Terra, os animais são a miniatura deles mesmos.

Os elementos têm a cólera cega do caos; o mar furioso separa os continentes sem navegação possível; o vento ruge e curva as árvores até o solo. As águas submergem as terras ingratas, que não fecundam. O terreno não oferece as mesmas condições geológicas da Terra; o fogo não o aquece; os vulcões são desconhecidos; as montanhas, pouco elevadas, nenhuma beleza oferecem; fatigam o olhar e desencorajam a exploração; enfim, por toda parte, monotonia e violência; por toda parte a flor sem cor e sem perfume, por toda parte o homem sem previdência, matando para viver.

Georges

**Observação**: Para servir de transição entre o quadro de Marte e o de Júpiter, seria necessário o de um mundo intermediário, da Terra, por exemplo, mas que conhecemos suficientemente. Observando, fácil é reconhecer que mais se aproxima de Marte que de Júpiter, pois que, mesmo no seio da civilização, ainda se encontram seres tão abjetos e tão desprovidos de sentimento e de humanidade, que vivem no mais absoluto embrutecimento, só pensam em suas necessidades materiais, sem jamais haverem volvido o olhar para o céu, e que parecem vir diretamente de Marte.

JÚPITER

(MÉDIUM, SRA. COSTEL)

O planeta Júpiter, infinitamente maior que a Terra, não apresenta o mesmo aspecto. É inundado por uma luz pura e brilhante, que ilumina sem ofuscar. As árvores, as flores, os insetos, os animais, dos quais os vossos são ponto de partida, ali são maiores e aperfeiçoados; a Natureza é mais grandiosa e mais variada; a temperatura é igual e deliciosa; a harmonia das esferas encanta os olhos e os ouvidos. A forma dos seres que o habitam é a mesma que a vossa, mas embelezada, aperfeiçoada e, sobretudo, purificada. Não somos submetidos às condições materiais de vossa natureza: nem temos as necessidades, nem as doenças que lhes são consequências. Somos almas revestidas de envoltório diáfano, que conserva os traços de nossas passadas migrações; aparecemos aos amigos como nos conheceram, mas iluminados por uma luz divina, transfigurados por nossas impressões interiores, que são sempre elevadas.

Como a Terra, Júpiter é dividido num grande número de países de aspectos variados, mas não de clima. As diferenças de condições são determinadas apenas pela superioridade moral e de inteligência; não há senhores nem escravos; os mais elevados graus são marcados somente pelas comunicações mais diretas e mais frequentes com os Espíritos puros e pelas mais importantes funções que nos são confiadas. Vossas habitações não vos dão a menor ideia das nossas, pois não temos as mesmas necessidades. Cultivamos as artes, chegadas a um grau de perfeição desconhecido entre vós. Gozamos de espetáculos sublimes, entre os quais mais admiramos, à medida que melhor compreendemos, o da inesgotável variedade da Criação, variedade harmoniosa, que tem o mesmo ponto de partida e se aperfeiçoa no mesmo sentido. Todos os sentimentos ternos e elevados da natureza humana, nós os encontramos engrandecidos e purificados, e o desejo incessante que temos, de atingir o plano dos Espíritos puros, não é um tormento, mas uma nobre ambição que nos impele ao aperfeiçoamento. Estudamos incessantemente, com amor, para nos elevarmos até eles, o que também fazem os seres inferiores para nos igualarem. Vossos pequenos ódios, vossos ciúmes mesquinhos nos são desconhecidos; um elo de amor e de fraternidade nos une: os mais fortes ajudam os mais fracos. Em vosso mundo tendes necessidade da sombra do mal para sentir o bem, da noite para admirar a luz, da doença para apreciar a saúde. Aqui, esses contrastes são desnecessários; a eterna luz, a eterna bondade, a eterna calma nos cumulam de uma eterna alegria. Eis o que é mais difícil de compreender para o Espírito humano: ele foi engenhoso para pintar os tormentos do inferno; jamais pode representar as alegrias do céu. E por quê? Porque, sendo inferior, só tendo suportado sofrimentos e misérias, não pode entrever as claridades celestes; não poderá falar senão do que conhece, como o viajante descreve os países que percorreu. Mas à medida que se eleva e se depura, o horizonte se esclarece e ele compreende o bem que está à sua frente, como compreendeu o mal que ficou para trás.

Já outros Espíritos tentaram vos dar a compreender, tanto quanto o permite a vossa natureza, o estado dos mundos felizes, a fim de vos estimular a seguir o único caminho que para eles conduz. Mas há entre vós os que estão de tal modo ligados à matéria, que ainda preferem as alegrias materiais da Terra, às alegrias puras, reservadas ao homem que sabe desprender-se delas. Que gozem, pois, enquanto aqui estão! Porque um triste revés os espera, talvez mesmo nesta vida. Os que escolhemos para nossos intérpretes são os primeiros a receber a luz. Infeliz, sobretudo os que não aproveitam o favor que Deus lhes concede, porque sua justiça pesará sobre eles.

Georges

## OS ESPÍRITOS PUROS

## (MÉDIUM, SRA. COSTEL)

Os Espíritos puros são aqueles que, chegados ao mais alto grau da perfeição são julgados dignos de ser admitidos aos pés de Deus. O esplendor infinito que os envolve não os dispensa de ser úteis nas obras da Criação: as funções que devem preencher correspondem à extensão de suas faculdades. Esses Espíritos são os ministros de Deus; sob suas ordens, regem os mundos inumeráveis; dirigem do alto os Espíritos e os humanos; estão ligados entre si por um amor sem limites, e esse ardor se estende sobre todos os seres que procuram atrair para se tornarem dignos da suprema felicidade. Deus se irradia sobre eles e lhes transmite suas ordens; eles o veem ser cegados por sua luz.

Sua forma etérea nada tem de palpável; falam aos Espíritos superiores e lhes comunicam sua ciência; tornaram-se infalíveis. Em suas fileiras é que são escolhidos os anjos de guarda, que bondosamente baixam o olhar sobre os mortais, e os recomendam aos Espíritos superiores, que os amaram. Estes escolhem os agentes de sua direção nos Espíritos da Segunda ordem. Os Espíritos puros são iguais, nem poderia ser de outro modo, pois só são chamados a essa faixa depois de terem atingido o mais alto grau de perfeição. Há igualdade, mas não uniformidade, porque Deus não quis que nenhuma de suas obras fosse idêntica. Os Espíritos puros conservam sua personalidade, que apenas adquiriu a perfeição mais completa, no sentido de seu ponto de partida.

Não é permitido dar mais detalhes sobre esse mundo supremo.

Georges

## MORADA DOS BEM-AVENTURADOS

## (MÉDIUM. SRA. COSTEL)

Falemos das últimas espirais da glória, habitadas pelos puros Espíritos. Ninguém as atinge antes de atravessar os ciclos dos Espíritos errantes. Júpiter está no mais alto grau da escala. Quando um Espírito, longamente purificado por sua morada nesse planeta, é julgado digno da suprema felicidade, é disso advertido por um redobramento de ardor; um fogo sutil anima todas as partes delicadas de sua inteligência, que parece irradiar e tornar-se visível; deslumbrante, transfigurado, ele clareia a luz que parecia tão radiosa aos olhos dos habitantes de Júpiter; seus irmãos reconhecem o eleito do Senhor e, trêmulos, ajoelham-se ante a sua vontade. Entretanto, o Espírito escolhido eleva-se, e os céus, na sua suprema harmonia, lhe revelam belezas indescritíveis.

À medida que sobe, compreende, não mais como na erraticidade, não mais vendo o conjunto das coisas criadas, como em Júpiter, mas abarcando o infinito. Sua inteligência transfigurada eleva-se como uma flecha até Deus, sem tremor e sem terror, como num foco imenso alimentado por mil objetos diversos. O amor, nesses diversos Espíritos, reveste a cor de sua personalidade refinada; eles se reconhecem e são felizes de estar juntos. Refletidas, suas virtudes repercutem, por assim dizer, as delícias da visão de Deus, e aumentam incessantemente com a felicidade de cada eleito. Mar de amor que cada afluente aumenta, suas forças puras são postas em atividade, como as forças das outras esferas. Investidos também do Dom da ubiquidade, abalam ao mesmo tempo os detalhes infinitos da vida humana, desde a sua eclosão até as últimas etapas. Irresistível como a luz, sua vista penetra por toda parte ao mesmo tempo e, ativos como a força que os move, espalham a vontade do Senhor. Como de uma urna cheia se escapa a onda benfazeja, sua bondade universal aquece os mundos e confunde o mal.

Esses diversos intérpretes têm como ministros de seu poder os Espíritos já depurados. Assim, tudo se eleva, tudo se aperfeiçoa e a caridade irradia sobre os mundos, que alimenta em seu seio poderoso.

Os puros Espíritos têm como atributo a posse de tudo quanto é bom e verdadeiro, porque possuem Deus, que é o princípio em si mesmo. O pobre pensamento humano limita tudo o que abrange e não admite o infinito que a felicidade não limita. Depois de Deus, que pode haver? Deus ainda, sempre Deus. O viajante vê horizonte suceder a horizonte e um é apenas começo de outro. Assim o infinito se desdobra incessantemente. A maior alegria dos puros Espíritos é precisamente essa extensão tão profunda quanto a própria eternidade.

Não se pode descrever uma graça, uma chama, um raio. Não posso descrever os puros Espíritos. Mais vivos, mais belos, mais deslumbrantes que as mais etéreas imagens, uma palavra resume seu ser, seu poder, suas delícias: Amor! Enchei com essa palavra o espaço que separa a Terra do céu, e ainda não tereis senão a ideia de uma gota d'água no mar. O amor terreno, por mais grosseiro que seja, ele só, vos pode dar ideia de sua divina realidade.

Georges

## A REENCARNAÇÃO

### (PELO SR. DE GRAND-BOULOGNE, MÉDIUM)

Há na doutrina da reencarnação uma economia moral que não escapa à tua inteligência.

Sendo a corporeidade só compatível com os atos de virtude, e sendo esses atos necessários ao melhoramento do Espírito, raramente encontrará este, numa única existência, as circunstâncias necessárias ao seu progresso acima da humanidade.

Admitido que a justiça de Deus não pode aliar-se com as penas eternas, deve a razão concluir pela necessidade: 1.º - de um período de tempo, durante o qual o Espírito examina o seu passado e toma suas resoluções para o futuro; 2.º - de uma existência nova em harmonia com o avanço atual desse Espírito. Não falo dos suplícios, por vezes terríveis, a que são condenados certos Espíritos, durante o período da erraticidade; eles correspondem, por um lado, à enormidade da falta e, pelo outro, à justiça de Deus. Isso diz bastante, para prescindir de detalhes que encontrarás, aliás, no estudo das evocações. Voltemos às reencarnações e compreenderás a sua necessidade por uma comparação vulgar, mas surpreendente de verdade.

Após um ano de estudos, o que acontece ao jovem colegial? Se progrediu, passa para a classe superior; se ficou estacionado em sua ignorância, repete o ano. Vai mais longe: supões faltas graves e é expulso. Pode vagar de colégio em colégio; pode ser expulso da Universidade, ou ir da casa de educação à casa de correção. Eis a imagem fiel da sorte dos Espíritos, e nada satisfaz mais completamente a razão. Quer-se cavar a doutrina mais profundamente? Ver-se-á, nessas ideias, quanto a justiça de Deus parece mais perfeita e mais conforme às grandes verdades que dominam a nossa inteligência.

No conjunto, como nos detalhes, há nisso algo de tão empolgante que o Espírito que começa a iniciar-se fica como que iluminado. E as censuras feitas à Providência, e as maldições contra a dor, e o escândalo do vício feliz em face da virtude que sofre, e a morte prematura da criança; e, numa mesma família, deslumbrantes qualidades dando, por assim dizer, a mão a uma perversidade precoce; e as enfermidades que datam do berço; e a infinita diversidade de destinos, tanto nos indivíduos, quanto nos povos, problemas até hoje insolúveis, enigmas que fizeram duvidar da bondade, e quase da existência de Deus, tudo isso se explica ao mesmo tempo. Um puro raio de luz se estende no horizonte da filosofia nova; e no seu quadro imenso agrupam-se harmoniosamente todas as condições da existência humana. As dificuldades se aplainam, os problemas se resolvem, e mistérios até hoje impenetráveis, se resumem e se explicam numa palavra única: *reencarnação*.

Leio em teu pensamento, caro cristão. Tu dizes: desta vez, uma verdadeira heresia. Meu filho, não mais que a negação das penas eternas. Nenhum dogma prático é contrário a esta verdade. Que é a vida humana? O tempo durante o qual o Espírito fica unido a um corpo. Os filósofos cristãos, no dia marcado por Deus, não terão nenhuma dificuldade em dizer que a vida é múltipla. Isso não acrescenta nem muda nada nos vossos deveres. A moral cristã fica de pé e a lembrança da Missão de Jesus paira sempre sobre a humanidade. A religião nada tem a temer de tal ensino, e não está longe o dia em que os seus ministros abrirão os olhos à luz; reconhecerão, por fim, na revelação da nova, os socorros que, do fundo de suas basílicas, imploravam do céu. Eles creem que a sociedade vai perecer: ela será salva.

*Zenon*

## O DESPERTAR DO ESPÍRITO

### (MÉDIUM, SRA. COSTEL)

Quando o homem abandona os despojos mortais, experimenta um espanto e um deslumbramento que o deixam por algum tempo indeciso quanto ao seu real estado; não sabe se está vivo ou morto, e suas sensações, muito confusas, demoram bastante a esclarecer-se. Pouco a pouco, os olhos do Espírito ficam deslumbrados por diversas claridades que o cercam, e ele acompanha toda uma ordem de coisas, grandes e desconhecidas, que ele de início tem dificuldade de compreender, mas em breve reconhece que não passa de um ser impalpável e imaterial; procura seus despojos e se espanta por não os encontrar; passa-se algum tempo antes que lhe venha a memória do passado e o convença de sua identidade. Olhando a Terra, que acaba de deixar, vê os parentes e os amigos que o choram, como vê o corpo inerte. Por fim os olhos se destacam da Terra e se elevam para o céu; se a vontade de Deus não o retém no solo, ele sobe lentamente e se sente flutuar no espaço, o que é uma sensação deliciosa. Então a lembrança da vida que deixa lhe aparece com uma clareza as mais das vezes desoladora, mas outras vezes consoladora. Falo-te aqui do que experimentei, eu que não sou um mau Espírito, mas que não tenho a felicidade de ocupar um grau elevado. A gente se despoja de todos os preconceitos terrenos; a verdade aparece em toda a sua luz; nada atenua as faltas, nada oculta as virtudes; vê a sua alma tão claramente quanto num espelho; a gente procura entre os Espíritos os que foram conhecidos, porque o Espírito se apavora no seu isolamento, mas eles passam sem se deterem; não há comunicações entre os Espíritos errantes; aqueles mesmos que se amaram não trocam sinais de reconhecimento; essas formas diáfanas deslizam e não se fixam; as comunicações afetuosas são reservadas aos Espíritos superiores, que trocam ideias. Quanto a nós, nosso estado transitório só serve para o nosso adiantamento, desde que nada os distrai e as únicas comunicações que nos são permitidas são com os humanos, porque têm um fim útil e mútuo, que Deus prescreve.

Os maus Espíritos também contribuem para a melhoria humana: servem para as provas; quem os resiste, conquista méritos. Os Espíritos que dirigem os homens são recompensados por um grande abrandamento de suas penas. Os Espíritos errantes não sofrem a ausência de comunicações entre si, pois sabem que se encontrarão; têm apenas mais ardor para chegar ao momento em que as provas realizadas lhes darão o objeto de sua afeição, que não pode ser expressa, mas neles fica latente. Nenhum dos laços que contraímos na Terra é quebrado; nossas simpatias serão restabelecidas na ordem em que tiverem existido mais ou menos vivas, conforme o grau de calor ou de intimidade que tiverem tido.

Georges

## PROGRESSO DOS ESPÍRITOS

### (MÉDIUM, SRA. COSTEL)

Os Espíritos podem avançar intelectualmente, se o quiserem sincera e firmemente. Como os homens, têm o livre-arbítrio e o estado errante não lhes impede o exercício de suas faculdades; até auxilia, dando-lhes meios de observação, de que podem aproveitar-se.

Os maus Espíritos não estão fatalmente condenados a permanecer no mal; podem progredir. Mas raramente o querem, pois lhes falta discernimento e encontram uma espécie de prazer malsão no mal que praticam. Para que voltem ao bem é necessário sejam violentamente chocados e punidos. Porque seu cérebro tenebroso só se esclarece pelo castigo.

Os Espíritos fracos, que não fazem o mal por prazer, mas que não se adiantam, são detidos por sua própria fraqueza e por uma espécie de entorpecimento, que lhes paralisa as faculdades; vão sem saber aonde; o tempo se passa sem que o avaliem; pouco se interessam pelo que veem, disso não tiram proveito, ou se revoltam. É preciso haver chegado a um certo grau de progresso moral para poderem progredir na erraticidade; assim, esses pobres Espíritos por vezes escolhem muito mal as suas provas; sobretudo procuram ser o melhor possível na vida material, sem se inquietarem muito com o que serão depois. Esses Espíritos fracos aspiram ardentemente a reencarnação, não para se depurarem, mas para viver ainda. Os seres que fizeram muitas migrações são mais experimentados que os outros: cada uma de suas existências depositou neles certa soma de conhecimentos mais consideráveis; viram e retiveram; são menos ingênuos que os que se acham mais próximos do ponto de partida.

Os Espíritos vindos da Terra nela se reencarnam mais do que alhures, porque a experiência adquirida aí é mais aplicável. Quase não visitam outros mundos, senão antes ou após o seu aperfeiçoamento. Em cada planeta são diversas as condições de existência, pois Deus é inesgotável na variedade de suas obras. Entretanto, os seres que os habitam obedecem às mesmas leis de expiação e tendem todos para o mesmo objetivo de completa perfeição.

Georges

## A CARIDADE MATERIAL E A CARIDADE MORAL

### (MÉDIUM, SRA. DE B...)

"Amemo-nos uns aos outros e façamos a outrem o que quereríamos que nos fosse feito." Toda a religião, toda a moral estão encerradas nesses dois preceitos. Se fossem seguidos aqui, seríamos todos perfeitos: não mais ódios, nem ressentimentos; direi mais ainda: não mais pobreza, porque do supérfluo da mesa de cada rico muitos pobres seriam alimentados e não veríeis, nos bairros sombrios, onde morei em minha última encarnação, pobres mulheres arrastando miseráveis crianças a quem tudo faltava.

Ricos! Pensai um pouco nisso; ajudai aos infelizes o melhor que puderdes; dai, para que um dia Deus vos devolva o bem que tiverdes feito; para que um dia encontreis, aos sairdes do vosso envoltório terrestre, um cortejo de Espíritos reconhecidos, que vos receberão no sólio de um mundo mais feliz.

Se pudésseis saber da alegria que experimentei ao encontrar no alto aqueles a quem tinha podido obsequiar em minha última vida! Dai e amai ao vosso próximo; amai-o como a vós mesmos, porque o sabeis, vós também, agora que Deus permitiu começásseis a vos instruir na Ciência Espírita, que esse infeliz repelido talvez seja um irmão, um pai, um filho, um amigo que afastais de vós; e, então, qual não será o vosso desespero, um dia, ao reconhecê-lo no mundo espírita!

Desejo compreendais bem o que pode ser *a caridade moral*, que cada um pode praticar, que *nada custa* de material e, contudo, é a mais difícil de pôr em prática!

A caridade moral consiste em nos suportarmos uns aos outros, e é o que menos fazeis, neste mundo inferior onde estais encarnados no momento. Sede, pois, caridosos, porque avançareis mais no bom caminho; sede humanos e suportai-vos uns aos outros. Há um grande mérito em saber calar para deixar falar o mais tolo: é uma forma de caridade. Saber ficar surdo quando uma zombaria escapa de uma boca afeita à troça; não ver o sorriso desdenhoso que acolhe a vossa entrada em casa de pessoas que, quase sempre por erro, se julgam acima de vós, enquanto que, na vida espírita, *a única real*, por vezes estão muito distanciados; eis um mérito, não de humildade, mas de caridade, porque não notar os erros alheios é caridade moral. Passando junto a um pobre enfermo, olhá-lo com compaixão tem muito mais mérito do que atirar-lhe um óbolo com desprezo.

Contudo, não se deve tomar a imagem ao pé da letra, porque essa caridade não deve impedir a outra. Pensai, sobretudo, em não desprezar o vosso semelhante; recordai o que já vos disse: É preciso lembrar sempre que no pobre repelido talvez estejais repelindo um Espírito que vos foi caro e que se acha momentaneamente em posição inferior à vossa. Revi um pobre de vossa Terra que, por felicidade, eu tinha favorecido algumas vezes, e agora acontece que, por minha vez, *eu a ele imploro*.

Sede, pois, caridosos; não sejais desdenhosos; sabei deixar passar uma palavra que vos fere e não julgueis que ser caridosos é apenas fazer dádiva material, mas também praticar a caridade moral. Eu vo-lo repito: praticai uma e outra. Lembrai-vos de que Jesus disse que somos irmãos e pensai sempre nisso, antes de repelir o leproso ou o mendigo. Virei ainda dar-vos uma comunicação mais longa, pois agora sou chamada. Adeus, pensai nos que sofrem e orai.

Irmã Rosália

## A ELETRICIDADE DO PENSAMENTO

(MÉDIUM, SRA. COSTEL)

Falarei do estranho fenômeno que se passa nas reuniões, seja qual for o seu caráter. Quero falar da eletricidade do pensamento, que se espalha como que por encanto nos cérebros menos preparados para recebê-la. Tal fato, por si só, poderia confirmar o magnetismo aos olhos dos mais incrédulos. Surpreende-me, sobretudo a coexistência dos fenômenos e a maneira por que se confirmam reciprocamente. Sem dúvida direis: O Espiritismo os explica a todos, porque dá a razão dos fatos até então relegados ao domínio da superstição. É preciso crer no que ele vos ensina, porque transforma a pedra em diamante, isto é, eleva incessantemente as almas que se aplicam a compreendê-lo e lhes dá, nesta Terra, a paciência para suportar os males, e lhes proporciona, no céu, a elevação gloriosa que aproxima do Criador.

Volto ao ponto de partida, do qual me afastei um pouco: a eletricidade que une o Espírito dos homens em reunião, e os faz a todos compreender, todos ao mesmo tempo, a mesma ideia. Essa eletricidade também será um dia empregada tão eficazmente entre os homens reunidos, quanto o é para as comunicações afastadas. Eus vos indico esta ideia: um dia eu a desenvolverei, pois é muito fecunda. Conservai a calma em vossos trabalhos e contai com a benevolência dos bons Espíritos para vos assistirem.

Vou completar meu pensamento, incompleto na última comunicação. Eu falava da eletricidade do pensamento e dizia que um dia ela seria empregada como o é a sua irmã, a eletricidade física. Com efeito, reunidos, os homens desprendem um fluido que lhes transmite, com a rapidez do relâmpago, as menores impressões. Por que jamais se pensou nesse meio, por exemplo, para descobrir um criminoso, ou fazer que as massas compreendam as verdades da religião ou do Espiritismo? Nos grandes processos criminais ou políticos, os assistentes dos dramas judiciários puderam, todos, constatar a corrente magnética que, pouco a pouco, forçava as pessoas mais interessadas a ocultar o pensamento, a descobri-lo, até mesmo a se acusar, pois não mais podiam suportar a pressão elétrica que, malgrado seu, fazia brotar a verdade, não de sua consciência, mas do seu coração. Fora dessas grandes emoções, o mesmo fenômeno ocorre nas ideias intelectuais, que se comunicam de cérebro a cérebro. O meio já foi, pois, encontrado. Trata-se de aplicá-lo: reunir num mesmo centro homens convictos, ou homens instruídos, e lhes opor a ignorância ou o vício. Essas experiências devem ser feitas conscientemente, e são mais importantes que os debates sobre palavras.

*Delphine de Girardin*

A HIPOCRISIA

(MÉDIUM, SR. DIDIER FILHO)

Deveria haver na Terra dois campos bem distintos: o dos homens que fazem o bem abertamente e o dos que fazem o mal abertamente. Mas, não! O homem não é franco no tocante ao mal: afeta virtude. Hipocrisia! Hipocrisia! deusa poderosa, quantos tiranos criaste! quantos ídolos fizeste adorar! o coração do homem é realmente muito estranho, pois pode bater quando está morto, pois pode, em aparência, amar a honra, a virtude, a verdade, a caridade! Diariamente o homem se prostra ante essas virtudes e falta à sua palavra, desprezando o pobre e o Cristo. Diariamente é um tartufo e mente. Quantos homens parecem honestos porque a aparência muitas vezes engana! Cristo os chamava sepulcros caiados, isto é, a podridão interna, o mármore por fora, brilhando ao sol. Homem, na verdade pareces essa morada da morte; e, enquanto teu coração estiver morto, Jesus não te inspirará, Jesus, essa luz divina que não clareia o exterior, mas ilumina interiormente.

A hipocrisia – entendei bem – é o vício da vossa época. E quereis fazer-vos grandes pela hipocrisia! Em nome da liberdade, vos engrandeceis; em nome da moral, vos embruteceis; em nome da verdade, mentis.

Lamennais

Allan Kardec

# ANO III
# NOVEMBRO DE 1860

## BOLETIM

DA SOCIEDADE PARISIENSE DE ESTUDOS ESPÍRITAS

(SEXTA-FEIRA, 5 DE OUTUBRO DE 1860 – SESSÃO PARTICULAR)

Reunião da comissão.

Leitura da ata e dos trabalhos da sessão de 24 de agosto.

Com o parecer da comissão, que tomou conhecimento da carta de pedido, e após a ata, a Sociedade admite como sócio livre o Sr. B..., negociante em Paris.

*Comunicações diversas.* 1. – O Sr. Allan Kardec relata o resultado da viagem feita no interesse do Espiritismo e se felicita pelo cordial acolhimento recebido por toda parte, notadamente, em Sens, Mâcon, Lyon e Saint-Etienne. Por toda parte onde esteve, constatou os consideráveis progressos da doutrina; mas o que, sobretudo, é digno de nota, é que em parte alguma viu fazerem dela uma distração. Por toda parte dela se ocupam de modo sério e compreendem o seu alcance e as consequências futuras. Sem dúvida ainda há muitos oponentes, dos quais os mais encarniçados são interesseiros, mas os trocistas diminuem sensivelmente. Vendo que seus sarcasmos não trazem os brincalhões para o seu lado, e que estes mais favorecem do que entravam o progresso das crenças novas, começam a compreender que nada ganham e gastam espírito e pura perda e, por isso, se calam. Uma expressão muito característica aparece, por toda a parte, na ordem do dia: *O Espiritismo está no ar.* Por si só, ela pinta bem o estado de coisas. Mas é, sobretudo em Lyon que os resultados são mais notáveis. Ali os Espíritas são numerosos em todas as classes e, na classe obreira, eles se contam por centenas. A Doutrina Espírita exerceu entre os operários a mais salutar influência do ponto de vista da ordem, da moral e das ideias religiosas. Em resumo, a propagação do Espiritismo marcha com a mais encorajadora rapidez.

O Sr. Allan Kardec lê o discurso pronunciado pelo Sr. Guillaume, no banquete que os espíritas lioneses lhe ofereceram, e a resposta que lhe deu.

Reconhecida pelos testemunhos de simpatia que os confrades de Lyon lhe deram na ocasião, a Sociedade lhes vota uma mensagem de agradecimentos, cujo projeto foi submetido à comissão e por esta emendado. Será transmitida por intermédio do presidente.

O Sr. Allan Kardec viu em Saint-Etienne o Sr. R... e dele ouviu a exposição do sistema que lhe foi ditado por meio do que ele chama *escrita inconsciente*. Tal sistema será, posteriormente, objeto de um estudo especial.

Além disso, dá conta de um caso muito curioso de obsessão física de uma pessoa de Lyon; de um caso de mediunidade visual, do qual foi testemunha, e de um fenômeno de transfiguração ocorrido nas proximidades de Saint-Etienne, com uma mocinha que, em certos momentos, tomava a aparência completa de seu irmão, morto há alguns anos.

2. – Relato de um notável caso de identidade espírita, ocorrido num navio da marinha imperial, estacionado nos mares da China. O fato é relatado por um cirurgião da frota, presente à sessão. Todo mundo no navio, desde os marinheiros até o estado-maior, se ocupava de evocações; mas ninguém conhecia os meios de obter comunicações escritas; assim, serviam-se da tiptologia alfabética. Tiveram a ideia de evocar um tenente, morto há dois anos. Entre outras particularidades, disse ele: "Peço insistentemente que paguem ao capitão a quantia de... (e designa a soma), que eu lhe devo, e lamento não lha ter podido pagar antes de morrer." Ninguém conhecia tal circunstância; o próprio capitão se havia esquecido; mas, verificando suas contas, encontrou menção da dívida do tenente, cuja cifra era perfeitamente exata à indicada por seu Espírito.

3. – O Sr. De Grand-Boulogne lê uma encantadora poesia perfeitamente exata à indicada pelo Espírito.

*Estudos*. 1. – Perguntas dirigidas a São Luís sobre sua aparição a um médium vidente de Lyon, em presença do Sr. Allan Kardec. Ele responde: "Sim. Era eu mesmo. Era dever de minha missão não abandonar o diretor da sociedade que eu patrocino."

– Outras perguntas sobre a impressão física produzida em certos médiuns escreventes pelos bons ou maus Espíritos.

2. – Evocação do Sr. Ch. De P..., que encontraram afogado, e cuja morte foi atribuída ao suicídio. Ele desmente tal opinião, contando as causas acidentais que lhe ocasionaram a morte.

3. – Ditado espontâneo, assinado por Lamennais, recebido pelo Sr. D...

(SEXTA-FEIRA, 12 DE OUTUBRO DE 1860 – SESSÃO GERAL)

Reunião da comissão.

Presidência do Sr. Jobard, de Bruxelas, presidente honorário.

Leitura da ata e dos trabalhos da sessão de 5 de outubro.

*Comunicações diversas.* 1. – Leitura de várias comunicações recebidas pela Sra. Schm...: *Os órfãos*, assinado por Jules Morin. Outras, assinadas por Alfred de Musset, a rainha de Ouda, por Nicolas.

2. – Leitura de um ditado espontâneo, assinado por São Luís, recebido pelo Sr. Darcol, com vários conselhos aos Espíritas.

3. – Carta ao Sr. Allan Kardec, pelo Sr. J..., de Terre-noire, sobre a impressão penosa que lhe produziu a exposição do sistema do Sr. R...

*Estudos.* 1. – Evocação de Saul, rei dos Judeus. Declara que não é ele quem se comunica à Srta. B. O Espírito que se manifesta com tal nome tinha ensinado no círculo dessa senhorinha um sistema cujos pontos principais são: 1.º – Os Espíritos são tanto mais esclarecidos quanto mais antiga sua existência terrena, de onde se segue que, por exemplo, São Luís é menos adiantado que ele, porque morreu há menos tempo; 2.º – Os Espíritos se encarnam só na Terra, nem mais nem menos de três vezes, o que basta para os levar do grau mais baixo ao mais alto.

Tendo o Sr. Allan Kardec combatido essa teoria como irracional e desmentida pelos fatos, o Espírito tinha insistido em fazê-lo mudar de ideia. Evocado, não pôde sustentar sua teoria, mas não se considera vencido e pede para ser ouvido em outra sessão íntima e por seu médium habitual.

**Nota**: Realizada a sessão alguns dias depois, o Espírito persistiu em dizer-se Saul, rei dos Judeus. Mas, apertado por perguntas, deu provas da mais absoluta ignorância, dizendo, por exemplo, que a encarnação só se dá na Terra, porque esta é o único globo sólido; em sua opinião, todos os outros planetas são *globos fluídicos* e não podiam servir de habitação a seres corpóreos. Quando se lhe objetou o fenômeno dos eclipses do Sol, pretendeu que jamais o Sol foi eclipsado por Mercúrio e Vênus no que, aliás, nem sempre os astrônomos tinham estado de acordo.

O fato prova, mais uma vez, que os Espíritos estão longe de ter a ciência infusa e quanto é preciso se pôr em guarda contra os sistemas que, por amor-próprio, alguns procuram impor, através de algumas bonitas máximas da moral.

Este, a despeito de sua jactância, mostrou o seu ponto fraco com a ridícula teoria dos corpos planetários e provado que, em vida, devia ser menos instruído que o mais atrasado estudante. Quando esses Espíritos encontram ouvintes que acolhem suas palavras com uma confiança muito cega, eles os aproveitam, mas serão tanto menos encontrados quanto mais nos penetrarmos desta verdade de que é preciso submeter todas as comunicações ao severo controle da lógica e da razão. Quando esses Espíritos falsamente sábios virem que ninguém é vítima dos nomes respeitáveis que se atribuem, e que não podem impor suas utopias, compreenderão que perdem o tempo e se calarão.

2. – Evocação do Espírito que se comunica ao Sr. R... e também lhe ditou um sistema completo. Tal estudo será feito posteriormente.

3. – Ditado espontâneo, recebido pelo Sr. D... sobre a *ciência infusa* e assinado por São Luís. Essa comunicação parece ter sido provocada pelos assuntos de que se ocuparam durante a sessão.

4. – Desenho pela Srta. J... e assinado por Ary Schoeffer.

5. – Evocação de Nicolas pela Srta. J... Como de hábito ele se manifesta violento. E diz: "Pedir-me calma é pedir que eu não seja eu. Vede, ainda queimo. É que o cheiro da batalha subiu até mim".

Interrogado quanto à razão por que se mostrou tão calmo com a Sra. Sch..., responde: Eu tinha tomado um intérprete para não quebrar esta frágil criatura; pude ter belos e bons pensamentos, mas não pude escrevê-los eu mesmo.

Um outro Espírito comunica-se espontaneamente à Srta. J...; por sua extrema suavidade, por sua escrita calma, correta, quase modelada, que contrasta de maneira tão notável com a escrita nervosa, angulosa e impaciente de N..., a médium crê reconhecer João Batista, que várias vezes assim se manifestou. Ele fala da eficácia da prece e lembra as profecias do Apocalipse, que hoje encontram sua aplicação.

(SEXTA-FEIRA, 19 DE OUTUBRO DE 1860 – SESSÃO PARTICULAR)

Reunião da comissão.

Leitura da ata e dos trabalhos da última sessão.

Por indicação da comissão e depois da ata, são admitidos como sócios livres o Sr. G..., negociante em Paris, e o Sr. D..., funcionário dos correios.

*Comunicações diversas.* 1. – Leitura de uma comunicação recebida pela Sra. Sch..., de seu irmão. É notável pela elevação dos pensamentos e prova a afeição que os Espíritos conservam por aqueles que amaram na Terra.

2. – A Sra. Desl... lê a evocação de uma antiga empregada morta ao serviço de sua família. Essa evocação, na qual o Espírito prova o seu apego e os seus bons sentimentos, oferece uma notável particularidade na forma da linguagem, que é, em todos os pontos, semelhante à da gente do campo, e na qual o Espírito conservou até as suas expressões familiares.

3. – Caso de identidade, relativo ao Espírito do Sr. Charles de P..., evocado na sessão de 5 de outubro. A pessoa a quem se havia manifestado em Bordéus, e que o tinha evocado novamente nos primeiros dias deste mês, por ele soube que o haviam chamado na Sociedade, onde tinha confirmado o que lhe dissera a respeito da causa acidental de sua morte. Pouco depois essa pessoa recebeu a carta do Sr. Allan Kardec, transmitindo detalhes da evocação feita na Sociedade.

4. – Relato de diversos casos de aparições vaporosas e tangíveis, de transporte de objetos materiais, ocorridos com o Sr. De St.-G..., presente à sessão, bem como a uma de suas parentas. Esses casos serão objeto de exame ulterior.

*Estudos.* 1. – Evocação do Espírito que se manifestou visivelmente ao Sr. De St.-G... Ele dá algumas explicações, mas declara que prefere comunicar-se por seu médium habitual.

2. – Evocação de um Espírito que toma o nome de Balthazar e se revelou espontaneamente à Srta. H..., mostrando disposições gastronômicas. A evocação oferece um grande interesse do ponto de vista do estudo dos Espíritos não desmaterializados, e que conservam os instintos da vida terrena.

3. – Três ditados espontâneos recebidos: o primeiro pelo Sr. Didier Filho, sobre o Cristianismo, assinado por Lamennais; o segundo pela Sra. Costel, sobre os Espíritos materiais, assinado por Delphine de Girardin; o terceiro pela Srta. Huet, o Beijo de Pas, parábola, assinado por Channing.

## BIBLIOGRAFIA

### CARTA DE UM CATÓLICO SOBRE O ESPIRITISMO

### PELO DR. GRAND, ANTIGO VICE-CONSUL DA FRANÇA [1]

Propôs-se o autor da brochura provar que se pode ser, ao mesmo tempo, bom católico e fervoroso Espírita. Nesse sentido, prega pela palavra e pelo exemplo, pois é sinceramente uma e outra coisa. Por fatos e argumentos de uma lógica rigorosa, estabelece a concordância do Espiritismo com a religião, e demonstra que todos os dogmas fundamentais encontram na Doutrina Espírita uma explicação de molde a satisfazer a razão mais exigente, que em vão a Teologia se esforça para dar; de onde conclui que se esses dogmas fossem ensinados dessa maneira, encontrariam menos incrédulos e que, portanto, devendo a religião ganhar com tal aliança, dia virá em que, pela força das coisas, o Espiritismo estará na religião, ou a religião no Espiritismo.

Parece difícil que, após a leitura desse livrinho, aqueles que os escrúpulos religiosos ainda afastam do Espiritismo não sejam conduzidos a uma apreciação mais sadia do problema. Aliás, há um fato evidente: é que as ideias espíritas marcham com tal rapidez que, sem ser adivinho nem feiticeiro, é possível prever o tempo em que serão tão gerais que, de bom ou malgrado, ter-se-á que contar com elas. Estas conquistarão foros de cidade, sem haver necessidade da permissão de ninguém; e em pouco reconhecer-se-á, se ainda não se fez, a absoluta impossibilidade de lhe deter o curso. As mesmas diatribes lhes dão um impulso extraordinário e não se poderia crer no número de adeptos que, sem o querer, fez o Sr. Louis Figuier com a sua *Histoire du merveilleux* (História do maravilhoso), na qual pretende tudo explicar pela alucina-

---

[1] Broch. Gr. In-18, preço 1 fr.; pelo correio 1 fr. 15 cent. – Ledoyen, livreiro-editor, Palais-Royal, 31, galerie d'Orléans e no escritório da *Revista Espírita*.

ção, quando, em definitivo, nada explica, porque seu ponto de partida é a negação de toda força fora da humanidade e sua teoria material não pode resolver todos os casos. As pilhérias do Sr. Oscar Comettant não são argumentos: ele fez rir, mas não à custa dos espíritas. O impudente e grosseiro artigo da *Gazette de Lyon* só fez mal a ela mesma, porque todo o mundo o julgou como o merece. Após a leitura da brochura de que falamos, que dirão os que ousam ainda avançar que os espíritas são ímpios, e que a sua doutrina ameaça a religião? Não se apercebem de que assim dizendo, fariam crer que a religião é vulnerável. Com efeito ela seria muito vulnerável se uma utopia – desde que, segundo eles, isto é utopia – pudesse comprometê-la. Não receamos dizer: todos os homens sinceramente religiosos – e por isso entendemos os que o são mais pelo coração do que pelos lábios – reconhecerão no Espiritismo uma manifestação divina, cujo objetivo é reavivar a fé que se extingue.

Recomendamos instantemente essa brochura a todos os nossos leitores, e cremos que estes farão uma coisa útil, procurando propagá-la.

## HOMERO

Estamos há muito tempo em relação com dois médiuns de Sens, tão distintos por suas faculdades, quanto recomendáveis por sua modéstia, devotamento e pureza de intenções. Evitaríamos dizê-lo se não os soubéssemos inacessíveis ao orgulho, essa pedra de tropeço de tantos médiuns, contra a qual vieram quebrar-se tantas disposições felizes. É uma qualidade bastante rara, que merece ser assinalada. Pudemos assegurar-nos pessoalmente das simpatias que eles gozam entre os bons Espíritos. Mas, longe de se prevalecerem disso, de se julgarem os únicos intérpretes da verdade, sem se deixarem ofuscar pelos nomes imponentes, aceitam com toda humildade e *prudente reserva* as comunicações que recebem, sempre as submetendo ao controle da razão. É o único meio de desencorajar os Espíritos enganadores, sempre à espreita das pessoas dispostas a aceitar sob palavra tudo quanto vem do mundo dos Espíritos, desde que subscrito por um nome respeitável. Aliás, eles nunca receberam comunicações frívolas, triviais, grosseiras ou ridículas, e jamais nenhum Espírito tentou inculcar-lhes ideias excêntricas ou impor-se como regulador absoluto. Ainda mais, o que prova tudo isso em favor dos Espíritos que os assistem são os sentimentos de verdadeira benevolência e verdadeira caridade cristã, que estes inspiram aos seus protegidos. Tal é a impressão que nos ficou do que vimos, e nos sentimos felizes em proclamá-lo.

No interesse da conservação e do aperfeiçoamento de sua faculdade, fazemos votos para que jamais caiam no engano dos médiuns que se julgam infalíveis. Não há um só que se possa gabar de jamais ter sido enganado. As melhores intenções não garantem sempre, e muitas vezes são uma prova para exercitar o julgamento e a perspicácia. Mas, a respeito dos que têm a infelicidade de se julgarem infalíveis, os Espíritos enganadores são muito hábeis para os aproveitar; fazem o que fazem os homens: *exploram todas as fraquezas.*

No número das comunicações que esses senhores nos enviaram, a seguinte, assinada por Homero, sem ter nada de muito saliente relativamente às ideias, pareceu-nos merecer particular atenção, em razão de um fato notável que, até certo ponto, pode ser considerado como prova de identidade. Essa comunicação foi obtida espontaneamente e sem que o médium absolutamente pensasse no poeta grego. Ela deu lugar a diversas perguntas que também julgamos dever publicar.

Um dia o médium escreveu o seguinte, sem saber quem lho ditava:

"Meu Deus! como são profundos os vossos desígnios e impenetráveis as vossas vistas! Em todos os tempos os homens têm procurado a solução de uma porção de problemas ainda não resolvidos. Eu também o procurei em toda a minha vida, e não consegui resolver o que de todos parece o mais simples: o mal, aguilhão de que vos servis para impelir o homem a fazer o bem por amor. Ainda bem jovem, conheci os maus tratos que os homens fazem sofrer uns aos outros, sem premeditação, como se o mal para eles fosse um elemento natural, posto não seja assim, desde que todos tendem para o mesmo fim, que é o bem. Estrangulam-se uns aos outros e, ao despertarem, verificam que feriram a um irmão! Mas são os vossos desígnios e não nos cabe mudá-los: só temos o mérito ou o demérito de haver resistido mais ou menos à tentação e, como sanção de tudo isso, o castigo ou a recompensa.

Passei a juventude nos caniços de Melés; banhei-me e embalei-me muitas vezes em suas ondas. Por isso, na minha juventude, eu era chamado *Melesígeno.*"

1. – Sendo esse nome desconhecido, rogamos ao Espírito a bon-

dade de o explicar de maneira precisa. R – Minha mocidade foi embalada nas ondas; a poesia me deu cabelos brancos. Sou eu a quem chamais Homero.

**Observação**: Grande foi a nossa surpresa, pois nenhuma ideia tínhamos do sobrenome de Homero. Encontramo-lo então no dicionário mitológico. Continuamos as perguntas.

2. – Poderíeis dizer a que devemos a felicidade de vossa visita espontânea; porque – e vos pedimos perdão – absolutamente não pensávamos em vós neste momento. R – É porque venho às vossas reuniões, como se vai sempre aos irmãos que têm em vista fazer o bem.

3. – Se ousamos, pediríamos que falásseis dos últimos instantes de vossa vida terrena. R – Oh! Meus amigos, Deus permita que não morrais tão infelizes quanto eu! Meu corpo finou-se na última das misérias humanas; a alma fica muito perturbada em tal estado; o despertar é mais difícil, mas, também, é mais belo! Oh! Como Deus é grande! que Ele vos abençoe! Eu o peço do fundo do coração.

4. – Os poemas da Ilíada e da Odisséia, que temos, são bem tais quais vós os compusestes? R – Não, foram remanejados.

5. – Várias cidades disputaram a honra de vos ter sido o berço. Poderíeis nos esclarecer a respeito? R – Procurai a cidade da Grécia que possui a casa do cortesão Cleanax. Foi ele quem expulsou minha mãe do lugar de meu nascimento, porque ela não quis ser sua amante; e sabereis em que cidade vim à luz. Sim, elas disputaram essa suposta honra, mas não disputavam por me haverem dado hospitalidade. Oh! eis os pobres humanos: sempre futilidades; bons pensamentos, nunca!

**Observação**: O fato mais saliente desta comunicação é a revelação do sobrenome de Homero; e é tanto mais notável quanto os dois médiuns, que reconhecem e deploram a insuficiência de sua instrução, o que os obriga a viver do trabalho manual, não podiam ter a menor ideia a respeito. E tanto menos se pode atribuí-lo a um reflexo qualquer do pensamento, dado o fato de que no momento estavam sós.

A respeito, faremos outra observação: todo espírita sabe, por menos experimentado, que alguma pessoa que soubesse o sobrenome de Homero e, o tendo evocado, se lhe tivesse pedido para o dizer, como prova de identidade, não o teria conseguido. Se as comunicações fossem apenas um reflexo do pensamento, como não diria o Espírito aquilo que sabemos, enquanto ele próprio diz aquilo que ignoramos? É que ele também tem a sua dignidade e a sua susceptibilidade, e quer provar que não está às ordens do primeiro curioso que apareça. Suponhamos que aquele que mais protesta contra o que chama capricho ou má vontade do Espírito, se apresente numa casa declinando o nome. Que faria, se o acolhessem e lhe pedissem à queima-roupa que provasse ser ele mesmo. Voltaria as costas. É o que fazem os Espíritos. Isso não quer dizer que se deva crer sob palavra. Mas quando se querem provas de identidade é preciso saber tratá-los tão bem como aos homens. As provas de identidade dadas espontaneamente pelos Espíritos são sempre as melhores.

Se nos entendemos tanto a propósito de um assunto que parece não comportar tantas considerações, é que nos parece útil não perder ocasião de chamar a atenção sobre a parte prática de uma ciência cercada de mais dificuldades do que se pensa, e que muitos julgam possuir porque sabem fazer bater uma mesa ou mover-se um lápis. Aliás, nós nos dirigimos aos que ainda julgam necessitar de conselhos, e não aos que, após alguns meses de estudo, pensam não mais necessitá-los. Se os conselhos, que julgamos dever dar, forem perdidos para alguns, não o serão para todos, e muitos os receberão com prazer.

## PALESTRAS FAMILIARES DE ALÉM-TÚMULO

### BALTAZAR, O ESPÍRITO GASTRÔNOMO

### (SOCIEDADE, 19 DE OUTUBRO DE 1860)

Numa reunião espírita particular apresentou-se espontaneamente um Espírito, sob o nome de Baltazar, e ditou a seguinte frase por meio de batidas:

"Gosto da boa mesa e das mulheres; viva o melão e a lagosta, o café e o licor!"

Pareceu-nos que tais disposições de um habitante do outro mundo poderia dar lugar a um estudo sério, do qual poderíamos tirar um ensinamento instrutivo sobre as faculdades e sensações de certos Espíritos. A nosso ver, era um interessante objeto de observação que se apresentava por si, ou, melhor ainda, que talvez tivesse sido enviado pelos Espíritos elevados, desejosos de nos fornecer meios de instrução. Seríamos culpados se não o aproveitássemos. É evidente que aquela frase burlesca revela, da parte do Espírito, uma natureza muito especial, cujo estudo pode lançar uma nova luz sobre o que podemos chamar a fisiologia do mundo espírita.

Eis por que a Sociedade julgou dever evocá-lo, não por um motivo fútil, mas na esperança de encontrar um novo assunto para instrução.

Certas pessoas creem que só se pode aprender com o Espírito dos grandes homens. É um erro. Sem dúvida só os Espíritos de escol nos podem dar lições de alta filosofia teórica; mas o que não importa menos é o conhecimento do estado real do mundo invisível. Pelo estudo de alguns Espíritos, surpreendemos, de certo modo, a natureza em flagrante. É vendo as chagas que podemos encontrar o meio de curá-las. Como nos daríamos conta das penas e sofrimentos da vida futura, se não tivéssemos visto Espíritos infelizes? Por eles compreendemos que se pode sofrer muito sem estar no fogo e nas torturas materiais do inferno; e essa convicção, dada pelo espetáculo da ralé da vida espírita, não é uma das causas que tenham contribuído menos para atrair partidários à doutrina.

1. – (*Evocação*) R – Meus amigos, eis-me ante uma grande mesa, mas ah! Está vazia!

2. – Esta mesa está vazia, é certo; mas quereis dizer-nos de que vos serviria se estivesse carregada de alimentos? Que faríeis deles? R – Sentiria o seu aroma, como outrora lhes saboreava o gosto.

**Observação**: A resposta é todo um ensino. Sabemos que os Espíritos têm as nossas sensações e percebem os odores tão bem quanto os sons. Não podendo comer, um Espírito material e sensual se repasta da emanação dos alimentos; saboreia-os pelo olfato, como em vida o fazia pelo paladar. Há, pois, algo de material em seu prazer; mas como, na verdade, há mais desejo do que realidade, este mesmo prazer, aguilhoando os desejos, torna-se um suplício para os Espíritos inferiores, que ainda conservaram as paixões humanas.

3. – Falemos muito seriamente, peço-vos. Nosso propósito não é brincar, mas instruir-nos. Tende a bondade de responder seriamente às nossas perguntas e, se for necessário, servi-vos da assistência de um Espírito esclarecido.

Tendes um corpo fluídico, bem o sabemos. Mas dizei, nesse corpo há um estômago? R – Estômago fluídico também, onde só os aromas podem passar.

4. – Quando vedes comidas gostosas, sentis vontade de comer? R – Ah! Comer! Eu não posso mais. Para mim, esses alimentos são o que são as flores para vós: cheirais, mas não comeis. Isso vos contenta. Então! também eu fico contente.

5. – Sentis prazer vendo os outros comerem? R – Muito, quando estou perto.

6. – Sentis necessidade de comer e beber? Notai que dizemos *necessidade*; há pouco havíamos dito *desejo*, o que não é a mesma coisa. R – Necessidade, não; mas desejo, sim, sempre!

7. – Esse desejo fica plenamente satisfeito pelo cheiro que aspirais? É a mesma coisa que se realmente comêsseis? R – É como se eu vos perguntasse se a vista de um objeto que desejais ardentemente vos substitui a posse desse objeto.

8. – Assim, parece que o desejo que experimentais deve ser um verdadeiro suplício, pois não há prazer real... R – Suplício maior do que pensais. Mas eu procuro atordoar-me, criando-me a ilusão.

9. – Vosso estado nos parece muito material. Dizei-nos: dormis algumas vezes? R – Não, gosto de rodar um pouco por toda parte.

10. – O tempo vos parece longo? Por vezes vos aborreceis? R – Não, eu percorro as feiras e os mercados; vou ver chegar a pescaria e com isso me ocupo muito bem.

11. – Que fazieis quando na Terra?

**Nota**: Alguém diz: sem dúvida era um cozinheiro. – Gastrônomo, não glutão; advogado, filho de gastrônomo; neto de gastrônomo; meus pais eram *fermiers généraux* (financistas que na antiga monarquia contratavam a cobrança de impostos).

Respondendo à reflexão precedente, o Espírito acrescenta: "Bem vês que eu não era cozinheiro. E não te convidaria para os meus almoços, pois nem sabes comer nem beber."

12. – Há muito tempo que estais morto? R – Há uns trinta anos, com oitenta de idade.

13. – Vedes outros Espíritos mais felizes do que vós? R – Sim, vejo alguns cuja felicidade consiste em louvar a Deus. Ainda não conheço isso: meus pensamentos roçam pela terra.

14. – Compreendeis as causas que os tornam mais felizes do que vós? R – Eu ainda não as aprecio, como aquele que não sabe o que é um prato preferido e não o aprecia. Talvez chegue a isso. Adeus. Vou à procura de um jantarzinho muito delicado e muito suculento.

Baltazar

**Observação**: Este Espírito é um verdadeiro fenômeno: faz parte dessa classe numerosa de seres invisíveis que não se elevaram em nada acima da condição da humanidade; só tem de menos o corpo material, as suas ideias são exatamente as mesmas. Este não é um mau Espírito, não tem contra si senão a sensualidade, que, ao mesmo tempo, é para ele um suplício e um gozo; como Espírito, não é, pois, muito infeliz; é até feliz ao seu modo. Mas Deus sabe o que o espera em nova existência! Uma triste volta poderá fazê-lo bem refletir e desenvolver o senso moral, ainda abafado pela preponderância dos sentidos.

## UM ESPÍRITA AO SEU ESPÍRITO FAMILIAR

### ESTÂNCIAS

| | |
|---|---|
| Oh! tu que à minha tristeza | Toi qui donnes à ma tristesse |
| Olhas com terna piedade | Un regard de tendre pitié! |
| Oh! tu que à minha fraqueza | Toi qui donnes à ma faiblesse |
| Dás o apoio da amizade! | L'appui de ta sainte amitié! |
| Espírito, gênio ou flama, | Esprit, génie, ou pur flamme, |
| Suspende teu voo aos céus; | Suspends ton essor vers les cieux; |
| Fica e esta minha alma inflama, | Reste pour éclairer mon âme, |
| Oh! conselheiro entre os véus! | O Conseiller mystérieux! |
| | |
| Enviado da Providência, | Messager de la Providence, |
| Sábio Intérprete da Lei, | Lage interprète de sa loi, |
| Fala, que escuto em paciência: | Oh! parle; j'écoute en silence;: |
| Mestre, ensina e aprenderei. | Maitre divin, enseigne-moi. |
| Ainda há pouco eu duvidava, | Naguère encore le doute sombre, |
| A dúvida me afligia, | Le doute planait sur mon coeur, |
| Teu sopro a sombra afastava | Mais ton souffle écartant cette ombre |
| Dando-me a luz da alegria. | Me jette un rayon de bonheur! |
| | |
| Assim, Deus, mestre adorável | Ainsi, Dieu, le maître adorable, |
| Antes Pai que criador, | Père, encore plus que créateur, |
| Põe, com ternura inefável, | Met, dans as tendresse ineffable, |
| Um anjo na nossa dor. | Un ange près de notre coeur. |
| Cada qual, ó maravilha! | Chacun, ô ravissant miracle! |
| Tem um celeste guardião; | Possède un céleste gardien; |
| Cada um tem na sua trilha | Chacun de nous a son oracle |
| O amparo de oculta mão. | Ou son invisible soutien. |

| | |
|---|---|
| Doce anjo que me consola! | Charmant Esprit qui me console! |
| Irmão bendito entre os véus, | Frère béni, doux et pieux, |
| Contigo minha alma evola, | Qu'avec toi mon âme s'envole, |
| Que se evole para os céus! | Qu'elle s'envole vers les cieux! |
| Amo-te, anjo tutelar, | Oui, je t'aime, ange tutélaire; |
| Sou feliz se as mãos nos damos, | Avec bonheur je prends ta main; |
| Sigo-te, estrela a clarear | Je te suis, douce étoile; éclaire |
| O céu para onde avançamos. | Le ciel où nous serons demain. |

A.C.

## RELAÇÕES AFETUOSAS DOS ESPÍRITOS

Comentário sobre o ditado espontâneo, publicado na *Revista* do mês de outubro de 1860, sob o título de *O Despertar do Espírito*.

São geralmente admiradas as belas comunicações do Espírito que assina *Georges*. Mas, em razão mesmo da superioridade de que esse Espírito dá provas, várias pessoas viram com surpresa o que diz em sua comunicação do *Despertar do Espírito*, a propósito das relações de além-túmulo. Ali se lê o seguinte:

"A gente se despoja de todos os preconceitos terrenos; a verdade aparece em toda a sua luz; nada atenua as faltas, nada oculta as virtudes; vê a sua alma tão claramente quanto num espelho; a gente procura entre os Espíritos os que foram conhecidos, porque o Espírito se apavora no seu isolamento, mas eles passam sem se deter; não há comunicações amigas entre os Espíritos errantes; aqueles mesmos que se amaram não trocam sinais de reconhecimento; essas formas diáfanas deslizam e não se fixam; as comunicações afetuosas são reservadas aos Espíritos superiores."

O pensamento do reencontro após a morte e da comunicação com os que amamos é uma das mais suaves consolações do Espiritismo, e a ideia de que as almas não possam ter entre si relação de amizade seria pungente, se fosse absoluta; por isso não nos surpreendemos com o sentimento penoso que ela produziu. Se Georges tivesse sido um desses Espíritos vulgares ou sistemáticos, que externam suas próprias ideias sem se inquietarem com sua exatidão ou sua falsidade, não teríamos dado a menor importância. Em razão de sua sabedoria e de sua profundeza habituais, poder-se-ia supor houvesse algo de verdadeiro no fundo dessa teoria, mas que o pensamento não teria sido expresso completamente. Com efeito, é o que resulta das explicações que pedimos. Temos, pois, uma prova a mais de que nada se deve aceitar sem o haver submetido ao controle da razão; e aqui a razão e os fatos nos dizem que tal teoria não poderia ser absoluta.

Se o isolamento fosse uma propriedade inerente à erraticidade, tal estado seria um verdadeiro suplício, tanto mais penoso quanto pode prolongar-se por muitos séculos. Sabemos por experiência que a privação da vista dos que amamos é uma punição para certos Espíritos; mas sabemos, também, que muitos são felizes por se encontrarem; que ao saírem desta vida, os nossos amigos do mundo espírita nos vêm receber e nos ajudam a nos desembaraçarmos das roupagens materiais, e que nada é mais penoso do que encontrar nenhuma alma benevolente nesse momento solene. Essa consoladora doutrina seria uma quimera? Não, não é possível, porque não é apenas o resultado de um ensino: são as mesmas almas, felizes ou sofredoras, que vêm descrever a situação. Sabemos que os Espíritos se reúnem e se concertam entre si para agir de comum acordo, com mais força em certas ocasiões, tanto para o mal, quanto para o bem; que os Espíritos sem os necessários conhecimentos para responder às perguntas que lhes são dirigidas, podem ser assistidos por Espíritos mais esclarecidos; que estes têm por missão ajudar com seus conselhos o adiantamento dos Espíritos mais atrasados; que os Espíritos inferiores agem sob o impulso de outros Espíritos, dos quais são instrumentos; que recebem ordens, proibições ou permissões, circunstâncias essas que não ocorreriam se os Espíritos ficassem entregues a si mesmos. O simples bom-senso nos diz, pois, que a situação de que se falou é relativa e não absoluta; que pode verificar-se para alguns em dadas circunstâncias, mas não poderia ser geral, porque, do contrário, seria o maior obstáculo ao progresso do Espírito e, por isso mesmo, não seria conforme à justiça de Deus, nem à sua bondade. Evidentemente, o Espírito de Georges só encarou uma fase de erraticidade, na qual, para melhor dizer, restringiu a acepção do termo *errante* a uma certa categoria de Espíritos, em vez de aplicá-la, como nós o fazemos indistintamente a todos os Espíritos não encarnados.

Pode acontecer que dois seres que se amaram não troquem sinais de reconhecimento; que nem mesmo se possam ver e falar, se for punição para um deles. Por outro lado, como os Espíritos se reúnem conforme a ordem hierárquica, dois seres que se amaram na Terra podem pertencer a ordens muito diferentes e, por isso mesmo, encontrar-se separados até que o menos adiantado alcance o grau do outro. Tal privação pode ser, assim, uma consequência da expiação e das provas terrestres; a nós cabe agir de modo a não a merecer.

A felicidade dos Espíritos é relativa à sua elevação. Essa felicidade só é completa para os Espíritos depurados, cuja felicidade consiste principalmente no amor que os une. Isso se concebe e é de toda justiça, porque se despojaram de todo egoísmo e de toda influência material, porque somente neles ela é pura, sem segunda intenção e coisa alguma a perturba. Daí se segue que suas comunicações devem ser, por isso mesmo, mais afetuosas, mais expansivas que entre os Espíritos ainda sob o império das paixões terrenas. É preciso daí concluir que os Espíritos errantes não são forçosamente privados, mas podem ser privados de tais comunicações, se tal for a punição a eles imposta. Como diz Georges em outra passagem: "Essa privação momentânea lhes dá mais ardor para atingirem o momento em que as provas realizadas lhes devolverão o objeto de sua afeição." Portanto, essa privação não é o estado normal dos Espíritos errantes, mas uma expiação para os que a mereceram, uma das mil e uma vicissitudes que nos esperam na outra vida, quando tivermos desmerecido nesta.

## DISSERTAÇÕES ESPÍRITAS

RECEBIDAS OU LIDAS POR VÁRIOS MÉDIUNS NA SOCIEDADE

PRIMEIRAS IMPRESSÕES DE UM ESPÍRITO

(MÉDIUM, SRA. COSTEL)

Falaram da estranha mudança que se opera no Espírito após a libertação. Ele se evapora dos despojos que abandona, como uma chama se desprende do foco que a produziu; depois se dá uma grande perturbação e essa dúvida estranha: estou morto ou vivo? A ausência das sensações primárias produzidas pelo corpo espanta e imobiliza, por assim dizer. Assim como um homem habituado a um fardo pesado, nossa alma, aliviada de repente, não sabe o que fazer de sua liberdade; depois, o espaço infinito, as maravilhas sem número dos astros, sucedendo-se num ritmo harmonioso, os Espíritos solícitos, flutuando no ar e deslumbrantes de luz sutil que parece atravessá-los, o sentimento da libertação que inunda de súbito, a necessidade de lançar-se também no espaço como pássaros que querem treinar suas asas, tais são as primeiras impressões que todos nós sentimos. Não posso lhe revelar todas as fases desta existência; acrescentarei só, que logo satisfeito com o seu espanto, o espírito ávido quer se lançar e subir mais, às regiões do verdadeiro belo, do verdadeiro bem, e essa aspiração é o tormento dos Espíritos sedentos do infinito. Como a crisálida, esperam despojar-se de sua pele; sentem surgirem asas que os levarão, radiosos, ao azul abençoado. Mas, retidos ainda pelos laços do pecado, devem planar entre o céu e a Terra, não pertencendo nem a um, nem a outra. Que são todas as aspirações terrenas, comparadas ao ardor incrível do ser que entreviu um recanto da eternidade! Assim, sofrei muito para chegardes depurados entre nós. O Espiritismo vos ajudará, pois é uma obra abençoada; ele liga entre si os Espíritos e os vivos, que formam os anéis de uma cadeia invisível subindo até Deus.

Delphine de Girardin

## OS ÓRFÃOS

(MÉDIUM, SRA. SCHMIDT)

Meus irmãos, amai os órfãos. Se soubésseis quanto é triste ser só e abandonado, sobretudo em tenra idade! Deus permite que haja órfãos para nos induzir a lhes servir de pais. Que divina caridade ajudar uma pobre criaturinha abandonada, evitar que sofra fome e frio, dirigir sua alma, para que não se perca no vício! Quem estende a mão a uma criança abandonada é agradável a Deus, porque compreende e pratica a sua lei. Pensai ainda que, muitas vezes, a criança que socorreis vos tenha sido querida em outra vida. E se vós a pudésseis lembrar, isso não seria caridade, mas dever. Assim, pois, meus amigos, todo ser sofredor é vosso irmão e tem direito à vossa caridade; não essa caridade que fere o coração, essa esmola que queima a mão onde cai, porque os vossos óbolos são, por vezes, muito amargos. Quantas vezes elas seriam recusadas, se nas águas-furtadas não as esperassem a doença e a fome! Dai delicadamente; juntai aos benefícios o mais precioso de todos: uma boa palavra, uma carícia, um sorriso amigo; evitai esse tom de piedade e de proteção, que revolve o ferro no coração que sangra, e pensai que, fazendo o bem, trabalhais por vós e pelos vossos.

Jules Morin

**Observação**: O Espírito que assim assina é completamente desconhecido. Podemos ver pela comunicação acima, e por muitas outras do mesmo gênero, que nem sempre é preciso um nome ilustre para obter belas coisas. É uma puerilidade prender-se ao nome. Deve-se aceitar o bem limitado; o dos Espíritos é infinito. Por que, pois, não os haveria também capazes entre os que não são conhecidos? Fazemos essa reflexão porque há pessoas que julgam nada poder obter de sublime, senão chamando celebridades. A experiência prova o contrário todos os dias, e nos mostra que podemos aprender alguma coisa com todos os Espíritos, se soubermos aproveitar as oportunidades.

UM IRMÃO MORTO A SUA IRMÃ VIVA

(MÉDIUM, SRA. SCHMIDT)

Minha irmã, não me evoques muitas vezes. Isso não me impede de vir ver-te todos os dias. Conheço teus aborrecimentos: tua vida é penosa, eu o sei, mas é preciso sofrer a sorte nem sempre alegre. Contudo, há por vezes um alívio nas penas. Por exemplo, aquele que faz o bem à custa de sua própria felicidade, pode, por si mesmo ou pelos outros, desviar o rigor de muitas provas.

Neste mundo é raro ver-se fazer o bem com essa abnegação. Sem dúvida é difícil, mas não impossível; e os que têm essa sublime virtude são realmente os eleitos do Senhor. Se a gente se desse bem conta dessa pobre peregrinação na Terra, o compreenderia. Mas assim não é: os homens se apegam à busca dos bens, como se devessem ficar sempre em seu exílio. Contudo, o bom-senso comum, a mais simples lógica demonstram, diariamente, que aqui não passamos de aves de arribação e que os que têm menos penas nas asas são os que chegam mais depressa.

Minha boa irmã, para que serve a esse rico todo esse luxo, todo esse supérfluo? Amanhã estará despojado de todos esses vãos ouropéis para descer ao túmulo, para onde nada levará! É verdade que fez uma linda viagem; nada lhe faltou, não sabia mais o que desejar e esgotou as delícias da vida. Também é certo que, em seu delírio, por vezes lançou, sorrindo, a esmola nas mãos de seu irmão. Por isso terá retirado algo da boca? Não: não se privou de um só prazer, de uma só fantasia. Contudo, esse irmão é também um filho de Deus, pai de todos, a que tudo pertence. Compreendes, minha irmã, que um bom pai não deserda um de seus filhos para enriquecer o outro? Eis por que recompensará o que foi privado de sua parte nesta vida.

Assim, pois, os que se julgam deserdados, abandonados e esquecidos, alcançarão em breve a margem bendita, onde reinam a justiça e a felicidade. Mas infelizes dos que fizeram mau uso dos bens que nosso Pai lhes confiou. Infeliz, também, o homem aquinhoado com o dom precioso da inteligência, se dela abusou! Acredita-me, Maria, quando se crê em Deus nada existe na Terra que se possa invejar, a não ser a graça de praticar suas leis.

Teu irmão Wilhelm

## O CRISTIANISMO

### (MÉDIUM, SR. DIDIER FILHO)

O que é preciso observar no Espiritismo é a moral cristã: Desde séculos houve muitas religiões, muitos cismas e muitas pretensas verdades. E tudo quanto foi erguido fora do cristianismo caiu, porque o Espírito Santo não o animava. O Cristo resume o que a moral mais pura, a mais divina, ensina ao homem, no tocante aos seus deveres nesta vida e na outra. A Antiguidade, no que tem de mais sublime, é pobre ante essa moral tão rica e tão fértil. A auréola de Platão empalidece ante a do Cristo e a taça de Sócrates é muito pequena ante o imenso cálice do Filho do Homem. És tu, ó Sesostris! Déspota do imóvel Egito, quem te pode medir, do alto de tuas pirâmides colossais, com o Cristo nascido numa manjedoura? És tu, Sólon? És tu, Licurgo, cuja lei bárbara condenava as crianças mal formadas, que vos podeis comparar Àquele que disse face à face com o orgulho: "Deixai vir a mim as criancinhas"? Sois vós, pontífices sagrados do piedoso Numa, cuja moral queria a morte viva das vestais culpadas, que vos podeis comparar àquele que disse à adúltera: "Levanta-te mulher, e não peques mais"? Não, não mais com esses mistérios tenebrosos que praticais, ó sacerdotes antigos, nem com esses mistérios cristãos que são a base desta religião sublime, que se chama Cristianismo. Ante ele vos inclinais todos, legisladores e sacerdotes humanos; inclinai-vos, porque foi o próprio Deus quem falou pela boca desse ser privilegiado que se chama Cristo.

Lamennais

### O TEMPO PERDIDO

### (MÉDIUM, SRTA. HUET)

Se, por um instante, pudésseis refletir sobre a perda de tempo, mas refletir muito seriamente e calcular o imenso erro que cometeis, veríeis quanto esta hora, este minuto escoado inutilmente e que não podereis recuperar, poderia ser necessário ao vosso bem futuro. Nem todos os tesouros da Terra vo-lo poderiam devolver. E se o passastes mal, um dia sereis obrigado a repará-lo pela expiação, e, talvez, de maneira terrível! Que não daríeis então para recuperar esse tempo perdido! Votos inúteis; pesares supérfluos! Assim, pensai bem nisso, está no vosso interesse futuro e, mesmo, presente. Porque muitas vezes os pesares nos atingem mesmo na Terra. Quando Deus vos pedir contas da existência que vos deu, da missão que tínheis de cumprir, que lhe respondereis? Sereis como o enviado de um soberano que, longe de cumprir as ordens de seu superior, passasse o tempo a divertir-se e absolutamente não se ocupasse do negócio para o qual foi credenciado. Em que responsabilidade não incorreria à sua volta? Aqui sois enviados de Deus e tereis que prestar contas do tempo passado com os vossos irmãos. Eu vos recomendo esta meditação.

Massillon

### OS SÁBIOS

### (MÉDIUM, SRTA. HUET)

Desde que chamais um Espírito, Deus permite que eu venha. Vou dar-vos um bom conselho, principalmente a vós, Sr...

Ocupais-vos sempre dos sábios; é a vossa preocupação. Deixai-os de lado. Que têm eles com as crenças religiosas e, sobretudo espíritas? Não repeliram em todos os tempos as verdades que se apresentaram? Não rejeitaram todas as invenções, tratando-as de quimeras? Os que anunciaram essas verdades não eram tratados como loucos e, assim, encarcerados; outros metidos nos calabouços da Inquisição, outros lapidados ou queimados? Mais tarde a verdade não brilhava menos aos olhos dos sábios surpresos, que a tinham posto embaixo do alqueire. Dirigindo-vos incessantemente a eles, quereis, novo Galileu, sofrer a tortura moral, que é o ridículo, e ser forçado à retratação? Dirigiu-se o Cristo aos Acadêmicos de seu tempo? Não. Pregava a divina moral a todos em geral e ao povo em particular.

Para apóstolos ou propagadores de sua vinda, escolheu pescadores, criaturas de coração simples, muito ignorantes, que não conheciam as leis da Natureza e não sabiam se um milagre as podia contrariar, mas que acreditavam ingenuamente. "Ide, dizia Jesus, e contai o que vistes."

Jamais fez um milagre que não fosse em favor dos que o pediam com fé e convicção. Recusou-se aos fariseus e aos saduceus, que vinham para o tentar, e chamou-os hipócritas. Dirigi-vos assim, também, a pessoas inteligentes, dispostas a crer. Deixai os sábios e os incrédulos.

Aliás, o que é um sábio? Um homem mais instruído do que os outros, porque estudou mais, mas que perdeu o prestígio que tinha antigamente, auréola fatal, que por vezes lhe valia as honras da fogueira. Porque à medida que se desenvolvia a inteligência popular, o seu brilho diminuiu. Hoje, um homem de gênio não mais teme ser acusado de feitiçaria; não é mais o aliado de Satã.

A Humanidade esclarecida aprecia no seu justo valor aquele que trabalha muito e sabe muito; ela sabe colocar no pedestal que lhe convém o homem de gênio que produz belas obras. E sabendo em que consiste a ciência do sábio, não mais o atormenta; como sabe de onde emana o gênio criador, inclina-se perante ele. Mas, por sua vez, quer ter a liberdade de crer naquelas verdades que lhe dão consolação. Não quer que aquele que sabe mais ou menos Química, mais ou menos Retórica, que produz a mais bela ópera, venha entravar as suas crenças, lançando-lhe o ridículo no rosto e tratando suas ideias como loucura. Ela se esquivará desse caminho e silenciosamente continuará na sua trilha. Um dia a verdade envolverá o mundo inteiro, e os que a tinham repelido serão obrigados a reconhecê-la. Eu mesma, que me ocupei do Espiritismo até meu último dia, sempre o pratiquei na intimidade.

Pouco me importa a Academia. Acreditai-me: mais tarde ela virá até vós.

Delphine de Girardin

## O HOMEM

O homem é um composto de grandeza e de miséria, de ciência e de ignorância. É, na Terra, o verdadeiro representante de Deus, porque sua vasta inteligência abarca o Universo. Soube descobrir uma parte dos segredos da Natureza; sabe servir-se dos elementos; percorre distâncias imensas por meio do vapor; pode conversar com o seu semelhante de um antípoda ao outro, pela eletricidade, que sabe dirigir; seu gênio é imenso; quando sabe depor tudo isso aos pés da Divindade e lhe render homenagem, é quase igual a Deus!

Mas como é pequeno e miserável, quando o orgulho se apossa de seu ser! Não vê a sua miséria; não vê que sua existência, esta vida, que não pode compreender, lhe é arrebatada, às vezes instantaneamente, apenas pela vontade dessa Divindade que ele desconhece, pois não pode defender-se contra ela; é preciso se cumpra a sua sorte! Ele, que tudo estudou, tudo analisou; ele, que conhece tão bem a marcha dos astros, conhece acaso a força criadora que faz germinar o grão de trigo que lançou à terra? Pode criar uma flor, por mais simples e mais modesta? Não. Aí para o seu poder. Deveria, então, reconhecer um poder muito superior ao seu. A humildade deveria apoderar-se de seu coração e, admirando as obras de Deus, praticaria então um ato de adoração.

Santa Tereza

## DA FIRMEZA NOS TRABALHOS ESPÍRITAS

Vou falar-vos da firmeza que deveis ter nos vossos trabalhos espíritas. A propósito vos foi feita uma advertência. Eu vos aconselho a estudá-la de coração, a aplicar-lhe a vossa atenção. Porque, assim como São Paulo, sereis perseguidos, não em carne e osso, mas em espírito. Os incrédulos, fariseus da época, vos censurarão, vos ridicularizarão.

Mas nada temais: será uma prova que vos fortificará, se souberdes ofertá-la a Deus; e, mais tarde, vereis vossos esforços coroados de sucesso. Será um grande triunfo para vós à luz da eternidade, sem esquecer que, neste mundo, já é uma consolação, para as pessoas que perderam parentes e amigos, saber que são felizes, que é possível comunicar-se com eles; é uma felicidade. Marchai à frente, pois, cumpri a missão que Deus vos dá, e ela será considerada no dia em que comparecerdes ante o Todo-Poderoso.

Channing

## OS INIMIGOS DO PROGRESSO

### (MÉDIUM, SR. R...)

Os inimigos do progresso, da luz e da verdade trabalham na sombra; preparam uma cruzada contra as nossas manifestações; não vos preocupeis com isso. Sois sustentados poderosamente; deixai que se agitem na sua impotência. Contudo, por todos os meios que estão em vossa força, dedicai-vos a combater, a aniquilar a ideia da eternidade das penas, pensamento blasfemo contra a justiça e a bondade de Deus, fonte a mais fecunda da incredulidade, do materialismo e da indiferença que invadiram as massas, desde que sua inteligência começou a se desenvolver. Prestes a se esclarecer, mesmo quando apenas desbastado, bem depressa o Espírito aprendeu a monstruosa injustiça; sua razão a repele e, então, raramente deixa de confundir, no mesmo ostracismo, a pena que revolta e o Deus ao qual ela é atribuída. Daí os males sem número que se precipitaram sobre vós, e para os quais trazemos o remédio. A tarefa que vos assinalamos vos será tanto mais fácil, quanto as autoridades sobre as quais se apoiam os defensores dessa crença; têm, todas, se furtado a um pronunciamento formal. Nem os Concílios, nem os Padres da Igreja fecharam essa grave questão. Se, conforme os próprios Evangelhos, e tomando ao pé da letra as palavras emblemáticas do Cristo, ele ameaçou os culpados com um fogo que não se extingue, um fogo eterno, absolutamente nada, em suas palavras, prova que haja condenado os culpados *eternamente*.

Pobres ovelhas desgarradas, sabei ver o Bom Pastor que vem de longe e que em vez de querer, para sempre, vos banir a todos de sua presença, ele mesmo vem ao vosso encontro para vos reconduzir ao aprisco. Filhos pródigos, deixai o vosso exílio voluntário; dirigi vossos passos para a morada paterna. O pai vos abre os braços e está sempre pronto a festejar o vosso retorno à família.

Lammennais

## DISTINÇÃO DA NATUREZA DOS ESPÍRITOS

### (MÉDIUM, SRA. COSTEL)

Quero falar-te das altas verdades do Espiritismo. Elas estão estreitamente ligadas às da moral, sendo, pois, importante jamais separá-las. Para começar, o ponto que atrai a atenção dos seres inteligentes é a dúvida sobre a própria verdade das comunicações espíritas. A verdade, primeira dignidade da alma, está empenhada nesse ponto de partida. Procuremos, então, estabelecê-la.

Não há um meio infalível para distinguir a natureza dos Espíritos, se abdicarmos da razão, da comparação, da reflexão. Estas três faculdades são mais que suficientes para distinguir seguramente os diversos Espíritos. O livre-arbítrio é o eixo sobre o qual gira o pivô da inteligência humana; o equilíbrio se romperia, se os Espíritos não tivessem senão que falar para submeter os homens. Então o seu poder igualaria o de Deus. Não pode ser assim. O intercâmbio entre os humanos e os invisíveis parece a escada de Jacob: se permite que uns subam, deixa que outros desçam. E todos agindo uns sobre os outros, sob os olhos de Deus, devem marchar para ele, no mesmo espírito de amor e de *inteligente* submissão. Apenas abordei superficialmente este assunto e vos aconselho a aprofundá-lo sob todos os seus aspectos.

Lázaro

### SCARRON

### (MÉDIUM, SRTA. HUET)

Meus amigos, fui muito infeliz na Terra, porque meu Espírito era igual e por vezes superior ao das pessoas que me cercavam; mas o corpo era inferior. Assim, meu coração era ulcerado pelos sofrimentos morais e pelos males físicos que haviam reduzido o meu envoltório terreno a um estado lastimoso e miserável.

Meu caráter se azedara com as moléstias e as contrariedades que experimentava nas relações com os amigos. Deixei-me arrastar à malignidade mais causticante; eu era alegre e aparentemente sem mágoas; contudo, sofria no mais fundo do coração. E quando estava só, entregue aos secretos pensamentos de minh'alma, gemia por encontrar-me em luta entre o bem e o mal. O mais belo dia de minha existência foi aquele em que meu Espírito separou-se do corpo; em que, leve e iluminado por um raio divino, lançou-se às esferas celestes. Parecia que eu renascera e a felicidade apoderou-se de meu ser. Enfim, eu repousava.

Mais tarde, a consciência despertou. Reconheci os erros contra o Criador; experimentei o remorso e implorei piedade ao Todo-Poderoso. Desde então, procuro instruir-me no bem; procuro tornar-me útil aos homens e progrido diariamente. Contudo, sinto necessidade de que orem por mim e peço aos crentes fervorosos que em meu favor elevem o pensamento a Deus. Se me evocam, procuro atender sempre e responder às perguntas tanto quanto o posso. Assim se pratica a caridade.

Paul Scarron

## O NADA DA VIDA

(MÉDIUM, SRTA. HUET)

Meus bons amigos de adoção, permiti vos diga algumas palavras como conselhos. Deus me permite vir até vós. Que pena não possa eu comunicar-vos todo o ardor que havia em meu coração e que me animava para o bem! Crede em Deus, autor de todas as coisas; amai-o; sede bons e caridosos. A caridade é a chave do céu. Para vos tornardes bons, pensai algumas vezes na morte; é um pensamento que eleva a alma e a deixa melhor, tornando-a humilde. Porque, o que somos na Terra? Um átomo atirado no espaço; muito pouca coisa no Universo. O homem nada é; faz número. Quando olha à sua frente, quando olha para trás, só vê o infinito; sua vida, por mais longa que seja, é um ponto na eternidade. Pensai, então, em vossa alma, pensai na vida nova que vos espera, pois não podeis duvidar que ela existe, quando mais não fosse, pelos desejos de vossa alma, jamais satisfeitos, o que é uma prova de que eles devem referir-se a um mundo melhor. Até logo.

S. Swetchine

### AOS MÉDIUNS
### (MÉDIUM, SR. DARCOL)

Quando quiserdes receber comunicações de bons Espíritos, importa que vos prepareis para esse favor pelo recolhimento, pelas intenções sãs e pelo desejo de fazer o bem, visando ao progresso geral. Porque, lembrai-vos, o egoísmo é uma causa de retardamento em todo avanço. Lembrai-vos de que se Deus permite que alguns dentre vós recebam o sopro de alguns de seus filhos que, pela sua conduta, souberam merecer a felicidade de compreender sua bondade infinita, é que quer, por solicitação nossa, e à vista de vossas boas intenções, vos dar os meios de avançar no seu caminho. Assim, pois, ó médiuns! tirai proveito dessa faculdade que Deus vos quer conceder. Tende fé na mansuetude do nosso Mestre; tende a caridade sempre em prática; jamais vos canseis de exercer essa sublime virtude, bem como a tolerância. Que as vossas ações estejam sempre em harmonia com a vossa consciência. É um meio certo de centuplicar vossa felicidade nesta vida passageira e de vos preparardes uma existência ainda mil vezes mais suave.

Abstenha-se o médium que, entre vós, não se sentir com forças de perseverar no ensino espírita. Porque, aproveitando a luz que o esclarece, será menos excusável do que só tendo de expiar a própria cegueira.

Francisco de Salles

### A HONESTIDADE RELATIVA
### (MÉDIUM, SRA. COSTEL)

Hoje nos ocuparemos da moralidade dos que não a tem, isto é, da honestidade relativa, que se acha nos mais pervertidos corações. O ladrão não rouba o lenço do seu camarada, mesmo quando este tenha dois; o negociante não é careiro para o amigo; o traidor, apesar de tudo é fiel a alguém. Jamais um clarão divino está completamente ausente do coração humano; assim, deve ser conservado com cuidados infinitos, senão desenvolvido. O julgamento estreito e brutal dos homens impede, por sua severidade, muito mais as recuperações do que a prática das más ações. Desenvolvido, o Espiritismo deve ser e será a consolação e a esperança dos corações feridos pela justiça humana. Cheia de sublimes ensinamentos, a religião paira muito alto para os ignorantes. Ela não atinge, como devia, a espessa imaginação do iletrado, que quer ver para crer. Esclarecida pelos médiuns, a crença florescerá no coração ressequido talvez do próprio médium. Assim, é sobretudo ao povo que os verdadeiros espíritas devem dirigir-se, como, outrora, os apóstolos. Que espalhem a doutrina consoladora como pioneiros, que se enterrem no pântano da ignorância e do vício, para desbastar, sanear, preparar o terreno das almas, a fim de que elas possam receber a bela cultura do Cristo.

Georges

## PROVEITO DOS CONSELHOS

### (MÉDIUM, SRTA. HUET)

Aproveitais os nossos conselhos e o que vos dizemos diariamente? Não, muito pouco. Saindo de uma de vossas reuniões, entreteis a curiosidade do fato, discutis o maior ou menos interesse que teve para os assistentes. Mas haverá um só entre vós que se pergunte se pode aplicar a moral, o conselho que acabamos de prescrever, e se tem intenção de o fazer? Pediu, solicitou uma comunicação; obteve-a; isso lhe basta. Volta às suas ocupações diárias, prometendo vir rever um espetáculo tão interessante; conta os fatos aos seus amigos, a fim de excitar sua curiosidade e somente para provar que os sábios podem ser confundidos; bem poucos o fazem visando a pregar a moral; muito poucos, mesmo, procuram melhorar-se.

Minha lição é severa. Contudo, não vos quero desencorajar. Trazei sempre a boa vontade, apenas com um pouco mais de bons sentimentos referentes a Deus, e menos desejo de aniquilar os que não querem crer: estes pertencem ao tempo e a Deus.

Marie (Espírito familiar)

## PENSAMENTOS SOLTOS

Ó homens! Como sois soberbamente orgulhosos! Vossa pretensão é verdadeiramente cômica. Quereis tudo saber e vossa essência se opõe, sabei-o, a essa faculdade de compreensão universal. Não chegareis a conhecer essa maravilhosa Natureza senão pelo trabalho perseverante. Não tereis a alegria de aprofundar esses tesouros e de entrever o infinito de Deus, senão ao vos melhorardes pela caridade, fazendo todas as coisas do ponto de vista do bem para todos, e referindo essa faculdade do bem a Deus, que, na sua generosidade sem igual, vos recompensará além de toda expectativa.

*Massilon*

O Homem é o joguete dos acontecimentos, como, por vezes, se diz. De que acontecimentos se quer falar? Qual seria a sua causa e o seu objetivo? Jamais se viu nisso o dedo de Deus. Esse pensamento vago e materialista, mãe da fatalidade, desgarrou muitos grandes Espíritos e várias inteligências profundas. Sabeis o que disse Balzac: "Não há princípios; só há acontecimentos." Isto é, segundo ele, o homem não tem livre-arbítrio; a fatalidade o toma no berço e o conduz até o túmulo. Monstruosa invenção do Espírito humano! Tal pensamento abate a liberdade; a liberdade, isto é, o progresso, a ascenção da alma humana, demonstração evidente da existência de Deus. Assim o homem se deixaria conduzir e seria escravo de tudo: dos homens e de si mesmo! Ó homem! examina-te. Nasceste para a servidão? Não. Nasceste para a liberdade.

*Lamennais*

## MARIA D'AGREDA

### FENÔMENO DE BICORPOREIDADE

Num resumo histórico que acaba de ser publicado, sobre a vida de *Maria de Jesus d'Agreda*, encontramos um admirável caso de bicorporeidade, que prova como tais fenômenos são perfeitamente aceitos pela religião. É verdade que para certas pessoas as crenças religiosas não são mais autoridade que as crenças espíritas. Mas quando essas crenças se apoiarem em demonstrações dadas pelo Espiritismo, sobre as provas patentes que ele fornece, por uma teoria racional, de sua possibilidade, sem derrogar as leis da Natureza, e de sua realidade por exemplos análogos e autênticos, há que render-se à evidência e reconhecer que fora das leis conhecidas há outras que ainda estão nos segredos de Deus.

Maria de Jesus nasceu em Agreda, cidade da Castela, a 2 de abril de 1602, de pais nobres e de virtude exemplar. Ainda muito jovem, tornou-se superiora do convento da Imaculada Conceição de Maria, onde morreu em odor de santidade. Eis o relato que se acha em sua biografia:

"Por maior que seja o nosso desejo de resumir, não nos podemos deixar de falar aqui do papel inteiramente excepcional de missionária e do apostolado que Maria d'Agreda exerceu no Novo México. O fato que vamos contar e do qual há provas incontestáveis, provaria por si só quanto eram elevados os dons sobrenaturais com que Deus havia enriquecido a sua humilde serva; e como era ardente o zelo que ela nutria no coração pela salvação do próximo. Nas suas relações íntimas e extraordinárias com Deus, ela recebia uma viva luz, com a ajuda da qual descobria o mundo inteiro, a multidão dos homens que o habitavam, entre os quais os que ainda não haviam entrado no círculo da Igreja e estavam em evidente perigo de perder-se para a eternidade. À vista da perda de tantas almas, Maria d'Agreda sentia o coração alanceado e, na sua dor, multiplicava as preces fervorosas. Deus a fez saber que os povos do Novo México apresentavam menos obstáculos que o resto dos homens para a sua conversão e que era especialmente sobre estes que a sua divina misericórdia queria espalhar-se. Tal conhecimento foi um novo aguilhão para o coração caridoso de Maria d'Agreda, e, do mais profundo de su'alma, implorou a clemência divina em favor desse pobre povo. O próprio Deus lhe ordenou que orasse e trabalhasse para tal fim. E ela o fez de maneira tão eficaz que o Senhor, cujas razões são impenetráveis, operou nela e por ela uma das maiores maravilhas que a História pôde relatar.

Um dia, tendo-a o Senhor arrebatado em êxtase, no momento em que orava instantemente pela salvação daquelas almas, Maria d'Agreda sentiu-se de repente transportada para uma região longínqua e desconhecida, sem saber como. Então encontrou-se num clima que não era o de Castela e se sentiu sob os raios de um Sol mais ardente que de costume. Ante ela estavam homens de uma raça que jamais tinha encontrado, e Deus lhe ordenava que satisfizesse seus caridosos desejos e pregasse a lei e a fé santa àquele povo. A extática de Agreda obedecia à ordem. Pregava a esses índios em sua língua espanhola e esses pagãos entendiam como se ela lhes falasse em sua língua materna. Seguiam-se conversões em grande número. Voltando do êxtase, essa santa criatura se achava no mesmo lugar em que estava no começo do arrebatamento. Não foi uma só vez que Maria d'Agreda desempenhou esse maravilhoso papel de missionária e de apóstolo, junto aos habitantes do Novo México. O primeiro êxtase do gênero ocorreu em 1622; mas foi seguido de mais de quinhentos êxtases do mesmo gênero, durante cerca de oito anos. Maria d'Agreda encontrava-se continuamente nessa mesma região para continuar o seu apostolado. Parecia-lhe que o número dos conversos tinha aumentado prodigiosamente e que uma nação inteira, com o rei à frente, estava resolvida a abraçar a fé em Jesus Cristo.

Ao mesmo tempo ela via, mas à grande distância, os franciscanos espanhóis que trabalhavam na conversão desse novo mundo, mas ignoravam a existência desse povo que ela havia convertido. Tal consideração a levou a aconselhar aos índios que mandassem alguns dentre eles àqueles missionários, pedir que viessem lhes conceder o batismo. Foi por este meio que a Divina Providência quis dar uma brilhante manifestação do bem que Maria d'Agreda havia feito no Novo México, por sua pregação extática.

Um dia os missionários franciscanos, que Maria d'Agreda tinha visto em Espírito, mas a uma grande distância, se viram abordados por um bando de índios de uma raça que ainda não tinham encontrado em suas excursões. Estes se anunciaram como enviados de sua nação, pedindo a graça do batismo com grande instância. Surpreendidos com a vista desses índios, e mais admirados ainda pelo pedido que faziam, os missionários procuraram saber a sua causa. Os mensageiros responderam: que desde muito tempo uma mulher havia aparecido em sua terra, anunciando a lei de Jesus Cristo. Acrescentaram que essa mulher desaparecia de momento, sem que se descobrisse o seu retiro; que lhes tinha feito conhecer o verdadeiro Deus e lhes havia aconselhado a irem aos missionários, a fim de obterem para toda a nação a graça do sacramento que resgata os pecados e transforma os homens em filhos de Deus. A surpresa dos missionários cresceu ainda mais quando, interrogando os índios sobre os mistérios da fé, os encontraram perfeitamente instruídos de tudo o que é necessário para a salvação. Os missionários tomaram todas as informações possíveis sobre essa mulher; mas tudo quanto os índios puderam dizer foi que jamais tinham visto uma pessoa semelhante. Entretanto, alguns detalhes descritivos da roupa levaram os missionários a suspeitar que ela portasse hábitos de religiosa; e um deles, que tinha consigo o retrato da venerável madre Luiza de Carrion, ainda viva, e cuja santidade era conhecida em toda a Espanha, o mostrou aos índios, pensando que eles talvez pudessem reconhecer alguns traços da mulher-apóstolo. Estes, depois de examinarem o retrato, responderam que a mulher que lhes havia pregado a lei de Jesus Cristo na verdade tinha um véu, como esta do retrato; mas que, pelos traços do rosto, era completamente diferente, sendo mais moça e de uma grande beleza.

Então alguns missionários partiram com os emissários índios, para recolher entre eles tão abundante colheita. Após alguns dias de viagem, chegaram ao meio da tribo, onde foram recebidos com as mais vivas demonstrações de alegria e reconhecimento. Na viagem constataram que em todos os indivíduos daquela raça a instrução cristã era completa.

O chefe da nação, objeto de especial solicitude da serva de Deus, quis ser o primeiro a receber a graça do batismo com toda a sua família; e em poucos dias a nação inteira seguiu o seu exemplo.

Não obstante esses grandes acontecimentos, ignorava-se ainda quem era a serva do Senhor que tinha evangelizado esses povos, e tinha-se uma santa curiosidade e piedosa impaciência por conhecê-la. Sobretudo o Padre Alonzo de Benavides, que era o superior dos missionários franciscanos no Novo México, queria romper o véu do mistério que ainda cobria o nome da mulher-apóstolo e aspirava voltar momentaneamente à Espanha para descobrir o retiro dessa religiosa desconhecida, que prodigiosamente havia cooperado para a salvação de tantas almas. Em 1630 pôde, enfim, seguir para a Espanha, e foi diretamente a Madrid, onde se achava, então, o Geral de sua ordem. Benavides lhe deu a conhecer o objetivo que se havia proposto ao decidir sua viagem à Europa. O Geral conhecia Maria de Jesus d'Agreda e, conforme o dever de seu cargo, tivera de examinar a fundo o íntimo dessa religiosa. Conhecia, pois, a sua santidade, tão bem quanto a sublimidade dos caminhos em que Deus a havia posto. Veio-lhe logo o pensamento de que essa mulher privilegiada bem podia ser a mulher-apóstolo de que lhe falava o Padre Benavides, e lhe comunicou suas impressões. Deu-lhe cartas, pelas quais o constituía seu comissário, com ordem a Maria d'Agreda para responder com toda simplicidade às perguntas que julgasse bem lhe dirigir. Com tais ordens, o comissário partiu para Agreda.

A humilde irmã se viu, assim, obrigada a descobrir ao missionário tudo quanto sabia com referência ao objeto de sua missão junto a ela. Confusa e, ao mesmo tempo dócil, ela relatou a Benavides tudo quanto lhe tinha acontecido em seus êxtases, apresentando com franqueza, que estava completamente incerta quanto ao modo pelo qual sua ação tinha podido exercer-se a tão grande distância. Benavides também interrogou-a sobre as particularidades dos lugares que tantas vezes deveria ter visitado e verificou que ela estava bem informada sobre tudo o que se relacionava com o Novo México e os seus habitantes. Ela lhe expôs, nos mínimos detalhes, a topografia dessas regiões e as mencionou servindo-se mesmo dos nomes próprios, como teria feito um viajante depois de vários anos passados nessas regiões. Acrescentou mesmo que tinha visto Benavides várias vezes, bem como seus religiosos, indicando os lugares, os dias, as horas, as circunstâncias, e fornecendo detalhes especiais sobre cada um dos missionários.

Compreende-se facilmente a consolação de Benavides por ter, enfim, descoberto a alma privilegiada de que Deus se havia servido para exercer sua ação miraculosa sobre os habitantes do Novo México.

Antes de deixar a cidade de Agreda, Benavides quis redigir uma declaração de tudo quanto havia constatado, quer na América, quer em Agreda, nas suas conversas com a serva de Deus. Nessa peça exprimiu sua convicção pessoal tocante à maneira por que a ação de Maria de Jesus se tinha feito sentir nos índios. Ele inclinava-se a crer que a ação tinha sido corporal. Sobre o assunto, a humilde religiosa sempre guardou uma grande reserva. A despeito de mil indícios que levaram Benavides a concluir pelo que já havia concluído, antes dele, o confessor da serva de Deus, indícios que pareciam acusar uma mudança corporal de lugar, Maria d'Agreda sempre persistiu na crença de que tudo se passava em Espírito. Na sua humildade, ela era mesmo fortemente tentada a pensar que o fenômeno fosse simples alucinação, posto que, de sua parte, inocente e involuntária. Mas o seu diretor, que conhecia o fundo das coisas, pensava que a religiosa fosse transportada corporalmente, em seus êxtases, aos lugares de seus trabalhos evangélicos. Apoiava sua opinião na impressão física de que a mudança de clima fazia Maria d'Agreda experimentar, na longa série de trabalhos entre os índios, e na opinião de várias pessoas doutas, que ele entendera dever consultar em grande segredo. Seja como for, o fato fica sempre como um dos mais maravilhosos de que se tenha falado nos anais dos santos e é muito próprio para dar uma ideia verdadeira, não só das comunicações divinas que Maria d'Agreda recebia, mas também de sua candura e de sua amável sinceridade."

## AVISO

Lembramos aos leitores que a obra *Instruções Práticas sobre as Manifestações Espíritas* está esgotada e será substituída por outra, bem mais completa, sob o título de *O Espiritismo Experimentado*. Está no prelo e aparecerá em dezembro próximo.

Lembramos igualmente que a segunda edição da *História de Joana d'Arc*, ditada por ela mesma à Srta. Ermance Dufaux, está a venda. O seu sucesso não diminuiu: é sempre lida com o mesmo interesse pelas pessoas sérias, partidárias ou não do Espiritismo. Essa História será sempre considerada como uma das mais interessantes e mais completas, jamais publicadas.

Allan Kardec

# ANO III
# DEZEMBRO DE 1860

## AOS ASSINANTES DA REVISTA ESPÍRITA

Três anos de existência foram suficientes para dar a conhecer aos leitores desta Revista o pensamento que preside à sua redação. E a melhor prova de que tal pensamento tem o seu assentimento está no constante aumento de assinaturas, ainda notavelmente acrescida neste último período. Mas o que para nós é infinitamente mais precioso são os testemunhos de simpatia e satisfação, que diariamente recebemos. Seu sufrágio é para nós um encorajamento a continuarmos nossa tarefa, trazendo ao nosso trabalho todos os melhoramentos cuja utilidade a experiência nos mostrar. Como no passado, continuaremos o moral e filosófico, sem desprezar os fatos; mas, quando citamos os fatos, não nos limitamos a uma simples narração, talvez divertida, mas certamente estéril, se a eles não juntarmos a pesquisa das causas e a dedução das consequências. Por isso nos dirigimos à gente séria, que não se contenta em ver, mas que, antes de tudo, quer compreender e se dar conta do que vê. Aliás, a série dos fatos logo se esgota, se não quisermos cair nas repetições fastidiosas, pois todos giram mais ou menos no mesmo círculo e nada de novo ensinaríamos aos leitores quando lhes disséssemos que em tal ou qual casa fazem as mesas girar mais ou menos bem. Para nós, os fatos têm outro caráter: não são histórias, mas assuntos de estudo; e os de aparência mais simples podem por vezes dar lugar às mais interessantes observações. Acontece como na ciência comum, em que um pedacinho de erva encerra, para o observador, tantos mistérios quanto uma árvore gigante. Eis por que, nos fatos, consideramos muito mais o lado instrutivo que o divertido e nos prendemos aos que nos podem ensinar alguma coisa, independente de sua maior ou menor estranheza.

Malgrado o número considerável de assuntos de que já temos tratado, estamos longe de haver esgotado a série de todos quantos se ligam ao Espiritismo, porque, quanto mais se avança nessa Ciência, mais se alarga o horizonte. Aqueles que temos por examinar fornecerão material para muito tempo ainda, sem contar os atuais. Há muito que os adiamos de propósito, a fim de os abordar à medida que o estado dos conhecimentos permita compreender melhor o seu alcance. Assim, por exemplo, hoje damos maior espaço às dissertações espíritas espontâneas, porque as instruções que encerram, na maioria, podem ser muito melhor apreciadas do que numa época em que apenas se conheciam os primeiros elementos da Ciência. Outrora, teriam sido julgadas apenas do ponto de vista literário, e uma porção de pensamentos úteis e profundos teriam passado impercebidos, porque tratavam de pontos ainda desconhecidos ou mal compreendidos. A diversidade de assuntos não exclui o método, e a desordem é apenas aparente, pois cada coisa tem seu lugar determinado. A variedade repousa o espírito, mas a ordem lógica ajuda a inteligência. O que nos esforçamos por evitar é fazer de nossa Revista uma coletânea indigesta. Certo não temos a pretensão de fazer uma obra perfeita, mas esperamos que, pelo menos, seja levada em conta a nossa intenção.

**Nota**: Os senhores sócios que não quiserem sofrer demora na remessa da Revista, no ano de 1861, tenham a bondade de renovar sua assinatura antes de 1.º de janeiro próximo.

## BOLETIM

DA SOCIEDADE PARISIENSE DE ESTUDOS ESPÍRITAS

(SEXTA-FEIRA, 20 DE OUTUBRO DE 1860 – SESSÃO GERAL)

*Comunicações diversas*. 1. – Leitura de uma comunicação recebida pela Sra. M... sobre a pergunta: se Deus criou todas as almas semelhantes, como é que de repente há tanta distância entre elas?

2. – Leitura de várias comunicações recebidas pelo Sr. P..., médium de Sens; uma, assinada por Homero, apresenta um fato notável, que pode ser considerado como uma prova de identidade, a revelação espontânea do nome de *Melesigênio*, sob o qual Homero era primitivamente designado. O nome era desconhecido pelo médium.

3. – Exame de uma carta do Sr. L..., de Troyes, na qual relata

fatos notáveis de manifestações físicas espontâneas, ocorridas em 1856, com uma pessoa dessa cidade, e que lembram os de Bergzabern.

4. – Carta do Dr. Morhéry, relatando diversos fatos singulares de manifestações espontâneas, ocorridas em sua presença, com a Srta. Désirée Godu e que coincidem com a chegada de uma carta do Sr. Allan Kardec.

*Estudos.* 1 – Perguntas diversas a São Luís.

2. – Evocação do filho do Dr. Morhéry, que diz ter participado das manifestações ocorridas em casa de seu pai.

3. – Ditado espontâneo ao Sr. Alfred Didier, sobre o *desespero*, assinado por Lamennais.

4. – Perguntas diversas a Lamennais, sobre vários casos particulares de suicídio, sobre as relações dos Espíritos e sobre a identidade de Homero na comunicação de Sena.

(SEXTA-FEIRA, 2 DE NOVEMBRO DE 1860 – SESSÃO PARTICULAR)

*Comunicações diversas.* 1. – Leitura de uma Segunda comunicação de Homero, pelo Sr. P...., de Sens, e de diversas perguntas e respostas a propósito.

2. – Desenhos obtidos por um médium de Lyon, notáveis pela originalidade, se não pela execução. Interrogado a respeito, São Luís diz que os desenhos têm o seu valor, porque são mesmo do Espírito, mas não têm significação muito precisa, pois médium e Espírito ainda não estão bem identificados um com o outro. Acrescenta que o médium poderá, com o tempo, tornar-se excelente.

*Estudos.* 1. – Perguntas a São Luís: 1. – sobre a fórmula de afirmação para a identidade dos Espíritos; 2. – sobre o papel do homem na moralização dos Espíritos imperfeitos; 3. – sobre a aparição de Espíritos com a forma de chama; 4. – sobre o valor dos desenhos enviados de Lyon; 5. – sobre o transporte de objetos pelos Espíritos, seu erguimento do solo e sua invisibilidade;

2. – Exame da questão de saber se os Espíritos podem operar o transporte de objetos a um recinto fechado e através de obstáculos materiais.

O Sr. L... faz observar que tais questões se ligam aos fenômenos de manifestações físicas, dos quais a Sociedade não deve ocupar-se.

O presidente responde que a pesquisa das causas é um ponto importante, que se liga diretamente ao estudo da Ciência e entra no quadro dos trabalhos da Sociedade. Todas as partes da Ciência devem ser elucidadas. Uma coisa é ocupar-se dessas pesquisas teoricamente, e outra é fazer da produção dos fenômenos objeto exclusivo. Aliás, acrescenta, podemos referi-lo a São Luís, rogando-lhe nos diga se considera a discussão que acaba de ocorrer como tempo perdido. São Luís responde: "Estou longe de considerar vossa conversa como inútil."

3. – Evocação de Charles Nodier. É solicitado a continuar o trabalho começado. Responde que continuará na próxima vez; lembra a solenidade do dia num belo ditado espontâneo. Atendendo a um pedido, dita uma breve prece referente à circunstância.

4. – É feito um apelo geral, sem designação especial, aos Espíritos sofredores que possam estar presentes, convidando-os a se manifestarem. O Espírito de um homem altamente colocado em vida, e morto há dois anos, apresenta-se espontaneamente e testemunha, por sua linguagem ao mesmo tempo simples e digna, os bons sentimentos de que está agora animado e o pouco caso que faz das grandezas humanas. Responde com complacência e benevolência às perguntas que lhe são feitas.

(SEXTA-FEIRA, 9 DE NOVEMBRO DE 1860 – SESSÃO GERAL)

O Sr. Allan Kardec faz algumas observações sobre o que foi dito na última sessão, relativamente às manifestações físicas. A respeito, lembra a instrução dada por São Luís, em novembro de 1858, quanto ao objeto dos trabalhos da Sociedade. A instrução está assim formulada:

"Zombaram das mesas girantes; jamais zombarão da filosofia, da sabedoria e da caridade que brilham nas comunicações sérias. Elas foram o vestíbulo da Ciência; é nele que, ao entrar, devem ser deixados os preconceitos, como se deixa um manto. Não é demais insistir para que façais de vossas reuniões um centro sério. Que alhures façam demonstrações físicas, vejam, ouçam, *que entre vós se compreenda e se ame*. Que pensais ser aos olhos dos Espíritos superiores, quando fazeis girar ou erguer-se uma mesa? Escolares. Passará o sábio o seu tempo a recordar o a-bê-cê da Ciência? Ao contrário, vendo que buscais as comunicações sérias, vos consideram como homem em busca da verdade".

São Luís

Acrescenta o Sr. Allan Kardec: Não está aqui, senhores, um admirável programa, traçado com essa precisão e essa simplicidade de palavra que caracterizam os Espíritos realmente superiores? *Que entre vós se compreenda*, isto é, que todos devemos aprofundar tudo, para nos darmos conta de tudo; *que entre vós se ame*, isto é, que a caridade, uma benevolência mútua devem ser o objetivo dos nossos esforços, o laço a nos unir, a fim de mostrar pelo nosso exemplo o verdadeiro objetivo do Espiritismo. Estranhamente nos enganaríamos quanto aos sentimentos da Sociedade, se julgássemos que ela despreza o que se faz alhures. Nada é inútil e as experiências físicas também têm sua vantagem, que ninguém nos contesta. Se não nos ocupamos com elas, não é porque tenhamos outra bandeira. Temos nossa especialidade de estudos, como outros têm a sua, mas tudo isso se confunde num objetivo comum: o progresso e a propagação da Ciência.

*Comunicações diversas*. 1. – Leitura de ditados espontâneos recebidos fora da Sociedade.

2. – Carta do Sr. L..., de Troyes, relatando fatos ocorridos em sua presença, produzidos pelo Espírito obsessor de que se tratou na última sessão. Os fatos, que haviam cessado desde 1856, acabam de reproduzir-se em circunstâncias realmente notáveis, que serão objeto de estudo por parte da Sociedade.

*Estudos*. 1. – Perguntas diversas: sobre a obsessão; – sobre a possibilidade de reproduzir pelo daguerreótipo a imagem das aparições visíveis e tangíveis; – sobre as manifestações físicas do Sr. Squire.

2. – Perguntas sobre o Espírito que se manifesta em Troyes e, notadamente, sobre os efeitos magnéticos produzidos nessa circunstância.

3. – Cinco ditados espontâneos recebidos por quatro médiuns diversos.

4. – Evocação do Espírito perturbador de Troyes. Esse Espírito revela uma das mais baixas naturezas.

## ARTE PAGÃ, ARTE CRISTÃ, ARTE ESPÍRITA

Na sessão da Sociedade, de 23 de novembro, tendo-se manifestado espontaneamente o Espírito de Alfred de Musset (ver detalhe adiante, página 404), foi-lhe dirigida a seguinte pergunta:

"A pintura, a escultura, a arquitetura e a poesia inspiraram-se sucessivamente nas ideias pagãs e nas cristãs. Podeis dizer se, depois da arte pagã e da arte cristã, haverá algum dia uma arte espírita?"

O Espírito respondeu:

"Fazeis uma pergunta respondida por si mesma. O verme é verme; torna-se bicho da seda, depois borboleta. Que há de mais aéreo, de mais gracioso do que uma borboleta? Então! A arte pagã é o verme; a arte cristã é o casulo; a arte espírita será a borboleta."

Quanto mais se aprofunda o sentido desta graciosa comparação, mais se lhe admira a exatidão. À primeira vista poder-se-ia supor que o Espírito tivesse a intenção de rebaixar a arte cristã, colocando a arte espírita no coroamento do edifício. Mas não há nada disso, e basta meditar nessa imagem poética para lhe captar a precisão. Com efeito, o Espiritismo apoia-se essencialmente no Cristianismo; não vem substitui-lo: completa-o e veste-o com roupagem brilhante. Nas fraldas do Cristianismo encontram-se os germes do Espiritismo; se eles se repelissem mutuamente, um renegaria o seu filho, o outro, o seu pai. Comparando o primeiro ao casulo e o segundo à borboleta, o Espírito indica perfeitamente o laço de parentesco que os une. Há mais: a própria imagem pinta o caráter da arte que um inspirou e que o outro inspirará. A arte cristã teve que inspirar-se nas terríveis provações dos mártires e revestir a severidade de sua origem materna; a arte espírita, representada pela borboleta, inspirar-se-á nos vaporosos e esplêndidos quadros da existência futura que se desvenda; rejubilará a alma que a arte cristã havia tomado de admiração e de temor; será o canto de alegria após a batalha.

O Espiritismo encontra-se inteiramente na teogonia pagã, e a mitologia não passa de um quadro da vida espírita poetizada pela alegoria. Quem não reconheceria o mundo de Júpiter nos Campos Elísios, com seus habitantes de corpos etéreos? E os mundos inferiores no Tártaro? E as almas errantes nos manes? Os Espíritos protetores da família, nos lares e nos penates? No Letes, o esquecimento do passado, no momento da reencarnação? Nas pitonisas, os nossos médiuns videntes e falantes? Nos oráculos, as comunicações com o além-túmulo? A arte necessariamente teve de inspirar-se nessa fonte tão fecunda para a imaginação. Mas para elevar-se até o sublime do sentimento, faltava-lhe o sentimento por excelência; a caridade cristã. Os homens só conheciam a vida material; a arte procurou, antes de mais nada, a perfeição da forma. A beleza corporal era, então, a primeira de todas as qualidades; a arte apegou-se a reproduzi-la, a idealizá-la; mas só ao Cristianismo estava destinado ressaltar a beleza da alma sobre a beleza da forma; assim, a arte cristã, tomando a forma na arte pagã, adicionou-lhe a expressão de um sentimento novo, desconhecido dos Antigos.

Mas, como dissemos, a arte cristã teve que se ressentir da austeridade de sua origem e inspirar-se no sofrimento dos primeiros adeptos; as perseguições impeliram o homem ao isolamento e à reclusão, e a ideia do inferno à vida ascética. Eis por que a pintura e a escultura são inspiradas, em três quartos dos casos pelo quadro das torturas físicas e morais; a arquitetura se reveste de um caráter grandioso e sublime, mas sombrio; a música é grave e monótona como uma sentença de morte; a eloquência é mais dogmática do que tocante; a própria beatitude tem um cunho de tédio, de desocupação e de satisfação toda pessoal; aliás, está tão longe de nós, colocada tão alta, que nos parece quase inacessível, e por isso nos toca tão pouco, quando a vemos reproduzida na tela ou no mármore.

O Espiritismo nos mostra o futuro sob uma luz mais ao nosso alcance; a felicidade está mais perto de nós, ao nosso lado, nos próprios seres que nos cercam e com os quais podemos entrar em comunicação; a morada dos eleitos não é mais isolada: há solidariedade incessante entre o céu e a Terra; a beatitude já não é uma contemplação perpétua, que não passaria de eterna e inútil ociosidade: está numa constante atividade para o bem, sob o próprio olhar de Deus; não está na quietude de um contentamento pessoal, mas no amor recíproco de todas as criaturas chegadas à perfeição. O mau já não é relegado para as fornalhas ardentes: o inferno se acha no próprio coração do culpado, que em si mesmo encontra o seu próprio castigo. Mas Deus, em sua bondade infinita, deixando-lhe o caminho do arrependimento, deixa-lhe, ao mesmo tempo a esperança, essa sublime consolação do infeliz.

Que fecundas fontes de inspiração para a arte! Que obras primas essas ideias novas podem criar pela reprodução de cenas tão variadas e ao mesmo tempo tão suaves ou pungentes da vida espírita! Que assuntos ao mesmo tempo poéticos e palpitantes de interesse no incessante comércio dos mortais com os seres de além-túmulo, na presença, junto a nós, dos seres que nos são caros! Não seria mais a representação de despojos frios e inanimados: seria a mãe tendo ao seu lado a filha querida, em sua forma etérea e radiosa de felicidade: um filho ouvindo atentamente os conselhos do pai que vela por ele; o ser pelo qual se ora, que vem testemunhar o seu reconhecimento. E, numa outra ordem de ideias, o Espírito do mal insuflando o veneno das paixões, o malvado fugindo do olhar de sua vítima que o perdoa, o isolamento do perverso em meio à multidão que o repele, a perturbação do Espírito no momento de despertar, sua surpresa à vista de seu corpo, do qual se admira de estar separado, o Espírito do defunto em meio aos seus ávidos herdeiros e amigos hipócritas; e tantos outros assuntos, tanto mais capazes de impressionar quanto mais de perto tocarem a vida real. Quer o artista elevar-se acima da esfera terrestre? Encontrará temas não menos atraentes nesses mundos felizes, que os Espíritos gostam de descrever, verdadeiros Édens de onde o mal foi banido, e nesses mundos ínfimos, verdadeiros infernos, onde todas as paixões reinam soberanamente.

Sim, repetimos, o Espiritismo abre para a arte um campo novo, imenso e ainda não explorado. E quando o artista trabalhar com convicção, como trabalharam os artistas cristãos, colherá nessa fonte as mais sublimes inspirações.

Quando dizemos que a arte espírita será um dia uma arte nova, queremos dizer que as ideias e as crenças espíritas darão às produções do gênio um cunho particular, como ocorreu com as ideias e crenças cristãs, e não que os assuntos cristãos caiam em descrédito; longe disso; mas, quando um campo está respigado, o ceifador vai colher alhures, e colherá abundantemente no campo do Espiritismo. E já o fez, sem dúvida, mas não de maneira tão especial quanto o fará mais tarde, quando for encorajado e excitado pelo assentimento geral. Quando essas ideias estiverem popularizadas, o que não pode tardar, pois os cegos da geração atual diariamente desaparecem da cena, por força das coisas, a geração nova terá menos preconceitos. A pintura mais de uma vez inspirou-se em ideias desse gênero; a poesia, sobretudo, está cheia delas; mas estão isoladas, perdidas na multidão. Tempo virá em que elas farão surgir obras magistrais, e a arte espírita terá os seus Rafael e seus Miguel-Ângelo, como a arte pagã teve os seus Apeles e os seus Fídias.

## HISTÓRIA DO MARAVILHOSO

(PELO SR. LOUIS FIGUIER)

II[1]

Falando do Sr. Louis Figuier em nosso primeiro artigo, procuramos verificar, antes de tudo, qual era o seu ponto de partida, e demonstramos, citando textualmente suas palavras, que ele se apoia na negação de qualquer força de natureza extracorpórea; suas premissas devem fazer pressentir sua conclusão. Seu quarto volume, em que deveria tratar especialmente da questão das mesas girantes e dos médiuns, ainda não tinha aparecido, e nós o esperávamos para ver se daria desses fenômenos uma explicação mais satisfatória que a do Sr. Jobert (de Lamballe). Lemo-lo com cuidado e o que se evidenciou com mais clareza para nós foi que o autor tratou de um assunto que absolutamente não conhece. Não precisamos de outra prova disso, além das duas primeiras linhas, nestes termos: *Antes de abordar a história das mesas girantes e dos médiuns, cujas manifestações são inteiramente modernas, etc.* Como ignora o Sr. Figuier que Tertuliano fala em termos explícitos das mesas girantes e falantes? Que os chineses conheciam esse fenômeno desde tempos imemoriais, que é praticado pelos tártaros e siberianos? Que há médiuns entre os tibetanos? Que os havia entre os assírios, os gregos e os egípcios? Que todos os princípios fundamentais do Espiritismo se acham nas filosofias sânscritas? Assim, é falso avançar que essas manifestações são *inteiramente modernas*. Os modernos nada inventaram a esse respeito e os Espíritas se apoiam na antiguidade e na universalidade de sua doutrina, o que o Sr. Figuier deveria ter sabido, antes de ter a pretensão de sobre ele fazer um tratado *ex-professo*. Nem por isso sua obra deixou de receber as honras da imprensa, que se apressou em homenagear esse campeão das ideias materialistas.

---

[1] Vide *Revista Espírita* de setembro de 1860.

Aqui se impõe uma reflexão, cujo alcance a ninguém escapará. Diz-se que nada é tão brutal quanto um fato. Ora, eis um que tem muito valor: é o progresso incrível das ideias espíritas, às quais nenhuma imprensa, nem pequena nem grande prestou o seu concurso. Quando ela se dignou falar desses pobres imbecis que julgam ter uma alma, e que essa alma, após a morte, ainda se ocupa dos vivos, não foi senão para gritar contra eles, e os mandar aos manicômios, perspectiva pouco encorajadora para o público ignorante do assunto.

O Espiritismo não tocou a trombeta da publicidade; não encheu os jornais de anúncios luxuosos. Como é, então, que, sem ruído, sem brilho, sem o apoio dos que se fazem árbitros da opinião, se infiltra nas massas e, segundo a graciosa expressão de um crítico, cujo nome não lembramos, depois de ter *infestado as classes esclarecidas*, agora penetra nas classes laboriosas? Que nos digam como, sem o emprego dos meios ordinários de propaganda, a segunda edição de *O Livro dos Espíritos* esgotou-se em quatro meses? Diz-se que o povo se enleva com as coisas mais ridículas. Seja, mas a gente se enleva com o que diverte, uma história, um romance. Ora, *O Livro dos Espíritos* absolutamente não tem a pretensão de ser divertido. Não será porque a opinião pública encontra nessas crenças algo que desafia a crítica?

O Sr. Figuier achou a solução do problema: e, diz ele, o amor do maravilhoso. E tem razão. Tomemos o vocábulo maravilhoso na acepção que ele lhe empresta, e estamos de acordo. Em sua opinião, sendo a Natureza apenas material, todo fenômeno extra-material é maravilhoso. Fora da matéria não há salvação. Consequentemente a alma e tudo quanto lhe atribuem, seu estado após a morte, tudo isso é maravilhoso. Como ele, chamemo-lo maravilhoso. A questão é saber se esse maravilhoso existe ou não. O Sr. Figuier, que não gosta do maravilhoso e só o admite nos contos de Barba-Azul, diz que não. Mas se o Sr. Figuier não faz questão de sobreviver ao seu corpo; se despreza sua alma e a vida futura, nem todos participam de seus gostos e não é preciso que por isso desgoste os outros. Há muita gente para quem a perspectiva do nada tem muito poucos encantos e que espera encontrar lá em cima, ou acolá, pai, mãe, filhos ou amigos. O Sr. Figuier não se prende a isso. Gostos não se discutem.

Instintivamente o homem tem horror à morte; e havemos de convir que o desejo de não morrer inteiramente é muito natural. Pode mesmo dizer-se que tal fraqueza é geral. Ora, como sobreviver ao corpo, se não possuirmos esse *maravilhoso* que se chama alma? Se temos uma alma, ela tem algumas propriedades, pois sem propriedades não seria alguma coisa; infelizmente para certas pessoas, não são propriedades químicas; não pode ser metida num vidro para ser conservada nos museus de Anatomia, como se conserva um crânio; nisso, o Grande Obreiro realmente errou, por não havê-la feito mais palpável: provavelmente Ele não pensou no Sr. Figuier.

Seja como for, de duas uma: essa alma, se alma existir, vive ou não vive após a morte do corpo; é algo ou não é nada; não há meio termo. Vive sempre ou por algum tempo? Se deve desaparecer em dado momento, seria o mesmo se fosse imediatamente; um pouco mais cedo ou um pouco mais tarde, nem por isso seria o homem mais adiantado. Se vive, faz algo ou nada faz. Mas como admitir um ser inteligente que nada faz, e isto por toda a eternidade? Sem ocupação a existência futura seria muito monótona. Não admitindo que uma coisa acessível aos sentidos possa produzir qualquer efeitos, o Sr. Figuier é conduzido, em razão de seu ponto de partida, a essa conclusão de que todo efeito deve ter uma causa material. Eis porque ele coloca no domínio do maravilhoso, isto é, da imaginação, de todos os efeitos atribuídos à alma e, em consequência, a própria alma, suas propriedades, seus feitos e gestos de além-túmulo. Os simples, que fazem a tolice de querer viver após a morte, naturalmente gostam de tudo quanto satisfaz os seus desejos e confirma as suas esperanças. Eis porque amam o maravilhoso. Até agora, se contentavam em dizer-lhes: "Nem tudo morre com o corpo; ficai tranquilos; nós vos damos a palavra de honra." Sem dúvida era muito confortador, mas uma pequena prova não estragaria o negócio. Ora, eis que o Espiritismo, com seus fenômenos, vem lhes dar essa prova, e eles a aceitam com alegria. Eis todo o segredo de sua rápida propagação. Na realidade, ele lhes dá uma esperança: a de viver e, melhor que isso, de viver mais feliz. Ao passo que vós, Sr. Figuier, vos esforçais para lhes provar que tudo isso não passa de quimera e ilusão. Ele levanta a coragem, vós a abateis. Credes que entre os dois a escolha seja duvidosa?

O desejo de reviver após a morte é, pois, no homem, a fonte de seu amor pelo maravilhoso, isto é, por tudo quanto o liga à vida de além-túmulo. Se alguns homens, seduzidos por sofismas, puderam duvidar do futuro, não creiais que seja de coração alegre. Não, porque essa ideia lhes inspira pavor; e é com terror que sondam as profundezas do nada. O Espiritismo acalma as suas inquietudes, dissipa as suas dúvidas; o que é vago, indeciso, incerto, toma uma forma, torna-se uma realidade consoladora. Eis porque, nalguns anos, ele fez a volta ao mundo, pois todo mundo quer viver e todo homem preferirá sempre as doutrinas que o confortam às que o espantam.

Voltemos à obra do Sr. Figuier e digamos logo que seu quarto volume, consagrado às *mesas girantes e aos médiuns*, em três quartas partes está cheio de histórias que não lhes dizem respeito, de maneira que o principal ali se torna o acessório. Cagliostro, o negócio do colar, que ali figuram não se sabe por quê, a moça elétrica, os caracóis simpáticos ocupam treze capítulos em dezoito. É verdade que essas histórias são tratadas com verdadeiro luxo de detalhes e de erudição, que as fará lidas com interesse, de lado qualquer opinião espírita. Sendo seu objetivo provar o amor do homem pelo maravilhoso, busca ele todos os contos que, em todos os tempos, o bom-senso já havia dado o seu justo valor, e esforça-se por provar que são absurdos, o que ninguém contesta. Então exclama: "Eis o Espiritismo fulminado!" Ouvindo-o, poder-se-á crer que as proezas de Cagliostro e os contos de Hoffmann são artigos de fé para os Espíritas, e que os caracóis simpáticos têm toda a sua simpatia.

O Sr. Figuier não rejeita todos os fatos, longe disso. Contrariamente a outros críticos, que tudo negam sistematicamente, o que é mais cômodo, pois isso dispensa qualquer explicação, admite perfeitamente as mesas girantes e os médiuns, mas com larga margem para a trapaça. Por exemplo, as senhorinhas Fox são insignes prestidigitadoras, porque foram escarnecidas por jornalistas americanos pouco galantes. Admite mesmo o magnetismo como agente material, bem entendido, o poder fascinante da vontade e do olhar, o sonambulismo, a catalepsia, o hipnotismo, todos os fenômenos de Biologia. Que se guarde! Ele vai passar por um iluminado aos olhos de seus confrades. Mas, consequente consigo mesmo, quer tudo reduzir às leis da Física e da Fisiologia. É verdade que cita algumas testemunhas autênticas e das mais honradas em apoio dos fenômenos espíritas, mas se estende com satisfação sobre todas as opiniões contrárias, sobretudo as dos sábios que, como o Sr. Chevreul e outros, buscaram provas na matéria. Tem ele em grande estima a teoria do músculo que range, dos srs. Jobert e comparsas. Sua teoria, como a lanterna mágica da fábula, peca num ponto capital: perde-se num Dédalo de explicações que necessitariam outras explicações para serem compreendidas. Um outro defeito é que a cada passo é contraditada por fatos que ela não pode explicar e sobre os quais o autor passa em silêncio, por uma razão muito simples: é que não os conhece. Ele nada viu ou pouco viu por si mesmo; numa palavra, nada aprofundou *de visu*, com a sagacidade, a paciência e a independência de ideias do observador consciencioso; contestou-se com relatos mais ou menos fantásticos, encontrados em certas obras que não brilham pela imparcialidade; não leva em conta os progressos que a Ciência fez desde alguns anos; ele a pega em seu começo, quando marchava tateante e cada um trazia uma opinião incerta e prematura, longe ainda de conhecer todos os fatos; absolutamente como se quisesse julgar a Química de hoje pelo que era ao tempo de Nicolas Flamel. Em nossa opinião, ao Sr. Figuier, por mais sábio que seja, falta a primeira qualidade de um crítico – a de conhecer *a fundo aquilo* de que fala, condição ainda mais necessária quando se quer explicá-lo.

Não o acompanharemos em todos os seus raciocínios; preferimos indicar a sua obra, que todo espírita pode ler sem o menor perigo para as suas convicções; só citaremos a passagem na qual ele explica sua teoria das mesas girantes, que resume mais ou menos a de todos os outros fenômenos:

"Vem a seguir a teoria que explica os movimentos das mesas girantes pelos *Espíritos*. Se a mesa girar após um quarto de hora de recolhimento e atenção por parte dos experimentadores, é, dizem, que os Espíritos, bons ou maus, anjos ou demônios, entraram na mesa e a puseram em oscilação". O autor espera que discutamos tal hipótese? Não pensamos em fazê-lo. Se empreendêssemos provar, com grandes reforços de argumentos lógicos, que o diabo não entra nos móveis para os fazer dançar, teríamos também de demonstrar que não são Espíritos que, introduzidos em nosso corpo, nos fazem agir, falar, sentir, etc.[1] Todos esses fatos são da mesma ordem, e aquele que admite a inter-

---

[1] Não são Espíritos que nos fazem agir e pensar, mas um Espírito que é a nossa alma. Negar esse Espírito é negar a alma; negar a alma é proclamar o materialismo puro. O Sr. Figuier parece pensar que, como ele, *ninguém* crê ter uma alma imortal, ou que ele crê ser todo o mundo.

venção do demônio para girar uma mesa, deve recorrer à mesma influência sobrenatural para explicar os atos que ocorrem em virtude de nossa vontade e com auxílio de nossos órgãos. *Ninguém jamais quis seriamente atribuir* os efeitos da vontade sobre os nossos órgãos, por mais misteriosa que seja a essência desse fenômeno, à ação de um anjo ou de um demônio. É, entretanto, a essa consequência que são levados os que querem ligar a rotação das mesas a uma causa sobre-humana.

Digamos, para terminar esta curta discussão, que a razão proíbe recorrer a uma causa sobrenatural, sempre que uma causa natural pode bastar. Uma causa natural, normal, fisiológica, pode ser invocada para a explicação do movimento das mesas? Eis toda a questão.

Eis-nos, pois, chegados a expor o que nos parece dar conta do fenômeno estudado nesta última parte de nossa obra.

A explicação do fato das mesas girantes, considerado na sua maior simplicidade, nos parece ser fornecida por esses fenômenos cujo nome até aqui variou muito, mas cuja natureza, no fundo, é idêntica, tanto que, seguidamente, foi chamada *hipnotismo* com o Dr. Braid, *biologismo* com o Sr. Philips, *sugestão com* o Sr. Carpenter. Lembramos que, em consequência da forte tensão cerebral resultante da contemplação, mantida por muito tempo, de um objeto imóvel, o cérebro cai num estado particular, que recebeu sucessivamente os nomes de *estado magnético*, de *sono nervoso* e de *estado biológico*, nomes diferentes, que designam certas variantes particulares de um estado geralmente idêntico.

Uma vez chegado a esse estado, quer pelos passes de um magnetizador, como se faz desde Mesmer, quer pela contemplação de um corpo brilhante, como operava Braid, imitado pelo Sr. Philips, e como operam ainda os feiticeiros árabes e egípcios, quer simplesmente, enfim, por uma forte contenção moral, de que citamos mais um exemplo, o indivíduo cai nessa passividade automática que constitui o *sono nervoso*. Ele perdeu a força de dirigir e controlar a própria vontade e está sob o domínio de uma vontade estranha. Apresentam-lhe um copo d'água, afirmando que é deliciosa bebida, e ele bebe julgando tomar vinho, licor ou leite, conforme a vontade do que se apoderou fortemente de seu ser. Assim, privado do auxílio de seu próprio juízo, o indivíduo fica quase estranho às ações que executa e, voltando ao seu estado natural, perdeu a lembrança dos atos que realizou durante essa estranha e passageira abdicação de seu *eu*. Está sob a influência de *sugestões*, isto é, aceitando, sem poder repeli-la, uma ideia fixa, que lhe é imposta por uma vontade externa, age e é forçado a agir sem ideia e sem vontade próprias, por consequência, sem consciência. Esse sistema levanta uma grande questão de Psicologia, porque o homem assim influenciado perdeu o livre-arbítrio e não tem mais responsabilidade pelas ações que executa. Age determinado por imagens intrusas que lhe obsidiam o cérebro, análogas a essas visões que Cuvier supõe fixas no *sensorium* da abelha, e que lhe representam as formas e as proporções da célula que o instinto a leva a construir. O princípio das *sugestões* explica perfeitamente os fenômenos, tão variados e por vezes tão terríveis, das alucinações, e, ao mesmo tempo, mostra o pequeno intervalo que separa o alucinado do monômano. Não é de admirar que, num grande número de giradores de mesas, a alucinação sobreviva à experiência e se transforme em loucura definitiva.

Esse princípio das *sugestões*, sob a influência do sono nervoso, nos parece fornecer a explicação do fenômeno da rotação das mesas, tomado na sua maior simplicidade. Consideremos o que se passa na corrente de pessoas que se entregam a uma experiência do gênero. Tais pessoas estão atentas, preocupadas, fortemente emocionadas com a espera do fenômeno que se deve produzir. Uma grande atenção, um recolhimento completo de espírito lhes é recomendado. À medida que se prolonga a espera é que a contenção moral é muito tempo entretida pelos experimentadores, seu cérebro se fatiga cada vez mais e as ideias sofrem uma ligeira perturbação. Quando, no inverno de 1860, assistimos em Paris às experiências do Sr. Philips; quando vimos as dez ou doze pessoas às quais ele confiava um disco metálico, com a injunção de olhar fixamente e unicamente esse disco, colocado na palma da mão durante uma meia hora, não pudemos deixar de ver nessas condições reconhecidas indispensáveis para a manifestação do estado hipnótico, a imagem fiel do estado em que se encontram as pessoas que, silenciosamente, formam a cadeia, a fim de obter a rotação da mesa. Num, como no outro caso, há uma forte contenção do espírito, exclusivamente uma ideia perseguida durante um tempo considerável. O cérebro humano não pode resistir muito tempo a essa tensão excessiva, a essa acumulação anormal do influxo nervoso. Das dez ou doze pessoas entregues à experiência, a maioria a abandona, forçadas a renunciar pela fadiga nervosa que experimentam. Somente algumas, uma ou duas, que perseveram, são presas do estado hipnótico ou biológico e, então, dão lugar aos fenômenos diversos que examinamos no curso desta obra, ao falar do hipnotismo e do estado biológico.

Nessa reunião de pessoas fixamente ligadas, durante vinte minutos ou meia hora, a formar a corrente, com as mãos estendidas sobre a mesa, sem liberdade de, por um instante, distrair a atenção da operação em que tomam parte o maior número não experimenta qualquer efeito particular. Mas é muito difícil que ao menos uma delas não caia, por um momento, presa do estado hipnótico ou biológico. Esse estado não precisa durar mais que um segundo para que se realize o fenômeno esperado. O elemento da corrente caído nesse meio-sono nervoso, não tendo mais consciência de seus atos e sem outro pensamento senão a ideia fixa da rotação da mesa, imprime inconscientemente o movimento ao móvel. Ele pode, nesse momento, desenvolver uma força muscular relativamente considerável e a mesa se move. Dado esse impulso, realizado esse ato inconsciente, nada mais é preciso. Assim passageiramente biologizado, o indivíduo pode a seguir voltar ao seu estado ordinário; porque, apenas manifestado esse movimento mecânico na mesa, logo todos os componentes da corrente se levantam e seguem seus movimentos ou, por outras palavras, fazem a mesa marchar, pensando que apenas a acompanham. Quanto ao indivíduo, causa involuntária, *inconsciente* do fenômeno, não conserva nenhuma lembrança dos atos executados nesse estado de sono nervoso, ignora o que fez e fica indignado quando o acusam de haver empurrado a mesa. Até suspeita que outros membros da mesa tenham feito uma pilhéria de mau gosto, de que o acusam. Daí as frequentes discussões e mesmo *essas disputas sérias a que tantas vezes deram lugar* ao divertimento das mesas girantes.

Tal a explicação que julgamos poder dar, no que concerne ao fato da rotação das mesas, tomado na sua maior simplicidade. Quanto aos movimentos das mesas respondendo a perguntas: os pés que se levantam às ordens e que, pelo número de batidas, respondem às perguntas feitas, o mesmo sistema o explica se admitirmos que, entre os membros da corrente, haja algum no qual o estado de sono nervoso conserve certa duração. Tal indivíduo, hipnotizado malgrado seu, responde às perguntas e às ordens que lhe são dadas, inclinando a mesa ou fazendo-a dar pancadas, conforme o pedido. Voltando depois ao estado natural, esqueceu todos os atos assim realizados, como qualquer indivíduo magnetizado ou hipnotizado perde a lembrança dos atos executados nesse estado. O indivíduo que representa o papel malgrado seu é, pois, uma espécie de dorminhoco acordado; não é absolutamente *sui compôs*; está num estado mental que participa do sonambulismo e da fascinação. Não dorme; está encantado ou fascinado em virtude da forte concentração moral imposta: é um *médium*. Como este último exercício é de ordem superior ao primeiro, não pode ser obtido em todos os grupos. Para que a mesa responda às perguntas feitas, levantando um de seus pés e batendo pancadas, é necessário que os indivíduos que operam tenham praticado seguidamente o fenômeno da mesa girante, e que entre eles se encontre um particularmente apto a cair naquele estado, e que caia mais depressa pelo hábito e persevere por mais tempo: numa palavra, é preciso um médium experimentado.

Dir-se-á, porém, que vinte minutos ou meia hora nem sempre são necessários para obter o fenômeno de rotação de um *guéfidon*[1] ou de mesa. Muitas vezes, ao cabo de quatro ou cinco minutos a mesa se põe em movimento. A tal observação responderemos que um magnetizador, quando trata com sensitivo habitual ou um sonâmbulo profissional, faz este cair em sonambulismo em um ou dois minutos, sem passes, sem aparelho e pela simples imposição fixa do olhar. É então o hábito que torna o fenômeno mais fácil e rápido. Também os *médiuns* exercitados podem em pouco tempo chegar a esse estado de meio-sono nervoso, que deve tornar inevitável o fato da rotação da mesa ou o movimento imprimido por ele ao móvel, conforme o pedido feito.

Não sabemos como o Sr. Figuier aplicaria a sua teoria aos movimentos que se dão, aos ruídos que se ouvem, ao deslocamento de objetos, sem o contato do médium, sem a participação de sua vontade, contra a sua vontade. Mas há muitas outras coisas que ele não explica. Aliás, aceitando-se mesmo a sua teoria, teríamos um fenômeno fisiológico dos mais extraordinários e bem digno da atenção dos sábios. Por que, então, o desdenharam?

O Sr. Figuier termina seu *Tratado do Maravilhoso* por uma curta notícia sobre *O Livro dos Espíritos*. Julga-o naturalmente do seu

---

[1] Espécie de mesa de três pés. (N.R.).

ponto de vista: A filosofia, diz ele, "é obsoleta e a *moral adormecedora*". Sem dúvida teria preferido uma moral galhofeira e viva. Mas que fazer? É uma moral para uso da alma; aliás, ela teria sempre uma vantagem: a de fazer dormir. É para ele uma receita em caso de insônia.

## PALESTRAS FAMILIARES DE ALÉM-TÚMULO

### BALTAZAR, O ESPÍRITO GASTRÔNOMO

2.ª PALESTRA

Um dos nossos assinantes, ao ler na *Revista Espírita* de novembro a evocação do Espírito que se deu a conhecer pelo nome de Baltazar, julgou reconhecer nele um homem que tinha conhecido pessoalmente, e cuja vida e caráter coincidiam perfeitamente com todos os detalhes referidos. Não duvidava que fosse o mesmo que se havia manifestado sob um nome fantástico e nos pediu que nos certificássemos em nova evocação. Segundo ele, Baltazar não era outro senão o Sr. G... de la R..., conhecido por suas excentricidades, sua forma e seus gostos gastronômicos.

1. (*Evocação*) R – Ah! Eis-me aqui. Mas nunca tendes algo a me oferecer. Decididamente sois pouco amáveis.

2. – Quereis dizer o que vos poderíamos oferecer para vos ser agradáveis? R – Oh! Pouca coisa: um chazinho; um jantarzinho muito fino, eu gostaria, mas disso, e estas senhoras, sem contar os senhores aqui presentes, não o poriam de lado, haveis de concordar.

3. – Conhecestes um certo Sr. G... de la R...? R – Creio que sois curiosos.

4. – Não, não é curiosidade; dizei, por favor, se o conhecestes? R – Então quereis descobrir o meu incógnito.

5. – Assim, sois o Sr. G... de la R...? R – Ora! Sim, sem almoço.

6. – Não fomos nós que descobrimos o incógnito; foi um dos vossos amigos aqui presente. R – É um palrador; deveria ter ficado calado.

7. – Em que isso vos pode aborrecer? R – Em nada; mas eu preferia não ter sido conhecido imediatamente. Dá no mesmo: não esconderei meus gostos por isso. Se conhecesses os jantares que eu dava, concordarias que eram bons e tinham um valor que não mais se aprecia.

8. – Não. Não os conhecia. Mas falemos mais seriamente, por favor, e ponhamos de lado os jantares e ceias, que nada nos ensinam. Nosso objetivo é de nos instruirmos, e por isso vos pedimos dizer qual o sentimento que vos levou, no dia de vossa festa de formatura como advogado, fazer vossos colegas jantar numa sala decorada em câmara mortuária? R – Não destacais, no meio de todas as minhas excentricidades de caráter, um fundo de tristeza causado pelos erros da sociedade, sobretudo pelo orgulho daquela que eu frequentava e da qual fazia parte pelo nascimento e pela fortuna? Eu buscava atordoar o coração por todas as loucuras imagináveis, e me chamavam louco, extravagante. Pouco importava. Saindo dessas ceias tão gabadas por sua originalidade, eu corria a praticar uma boa ação que ignoravam; mas para mim era o mesmo: meu coração ficava satisfeito e os homens também. Eles riam de mim e eu me divertia com eles. Que direis dessa ceia em que cada convidado tinha sua esquife às costas! Seus rostos transtornados me divertiam muito. Assim, vedes, era a loucura aparente unida à tristeza do coração.

9. – Qual a vossa opinião atual sobre a Divindade? R – Eu não esperei deixar o corpo para crer em Deus. Acontece apenas que o corpo que tanto amei materializou meu Espírito a tal ponto, que lhe será preciso muito tempo para quebrar todos os laços terrenos das paixões que o prendiam à Terra.

**Observação**: Vê-se quanto, de um assunto aparentemente frívolo, se podem tirar ensinamentos úteis. Não existe algo de eminentemente instrutivo nesse Espírito que, conservando no além instintos corporais, reconhece que o abuso das paixões de certo modo *materializou* o seu Espírito?

## A EDUCAÇÃO DE UM ESPÍRITO

Um dos nossos assinantes, cuja esposa é ótima médium escrevente, não pode, apesar disso, comunicar-se com parentes e amigos, porque um mau Espírito se interpõe e *intercepta*, por assim dizer, todas as comunicações, o que lhe causa viva contrariedade. Notemos que há simples obsessão, e não subjugação, porque a médium absolutamente não é enganada por esse Espírito que, aliás, é francamente mau e não procura esconder o seu jogo. Tendo pedido nosso conselho a respeito, dissemos-lhe que não se livraria dele nem pela cólera, nem pelas ameaças, mas pela paciência; que ela precisava dominá-lo pelo ascendente moral e buscar torná-lo melhor pelos bons conselhos; que é um *encargo de alma* que lhe é confiado, e cuja dificuldade lhe será meritória.

Segundo nosso conselho, marido e esposa empreenderam a educação desse Espírito, e devemos dizer que se conduzem admiravelmente e que, se não o conseguirem, nada terão a se censurar. Extraímos algumas passagens dessas instruções, que damos como modelo no gênero, e porque a natureza desse Espírito nelas se desenha de maneira característica.

1. – Para que sejas mau assim, é preciso que sofras? R – Sim, sofro. E é por isso que me faz ser mau.

2. – Jamais sentes remorso do mal que fazes ou procuras fazer? R – Não, jamais tenho remorso, e gozo o mal que faço, porque não posso ver os outros felizes sem sofrer.

3. – Não admites, então, que se possa ser feliz com a felicidade alheia, em vez de encontrar felicidade em sua desgraça? Jamais fizeste tais reflexões? R – Jamais as fiz, e acho que tens razão; mas não posso me... não posso fazer o bem; eu sou...

**Observação**: Essas reticências substituem as garatujas feitas pelo Espírito, quando não quer ou não pode escrever uma palavra.

4. – Mas, enfim, não queres escutar-me e experimentar os conselhos que poderia dar-te? R – Não sei, porque tudo quanto me dizes me faz sofrer ainda mais, e não tenho coragem de fazer o bem.

5. – Ora! Prometes-me ao menos tentar? R – Oh! Não, não posso, porque não cumpriria a promessa e por isso seria punido. Ainda é preciso pedires a Deus que me mude o coração.

6. – Então, oremos juntos. Pede comigo que Deus te melhore. R – Digo-te que não posso; sou muito mau e agrada-me fazer o mal.

7. – Mas, realmente, querias fazê-lo a mim? Eu não considero como mal real as tuas mistificações que, por certo, até aqui nos têm sido mais úteis que prejudiciais, pois serviram para a nossa instrução. Assim, como vês, perdes o tempo. R – Sim, eu fiz tanto quanto posso; e se não fiz mais foi por não poder.

8. – Que é o que to impede? R – O teu bom anjo da guarda e tua Maria, sem o que verias do que sou capaz.

**Observação**: Maria é o nome de uma jovem que evocam em vão, e que não se pode manifestar por causa desse Espírito. Vê-se, porém, pela resposta mesma do Espírito, que se ela não pode manifestar-se materialmente, não deixa de lá estar, como o anjo da guarda, velando por eles. O fato levanta um sério problema, o de saber como um mau Espírito pode impedir as comunicações de um bom. Ele só impede as comunicações materiais, mas não as espirituais. Não é o mau Espírito mais poderoso que o bom; é o médium que não é bastante forte para vencer a obstinação do mau, e que deve esforçar-se por vencê-lo pelo ascendente do bem, melhorando-se mais e mais. Deus permite essas provas em nosso interesse.

9. – Então que me farias? R – Eu te faria mil coisas, umas mais agradáveis que outras; eu te faria...

10. – Vejamos, pobre Espírito; jamais tens um gesto generoso? Jamais tens um só desejo de fazer algum bem, ainda que fosse um vago desejo? R – Sim, um desejo vago de fazer o mal; não posso ter outro. É preciso que ores a Deus, para que eu seja tocado. Do contrário, continuarei mau. É certo.

11. – Então crês em Deus? R – Não posso deixar de crer, já que me faz sofrer.

12. – Então! já que acreditas em Deus, deve ter confiança em sua perfeição e em sua bondade. Deves compreender que ele não fez suas criaturas para votá-las à desgraça; que se são infelizes, é por sua própria culpa e não pela dele; mas que elas sempre tem meios de melhorar e, consequentemente, chegar à felicidade; que Deus não fez suas criaturas inteligentes sem objetivo e que esse objetivo é fazer que todas concorram para a harmonia universal: a caridade, o amor do próximo; que a criatura que se afasta de tal objetivo perturba a harmonia e ela própria é a primeira vítima a sofrer os efeitos dessa perturbação que causa. Olha em torno de ti e acima de ti: não vês Espíritos felizes? Não tens o desejo de ser como eles, já que dizes que sofres? Deus não os criou mais perfeitos do que tu; como tu, talvez tenham sofrido, mas se arrependeram e Deus lhes perdoou; tu podes fazer como eles. R – Começo a ver e a compreender que Deus é justo; eu ainda não tinha visto. És tu que me vens abrir os olhos.

13. – Então! já não sentes o desejo de melhorar? R – Ainda não.

14. – Espera, que ele virá. Eu o espero. Disseste à minha mulher que ela te torturava, enquanto te invocava. Crês que procuremos tortu-

rar-te? R – Não, bem vejo que não. Mas não é menos verdade que sofro mais que nunca e vós sois a causa disto.

**Observação**: Interrogado quanto à causa de tal sofrimento, um Espírito superior respondeu: A causa está no combate que ele trava consigo mesmo; malgrado seu, sente algo que o arrrasta para um melhor caminho, mas resiste; é essa luta que o faz sofrer. – Quem vencerá nele: o bem ou o mal? R – O bem. Mas a luta será longa e difícil. É preciso ter muita perseverança e devotamento.

15. – Que poderemos fazer para que não sofras mais? R – É preciso que ores a Deus para que me perdi... (ele risca as duas últimas palavras) que tenha piedade de mim.

16. – Então! ora conosco. R – Não posso.

17. – Disseste que tens de crer em Deus, pois que ele te faz sofrer. Mas como sabes que é Deus quem te faz sofrer? R – Ele me faz sofrer porque sou mau.

18. – Se é verdade que julgas ser Deus quem te faz sofrer, deves reconhecer nisso o motivo e não podes imaginar que Deus seja injusto? R – Sim, creio na justiça de Deus.

19. – Disseste que nós te abrimos os olhos. Verdade ou não, o certo é que não podes dissimular a verdade do que te dizemos. Ora, quer tais verdades te sejam conhecidas antes de nós, ou por nós, o essencial é que as conheças. Hoje, o grande negócio para ti é tirar partido delas. Dize, pois, francamente, se a satisfação que experimentas em fazer o mal não te deixa nada a desejar. R – Desejo que meus sofrimentos acabem; eis tudo. E eles não acabarão nunca.

20. – Compreendes que depende de ti que eles acabem? R – Compreendo.

21. – Em tua última existência corpórea te entregaste sem reservas às más inclinações, como parece que fazes agora? R – Convém saberes que sou mais imundo que uma fera, sou um miserável que fez tudo até...

22. – Eu e minha mulher te fizemos algum mal? Tiveste que te lamentar de nós numa outra existência? R – Não, eu não...

23. – Então, dize por que encontras mais prazer em te encarniçares contra gente inofensiva como nós, que te queremos bem, em vez de contra gente má, que talvez seja, ou tenha sido tua inimiga? R – *Eles não me causam inveja.*

**Observação**: Esta resposta é característica: pinta o ódio do mau contra os homens que sabe serem melhores que ele. É a inveja que cega e por vezes impele a atos mais contrários aos seus interesses. Há-os também aqui na Terra, onde muitas vezes os maiores erros de um homem, aos olhos de certas pessoas, têm o seu mérito. Aristides é um exemplo.

24. – Eras mais feliz na Terra, do que agora? R – Oh! sim. Eu era rico e de nada me privava. Cometi baixezas de toda sorte e fiz todo o mal que se pode, quando se tem dinheiro e miseráveis à disposição.

25. – Por que me pedias outro dia que te deixasse tranquilo? R – Porque não queria responder às perguntas que me dirigias. Mas estou à vontade por me evocares e queria sempre escrever, porque o tédio me mata. Oh! Não sabes o que é estar continuamente em presença das faltas e dos crimes, como estou!

26. – Que impressão experimentas à vista de uma ação generosa? R – Experimento despeito. Gostaria de aniquilá-la.

27. – Durante tua última existência corpórea jamais fizeste uma boa ação, fosse qual fosse o móvel? R – Fi-la por ambição e orgulho; jamais por bondade. Por isso, não me foi levada em conta.

**Observação**: Essas palestras se prolongaram por várias sessões, e ainda neste momento, infelizmente sem resultado muito sensível. O mal domina sempre nesse Espírito, que só em raros intervalos revela alguns clarões de bons sentimentos, sendo, assim, uma tarefa penosa para os seus instrutores. Contudo, esperamos que com perseverança conseguirão domar essa natureza rebelde, ou ao menos que Deus leve em conta os seus esforços.

## DISSERTAÇÕES ESPÍRITAS

RECEBIDAS OU LIDAS NA SOCIEDADE POR VÁRIOS MÉDIUNS

ENTRADA DE UM CULPADO NO MUNDO DOS ESPÍRITOS

(MÉDIUM, SRA. COSTEL)

Vou contar-te o que sofri quando morri. Retido no corpo pelos laços materiais, meu Espírito teve grande trabalho para se desprender, o que foi uma primeira e rude angústia. A vida que havia deixado aos vinte e quatro anos era ainda tão forte em mim, que não cria na sua perda. Procurava meu corpo e estava admirado e apavorado por me ver perdido nessa multidão de sombras. Por fim, a consciência de meu estado e a revelação das faltas que havia cometido em todas as minha encarnações, me feriram de repente. Uma luz implacável esclareceu os mais secretos refolhos de minh'alma que se sentiu *nua* e tomada de acabrunhadora vergonha. Eu buscava escapar, interessando-me por objetos novos, *entretanto conhecidos*, que me cercavam; os Espíritos radiosos, flutuando no éter, me davam a ideia de uma felicidade à qual eu não podia aspirar; formas sombrias e desoladas, umas mergulhadas em morno desespero, outras irônicas ou furiosas, deslizando em meu redor e sobre a terra à qual eu ficava pregado. Via os humanos se movimentando e lhes invejava a ignorância. Toda uma ordem de sensações desconhecidas ou *reencontradas* invadia-me ao mesmo tempo. Como que arrastado por uma força irresistível, buscando fugir a essa dor lancinante, eu transpunha as distâncias, os elementos, os obstáculos materiais, sem que as belezas da Natureza nem os esplendores celestes pudessem acalmar um instante o dilaceramento de minha consciência, nem o pavor que causava a revelação da eternidade. Um mortal pode pressentir as torturas materiais pelos arrepios da carne; mas as vossas frágeis dores, suavizadas pela esperança, temperadas pelas distrações, mortas pelo esquecimento, jamais vos poderão dar a compreender as angústias de uma alma que sofre sem tréguas, sem esperança, sem arrependimento. Passei um tempo, cuja duração não posso apreciar, invejando os eleitos, cujo esplendor entrevia, detestando os maus Espíritos que me perseguiam com suas troças, desprezando os humanos, cujas torpezas eu via, passando de um profundo abatimento a uma revolta insensata.

Por fim, me acalmaste. Escutei os ensinos que te deram os teus guias. A verdade me penetrou, eu orei: Deus me ouviu. Revelou-se a mim por sua clemência, como se havia revelado pela sua justiça.

CASTIGO DO EGOÍSTA

(MÉDIUM, SRA. COSTEL)

**Nota**: O Espírito que ditou as três comunicações seguintes é o de uma mulher que a médium conheceu em vida, e cuja conduta e caráter justificam bem os tormentos que ela sofre. Era, sobretudo, dominada por um extremo egoísmo e um personalismo que se reflete na última comunicação, por sua pretensão em querer que a médium se ocupe somente com ela, por ela ter renunciado aos seus estudos ordinários.

I

Eis-me aqui, eu, a infeliz Clara. Que queres que te ensine? Tua resignação e tua esperança são meras palavras para quem sabe que, inumeráveis como os seixos da praia, seus sofrimentos durarão na sequência interminável dos séculos. Dizes que posso suavizá-los! Que palavra sem sentido! Onde achar a coragem, a esperança para tanto? Então, ó cérebro limitado, procura compreender o que é um dia que jamais acaba. É um dia, um ano, um século? Que sei eu? As horas não se marcam; as estações não variam; eterno e lento como a água que brota do rochedo, esse dia execrado, esse dia maldito pesa sobre mim como um estojo de chumbo... Sofro!... Nada vejo em volta de mim, senão sombras silenciosas e indiferentes... sofro!

Contudo, sei que, acima dessa miséria reina Deus, o Pai, o Senhor, aquele para o qual tudo se encaminha. Quero pensar nisso. Quero implorar-lhe ajuda.

Debato-me e arrasto-me como um estropiado que trilha um longo caminho. Não sei que poder me arrasta para ti. Talvez seja a salvação. Eu me retiro de ti um pouco calma, um pouco reaquecida, como um velho tiritante animado por um raio de sol. Minh'alma gelada sorve uma vida nova, ao aproximar-se de ti.

Clara

II

Minha desgraça cresce dia a dia; cresce à medida que o conhecimento da eternidade se desenvolve em mim. Ó miséria! Quanto vos maldigo, horas culpadas, horas do egoísmo e de esquecimento em que, desconhecendo toda caridade, todo devotamento, eu só pensava no meu bem-estar! Sede malditos, arranjos humanos! Vãs preocupações dos interesses materiais! Sede malditos, vós que me haveis enceguecido e perdido! Sou roída pelo incessante pesar do tempo escoado. Que direi a ti, que me escutas? Vigia incessantemente sobre ti; ama aos outros mais que a ti mesma; não te demores nos caminhos do bem-estar; não engordes o teu corpo à custa de tua alma. Vigia, como dizia o Salvador a seus discípulos. Não me agradeças estes conselhos: meu espírito os concebe, mas meu coração jamais os ouviu. Como um cão açoitado, o medo me faz rojar-me, mas não conheço ainda o puro amor! Sua divina aurora custa muito a romper. Ora por minh'alma, ressequida e tão miserável.

Clara

III

**Nota**: Os dois primeiros ditados foram recebidos em casa da médium: este foi dado espontaneamente na Sociedade, o que explica o sentido da primeira frase.

Venho procurar-te aqui, já que me esqueces. Crês, então, que preces isoladas e o meu nome pronunciado bastarão para acalmar o meu sofrimento? Não, cem vezes não. Tenho rugido de dor; erro sem repouso, sem asilo, sem esperança, sentindo o eterno aguilhão do castigo penetrar em minh'alma revoltada. Rio quando escuto os vossos lamentos, quando vos vejo abatidos. Que são as vossas miseráveis penas! que são as vossas lágrimas! Que são os vossos tormentos, que o sono interrompe! Será que eu durmo? Eu quero, entendes, eu quero que, deixando tuas dissertações filosóficas, te ocupes de mim; que os outros também se ocupem. Não encontro expressão para pintar a angústia desse tempo que se escoa, sem que as horas lhe marquem os períodos. Apenas vejo um fraco raio de esperança; e essa esperança foste tu que ma deste. Assim, não me abandones.

Clara

IV

**Nota**: A comunicação seguinte não é do mesmo Espírito, é de um Espírito superior, nosso guia espiritual, em resposta ao pedido que lhe fizemos, para dar sua opinião sobre as comunicações precedentes.

Esse quadro é muito verdadeiro e não está absolutamente carregado. Talvez me pergunte o que fez essa mulher para estar tão miserável! Cometeu algum crime horrível? Roubou? Assassinou? Não. Nada fez que tivesse merecido a justiça dos homens. Ao contrário, divertia-se com aquilo a que chamais a felicidade terrena: beleza, fortuna, prazeres, adulação, tudo lhe sorria, nada lhe faltava e, vendo-a, diziam: Que mulher feliz! Invejavam sua sorte. Que fez ela? Foi egoísta; tinha tudo, menos um bom coração. Se não violou a lei dos homens, violou a lei de Deus, porque desconheceu a caridade, a primeira das virtudes. Só amou a si mesma. Agora ninguém a ama. Não deu nada; nada lhe dão. Está isolada, cansada, abandonada, perdida no espaço, onde ninguém pensa nela, ninguém se ocupa com ela. Isso é o seu suplício. Como só buscou os prazeres mundanos e hoje tais prazeres não mais existem, fez-se o vazio em seu redor. Só vê o nada e o nada lhe parece a eternidade. Não sofre torturas físicas; os diabos não vêm atormentá-la, mas isso não é necessário. Ela própria se atormenta, sofre demasiado porque esses diabos seriam ainda seres que pensavam nela. O egoísmo constituiu sua alegria na Terra; perseguiu-a. Agora é o verme que lhe rói o coração; é o seu verdadeiro demônio.

Ah! se os homens soubessem quanto lhes custa ser egoístas! Entretanto, Deus vo-lo ensina todos os dias, pois vos envia tantos Espíritos egoístas à Terra para que, desde esta vida, eles se castiguem uns aos outros e melhor compreendam, pelo contraste, que a caridade é o único contraveneno dessa lepra da humanidade.

### ALFRED DE MUSSET

### (MÉDIUM, SRTA. EUGÊNIE)

Na sessão da Sociedade, de 23 de novembro, um Espírito comunicou-se espontaneamente, escrevendo o seguinte:

Como desejo, antes de tudo, vos ser agradável, pergunto de que assunto quereis que eu trate. Se tiverdes um assunto, perguntai. Enfim, senhores, sou sempre o vosso dedicado.

Alfred de Musset

— Sendo vossa visita imprevista, não temos um assunto preparado. Pedimos, pois, a bondade de tratar de um à vossa escolha. Seja qual for, ficaremos muito reconhecidos.

R – Tendes razão. Sim, porque meu Espírito, em particular, e nós todos, em geral, conhecemos melhor as vossas necessidades e melhor podemos escolher as comunicações, do que faríeis vós mesmos.

"De que vou tratar? Sinto-me embaraçado em meio a tantos assuntos interessantes. Comecemos por falar dos que desejam ardentemente ser espíritas, mas parecem recuar ante o que julgam uma apostasia. Falemos, pois, desses que recuariam ante a ideia de se acharem em contradição com o Catolicismo. Escutai bem: digo Catolicismo e não Cristianismo.

Temeis renegar a crença dos vossos pais? Erro! Vossos pais, os primeiros, os que fundaram essa religião sublime em sua origem, eram mais espíritas do que vós; pregavam a mesma doutrina que hoje vos ensinam; e quem diz: Espiritismo, como a vossa religião, diz: caridade, bondade, esquecimento e perdão das injúrias. Como o Catolicismo, ele vos ensina a abnegação de si mesmo. Podeis, pois, consciências timoratas, aliá-los e vir, sem escrúpulos, sentar-vos a esta mesa e conversar com os seres que chorais. Como vossos pais, sede caridosos, bons, compassivos, e no fim da estrada tereis todos o mesmo lugar; no fim do caminho, a balança que pesará as vossas ações terá os mesmos pesos e a obra o mesmo valor. Vinde sem medo, eu vos peço; vinde, mulheres graciosas, com o coração cheio de ilusões. Vinde aqui, e estas serão substituídas pelas realidades mais belas e mais radiosas; vinde, esposa de coração duro, que sofreis a vossa aridez; aqui está a água que amolece a rocha e estanca a sede; vinde, mulheres amantes, que em toda a vossa vida aspirais à felicidade, que medis a profundidade do vosso coração e desesperais de preenchê-la; vinde, mulher de inteligência ávida, vinde; aqui a Ciência corre pura e clara e vinde beber nesta fonte que rejuvenesce. E vós, velhos que vos curvais, vinde e rireis em face a toda essa juventude que vos desdenha, porque, para vós, se abrem as portas do santuário, para vós o nascimento vai recomeçar e trazer a felicidade de vossos primeiros anos; vinde, e nós vos faremos ver os irmãos que vos estendem os braços e vos esperam; vinde, pois, todos, porque para todos há consolações.

Vede que me presto de boa vontade; usai-me e dar-me-eis prazer".

Aproveitando a boa vontade do Espírito de Alfred de Musset, foram-lhe dirigidas as seguintes perguntas:

1. – Qual será a influência da poesia no Espiritismo? R – A poesia é o bálsamo que se aplica sobre as chagas. A poesia foi dada aos homens como o maná celeste. Todos os poetas são médiuns que Deus enviou à Terra para regenerar um pouco o seu povo e não o deixar embrutecer-se inteiramente. Pois o que há de mais belo, que mais fale à alma do que a poesia?

2. – A pintura, a escultura, a arquitetura, a poesia foram, uma por

uma, influenciadas pelas ideias pagãs e cristãs. Podeis dizer se, depois das artes pagã e cristã, haverá um dia a arte espírita? R – Fazeis uma pergunta que se responde por si mesma: o verme é o verme; torna-se bicho da seda; depois, borboleta. Que há de mais aéreo, de mais gracioso que uma borboleta? Então! a arte pagã é o verme; a arte cristã o casulo; a arte espírita será a borboleta.

(A respeito, vide o artigo anterior, página 412, sobre a arte pagã, a arte cristã e a arte espírita).

3. – Qual a influência da mulher no século dezenove? R – Ah! é o progresso. E é um jovem quem faz a pergunta. Bonito! Eu mesmo as apreciava demasiado para deixar de responder. E estou certo de que todos também querem ouvir.

**Nota**: A pergunta foi feita por um jovem estranho à Sociedade.

A influência da mulher no século dezenove! Acreditais que ela tenha esperado esta época para vos trazer à trela, pobre e fracos homens que sois? Se tentastes rebaixá-la, foi porque a temíeis; se tentastes abafar a sua inteligência, foi porque temestes a sua influência. Só ao seu coração não pudestes opor barreiras. E como o coração é o presente que Deus lhe deu em particular, continuou senhor e soberano. Mas eis que a mulher se faz também borboleta; ela quer sair de seu casulo; quer reconquistar seus direitos, que são divinos; como aquela, lança-se na atmosfera e dir-se-ia que reencontra o clima de seu justo valor. Não penseis que eu as queria transformar em eruditas, letradas, poetisas. Não. Mas eu quero, aqui se quer, no mundo em que habito, que aquela que deve elevar a Humanidade seja digna de seu papel; que aquela que deve formar os homens comece a se conhecer a si própria e, para lhes dar desde tenra idade o amor do belo, do grande, do justo, é necessário que ela possua esse amor num grau superior, é preciso que o compreenda. Se o agente educador por excelência for reduzido ao estado de nulidade, a sociedade vacilará. É o que deveis compreender no século dezenove.

## INTUIÇÃO DA VIDA FUTURA

### (MÉDIUM, SRTA. EUGÊNIE)

**Nota**: A médium escreve num caderno antigo, que servira a outro médium, e no qual se achava uma comunicação escrita há tempos e assinada por Delphine de Girardin. A circunstância explica o começo da comunicação.

Encontro justamente o meu nome; e ele servirá de assinatura antes de haver começado.

Quero falar-vos a todos, neste momento, e vos provar que sois espiritualistas; por isso, é suficiente dirigir-me ao vosso raciocínio. Que ireis fazer num cemitério a primeiro de novembro, se ele só conserva os despojos dos seres que perdestes? Por que ides perder tempo em levar-lhes: este umas flores, aquele um pensamento de amizade e uma suave lembrança? Por que ides evocar a sua memória, se eles não vivem mais? Por que derramar lágrimas e lhes pedir que as enxuguem ou que vos levem com eles? Respondei, vós todos que dizeis – porque os que não dizem em voz alta, pensam baixinho – que dizeis: a matéria é a única coisa que existe em nós. Depois de nós, nada. Dizei: não estais em desacordo convosco mesmo? Mas alegrai-vos, pois tendes mais fé do que imaginas. Deus, que vos criou imperfeitos, quis vos dar confiança, malgrado vosso, e sem quererdes compreender, sem disso ter consciência, falais a esses seres queridos, pedi-lhes que cheirem as flores que lhes ofertais, suplicai-lhe amizade e proteção. Mãe! Chamas a tua filha de anjo e lhe pedes preces; filha, pedes a proteção de tua mãe e os seus conselhos. Muitos entre vós dizem: Sinto no coração a verdade do que dizeis, mas estava em desacordo com o que meus pais me ensinaram, e, espíritos timoratos que sois! Vos fechais na vossa ignorância. Agi, pois, sem temor, porque a fé espírita está de acordo com todas as religiões, desde que diz o que todas repetem: Amor, caridade, humildade. Vede que se isso só decorre de vossa hesitação, deveis crer.

Delphine de Girardin

**Observação**: A contradição de que fala o Espírito, no começo, é vista a cada instante, mesmo naqueles que mais fortemente negam a vida futura. Se tudo se acabasse com a vida corpórea, para que serviria, então, a comemoração dos mortos, se eles não nos ouvem mais? Falaram-nos de um senhor imbuído ao último ponto de ideias materialistas absolutas. Ultimamente perdeu o filho único e o pesar que sentiu foi tal que queria suicidar-se para ir juntar-se a ele. Ora, para ir juntar-se a quê? Aos ossos, que não são mais ele, porque os ossos não pensam.

## A REENCARNAÇÃO

### (MÉDIUM, SRTA. EUGÊNIE)

**Nota**: Na sessão da Sociedade em que foi recebido o ditado precedente, o Espírito da Sra. Girardin, solicitado a dar outro sobre a reencarnação, respondeu: "Oh! bem que o quero; esta médium está acostumada a me ver fazer o que nem sempre lhe agrada, e vós tendes razão". Esta última frase é uma alusão a certas ideias particulares da médium, relativamente à reencarnação.

A reencarnação é uma coisa lógica; toca os nossos sentidos. Assim, pois, trata-se apenas de refletir, de querer examinar bem ao nosso redor. Basta olhar para dentro de si mesmo para achar as provas da reencarnação. Vedes a esta mesa um bom pai de família; têm várias crianças lindas, umas de inteligência notável, outras num estado quase abjecto. De onde essa diferença? O mesmo pai, a mesma mãe, a mesma educação e, contudo, tantos contrastes!

Atentai para a vossa lembrança; não encontrais nela a intuição de fatos dos quais não tendes o menor conhecimento e que, entretanto, se retratam para vós absolutamente como se tivessem existido? Vendo um ser pela primeira vez, não ficais chocados porque vos parece havê-lo conhecido? Sim, não é? Então! Isso vos prova uma vida anterior, da qual participastes; isso prova que o menino inteligente deve ter percorrido várias existências com o que se depurou, e que o outro talvez esteja na primeira; que a pessoa que encontrais talvez vos tenha sido íntima, e que o fato de que vos lembrais vos aconteceu pessoalmente em outra vida. Além disso, para entrar no reino de Deus é preciso que sejais perfeitos. Vejamos! Julgais que vos reste tão pouco a fazer, para crer que depois de vossa morte uns três ou quatro meses nas esferas vos bastarão[1]? Não. Não acredito em tanta pretensão. Para adquirir é necessário trabalhar, e a fortuna moral não se lega lega com a fortuna material. Para vos depurardes, é preciso passar por vários corpos que levam com eles, em cada despojamento, uma parte das vossas impurezas.

Se refletirdes, não podereis escapar de vos render à evidência.

Delphine de Girardin

---

[1] Alusão à opinião de algumas pessoas relativamente à vida futura.

## O DIA DOS MORTOS

### (MÉDIUM, SRTA. HUET)

**Nota**: Na sessão da Sociedade, de 2 de novembro, Charles Nodier, solicitado a continuar o trabalho que começou, responde:

Permiti, meus caros amigos, que nesta noite vos fale de um outro assunto. Continuarei o trabalho começado, na próxima vez.

Hoje é uma data que nos é tão pessoalmente consagrada, que não podemos deixar de vos chamar a atenção sobre a morte e as preces reclamadas pela maioria dos que vos precederam. Esta semana é um período de confraternização entre o céu e a Terra, entre os vivos e os mortos. Deveis ocupar-vos de nós mais particularmente, e de vós também. Porque meditando sobre este pensamento, de que, brevemente, como para nós, os vivos orarão por vossa alma, deveis tornar-vos melhores. Conforme a maneira por que tiverdes vivido aqui embaixo, sereis recebidos perante Deus. Que é a vida, afinal de contas? Uma curtíssima emigração do Espírito na Terra; tempo, entretanto, em que pode amontoar um tesouro de graças ou preparar-se para cruéis tormentos. Pensais nisso, pensai no céu e então a vida, seja qual for a vossa, vos parecerá bem leve.

Charles Nodier

A propósito de sua comunicação, foram feitas ao Espírito as seguintes perguntas:

1. – Hoje os Espíritos são mais numerosos que de hábito nos cemitérios? R – Nesta época voltamos mais espontaneamente junto aos nossos despojos terrenos, porque os vossos pensamentos, as vossas preces ali estão conosco.

2. – Os Espíritos que, nesses dias, vêm aos seus túmulos, junto aos quais ninguém ora, sofrem por se verem abandonados, enquanto outros têm parentes e amigos que lhes trazem uma prova de lembrança? R – Não há pessoas piedosas, que oram por todos os mortos em geral? Então! essas preces se revertem ao Espírito esquecido; são para ele o maná celeste, que tanto cai para o preguiçoso, como para o homem ativo. A prece é para o conhecido, como para o desconhecido: Deus a reparte igualmente, e os bons Espíritos que delas não mais necessitam as devolvem àqueles a quem podem ser necessárias.

3. – Sabemos que a fórmula das preces é indiferente; não obstante, muitas pessoas necessitam de uma fórmula para fixar as ideias. Por

isso vos agradeceríamos se ditásseis uma a propósito. Todos nos associaremos pelo pensamento, para aplicá-la aos Espíritos que dela possam necessitar. R – Também o quero.

"Deus, criador do Universo, dignai-vos ter piedade de vossas criaturas; considerai as suas fraquezas; abreviai as suas provações terrenas, se estas estiverem acima de suas forças: apiedai-vos dos sofrimentos daqueles que deixaram a Terra e inspirai-lhes o desejo de progredir para o bem."

4. – Sem dúvida há aqui vários Espíritos aos quais podemos ser úteis. Vamos pedir que se deem a conhecer. R – Que pedido fazeis! Ireis ser assaltados.

5. – Não ficamos absolutamente apavorados. Se não pudermos ouvir a todos, o que dissermos a um servirá para os outros. R – Pois bem! fazei o que vos ditar o coração.

Tendo sido feito um apelo, sem designação individual, a um dos Espíritos presentes, que queria comunicar-se para pedir nossa assistência, o de um personagem muito conhecido, morto há dois anos, manifesta-se e mostra sentimentos muito diversos dos que tinha em vida, e que se estava longe de suspeitar.

### ALEGORIA DE LÁZARO

### (MÉDIUM, SR. ALFRED DIDIER)

Cristo gostava de um homem chamado Lázaro. Quando soube de sua morte, sua dor foi grande e se fez levar até o seu túmulo. A irmã de Lázaro suplicava ao Senhor, dizendo: "É possível fazerdes voltar a vida ao meu irmão? Ó vós, que o amáveis tanto, devolvei-lhe a vida!"

Mundo do século dezenove, também estás morto. A fé, que é a vida dos povos, extingue-se dia a dia; em vão alguns crentes quiseram acordar-te de tua agonia. É muito tarde. Lázaro está morto; só Deus pode salvá-lo.

Então Cristo se fez conduzir ao túmulo. Levantaram a pedra do sepulcro; cercado de faixas, o cadáver apresentou-se em todo o horror da morte. Cristo lançou um olhar para o céu, tomou a mão da irmã, e levantando a outra mão para o alto, exclamou: "Lázaro, levanta-te!" e, apesar das faixas, a despeito do lençol, Lázaro despertou e levantou-se.

Ó mundo! tu pareces Lázaro: nada te pode devolver a vida; teu materialismo, tuas torpezas, teu ceticismo são outras tantas faixas que envolvem o teu cadáver, e cheiras mal, pois há muito que estás morto. Quem te gritará como a Lázaro: Em nome de Deus, levanta-te? É o Cristo que obedece ao apelo do Espírito Santo. Século, a voz de Deus se fez ouvir! Estarás mais podre do que Lázaro?

Lamennais

O DIABRETE FAMILIAR

(MÉDIUM, SRA. COSTEL)

Jamais me comuniquei convosco e me sinto muito feliz por aumentar a vossa plêiade literária. Bem sabeis, vós que me lestes com tanto gosto, que opinião eu tinha sobre isso a que chamam o mundo fantástico. Muitas vezes só, nas longas noites de inverno, recolhido a um canto de meu lar solitário, eu escutava o gemido das notas lamentosas do vento. Enquanto o olhar distraído seguia vagamente os desenhos inflamados do fogo, certamente o diabrete familiar então me entretinha, e eu não inventava Trilby: repetia o que ele me havia murmurado ao ouvido atento. Que coisa encantadora, sentir que vivem em volta de nós esses hóspedes invisíveis! Com eles, nada de mistérios: eles vos amam mesmo, malgrado vosso, e vos conhecem melhor que vós mesmos. Na minha vida literária, na minha vida de homem, devo a esses amigos invisíveis os meus melhores sucessos e as minhas mais caras consolações. É a minha vez, agora, de murmurar a ouvidos amigos as coisas que o coração advinha e não repete. Isto é dizer-vos, caro médium, que muitas vezes terei o suave privilégio de conversar convosco.

Charles Nodier

Allan Kardec

# ÍNDICE GERAL

## Janeiro

O Espiritismo em 1860 .................................................................... 7
O Magnetismo Perante a Academia ............................................... 12
Espírito de um Lado, Corpo do Outro ........................................... 18
Conselhos de Família ..................................................................... 27
As Pedra de Java ............................................................................ 31
Correspondência ............................................................................ 32
Boletim ........................................................................................... 36

## Fevereiro

Boletim ........................................................................................... 43
Os Espíritos Glóbulos .................................................................... 50
Médiuns Especiais ......................................................................... 54
Bibliografia – A Condessa Matilde de Canossa ............................ 57
História de um Danado .................................................................. 62
Comunicações Espontâneas:
    Estelle Riquier ......................................................................... 73
    O Tempo Presente ................................................................... 75
    Os Sinos .................................................................................... 75
    Conselhos de Família .............................................................. 77

## Março

Boletim ........................................................................................... 79
Os Pré-adamitas ............................................................................. 84
Resposta ......................................................................................... 85
Um Médium Curador ..................................................................... 88
Manifestações Físicas Espontâneas – O Padeiro de Dieppe ......... 91
Estudo Sobre o Espírito de Pessoas Vivas:
    O Dr. Vignal ............................................................................ 96
    Ditado do Sr. Cauvière ......................................................... 103
    Ditado do Sr. Vignal ............................................................. 103

Senhorita Indermuhle .................................................................. 104
Bibliografia – Siamora, a Druideza ou o Espiritualismo
  no Século Quinze ...................................................................... 107
Ditados Espontâneos:
  O Gênio das Flores .................................................................... 109
  Perguntas Sobre o Gênio das Flores ...................................... 110
  Felicidade (Staël) ....................................................................... 111
  "O Livro dos Espíritos" – 2ª edição ........................................ 112
  Aos Leitores da Revista ........................................................... 113

## Abril

Boletim ............................................................................................ 115
Formação da Terra ....................................................................... 122
Cartas do Dr. Morhéry Sobre a Srta. Désirée Godu ............... 130
Variedades – O Fabricante de São Petersburgo ...................... 135
Aparição Tangível ......................................................................... 137
Ditados Espontâneos:
  O Anjo das Crianças ................................................................. 137
  Conselhos ................................................................................... 138
  A Ostentação .............................................................................. 140
  Amor e Liberdade ..................................................................... 140
  A Imortalidade .......................................................................... 141
  Parábola ...................................................................................... 142
  O Espiritismo ............................................................................. 143
  Filosofia ...................................................................................... 143
  Comunicações Lidas na Sociedade ........................................ 145
  A Consciência ............................................................................ 146
  A Morada dos Eleitos ............................................................... 146
  O Espírito e o Julgamento ....................................................... 148
  O Incrédulo ................................................................................ 148
  O Sobrenatural .......................................................................... 149

## Maio

Boletim ............................................................................................ 151
História do Espírito Familiar do Senhor de Corasse ............. 157
Correspondência ........................................................................... 163

Palestras Familiares de Além-túmulo:
  Jardim .................................................................................. 166
  Uma Convulsionária ........................................................ 170
Variedades:
  A Biblioteca de New-York ............................................... 173
  A Noiva Traída ................................................................ 175
  Superstição ...................................................................... 177
  Pneumatografia ou Escrita Direta .................................... 179
Espiritismo e Espiritualismo .................................................. 180
Ditados Espontâneos:
  As Diferentes Ordens de Espíritos ................................... 181
  I – Remorso e Arrependimento ....................................... 182
  II – Os Médiuns ............................................................... 183

## Junho

Boletim .................................................................................. 185
O Espiritismo na Inglaterra .................................................... 191
Um Espírito Falador .............................................................. 192
O Espírito e o Cãozinho ......................................................... 196
O Espírito de um Idiota .......................................................... 198
Palestras Familiares de Além-túmulo .................................... 200
Medicina Intuitiva ................................................................. 207
Uma Semente de Loucura ...................................................... 209
Tradição Muçulmana ............................................................. 211
Erro de Linguagem de um Espírito ........................................ 213
Ditados Espontâneos e Dissertações Espíritas:
  A Vaidade ........................................................................ 214
  A Miséria Humana ........................................................... 215
  A Tristeza e o Pesar ......................................................... 216
  A Fantasia ........................................................................ 217
  Influência do Médium Sobre o Espírito .......................... 217
Bibliografia ............................................................................ 218

## Julho

Boletim .................................................................................. 221
Frenologia e Fisiognomonia .................................................. 227

Os Fantasmas .................................................................................. 233
Recordação de uma Vida Anterior ................................................. 234
Dos Animais .................................................................................. 237
Exame Crítico ................................................................................ 245
Observação Geral .......................................................................... 250
Bibliografia .................................................................................... 254

### Agosto

Boletim .......................................................................................... 255
Concordância Espírita e Cristã ..................................................... 262
O Trapeiro da Rue des Noyers ...................................................... 266
Palestras Familiares de Além-túmulo:
    O Físico .................................................................................... 273
    O Suicida da Rue Quincampoix ............................................. 279
Variedades:
    O Prisioneiro de Limoges ....................................................... 281
    Perguntas de um Espírita de Sétif ao Sr. Oscar Comettant ...... 282
Ditados Espontâneos e Dissertações Espíritas:
    Desenvolvimento das Ideias ................................................... 283
    Mascaradas Humanas ............................................................. 284
    O Saber dos Espíritos ............................................................. 285
    Origens .................................................................................... 285
    O Futuro .................................................................................. 287
    A Eletricidade Espiritual ......................................................... 288
    Desenvolvimento da Comunicação Precedente ..................... 288
Instrução Prática Sobre as Manifestações Espíritas ..................... 289

### Setembro

Boletim .......................................................................................... 291
O Maravilhoso e o Sobrenatural ................................................... 301
História do Maravilhoso e do Sobrenatural ................................. 309
Correspondência ........................................................................... 319
Dissertações Espíritas – O Sonho ................................................. 323
Sobre os Trabalhos da Sociedade ................................................. 324

## Outubro

Resposta do Sr. Allan Kardec – À Gazette de Lyon ...... 327
Ao Sr. Redator da Gazette de Lyon .......... 331
Banquete – Oferecido pelos Espíritas Lioneses
   ao Sr. Allan Kardec ............ 337
   Resposta do Sr. Allan Kardec ............ 339
Sobre o Valor das Comunicações Espíritas ............ 346
Observações ............ 352
Dissertações Espíritas:
   Formação dos Espíritos ............ 354
   Os Espíritos Errantes ............ 355
   O Castigo ............ 356
   Marte ............ 358
   Júpiter ............ 360
   Os Espíritos Puros ............ 362
   Morada dos Bem-aventurados ............ 362
   A Reencarnação ............ 364
   O Despertar do Espírito ............ 365
   Progresso dos Espíritos ............ 366
   A Caridade Material e a Caridade Moral ............ 367
   A Eletricidade do Pensamento ............ 369
   A Hipocrisia ............ 370

## Novembro

Boletim ............ 373
Bibliografia – Carta de um Católico Sobre o Espiritismo ...... 378
Homero ............ 379
Palestras Familiares de Além-Túmulo: Baltazar,
   o Espírito Gastrônomo ............ 382
Um Espírita a seu Espírito Familiar – Estâncias ............ 385
Relações Afetuosas dos Espíritos ............ 386
Dissertações Espíritas:
   Primeiras Impressões de um Espírito ............ 388
   Os Órfãos ............ 389
   Um Irmão Morto à sua Irmã Viva ............ 390
   O Cristianismo ............ 391

O Tempo Perdido ........................................................................... 392
Os Sábios ...................................................................................... 392
O Homem ...................................................................................... 394
Da Firmeza nos Trabalhos Espíritas ........................................... 394
Os Inimigos do Progresso ............................................................ 395
Distinção da Natureza dos Espíritos ........................................... 396
Scarron .......................................................................................... 396
O Nada da Vida ............................................................................ 397
Aos Médiuns ................................................................................. 398
A Honestidade Relativa ............................................................... 398
Proveito dos Conselhos ............................................................... 399
Pensamentos Soltos ..................................................................... 400
Maria D'Agreda ................................................................................ 400
Aviso .................................................................................................. 405

## Dezembro

Aos Assinantes da Revista ............................................................... 407
Boletim .............................................................................................. 408
Arte Pagã, Arte Cristã, Arte Espírita .............................................. 412
História do Maravilhoso .................................................................. 415
Palestras Familiares de Além-Túmulo: Baltazar,
   o Espírito Gastrônomo ............................................................... 424
A Educação de um Espírito ............................................................. 425
Dissertações Espíritas – Recebidas ou Lidas na Sociedade
   por Vários Médiuns:
   Entrada de um Culpado no Mundo dos Espíritos ................... 429
   Castigo do Egoísta ....................................................................... 430
   Alfredo de Musset ....................................................................... 433
   Intuição da Vida Futura (D. de Girardin) ................................. 435
   A Reencarnação (D. de Girardin) .............................................. 437
   O Dia dos Mortos (Ch. Nodier) .................................................. 438
   Alegoria de Lázaro (Lamennais) ................................................ 439
   O Diabrete Familiar (Ch. Nodier) .............................................. 440

## O Evangelho Segundo o Espiritismo

Autor: Allan Kardec | Tradução de J. Herculano Pires

Os Espíritos Superiores que acompanharam a elaboração das obras codificadas por Allan Kardec, assim se manifestaram a respeito de O Evangelho Segundo o Espiritismo: "Este livro de doutrina terá influência considerável, porque explana questões de interesse capital. Não somente o mundo religioso encontrará nele as máximas de que necessita, como as nações, em sua vida prática, dele haurirão instruções excelentes". Conforme palavras do Codificador "as instruções dos Espíritos são verdadeiramente as vozes do Céu que vêm esclarecer os homens e convidá-los à prática do Evangelho".

Espiral | 14x21

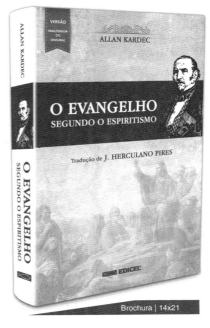

Brochura | 14x21

# Levamos o livro espírita cada vez mais longe!

Av. Porto Ferreira, 1031 | Parque Iracema
CEP 15809-020 | Catanduva-SP

www.**lumeneditorial**.com.br
www.**boanova**.net

atendimento@lumeneditorial.com.br
boanova@boanova.net

17 3531.4444

17 99257.5523

## Siga-nos em nossas redes sociais.

@boanovaed

boanovaeditora

**CURTA, COMENTE, COMPARTILHE E SALVE.**
utilize #boanovaeditora

**Acesse nossa loja**

**Fale pelo whatsapp**